中学教育心理学

（第三版）

主　编　王　娟

副主编　石　春　于战宇

南京大学出版社

图书在版编目(CIP)数据

中学教育心理学 / 王娟主编. — 3 版. — 南京：
南京大学出版社，2025.8
ISBN 978 - 7 - 305 - 27982 - 9

Ⅰ.①中…　Ⅱ.①王…　Ⅲ.①中学生－教育心理学－
高等学校－教材　Ⅳ.①G444

中国国家版本馆 CIP 数据核字(2024)第 036449 号

出版发行　南京大学出版社
社　　址　南京市汉口路 22 号　　邮　编　210093
书　　名　**中学教育心理学**
　　　　　ZHONGXUE JIAOYU XINLIXUE
主　　编　王　娟
责任编辑　钱梦菊

照　　排　南京开卷文化传媒有限公司
印　　刷　南京百花彩色印刷广告制作有限责任公司
开　　本　787 mm×1092 mm　1/16　印张 20.25　　字数 430 千
版　　次　2025 年 8 月第 3 版　2025 年 8 月第 1 次印刷
ISBN 978 - 7 - 305 - 27982 - 9
定　　价　49.80 元

网　　址:http://www.njupco.com
官方微博:http://weibo.com/njupco
官方微信号:NJUYUNSHU
销售咨询热线:(025)83594756

第三版前言

《中学教育心理学》自 2014 年出版以来,始终以"培养有理论深度、实践智慧与教育情怀的中学教师"为宗旨,深度回应国家教师教育政策导向与基础教育改革需求,持续助力教师专业化发展与教育质量提升。作为教师教育公共课核心教材,教育心理学不仅是连接心理学理论与教育实践的桥梁,更是提升教师专业能力的核心基石。《中学教育心理学》能帮助未来教师理解学生的心理发展过程与学习特点,掌握有效教学策略与课堂管理技巧,构建和谐师生关系,从而为基础教育质量提升奠定扎实的专业基础。本次修订立足教师队伍建设新要求,以"理念引领、能力导向、协同创新"为原则,在保持原有学科体系优势的基础上,着力强化教材的系统性、实操性与时代性,助力师范生从"知识传递者"向"专业教育者"转型。

本次修订紧密围绕《新时代基础教育强师计划》《教师教育课程标准》等政策要求,以三大理念引领教材升级,形成逻辑统一、特色鲜明的修订框架:

1. 守正创新:筑牢理论根基,优化知识体系

坚守教育心理学学科本质,以"学生与学习心理-教师与教学心理-中学生心理教育"构建系统化知识框架,既保留经典理论的核心阐释,又融入脑科学、学习科学、积极心理学等领域的前沿成果。每章增设"知识链接",并提供"拓展阅读",引导学习者理解"为何学"(理论价值)与"如何用"(实践路径),例如在"教师的成长与培养"这一章节,知识链接推送教育部等十七部门印发的《全面加强和改进新时代学生心理健康工作专项行动计划(2023—2025 年)》,结合文件内容进一步对"畅通教师发展渠道"进行解析,助推教师专业成长。

2. 实践导向:强化能力培养,搭建实训阶梯

响应《教育部关于加强师范生教育实践的意见》,构建"案例研习-技能训练-情境模拟"三位一体的实践体系。部分章节课后新增材料分析题并配套答案解析,提升学习者的问题解决能力。同时,结合教师资格考试"教育教学知识与能力"模块要求,设置历年真题解析,帮助学生同步提升职业胜任力与应试能力。

3. 思政融合:落实立德树人,涵养教育情怀

以《高等学校课程思政建设指导纲要》为指引,将课程思政元素深度融入学科内容:例如在"学习动机"章节,通过"动机与价值观"的对比,帮助学习者深刻认识价值观决定着动机的性质、方向和强度,进而引导学生树立自由、平等、内心和谐、家庭安康、社会认可、世界和平等积极向上的价值观;在"教师心理"板块,增设"师德师风建设""智慧教学"等内容,提升准教师的师德修养和信息化教学能力;在"学校心理教育"部分,通过增设"建立学校心理教育机制""家校共育"等内容,引导学习者树立"心理育人"的教育理念。

参加第三版撰写的人员有:王娟(第一章)、杜向阳(第二章)、刘晓峰(第三章)、孙配贞(第四章)、李梅(第五章)、肖慧(第六章)、李广政(第七章)、石春(第八章)、于战宇(第九章)、林文毅(第十章)、焦小燕(第十一章)、李兵兵(第十二章)、耿艳(第十三章)、李广政(第十四章)。最后由王娟统稿。

修订过程中,编写组广泛调研师范院校教学需求,吸纳一线中学教师反馈,力求使教材更贴近教师教育实践。感谢所有为教材建设提供支持的单位与个人,我们将始终以开放姿态采纳各界意见,持续推进教材的迭代优化。

《中学教育心理学》编写组

2025 年 6 月于徐州

目录

微信扫码

微课视频
习题答案
拓展阅读

第<big>1</big>章 中学教育心理学概述

／内容摘要／

　　教育科学是教师教育的基本内容,心理学是教育科学的起始学科,是教育学、学科教学论的基础。教育心理学则是心理学的一个重要分支学科,是心理科学发展与教育实践密切结合的产物,是一门用科学的研究方法解释"学"和"教"相互作用过程中的基本规律的科学。教育心理学在当前教育教学理论和实践中具有非常重要的作用,本章将简要介绍教育心理学这门学科的研究对象、学科性质、研究内容和发展历史。

／重点难点／

1. 了解教育心理学的研究对象和学科性质。
2. 熟悉教育心理学研究的主要内容。
3. 掌握教育心理学的基本发展历程。

／本章结构／

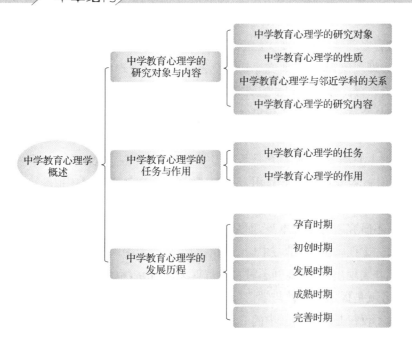

第一节　中学教育心理学的研究对象与内容

一、中学教育心理学的研究对象

长期以来,在教育心理学的研究对象问题上,一直存在着多种不同看法。"教育心理学是应用于教育的心理学"的观点将教育心理学定位于一种教育工作者所需要的心理学知识的汇编或杂烩,没有自己明确的研究对象,也没有独立的研究内容系统;"教育心理学是以儿童发展研究为中心的学科"的观点把教育心理学与儿童心理学混为一谈,同样模糊了教育心理学的研究对象和研究内容,影响教育心理学的进步与发展;"教育心理学主要研究如何学习的学科"的观点确立了教育心理学独立的研究对象,是一个重要进步,但学生的学习仅仅是学校教育中的一个方面,学习心理研究固然必要、重要,但不是教育心理学研究的全部。

20世纪后期,在教育心理学研究对象的界定问题上,人们逐渐达成以下共识:

第一,教育心理学应是有着自己专门研究对象和研究内容的独立学科。教育心理学不是任何学科的附属学科,既不是普通心理学在教育中的应用,也不是和儿童发展心理学相混合的学科,而是心理学的一个独立的分支。正如奥苏贝尔(David Pawl Ausubel,1918—2008)在第二版《教育心理学》中强调的那样:"教育心理学也必定会发展成为一门具有自己的理论和方法的独立学科,但它也显然继续接受心理学这门本源学科的影响——它必然会发展成为一个独立的成人伙伴,而不是一个完全处于从属地位的孩子。"

第二,教育心理学研究主要关注学校教育。教育心理学的研究对象是学校教育情境中的人的心理现象,而不是研究一切教育领域中的心理现象。教育包括家庭教育、学校教育和社会教育。教育心理学的研究之所以选择学校教育情景,一是因为就个体而言,学生时期是个体一生中身心积极发展的主要时期,一个人系统的科学文化知识的获得和道德品质的形成主要在学生时期;二是因为就环境而言,学校情景是年轻一代接受教育与训练的主要场所,学校教育是教育者有目的、有计划、有组织地对学生施加影响的过程,对个体社会化起着主导作用,是社会教育和家庭教育不可比拟的。

第三,要密切结合教育过程来探讨、揭示基本心理规律。一方面,教育心理学不同于教育学,它不研究教育过程本身,而是着重研究在教育过程中学习与教学活动中的心理学问题;另一方面,无论是学习中的心理活动还是教学中的心理活动都是在教育过程中发生、发展并表现出来的,离开了教育过程就无从研究,也无法理解。因此,教育心理学的基本任务就是揭示学校教与学情境中师生的心理活动及其交互作用的运行机制和基本规律,而不仅仅是对学与教中的心理现象进行描述。

第四，教育心理学具有完整的研究内容体系。在学校教育情境中，教育心理学既研究学生的心理，又研究教师的心理；既研究学习心理，又研究教学心理；既研究认知领域的学习、动作技能的学习，又研究态度品德的学习；既研究学校中的个体心理，又研究学校中的群体心理，不仅要研究学与教的过程中的心理规律，而且研究课堂与班级管理中的心理规律。

综上所述，我们把教育心理学定义为"一门研究学校教育情境中学与教的基本心理规律的科学"。中学教育心理学就是要研究中学阶段如何学、如何教以及学与教之间的相互作用，理解学生的学习心理、教师的教学心理并据此创设适当的教育教学情境，有效地促进学生的学习与身心发展。

二、中学教育心理学的性质

任何学科的性质都与其研究对象有着密不可分的关系，学科的研究对象规定着学科的体系，也决定着学科的性质，使其与其他学科相区别。教育心理学是研究学校教育情境中学与教的基本心理规律的科学，有着鲜明的学科特征，其学科性质表现在以下方面。

（一）中学教育心理学是一门交叉学科

一方面，作为心理学的一门分支学科，教育心理学具有自然科学的性质。另一方面，教育心理学研究学校教育情境中学生的学习以及教师教学等问题，其研究对象的特殊性决定了它与教育领域中教师的教育实践活动密不可分，被看作教育科学体系中的一部分。在这个意义上，教育心理学又具有社会科学的性质，是一门心理学与教育学的交叉学科。

（二）中学教育心理学既具有理论性，又具有应用性

一方面，教育心理学具有很强的应用性。教育心理学研究的对象决定了它要密切关注教育教学中的新情况、新问题、新需要，要紧密联系教育、教学实际，帮助教育工作者特别是学校教育工作者理解学生的学习心理，并创设有效的教学情境，合理利用学习资源、科学安排各种类型的学习活动，精心设计师生互动环节，有效进行学习过程，特别是课堂教学的管理，妥善解决在教和学的过程中出现的各种问题。为教育教学实践服务，既是教育心理学研究的任务、目的，也是教育心理学进步发展的动力。正是在这个意义上，有人认为它属于应用心理学范畴，是一门应用学科。

另一方面，教育心理学在服务于学校教育和教学实践的过程中，也在不断地进行自身的理论建设，从理论上阐明学习的本质、过程与条件，探索学生掌握知识、发展智力、形成品德的规律，阐明教育者如何依据这些规律合理地组织教学，不断提出关于学习、教学以及学与教互动的各种新理论，提出各种新方法，在此基础上形成自己独立的理论

体系、研究方法和技术。这些新理论和新方法的提出，不仅推动着教育心理学学科体系的成熟与完善，而且不断地为心理科学、教育科学的进步与发展做着重要的贡献。从某种意义上说，没有教育心理学的研究，就没有今天科学的心理学和教育学。因此教育心理学是一门理论性很强的学科。

三、中学教育心理学与邻近学科的关系

作为一门交叉学科，教育心理学与教育学和心理学等学科关系密切，下面简要分析一下教育心理学与教育学、普通心理学、发展心理学几个学科之间的关系。

（一）中学教育心理学与教育学之间的关系

教育心理学与教育学都是以教育实践中的教育教学活动作为研究内容，但二者的研究又各有侧重，教育学侧重研究教育和教学活动本身，具体研究教育的本质、目的、方针、制度，研究教学过程、教学内容、教学方法与手段、教学的组织形式等教育教学现象及其规律；而教育心理学并不研究教育教学活动本身，只侧重专门探讨教育教学过程中学生的学和教师的教之间的基本心理规律。

（二）中学教育心理学与普通心理学之间的关系

普通心理学以正常的成人为对象，研究个体在日常生活中的心理活动的形式及其发生发展规律的学科，研究一般个体的一般心理规律，是心理学的基础理论学科。而教育心理学则以学校这个特定情境中的学生与教师为对象，以学习与教学活动中的心理规律为专门的研究内容。可见普通心理学与教育心理学之间的关系是一般与特殊的关系。普通心理学阐述各个领域中的人的心理活动一般的、共同的规律；教育心理学则以普通心理学为基础，只研究学校教育这一特殊领域中学生的学与教师的教的心理现象及规律。

（三）中学教育心理学与发展心理学之间的关系

发展心理学是研究个体从胚胎发育、出生、成熟、衰老直至死亡整个生命历程中，心理活动发生、发展与变化规律的学科。儿童发展心理学简称儿童心理学，其研究内容是发展心理学研究内容的一部分，主要研究个体从生命开始到成熟这个阶段中的各种心理过程、心理状态、心理倾向和心理特征，由无到有，由低级到高级发展的特点与规律。显然儿童心理学中的"儿童"泛指身心未成熟阶段的个体，从生命早期到青年初期。教育心理学和儿童心理学都把儿童作为研究对象，在研究内容上相互交错，互为补充，但研究角度各有侧重。儿童心理学按年龄阶段，研究儿童心理发展的一般规律及其年龄特征；中学教育心理学则侧重从中学生的学习和教学角度进行研究。

此外，教育心理学还与社会心理学、认知心理学、学习科学、心理健康教育、学科教

学论等心理学分支学科和教育学分支学科有一定的联系。教育心理学的研究一方面直接促进这些学科的发展，另一方面也从这些学科中汲取有关的研究成果不断地丰富和充实自己。

四、中学教育心理学的研究内容

自 20 世纪初创建教育心理学以来，其研究内容不断发生变化。早期主要研究人的本性、个性差异，到 20 世纪中期以后，不少心理学家纷纷把学科心理学、人格发展、社会心理学、程序教学、信息论、认知心理学、学校心理健康教育等内容——吸收进来，使得教育心理学的研究内容逐渐多元起来。直到 20 世纪后半叶，大多数教育心理学家在教育心理学研究对象上达成了共识，人们普遍认为教育心理学是研究学校教育情景中学与教的基本心理规律的科学。自此开始，教育心理学的研究内容体系也开始越来越集中。教育心理学的内容围绕学与教及其相互作用过程展开，除重视学习心理外，还研究品德心理、教学心理、教师心理、能力与个别差异、教育社会心理、学校心理健康教育等内容。回顾教育心理学自诞生以来的 100 多年的历史，在研究内容上大致经历了从简单到庞杂再到简单、从明确到模糊再到明确、从集中到分歧再到集中的过程。

学与教相互作用过程是一个系统过程，该系统包含学生、教师、教学内容、教学媒体和教学环境等五种要素；包括学习过程、教学过程以及评价/反思过程三种相互联系、相互制约的基本过程。

（一）学与教的基本要素

1. 学生

在学与教的活动中，学生要素是所有要素中最活跃、最重要也是最基本的要素，任何教学手段必须通过学生起作用。当代教育心理学家们强调学生是学习的主体，倾向于把学生看成是知识的主动吸纳者，是知识的建构者，是教师教的对象和教的依据。教师的教必须根据学生的学，无视学生的教是不恰当、不科学的，也必然是不高效的。

学生这一要素主要从两个方面影响学与教的过程。第一是群体差异，包括年龄、性别和社会文化差异等。以年龄差异为例，年龄差异主要体现在思维水平的差异，如小学生和初中生的抽象思维水平就有明显的不同，小学高年级学生的抽象思维还需要形象的支持，而初中高年级学生在进行抽象思维时已基本可以摆脱形象的支持，可以完全借助抽象的符号来进行。第二是个体差异。个体差异包括学生原有的知识基础、认知风格、智力发展水平、学习方式与学习习惯，情感意志品质、气质与性格特点、家庭及文化背景等方面，这些方面不仅影响学，也制约着教。如同龄的学生中，有的学习主动，有的学习被动；有的基础好，有的基础差；有的记得快忘得也快，有的记得慢忘得也慢；有的善于分析,有的善于综合,表现出不同的个性特点。这些是学习和教学的重要内在条件,是教育心理学研究的主要范畴。

2. 教师

学校教育要有效地实施教学、实现特定的教育目标,教师起着关键作用。因为教师是接受过教师教育训练的专业人员,他们闻道在先,学有专攻,熟悉学习和教学过程的规律与特点,与学生共同参与教学活动。学生学习目标的确定、学习内容的选择,学习方法与途径的设计、学习动机的激发、学习兴趣的培养、个性社会性发展的促进以及良好品德的培养等都离不开教师。

在教学过程中,教师扮演着学生学习的促进者、设计者、指导者、合作者的角色,引导学生从原有的知识经验中建构出新的知识经验,指导学生科学有效地学习,从学会学习到学会做事、学会做人。显然,这种新的教师观不仅没有否定教师在教学中的作用和地位,而且对教师的专业职责提出了更新更高的要求。教师是立教之本,兴教之源。2024年8月6日,中共中央 国务院颁布了《关于弘扬教育家精神加强新时代高素质专业化教师队伍建设的意见》,明确了新时代教师队伍建设的工作重点。教育心理学既要研究教师心理,研究教师的个人特征(如敬业精神、个性品德、专业知识、职业技能、管理水平以及教学风格)对自身的教和学生的学的影响,更要研究新时代教育家精神的实践路径。

知识链接

中共中央 国务院关于弘扬教育家精神加强新时代高素质专业化教师队伍建设的意见

《意见》指出,要坚持以习近平新时代中国特色社会主义思想为指导,深入贯彻党的二十大和二十届二中、三中全会精神,坚持党对教育事业的全面领导,贯彻新时代党的教育方针,落实立德树人根本任务,把加强教师队伍建设作为建设教育强国最重要的基础工作来抓,强化教育家精神引领,提升教师教书育人能力,健全师德师风建设长效机制,深化教师队伍改革创新,加快补齐教师队伍建设突出短板,强化高素质教师培养供给,优化教师资源配置,打造一支师德高尚、业务精湛、结构合理、充满活力的高素质专业化教师队伍,为加快教育现代化、建设教育强国、办好人民满意的教育提供坚强支撑。

---

3. 教学内容

教学内容是教学过程中教师教和学生学的内容,是教学过程中有意传递的主要信息,如教学大纲、教材等。课程的设置、教学大纲的编制以及教材的编写等教学内容的设计,不仅要考虑学科内在的逻辑顺序,而且要考虑特定学生身心发展的特点,以相应的学习和教学理论为指导。如教材的容量及难度既要适合学生的现有发展水平,又能有效地促进学生向更高水平发展;既要适合于学生学习的过程和特点,又要考虑到教学的有效性。教学内容选择包括顺序的安排、内容的取舍等,如果选择不当,无论过难还是过易,过多还是过少,都会影响教学的质量和效益,影响教学目标的达成。

近年来,我国基础教育以教育高质量发展为主题,以提升教育现代化水平为核心,持续推进教育综合改革,构建德智体美劳全面培养的教育体系,促进全体学生全面而有个性地发展。2017年,教育部制定《中小学德育工作指南》,培养学生良好的道德品质和价值观念。2022年,教育部印发《关于进一步加强新时代中小学思政课建设的意见》,把思想政治工作贯穿于基础教育的教育体系、教学体系、教材体系和管理体系,全面改进和加强中小学思政课建设,以实现以德育心、以智慧心、以体强心、以美润心、以劳健心。2022年,教育部印发《义务教育课程方案和课程标准(2022年版)》。2023年,教育部组织实施"基础教育课程教学改革深化行动",持续推进基础教育课程教学深化改革,落实课程方案和课程标准,形成以国家课程为主体、地方课程为特色、校本课程为补充的课程体系。

4. 教学媒体

媒体是指传播信息的载体。教学媒体是用于传递旨在改变学习者心理与行为的教学信息的载体,是教学内容的载体,是教学内容的表现形式,是师生之间沟通教学信息和学习信息的工具。

传统教学中的主要媒体包括口头语言、黑板、教材等。随着科学技术的进步发展,教学媒体与时俱进,不断更新、不断丰富。现代教学媒体主要包括电子传播媒体和数字媒体。电子传播媒体如音频、视频等;数字媒体则是伴随互联网和数字化技术的发展应运而生,如多媒体教学软件、在线学习平台、虚拟现实(VR)和增强现实(AR)技术等,这些媒体能够提供更加丰富、互动和个性化的学习体验。技术的进步不断催生着新的媒体,新媒体应用于教育领域成为教学媒体。综合来看,教学媒体经历了从简单直观到复杂多元的变化,由传统的基于物质实体的直观性教学媒体发展到基于视听技术和计算机网络技术的多媒体智能教学系统。数字化、智能化的教学媒体,已成为传播教学信息的媒介或辅助手段,而且已经成为人们的认知工具和学习资源,改变着教学环境的组成元素、教学资源的形态和教学要素间的互动方式,使教育呈现出信息化特征。

科学技术的发展促使教学媒体成为教学中一个具有独特意义的因素,不仅影响着教学内容的呈现方式和容量的大小,而且对教师和学生在教学过程中的作用、教学组织形式以及学生的学习方法等都将产生深远的影响。因此,在今天,教学媒体已经成为教育心理学研究的一项重大课题。

5. 教学环境

教学环境是学生接触到的主要社会环境,包括物质环境和社会环境两个方面。教学的物质环境包括课堂自然条件(如照明条件、噪声状况、气温情况等)、教学设施(如桌椅、讲台、黑板、话筒、屏幕的安排和实验室、运动场的配备等)以及空间布置(如教室的装饰、布置、学生座位的排列)等;教学的社会环境包括课堂纪律、课堂气氛、师生关系、同学关系、学校、班级管理模式、校园文化氛围、校风学风以及社会文化背景等。

　　教学环境对学和教均产生重要影响。物质环境是教学活动赖以进行的物质条件,是教学和学习活动顺利进行的基本保证。教学的物质环境不仅影响师生的心境,而且还影响学生的学习过程和方法,影响教师的教学方法以及教学组织形式。明亮、安静、空气流通、温度适宜、教学设备品质先进、安排适当,自然有利于学,有利于教,有利于提高学与教的效率。教学的社会环境对学与教的影响虽然不及教学的物质环境对学与教的影响那样直接、外显、具体、明确,但对师生学与教活动的影响可能更广泛、更深入、更持久、作用更大。例如,良好的师生关系可以为师生提供一种心情舒畅、气氛融洽的心理环境,在这样的环境中,教师教学效能感更高,学生的学习心理准备状态更好,教师与学生彼此具有更大的心理相容性,双方的相互作用会更加积极和主动,教与学就能以较高的效率展开,同时,学生会形成一种完全、彻底地接纳教师的教学指导和教育措施的心理倾向。由此可见,教学环境尤其是社会环境不仅关系到学生情感和社会性的发展,而且对学生的认知发展过程也有直接的作用。因此,教学环境不仅是课堂管理研究的主要范畴,也是学习过程研究和教学设计研究所不能忽视的因素,是教育心理学研究的一个重要组成部分。

(二) 学习与教学的基本过程

1. 学习过程

　　学习过程指学生在学校教学情境中通过与教师、同学以及教学信息的相互作用获得知识、技能,形成新态度的过程。学习的特点是教学的依据,学习过程中的心理规律是教育心理学研究的核心内容,如学习的实质、机制、条件、动机、迁移、学习过程的规律与特点,以及认知学习、动作技能学习和品德学习等不同类型学习的规律与特点等等。从教育心理学诞生之日起,学习心理一直是教育心理学研究的主体和重点。

2. 教学过程

　　教学过程是指在学校教育情景中,为了确保教学的有效性,教师通过设计教学情境(如教学目标的选择、教学内容的安排、教学方法的设计以及教学环境的设置等),组织教学活动(如讲授、讨论、练习以及实验等),进行教学管理(组织教学、维持纪律、动机激发等),设计师生互动环节(如信息的呈现、课堂提问、课后辅导答疑等),从而引导学生主动理解、思考、探索、发现与建构,使其获得知识、技能,形成新的态度,实现教学目标。

　　20 世纪初期,教育心理学成立之初,基本是学习的心理学,对教学过程的研究不够重视,对教的心理的探讨不够全面,也不够深入。直到 20 世纪中后期,随着教学设计等研究的兴起,教学心理开始全面纳入教育心理学的内容体系,引起人们广泛的重视。

3. 评价/反思过程

评价和反思过程是指在学校教育情景中,学生通过对学习结果、教师通过对教学结果进行评估和反思,以求进一步改进学与教效果的过程。评价侧重考察教学和学习目标的实现情况,反思侧重学与教的成败原因分析和改进设计。近年来关于反思在学与教过程中的作用研究表明:反思属于元认知范畴,学生对学习过程的反思对于提高学习效果、提高认知能力意义重大。教师对教学过程的教学反思不仅有益于改进教学、提高效率,而且有益于促进教师自身的专业化发展,加快从新手到专家的成长过程。

学与教的评价/反思过程是一个独立的过程,但不是一个固定的过程,它贯穿在师生整个教学和学习活动的始终,在教学活动的开始、中间和结束阶段,评价与反思都是必要的、重要的:教师在教学之前对教学设计效果的预测和评判,在教学过程中对教学的监视和分析,在教学之后的检验与评析都是这一过程的具体体现。教师通过教学反思检查课程计划、教学程序以至教学目标的执行情况,如果没有达到预期的效果,就需要反思:问题出在哪儿? 教学目标适合这些学生吗? 教学方法选择恰当吗? 教学设计合理吗? 是否有必要全部或部分重教一遍? 这些班级是否可以迈向下一个目标? 如果达到预期的效果,也要反思:及时寻找成功的原因、及时总结经验。学生的评价和反思活动主要包括对学习效果进行理性评价,在此基础上肯定成绩并及时总结经验,仔细寻找不足并认真制定改进方案。

(三) 学与教的基本要素和基本过程之间的关系

我国有学者用下图(图1-1)概括了教育心理学研究内容的"五要素和三过程"之间的关系。

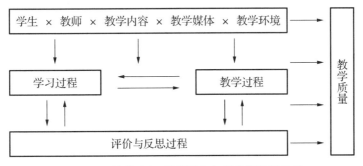

图 1-1 教学过程、教学要素与教学质量间关系

图1-1表明:

1. "五因素"均对"三过程"产生影响

学生、教师、教学内容、教学媒体和教学环境这五种基本要素不仅影响学习过程、教

学过程,而且影响评价/反思过程。也就是说无论学的过程、教的过程,还是评价/反思过程,都受制于上述五个要素。

2. "五要素"之间相互联系,共同影响教学效果

教学目标的实现是上述五个要素的优化组合,学生、教师、教学内容、教学媒体和教学环境任何一个要素都对教学效果构成影响,在学与教的过程中都不应被忽视,都属于教育心理学的研究内容。

3. "三过程"之间相互制约,形成一个相互交织的整体

在上述学与教的过程模式中,学习、教学和评价/反思三种过程交织在一起,相互影响、相互制约。首先,学生的学习过程是在教学过程的背景下进行的,学习方式、学习成效因教学的不同而不同。其次,教学过程必须以学生的学习过程为基础,考虑学生的年龄特征、知识基础、个别差异等,即所谓的因材施教。除学生这一因素之外,教学过程还要根据教师自身特点、教学内容的难易、教学媒体和环境情况进行综合考虑和设计。再次,评价/反思过程不仅指向学习过程,而且指向教学过程,因过程不同而不同,因处在学与教的不同阶段而不同;评价/反思过程不仅受制于学习与教学过程,而且也促进学习和教学过程。

(四) 教育心理学的内容体系

根据上述研究对象的界定,纵观中外各种类型的教育心理学内容体系,虽然因学生类型不同、研究者的学术兴趣和研究专长不同而有所侧重,但大致都包含以下方面的内容(如图 1 - 2):

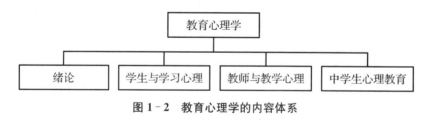

图 1 - 2 教育心理学的内容体系

1. 绪论

教育心理学的学科学方面的问题介绍,包括教育心理学的研究对象、任务,教育心理学的性质、作用,教育心理学的研究原则与方法,教育心理学的研究内容,教育心理学的历史与现状等内容。

2. 学生与学习心理

主要包括学生心理和学习心理两个方面。学生心理主要包括中学生的心理发展特点和个体差异,比如中学生的认知和人格发展特点。学习心理主要包括学习的实质与特点、学习理论、影响学习的因素、不同类型的学习等。学习理论包括联结理论、认知理

论、建构理论等;影响学习的因素包括学习动机、学习迁移、学习策略等;学习的种类包括知识的学习、技能的学习、态度与品德的学习等。

3. 教师与教学心理

主要包括教师心理与教学心理两个方面。教师心理主要包括教师的职业角色、教师的心理健康以及教师的成长与发展等内容。教学心理包括教学设计、课堂教学管理、教学的测量与评价、学科教学心理、学校心理卫生等。

4. 中学生心理教育

主要包括中学生心理健康和中学生心理健康教育两个方面。中学生心理健康主要包括中学生常见的心理问题和影响因素。中学生心理健康教育主要包括心理健康教育的目标、原则、内容和途径等。

第二节 中学教育心理学的任务与作用

一、中学教育心理学的任务

教育心理学作为一门独立的学科,同样具有描述、解释、预测和控制几个方面的功能。"描述"是指能对教育教学实践中的对象、现象、过程及其特点等的真实情况进行系统叙述,回答"是什么"等问题;"解释"是指能对实践中问题的表现、作用及影响因素等进行分析和说明,回答"怎么样"等问题;"预测"是指能对两种或多种活动之间的因果关系提前做出判断,主要回答"会怎样"等问题;"控制"是结合人们的主观愿望和客观规律给出解决问题的途径和方法,主要回答"怎么办"等问题。

(一) 描述

教育心理学的大量研究工作是描述学习与教学行为。教育心理学领域的一些核心概念,诸如学习迁移、学习动机、学习风格、自我效能感等,都具有明确的操作性定义,也能够借助工具进行测量,这是进行学习和教学实证研究的基础。教育心理学的任务之一就是对所研究的概念进行操作界定,开发测量该概念的可靠而有效的问卷、量表、测验或工具,以准确、有效地描述学习或教学行为的特征。

(二) 解释

解释学习与教学行为和现象并不容易,由于人的行为背后都存在某种心理原因,因此要以陈述事实为依据,分析和解释心理活动与行为表现之间的因果关系。教育心理学的任务二就是理解所观察到的学习和教学行为,并找出这些行为的原因。比如解释学习的实质、过程和条件,学习动机对学习过程的影响,教学策略的有效性,学习和教学的交互过程,教学与心理学发展的相关作用基础等。

(三) 预测与控制

人的学习和教学心理有规律可循,但必须在准确测量和正确陈述的基础上,才能推测其心理发展或行为变化的可能性。通过对某些心理活动与行为之间因果关系变化的了解,就可以预测其再次发生的可能性,同时就可以引导或改变人的行为和心理朝着目标规定的方向变化,对异常心理和行为进行矫正。教育心理学的任务三就是预测和控制学习和教学行为。研究者往往会根据一个人现在或过去的行为,根据相关模型,预测将会出现怎样的行为。但仅仅能够预测学生的学习表现还是远远不够的,心理学家还需要根据一定的理论,干预和改变这个人的行为。

二、中学教育心理学的作用

教育心理学作为一门应用性很强的学科,其主要作用就在于指导教育、教学与学习实践,揭示学生心理发展与教育的依存关系,使整个学校教育工作建立在心理学科学理论的基础之上,为教师、学生和教育管理者服务。教育心理学对于促进教师的教学和教师自身专业化发展意义尤其重大。

(一) 对于教育管理者而言

教育心理学也是教育管理者的必修课。管理者的主要职责就是调动各方面的积极性。对于教育管理者而言,要调动教师、学生两个方面的积极性,合理配置各种教育资源、提高办学效益,就必须学习教育心理学,科学理解教师职业角色,了解教师的需要、教师成长规律;了解学生的年龄差异和个性差异;掌握影响学生学习的外部因素和内部因素,智力因素和非智力因素。例如教学计划的制定、不同年级教学内容的选择、教学大纲的编制等就必须根据该阶段学生的年龄发展的特点,特别是认知发展特点。课表的编排、教室的布置则要考虑前摄抑制和倒摄抑制,要遵循有意注意和无意注意规律等。

(二) 对于学生而言

学习心理学是教育心理学的分支学科,学生与学习心理是教育心理学的一个重要组成部分,也是教育心理学的核心内容。对学生心理,特别是学习心理的了解不仅对于教师而言是必要的、重要的,对于学生而言也意义重大。了解智力因素、非智力因素与学习之间的关系,了解不同类型学习过程的特点与规律,掌握知识、技能等学习的方法与技巧,例如克服遗忘,增进瞬时记忆、短时记忆、长时记忆的策略等对于学生而言都是非常重要的。学生,特别是中小学生不一定有机会专门学习教育心理学,但各级各类教师有责任、有义务通过各自的教学有意识、有计划地向学生传授学习心理学的有关知识，使学生掌握学习过程的规律，提高元认知能力，掌握科学学习的方法，促进学习效率的提高。在今天这个倡导终身学习的学习化社会中，学习心理学对于学生的作用与意义还将进一步凸显。

（三）对于教师而言

教育心理学知识是其从事教师职业的必备知识，是其科学有效地进行教育教学的重要条件，也是影响教师专业化发展的一个重要因素。如今教师掌握教育心理学知识之所以显得非常必要和重要，是因为现代社会教育同以往相比面临更多的难题，教师工作存在更多挑战。第一，我国在数字化社会的发展进程中，会受到技术发展等各种因素的影响，由此可能带来教育观、教学观的巨大转变；第二，校园内的泛民主化，传统的教师权威的缺失，不仅加大了教师管理教学的难度，而且直接影响教师的教学效果；第三，网络背景下，信息获取途径与方法的多元和方便，一定程度上消减了"学校"和"教师"在学生、家长心目中地位和作用的神圣性，教学效果和教师价值更难显现，教师获得家长和社会支持和认同不再像以往那样简单容易。这些问题呼吁教育必须改革，教师的教育观念必须更新。对于教师而言，教育心理学在指导教学实践中的作用具体表现在以下几个方面：

1. 帮助教师准确地发现问题

教育心理学能帮助教师对常规教育教学活动形成新认识，透过现象发现问题、明确问题。发现问题是解决问题的前提，没有问题便谈不上问题的解决，谈不上教学的改进。教学中的改革与创新往往正是从发现教育教学中的问题起步的。正是在这个意义上，我们说"提出一个问题比解决一个问题更重要"。

2. 帮助教师正确地分析问题

教师在教育实践中会发现各种各样影响学习和教学效果的问题，一些问题教师凭借自身的教育经验就能直接解决，无需过多的分析；另一些问题则可能比较复杂，仅凭经验无法顺利解决，必须对问题的特点、表现、差异、产生的原因，发展变化的过程、影响因素等进行深入系统的分析，才可能顺利解决。有些教师在自己的教育实践中发现了许多有价值的问题，但在对问题进行分析时感到困难，无法深化。

3. 帮助教师科学地解决问题

教师在教育实践中找准问题，系统全面地分析问题都只是手段，解决问题才是教师的最终目的。科学合理地解决教育教学问题不仅需要通过全面分析明确问题，而且需要教师系统了解各种心理和教育活动之间的关系，特别是因果关系，掌握学与教的规律与特点，否则，已发现的问题便可能长期得不到妥善解决，一直停留在问题层面。

4. 有利于提高教师的教学水平

教育实践表明教师的教学水平和教学经验之间并不成正比，说明教育教学经验的积累虽是提高教师自身教学水平的重要因素，但不是唯一因素。教师在教学实践中能否经常进行教学反思、积极进行行动研究，及时总结经验教训，主动发现问题、研究问题、分析问题、解决问题等，对于促进教师自身教学水平的提高作用更大，对教师的专业化发展的促进作用更明显。而教育心理学是教师进行教学反思、指导教育科学研究的必备知识。在教育科学研究中，从问题的提出，研究假设的确定，到研究方案的制定、实施，到研究结果的分析讨论，再到最后得出研究结论，教育心理学在上述研究的每个环节都起重要作用。一个教师运用包括教育心理学在内的教育理论主动反思、积极研究的过程，正是一个教师的教学水平不断提高的过程：从最初的尝试教学，逐步过渡到因循式教学，直到最后达到策略式教学，从"新手"成长为"专家"。

5. 有利于提升教师的心理健康

一方面，教育心理学能帮助教师全面地了解学生，有效地组织教学，科学地管理班级，有目的、有计划地开展教育教学研究，妥善解决教学中出现的问题、难题，在不断提高教学质量和效益的同时，不断提升自身的教学水平，从而增强教学效能感、增强职业自信，赢得教育威信，收获成就感和职业幸福。另一方面，教育心理学中有关心理卫生方面的知识也能帮助教师运用各种减压方法，舒缓心理压力，有效地调解自身的心理紧张，正确认识和科学防治职业倦怠，有利于自身的心理健康。

综上所述，教育心理学对于教师的作用主要表现在两个方面：一是促进工作，提高教学质量和效益；二是促进教师自身的成长，加快职业发展，增进心理健康。

第三节　中学教育心理学的发展历程

两千多年前，孔子就提出"学而时习""温故知新"等观点，说明教育心理学思想源远流长。但作为一门有着专门的研究对象、有着系统的研究内容体系的独立学科，教育心理学只有一百多年的历史。从19世纪末到现在，教育心理学从最初的附庸于普通心理学、融合于儿童心理学发展到今天，大致经历了孕育时期、初创时期、发展时期、成熟时期、完善时期五个阶段。

一、孕育时期(19世纪末—1903年)

1879年冯特(W. Wundt，1832—1920)在德国建立第一个心理学实验室，不仅做了大量的研究，而且培养了大批心理学家。这批心理学家走向世界各地，使心理学开始向德国以外的国家广为传播，心理学研究的中心也逐渐由欧洲向美国转移。

美国最早的知名心理学家、美国心理学的创始人之一威廉·詹姆斯（W. James，1840—1910）积极倡导心理学在教育教学领域中的应用，引发了美国机能心理学的兴起。1899 年他出版了《与教师的谈话》这部名著，在这部著作中他强调教师要通过观察、提问和与学生交流沟通去了解学生的观念、兴趣、情感、价值观等，认为这方面知识的掌握对于教师改进教学、提高教学质量意义重大。霍尔（G. S. Hall，1844—1924）是冯特的学生，也是儿童心理学和教育心理学的先驱之一，他四处演讲、发表文章、创办《教育研究》杂志，积极推动心理学在教育中的应用。卡特尔（J. M. Cattell，1860—1944）也是冯特的学生，他一方面通过个性心理的杰出研究，说明心理学知识对于教育教学的作用；另一方面他为教育心理学研究培养了大批人才，包括著名的心理学家桑代克、伍德沃斯（R. S. Woodworth，1869—1962）和著名教育家、哲学家杜威（J. Dewey，1851—1931）。

在苏联，乌申斯基（K. D. Ushinsky，1823—1870）是早期最著名的教育学家、心理学家，也被称为"俄罗斯教育心理学的奠基人"。他在《人是教育的对象》（1868）一书中系统总结了心理学的研究成果。卡普杰列夫（П. Ф. Каптерев）出版的《教育心理学》（1877）是世界上第一本以"教育心理学"命名的专著。之后，随着西方教育心理学研究成果的传入，鲁宾斯坦（Рубинштейн，1878—1953）等一批教育学家、心理学家开始探讨教育心理学的研究对象、内容和方法，积极从事教育心理学方面的研究。

这一时期的教育心理学方面的研究，主要侧重于运用心理学材料解释教育教学中的问题，教育心理学也没有独立的研究对象和系统的研究内容，这时的教育心理学还只是普通心理学的附庸，因此上述学者虽然都很重视心理学与教育教学实践的联系，但他们都还不能被称为真正意义上的教育心理学家，但他们所做的研究为教育心理学的独立奠定了很好的基础。

二、初创时期（1903 年—20 世纪 20 年代以前）

1903 年桑代克出版了《教育心理学》一书，这本书的出版被学术界公认为是教育心理学独立的标志，桑代克也因此被人们誉为"教育心理学之父"。这不仅因为这本书是西方第一本以教育心理学命名的专著，还因为这本书体现了桑代克试图用准确的、精密的、数理化的方法研究和解决学习问题的努力。特别是因为桑代克首次明确了教育心理学独立的研究对象和系统的研究内容。1913—1914 年，桑代克将他的《教育心理学》扩展为三卷本的《教育心理学大纲》：第一卷为"论人的本性"，论述了人的本性及其组成、人的学习能力等。第二卷为"学习心理学"，这是教育心理学的核心内容，在这里他系统论述了动物和人类学习的特点与规律，在动物实验的基础上提出了学习的三大定律（效果律、准备律、练习律）。第三卷为"个别差异"，论述了个别差异的表现，分析了个别差异产生的原因。桑代克创设的"人性—学习—差异"的教育心理学体系在西方心理学界产生广泛而深远的影响，在此后的 30 年间，美国的同类著作几乎都师承了这一体系。

三、发展时期(20 世纪 20 年代—50 年代末)

从 20 世纪 20 年代中期到 50 年代末,教育心理学得到长足发展,主要表现在研究范围的不断扩展和研究内容的极大丰富上。20 世纪 20 年代以后,教育心理学吸收了儿童心理学和心理教育测量学研究的一些新成果;30 年代以后吸收了学科心理学研究的一些新成果;40 年代以后吸收了个体社会性发展和心理健康方面的内容;50 年代吸收了程序教学、信息论等内容。其间比较著名的理论有斯金纳(Burrhus Frederic Skinner,1904—1990)的操作性条件反射学习理论、托尔曼(Edward Chase Tolman,1886—1959)的符号学习理论、皮亚杰(Jean Piaget,1896—1980)的认知建构与发展理论、弗洛伊德(Sigmund Freud,1856—1939)的精神分析学习理论、杜威的实用主义教育学,以及苏联巴甫洛夫(Иван Петрович Павлов,1849—1936)的经典条件反射学习理论、维果斯基(Lev Vygotsky,1896—1934)的文化发展理论等。这些理论不仅影响了心理学的基本理论,也影响了教育心理学,许多理论被直接列入教育心理学的研究内容。

1908 年,房东岳翻译了日本小原又一著的《教育实用心理学》。1924 年,由廖世承编写的《教育心理学》出版,是我国第一本教育心理学教科书。之后虽然也有一些教育心理学方面的译著、编著出版,但属于原创的自主研究很少。早期主要追随、模仿西方,30 年代以后逐渐转为学习苏联,但 1958 年曾一度出现"批判心理学资产阶级方向"的运动,使得我国教育心理学研究方兴未艾又濒临夭折。

从世界范围看,这一时期的教育心理学广泛吸纳了多个学科的研究,一方面取得一大批研究成果;另一方面,由于内容庞杂、形式不一,体系混乱,观点分歧、缺乏统一的理论指导,曾一度陷入没落的困境。

四、成熟时期(20 世纪 60 年代到 70 年代末)

20 世纪 60 年代以后,对教学实效的密切关注,为教育心理学研究注入了生机与活力,教育心理学作为一门具有独立理论体系的学科逐步形成。其发展呈现以下几个新特点:首先,一个最突出的特点是教育心理学各学派间分歧逐步缩小,界限逐步模糊、研究内容逐步集中,即围绕学与教研究教育与心理发展的关系,个别差异、学习心理、教学心理、教师心理、学习结果的评定与测量、课堂教学管理这几个内容逐步被教育心理学家们所公认。第二个特点是更加重视联系教学实际,强调为教育实践服务。60 年代,布鲁纳(Jerome Seymour Bruner,1915—2016)发起课程改革运动,罗杰斯(Carl Ransom Rogers,1902—1987)提出以学生为中心的主张,使学生心理、教学心理过程、教学方法、教学手段、教学内容等在教育心理学研究中受到前所未有的关注。第三个特点是开始重视教学中的社会心理研究。不少教育心理学家认为班级和学校属于社会群体,学与教都发生在社会情景中,因此提出重视影响学与教的社会心理因素的研究。

苏联这一时期教育心理学的发展也十分迅速。赞可夫(Занков Леонид Владимирович, 1901—1977)做了为期 15 年之久的教育心理实验,提出了著名的"教学与发展理论",直接促进了苏联的教育改革,加里培林(П.Я.Гальперин,1902—1988)提出了著名的心智活动形成的五阶段理论,在教育学和心理学界均产生重要影响。这一时期苏联教育心理学发展的特点是,研究内容趋于集中,也同样强调理论联系实际,同样重视社会心理如人际关系对儿童发展的影响研究。此外这一阶段他们还重视教育心理学与发展心理学相结合,重视开展针对儿童心理发展的实验研究;重视教育心理学方法论和具体研究方法的探讨,提倡自然实验法等。

我国在 60 年代初,曾出现短暂的教育心理学研究的繁荣。当时围绕中小学教学法的改革,开展了学习心理、学科心理、德育心理、智育心理、个别差异、年龄阶段等课题的研究,1962 年成立了中国心理学会教育心理学专业委员会,1963 年潘菽主编的《教育心理学》(讨论稿)内部印行使用,全国师范院校相继开设教育心理学课程,为改革开放以后我国心理学的研究和教学培养了一批我们自己的教育心理学人才。但好景不长,"文化大革命"的开始,导致了"十年动乱",心理学被当作资产阶级的"伪科学"进行批判,心理学研究队伍解散、课程停开、刊物停办、研究停止。刚刚起步的教育心理学研究和其他许多学科一样被迫中断。直到 1976 年粉碎"四人帮"以后,教育心理学的研究才得以逐步恢复,迎来进步发展的春天。

五、完善时期(20 世纪 80 年代以后)

80 年代以来,特别是进入 21 世纪以后,随着教育在经济社会发展中重要作用的日益显现,学习化社会、终身教育理念的逐步确立,心理科学理论和方法的不断进步和发展,西方教育心理学研究空前繁荣,苏俄在教育心理学研究上也放弃了对西方全盘否定、完全对立的态度。世界教育心理学走上了成熟完善的健康发展之路。

(一) 当代西方教育心理学的发展趋势

1. 研究转向认知范式,强调学习的主动性

教育心理学传统的 S-R 范式认为学习的过程是反应获得的过程,是一个机械的过程。在学习过程中,学习者成功的反应被自动强化,不成功的反应则自动消弱,认为刺激和反应之间的联结是强化的结果,学习者是一个被动的接受者。教育心理学中的认知理论则认为学习是学习者主动进行认知加工、建构知识的过程,学习过程是积极的,不是消极的;是主动的,不是被动的。皮亚杰和维果斯基的认知心理理论受到普遍关注和重视。美国教育心理学的研究队伍中也涌现出一大批国际知名的认知教育心理学家,如加涅(R. M. Gagné,1916—2002)、奥苏贝尔、布鲁纳等。

2. 注意对学习过程进行深入细致的研究

教育心理学不再单纯关注学习的特点与实质,而开始关注学习的认知加工过程研

究。如加涅系统总结了学习心理研究状况,根据学习结果对学习类型进行了新的划分,细致探讨了影响学习的各种内外部条件;奥苏贝尔系统阐述了有意义学习的实质、作用、条件与过程。布鲁纳也属于认知心理学家,他倡导的学习理论是认知发现的学习理论。

3. 注重教学的有效性研究促使教学心理学兴起

对实际教学实践的关注,对教学有效性的关注,使得教育心理学走出困境,焕发出勃勃生机。从1969年加涅等提出"教学心理学"的概念以来,教学心理发展迅速,使得教育心理学研究呈现学与教并重的新局面。认知与元认知的研究、学习策略与教学策略的研究,有效的学习方式和有效教学模式(如合作教学模式)的研究,成为教育心理学研究中的热点问题。研究所取得的新的成果,对教育科学和教育实践均产生重大而积极的影响。

4. 开展影响学与教过程的社会心理因素的研究

现代教育心理学注意到影响学与教的因素是多方面的,有外部的因素,也有内部的因素;有认知方面的因素,也有社会心理方面的因素。维纳(B. Weiner,1935—　)的归因理论和班杜拉(A. Bandura,1925—2021)社会学习理论引起了人们广泛的重视。社会对教育的期望、教师对学生的期望、群体状况、观察与模仿、归因不同等均对学与教活动产生影响。

5. 重视生成式人工智能对教育心理学影响的应用研究

随着数字时代的到来,在生成式人工智能迅速普及的背景下,教育教学中数字技术的使用怎样有效地提高学与教的效益,与此有关的心理问题开始成为当代教育心理学研究的一个热门领域。

(二)我国近年教育心理学的研究状况

1980年,我国著名心理学家潘菽主编的《教育心理学》正式出版,该书全面介绍了当时国外教育心理学的研究进展,总结了国内的研究成果,成为我国教育心理学走向繁荣的一个里程碑。经过40余年的发展,我国教育心理学的发展呈现以下特点:

1. 学科体系逐渐趋同稳定

改革开放以来,我国教育心理学工作者一直注意根据国外,特别是西方相关研究成果,开展科学构建中国教育心理学学科体系的探索。潘菽主编的《教育心理学》成为我国高等院校心理系、教育系以及相关专业的第一本全国性统编教育心理学教材。此后,邵瑞珍、皮连生、韩进之、章志光、陈琦、吴庆麟、张大均、莫雷以及张春兴等中国研究者相继编写出版了一批具有较高学术水平、具有较大学术影响、具有鲜明中国特色的教育心理学教材。这些教材由于服务不同的读者对象,内容详略虽不尽相同,但都注重教育心理学的基本理论和国内外研究前沿的总结概括;都注意从我国基础教育教育改革发展的实际着眼,建构中国教育心理学的理论体系;都倾向于从基本理论、学习心理、教学心理和教与学的条件等基本方面来建构教育心理学的内容体系。

2. 研究内容从简单介绍印证西方研究到彰显中国特色

教育心理学和心理学一样是舶来品,我国从 20 世纪初到 20 世纪末半个多世纪中,教育心理学研究一直停留在单纯介绍、简单印证西方、苏俄研究的阶段,很少有高水平、有影响的原创研究。经过 40 余年的努力,我国教育心理学在追逐国际研究前沿的基础上,逐渐显现出中国特色。基础研究主要涉及构建中国教育心理学体系、智力与非智力因素及其对学习的影响、儿童青少年人格发展与健全的培育、创造力及其培养、素质教育的心理学基础、学与教的理论等研究领域;应用研究主要涉及儿童青少年品德形成和培养、提高教学质量与效率的教与学策略研究、学科教学、课程教学改革中的心理问题研究、学校心理健康教育研究等。在汉语认知、美育心理、中国独有的独生子女心理发展研究以及学校心理素质教育等领域也进行了开创性研究。这些研究结合中国教育教学实际、着眼于中国文化,初步体现出本土化特色,不仅丰富和完善了我国教育心理学的理论体系,拓展了研究领域,也引起了国外学界的关注。

3. 积极为教育教学改革与发展服务

近年来,我国教育心理学研究一直密切关注我国教育改革与发展,特别是基础教育的改革与发展,及时发现在素质教育实施过程中、在新课程改革过程中出现的教育心理问题,积极探讨科学解决这些问题的途径与方法、自觉为我国的教育教学实践服务。例如学生个性全面发展与教育环境关系的研究、智力因素与非智力因素对学习影响的研究、学生社会性发展与规范学习的研究、教师职业素质与专业化发展研究、教学的有效性研究等为我国素质教育理论的建立和完善,为新课程改革方案的设计与实施做出了重要贡献。

复习思考题

一、选择题

1. 下面不属于学与教基本要素的是( )。

A. 学生　　　　　B. 教师　　　　　C. 家庭环境　　　　　D. 教学环境

2. 下面对教育心理学研究对象的界定较为合理的是( )。

A. 教育心理学是应用于教育的心理学

B. 教育心理学是以儿童发展研究为中心的学科

C. 教育心理学是研究如何学习的学科

D. 教育心理学是研究学校教育情境中学与教的基本心理规律的科学

二、名词解释

教学环境　教学过程　教学媒体

三、简答题

1. 谈谈你对教育心理学研究性质的认识。

2. 简述教育心理学的研究内容。

3. 教育心理学的发展简史及发展趋势简介。

4. 谈谈我国教育心理学的发展现状。

四、论述题

结合实践谈谈中学教师为什么要学习教育心理学？

第**2**章 中学生的心理发展与教育

/ 内容摘要 /

　　了解中学生的心理发展状况是有效进行教育的心理基础。只有对中学生的心理发展特点有全面充分的认识才能真正做到因材施教。本章分段介绍了初中生和高中生心理发展的基本特点,在此基础上重点介绍了中学生的认知发展对教育的影响及中学生的人格发展对教育的影响。

/ 重点难点 /

1. 了解中学生的心理发展特点。
2. 掌握中学生的认知发展对教育的影响。
3. 掌握中学生人格塑造的途径。

/ 本章结构 /

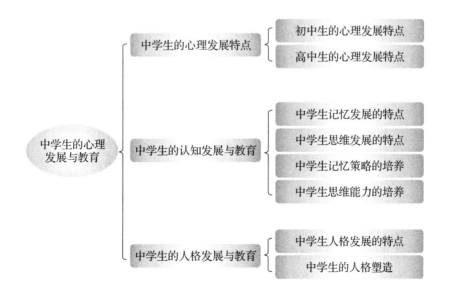

第一节　中学生的心理发展特点

中学时代是人生发展的重要阶段,在人生发展中占有非常重要的地位。不管是认知发展还是人格发展都处在即将成熟定型的关键年龄。中学分初中和高中两个阶段,其中初中生的年龄约在11、12岁到13、14岁之间,高中生的年龄约在14、15岁到17、18岁之间。因为初中和高中阶段分别处于青春期和青春期之后,其心理特点存在明显的差别。要在实际的教育教学中达到事半功倍的效果,首先要了解中学生心理发展的基本特点。

一、初中生的心理发展特点

(一)青春期带来的心理变化

青春期的到来给初中生的心理活动也带来了巨大的冲击。一方面,初中生身体外形上的变化使他们产生了成人感。不管是身高体重还是相貌特征,他们看起来与成人已没有太大差别。他们在心理上也在积极地追求独立,希望成人能把自己当作成人来看待。然而这种独立的成人地位和角色的转变不是在短时间内就能够完成的。在成人眼里此时的初中生还仍然只是个孩子。初中生自己也没有发展出足够的独立能力,如何扮演新的角色,如何获得他人的肯定评价,如何与师长和同伴相处等诸如此类的问题使他们感到困惑重重。另一方面,性机能的迅速成熟,使初中生对异性产生了好奇和兴趣,萌发了与性相联系的一些新的情感体验,滋生了对性的渴望。然而这种渴望往往是不被现实所允许的,甚至是不被自己的道德要求所允许的,因此初中生常常体验到强烈的冲突。正是由于这些原因,初中生的心理特点表现为明显的矛盾冲突性和不平衡性,具体表现在:

1. 反抗性与依赖性的矛盾

初中生强烈的成人感使他们产生了强烈的独立意识,这种独立意识是如此之强,以至于他们对任何事情都希望自己能够独立做决定,对成人的意见甚至一些友好的指导意见都会认为是对自己事务的干涉而表现出强烈的反抗性。所以日常生活中经常能见到初中生与家长和教师发生冲突的情况。当然冲突的发生有时不仅仅是初中生的反抗性所造成,家长和教师也要为冲突负责。有的家长的教养方式不能随着孩子的成长而变化,孩子已经长大了,家长仍然沿用孩子小学甚至幼儿时期的教育方式,干涉过多,保护过多,唠叨过多也是引起初中生反抗的原因。教师有的时候也犯同样的错误,不相信学生有独立选择恰当行为方式的能力,教学中干涉过多,要求过多。

初中生在表现出对成人强烈的反抗性的同时还存在着对成人的依赖性。实际上初中生并没有完全摆脱对父母的依赖，只是依赖的方式发生了变化。小学时对成人的依赖更多的是情感上的和生活上的，初中生对父母的依赖则更多地表现为希望从父母处得到精神上的理解、支持和帮助。

初中生的反抗性存在着复杂的原因，有时反抗是想向他人表明自己具有了独立的人格，有时是为了掩饰自己的软弱，有时是为了获得同伴的赞许。初中生对成人的感情是矛盾的，既具有反抗性又具有依赖性。

2. 闭锁性与开放性的矛盾

进入青春期后，与小学阶段相比，初中生逐渐地将自己的内心封闭起来。他们的内心生活比以前更加丰富，但表露于外的却减少了。初中生对他人的要求是很高的，他们往往会因为他人的一个缺点或无意的失信而不再信任对方。他们不会轻易把自己内心的秘密告诉别人，哪怕是比较好的朋友也是如此。另一方面他们又常感到孤独寂寞，希望能有人来关心和理解他们，所以他们又在不断地寻找朋友，一旦他们认为对方能够很好地关心和理解自己，值得信任，就会把对方当作知己而推心置腹，毫不设防。有时初中生会因为亲密的朋友没有为其保守秘密，而与朋友反目成仇。这种"背叛"往往被初中生认为是不可原谅的。

3. 勇敢与怯懦的矛盾

初中生在某些情况下会表现得相当勇敢，在某些情况下又会表现得相当怯懦。初中生的勇敢往往具有莽撞和冒失的成分，正所谓，"初生牛犊不怕虎"。这主要是因为他们思考问题时很少受一些条条框框的限制，没有过多的顾虑。还有一个原因就是此时他们在认识能力上存在局限性，常常不能觉察潜在的危险和严重的后果。所以初中生的勇敢更多的是一种无知之勇。在另外一些情况下他们又常常表现得比较怯懦，如在某些公共场合，初中生会表现得扭捏羞怯，不善言辞。初中生的这种怯懦主要是由于他们的生活经验少，过多地关注别人对自己的看法以及对自己不够自信等方面引起的。

4. 自负与自卑的矛盾

初中生还不能客观地评价和认识自己的潜能和性格特征。几次成功甚至是一次偶然的成功就会使他们觉得自己非常了不起，从而沾沾自喜，高傲自大。几次偶然的失败就会使他们觉得自己无能透顶而感到自卑。这两种看似矛盾情绪状态又往往交替出现于同一个初中生身上。

5. 否定童年又眷恋童年的矛盾

进入青春期后，初中生的身体迅速发育成熟，在心理上也急切地追求成人地位，努力想要抹去过去童年的痕迹，时时处处希望给别人留下成熟的印象，他们不愿承认自己还是个孩子。所以他们认为自己的一切行为都应该与幼小儿童的表现有所区别，力图从各个方面对自己的童年加以否定。另一方面,由于要面对学习压力和一系列令人困惑苦恼的成长问题,他们又经常感叹生活变得越来越复杂,怀念童年时期的无忧无虑的心态、简单明了的生活方式,对童年充满无限的眷恋。

(二) 初中生的逆反心理

1. 逆反心理的表现

逆反心理是初中学生普遍存在的一种个性心理特征,尽管儿童在各个阶段都可能出现对成人的逆反心理,但初中生表现得更加突出。逆反心理主要表现为初中生对家长和教师等成人表现出过度的对抗情绪和反抗行为。当然,初中生也不是对成人的所有行为都表现出反抗,他们的反抗往往是有特殊内容和对象的。据研究,在下列情况下初中生最易表现出反抗心理:独立意识受到阻碍时;自主性被忽视或受到妨碍时;个性伸展受到阻碍时;成人强迫初中生接受某种观点时。可见初中生逆反心理总是在自己的要求没有得到满足或独立自主地位没有受到重视时才表现出来。

初中生的反抗方式也是多种多样的,有时表现得很强烈,有时则以内隐的方式表现出来。主要有以下表现形式:

(1) 态度强硬,举止粗暴

这种反抗方式迅速而强烈,有点像"暴风骤雨",常使成人感到出乎意料,措手不及。与成人激烈争吵、离家出走等都属此类。冲突过程中,往往任何的劝导都无济于事,但事态平息后,这种强烈的反抗情绪也会较快地随之消失。所以对待这种形式的反抗心理,家长和教师要尽量避免正面冲突,待事态平息双方都冷静下来以后再与其沟通,可起到较好的效果。

(2) 漠不关心,冷淡相对

这是一种无言的反抗形式,他们不直接顶撞反抗对象,而是采取一种漠不关心、冷淡相对的方式,对对方的意见置若罔闻。这种反抗形式更多出现在内向的初中生身上。因为没有直接的冲突,他们又不肯听从成人的意见,所以这种反抗往往让成人感到无从下手,不知如何应对。对待这种学生,要注意平等相处,用温情感动他们,用行动感化他们,让他们理解成人良好的出发点和美好的愿望。

(3) "恨乌及屋",反抗迁移

初中生的反抗行为具有迁移性,当某个人的某一个方面的行为引起了他们的反感,他们会将这种反感迁移到这个人的方方面面。与此相似的,当成人团体中的某一个成员让他们不满意时,他们也倾向于讨厌这个团体中的每一个成员。如某个初中生因为讨厌某个老师,而认为所有的老师都一样,都是不可信任的。初中生的这种反抗的迁移性,往往使他们看待问题以偏概全,在是非面前感到困惑,甚至排斥那些对他们成长有利的因素,从而给他们的成长带来不利的影响。

2. 逆反心理产生的原因

首先,自我意识的突然高涨导致初中生逆反心理的出现。随着初中生自我意识的高涨,他们更倾向于维护良好的自我形象,努力追求独立和自尊,但现实生活中他们的某些想法又难以实现,屡屡碰壁,于是他们就产生了一种过于偏激的想法,认为阻碍他们独立性和想法实现的根本原因来自成人,便产生了对成人的逆反心理。

其次,中枢神经系统的兴奋性过强导致初中生逆反心理的出现。一种观点认为,初中生的中枢神经系统处于过分活跃状态,使他们对周围的各种刺激,甚至是一些较弱的刺激,表现出过强的反应。所以他们经常为一些在常人看来不值得大惊小怪的事情而暴跳如雷,表现出逆反的特点。

最后,独立意识的发展导致初中生产生逆反心理。初中生的独立意识空前发展,甚至表现得过于极端,任何自己的事情都希望能够独立做决定,并独立执行。于是他们经常把父母给予的生活上的关照及情感上的爱护都看作追求独立的障碍,将教师及其他社会成员的指导和教诲也看作对自身发展的束缚。为了获得心理上的独立感觉,他们对任何一种外在的力量都有不同程度的排斥倾向。

 案例

> **L 的烦恼**
>
> L是一个长得高高大大的女生,微胖,她是被妈妈带来心理咨询室的。预约时妈妈已经在电话里历数了她的缺点,懒、馋、贪玩。L进入咨询室没有跟咨询师打招呼,一下子瘫坐椅子上,身子往后一靠,摆出一副无所谓的神情,似乎在说,来吧,治疗我吧。我知道这又是一个反叛的女生。我对她表示了欢迎,没有马上开始进入咨询环节,而是把她带到沙盘面前,跟她说:"我们不是治疗,就是聊聊天,就像你有心里话,需要找个人倾诉一下。现在先让我们彼此熟悉一下吧。"我给她介绍了沙盘的玩法。沙盘做完之后,我询问她自己做的沙盘的含义,她终于打开了话匣子。经过沟通了解到,她现在13岁,上初一,爸妈上半年离婚了,她目前跟着爸爸住。在她的心目中爸爸的性格和善,对她很好,对她的事情从来不过多干涉,尊重她。可能因为这次期中考试考得不好,身为医生的妈妈认为爸爸没有尽到教育的责任,责令她跟妈妈住在一起。妈妈平时工作很忙,但是每天都会过问她的作业。妈妈每天说得最多的三句话是:"起床了吗?""今天有哪些作业?""作业完成了吗?"她说自己很烦,成绩下降是父母离婚造成的,现在她反过来怪她自己没有努力。"我做什么都是错的,所以我干脆什么都不做,就是玩。他们离婚有问过我什么感受吗?现在来怪我",她说。但是咨询结束后从妈妈那得到的是另外的信息,她从小就是馋、懒,除了吃喝玩,没有感兴趣的事情。以前考试

成绩在班里也只不过是中等,上了初中之后直接在班里倒数了。"现在不努力,将来怎么办啊?",说到这里,看起来女强人一样的妈妈失声痛哭起来。

结合逆反心理的相关知识,分析一下如何能够帮到 L 和她的母亲。

案例分析:

L 正值青春期,父母的离异对她是一个很大的打击,心中充满了愤怒,但又无处宣泄。这个阶段的叛逆心理会把父母的关心也看作束缚和压制。L 的父亲对她不闻不问,她觉得是给她自由,妈妈的管教在她看来就是对她自由的干涉,因此自暴自弃。L 母亲的做法虽然出发点是好的,但没有关注到 L 的心理需求,没有给她足够的共情,没有从 L 的角度去给她解释父母分开的原因,更没有让 L 感受到即便是父母分开了,对她的爱一点也没少。L 和 L 的父母都需要专业的心理辅导,帮助 L 和父母和解,也帮助 L 的父母改进关注孩子的方式,更好地尽到父母的责任。

二、高中生的心理发展特点

(一) 高中生智力的发展

高中阶段的学生处于青年初期,年龄大约在 14、15 岁到 17、18 岁之间。此阶段个体智力发展的各种成分已基本发育成熟,观察力、记忆力、想象力、思维力都达到了一个较高的水平。概括大量的有关智力发展的研究,我们发现,智力发展在 18 岁之前几乎是直线上升的,18 岁以后发展的速度迅速下降,到 25 岁左右达到高峰(如图 2-1),此后很长一段时间维持在一个高原水平,直到老年期到来才出现明显的下降。18 岁时个体智力与其最高可能发展水平已相差无几。

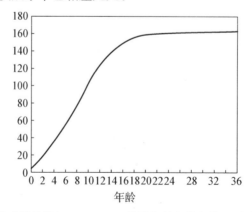

图 2-1　智力成长曲线(**Bayley,1968**,转引自刘金花主编《儿童发展心理学》)

就高中阶段而言,智力发展的最重要的体现是思维的发展。进入初中阶段以后,个体已发展出皮亚杰(J.Piaget)所谓的形式运算思维,形式运算思维也就是抽象逻辑思维,此时个体的思维已能脱离具体形象,能在命题的水平上进行思考和运算,能根据假设的种种情况进行推理,并相信推理得出的结论。但初中阶段的这种抽象逻辑思维还是较为初步的,很多时候仍然需要经验的支持。到了高中阶段这种抽象逻辑思维进一步得到发展和完善,并逐渐发展出辩证思维的特点,可以从多个方面多个角度对一些抽象命题进行分析推理,并能接受推理中可能出现的矛盾情况。与初中阶段不同的是,高中生的抽象逻辑思维属于理论型,能完全凭借抽象符号进行,并能以理论作为指导去分析、解决各种问题。

(二) 高中生自我意识的发展

高中生个性发展的核心问题是"自我"的发展问题,其中自我意识又是自我发展的关键问题。高中生自我意识的发展体现在很多方面,概括来讲主要包括六个方面:

1. 自我意识中的独立意向的发展

高中生已能完全意识到自己是一个独立的个体,因此要求独立的愿望日益强烈。与初中阶段的要求独立不同的是,高中生的独立性要求是建立在与成人和睦相处的基础上的。高中生已能与父母、教师及其他成人保持一种相互尊重、相互平等的和睦关系,遇到与成人之间的矛盾冲突时也能较为理性地处理,较少表现出对成人的反抗。

2. 自我意识成分的分化

高中生在心理上把自己分成了"理想自我"和"现实自我"两个部分。所谓"理想自我"是指个体期望自己将要达到的自我的状态,是较为完美的自我,引导着个体发展的方向。"现实自我"是个体现在已经达到的自我状态。理想自我与现实自我之间往往存在一定的差距。正是由于高中生的自我出现了"理想自我"和"现实自我"的分化,才形成了他们思维和行为上的主体性,产生了按照自己的想法去判断和控制自己言行的要求和体验。

3. 强烈关心自己的个性成长

高中生对自己个性方面的发展非常关心,经常问自己身边的人自己有什么缺点,知道自己身上的缺点后会努力去改正,追求个性的完美。他们在评价自己和他人的时候经常将个性是否完善放在首位。

4. 自我评价已基本成熟

高中生在自我评价时已能较为全面地评价自己,不仅能对自己的外部特点进行评价,而且能对自己的心理品质、道德品质等内在特点进行评价;不仅能从各个方面评价自己,而且能从整体上来评价自己。高中生的自我评价已经比较客观。

5.有较强的自尊心

高中生的言行在受到肯定和赞赏时会产生强烈的满足感,相反在受到别人的批评和否定时经常感到沮丧和挫折。当然,高中生的情绪并不是完全受外在评价的左右,只有他们认为有道理的肯定或否定评价才能引起自尊的变化。高中生对他人的评价是否客观已能较好地判断。

6.道德意识的高度发展

高中生的道德意识已经达到了皮亚杰所说的自律道德阶段,他们已经能够掌握社会上的道德规范并内化为自己的道德规范,并能够形成自己的道德判断的价值体系。

第二节　中学生的认知发展与教育

一、中学生记忆发展的特点

记忆是人们对经历过的事物的反映。记忆是中学生积累经验、丰富知识的基本手段,也是中学生心理发展的重要基础。中学生记忆能力的发展有着显著不同于小学生的特点。

(一) 有意识记和无意识记的发展

有意识记是有预定目的且需要意志努力的识记。无意识记是无预定目的,不需要意志努力的识记。与小学生相比,中学生有意识记开始占主导地位。尽管小学中年级以后,儿童有意识记的成绩显著优于无意识记,他们能根据目的任务进行识记。但是小学生的识记往往是被动的,需要教师常常提醒才能按时完成记忆任务。中学阶段,初中低年级学生的无意识记还比较明显,但有意识记已占优势地位,有意识记的主动性开始发展,他们不仅能根据课程和教材等不同提出不同的识记任务,还能主动地应用一定的记忆策略和方法。

(二) 意义识记和机械识记的发展

意义识记是在理解基础上的记忆,而机械识记是对记忆材料不理解单靠重复而进行的记忆。沈德立等人比较了初二学生对词单和数单的识记效果,结果发现词单的识记效果普遍高于数单,原因是词单由不同数目的单词构成,有一定的意义,便于进行语义编码和进行意义识记,而数单是由数字构成,意义性很微弱,不便于语义编码,只适于进行机械识记。另外还有研究发现,在中学阶段,随着年龄的增长,意义识记能力在逐渐提高,而机械识记能力随着年龄增长反而有所下降。事实上,机械识记能力在十二岁左右达到顶峰,此后就开始下降,而意义识记能力在整个中学阶段都在不断提高。

二、中学生思维发展的特点

(一) 初中生思维发展的特点

1. 以抽象逻辑思维为主要思维形式

按照皮亚杰的观点,初中阶段正是"形式运算"阶段的开始。形式运算阶段的主要思维特点是,可以在头脑中把事物的形式和内容分开,可以离开具体事物,根据假设来进行逻辑推演。抽象逻辑思维是初中生的主要思维形式。比如初中生可以进行纯符号的代数运算,可以理解整数、自然数之外的负数、无理数等概念,就是他们的抽象逻辑思维能力大大提高的结果。

2. 初中生思维品质表现出矛盾性特点

首先,思维的创造性和批判性日益明显。初中生具有强烈的求知欲和探索精神,他们兴趣广泛、思想活跃,喜欢别出心裁、标新立异,在许多方面表现出强烈的创造欲望。例如,他们迷恋各种富有创造性的科技制作活动;在文体活动中表现出极高的创作热情;在解题过程中不满足于一种方法,竭力寻求不同的方法,试图做到举一反三,一题多解。初中生的这种创造欲望,主要来自他们心理上强烈的成人感及高涨的自我意识。他们要证实和展示自己的才华和能力,要摆脱过去那种"被动接受"式的学习方法和对教师、父母的依赖。初中生思维批判性也明显增长,一方面表现在他们不愿轻易地接受别人的意见,对别人的思想、态度、意见等经常要做一番审查,甚至有时持过分怀疑和批评的态度;另一方面表现在他们开始严肃认真地对待自己的思想和主张。

其次,思维的片面性和表面性依然存在。初中生思维的片面性主要表现在思想的偏激和极端方面。他们经常不能全面辩证地分析问题、解决问题,而是抓住一点不计其余。这种片面性、表面性首先反映在他们对人、对事的态度上,如"狂热地追星"就是这个阶段少男少女思维表面性、片面性的体现;思维的片面性还使初中生在思考问题时经常钻牛角尖,例如,在学业方面,他们在显示出很高的创造力的同时,又常暴露出逻辑思维的严谨性缺乏。

最后,思维中的自我中心再度出现。初中生的思维的自我中心主要表现在两个方面:"假想的观众"和"独特的自我"。所谓"假想的观众"就是初中生经常感觉到周围的人对自己的一举一动都在观察,自己每天都好像生活在舞台上一样受到别人的欣赏或批评。他们非常重视别人对自己的评价,所以要花很多时间和心力来应付这些假想的观众。当他们感到自责的时候,便感到别人也在责备自己,感到有无数双眼睛在看着自己。他们自己喜欢的东西觉得别人也会喜欢,自己认为正确的东西,别人也应该认为是正确的。但实际上这个时期的青少年都更加关注自己,对别人很少关心,他们所认为的观众在实际上是不存在的,只是他们的想象而已。与"假想的观众"相对应的是"独特的自我",他们认为别人会关注自己是因为自己与众不同,他们经常认为自己的一些行为、感受是独一无二的,常常夸大自己的独特性。如,当他们遇到情感挫折,成人开导他们时,他们经常会说"你怎么会了解我的感受呢?"总认为在这个世界上没有几个人能真正了解他们内心的感受。

 案例

大伟的苦恼

大伟是一名初二的学生,他现在有一个苦恼,每次进入班级,只要是他最后一个进入班级,班级中坐满了人,他就非常紧张,感觉自己不会走路了。这个时候他会心跳脸热,同手同脚地走路,每次都会引得同学们哄堂大笑。这让他非常痛苦,为了避免最后一个进入教室,他每天都是早早进入学校,下课后除非上厕所,他不敢出教室。这个毛病已经持续一个月了,并且似乎越来越严重。一个月之前他根本就没有这个毛病,每天无忧无虑。他清楚地记得有一次课间他因为打球,上课铃响了没有听见。当他急匆匆跑回教室时,老师已经开始上课了。他抱着球往自己座位跑的时候绊了一跤,引得同学们哄堂大笑。他感到特别尴尬,恨不得找个地缝钻进去。从那以后,每当看到班级里坐满人,他就感觉自己心跳加速,手脚僵硬,觉得每个人都在等着看他的笑话。后来一个女生发现他走路同手同脚,哈哈大笑,引得全班又一次对他哄堂大笑。这次经历使他更加紧张,每次都特别害怕再次出糗,每次又会真的同手同脚。他也知道大家没有恶意,但是每次总是忍不住紧张。他真不知道这个苦恼什么时候能够解决。

根据我们学习的知识,分析一下大伟的苦恼产生的心理机制。

案例分析:

大伟的问题在于过于关注他人的眼光。这个阶段的儿童容易出现自我中心现象,特别关注别人如何看待自己,走到哪都觉得有很多双眼睛在盯着自己,实际上这个阶段的儿童恰恰都更多地关心自己,而较少关注别人,其他人都在盯着自己实际上是一种错觉,即"假想的观众"。案例中,大伟的紧张反应已经影响到他的正常生活了,需要寻求专业的心理咨询师的帮助。可以采用系统脱敏法逐渐消除大伟的焦虑情绪。

(二) 高中生思维发展的特点

1. 抽象逻辑思维已具有充分的假设性、预计性和内省性

初中阶段,虽然抽象逻辑思维已在个体智力发展中占优势,但很大程度上仍需经验的支持。高中阶段,学生的抽象思维属于理论型,已能在头脑中进行完全属于抽象符号的逻辑推理。高中生运用假设的能力不断增强,已能完全撇开具体事物运用概念和假设进行思维活动。假设性的发展又使得他们的思维更具预计性,即在解决问题之前,能够事先计划,制定方案、选取策略,并且能够对自己的思维过程实现更好的监控和调节,具有明显的内省性。

2. 形式逻辑思维处于优势,辩证逻辑思维迅速发展

形式逻辑思维和辩证逻辑思维是抽象逻辑思维发展的两个不同的水平,高中生的形式逻辑思维已获得相当完善的发展,在其思维活动中占据主导地位。与此同时,高中生的辩证思维也获得迅速的发展,思维比较灵活,既能从具体上升到理论,又能用理论指导去获得具体的知识,既能从静止的角度看问题,又能从运动变化的角度看问题,能够从多个角度多个方面去分析问题解决问题。

3. 抽象逻辑思维的发展在高中阶段进入成熟期

研究表明,到高中二年级,高中生的抽象逻辑思维趋于成熟,主要表现在三个方面:首先是各种思维成分基本趋于稳定状态,基本上达到了理论型抽象逻辑思维水平;其次是个体的思维差异,包括在思维品质和思维类型上的差异已基本趋于定型;再次,从整体来看,思维的可塑性已大大降低,与成人期的思维水平基本保持一致,甚至在某些方面还高于成人。

三、中学生记忆策略的培养

记忆能力是中学生认知能力的重要组成成分,是中学生有效学习的基础。培养良好的记忆策略和记忆方法可以有效地提高中学生的记忆能力,提高其学习效率。学生主要的记忆策略包括复述、组织和精加工,对中学生来说主要是发展后两种策略。据心理学家研究发现,学生不能有效地使用记忆策略主要是存在三种情况:一是没有掌握记忆策略,二是不能主动使用记忆策略,三是不恰当地使用记忆策略。其中后两者是中学生不能有效地使用记忆策略的主要原因。

如何有效地培养中学生的记忆策略呢?

1. 培养学生养成使用记忆策略的习惯

在日常的教育教学中要多给学生展示有效的记忆策略和方法,激发学生主动地使用记忆策略,使学生遇到记忆问题能主动地思考有没有更有效的策略帮助记忆,并尝试使用已掌握的各种记忆策略。

2. 鼓励学生去发现有效的记忆策略

大多数情况下使用记忆策略的记忆效果优于不使用记忆策略的记忆效果,但是具体哪些策略更有效则因人因事而异。因此,要鼓励学生去发现最适合自己的记忆策略,辨别在何种情况下使用何种策略更能事半功倍。

3. 激发学生创造新的记忆策略

各种记忆策略可以有多种形式,在具体的情况下,不同形式的记忆策略效果相差很大。要激发学生去探索发现新的记忆策略而不能仅仅满足于教师教授的策略,力求做到举一反三,触类旁通。

四、中学生思维能力的培养

良好的思维能力是中学生知识学习的基础,同时培养学生的思维能力也是中学教育的目标。要培养中学生良好的思维能力,在教学中我们可以从以下几个方面入手。

1. 创设问题情境,使学生产生思考愿望和兴趣

在课堂教学中创设具有启发性的情境,激起学生的思考兴趣是培养学生积极思考习惯的有效手段。富有启发性的课堂情境有两个特征,一是能为学生参与富有意义的思维活动提供机会,二是能激起学生参与思维活动的兴趣。向学生提出富有思考性的问题是创设问题情境的重要手段。富有思考性的问题可以刺激学生思考,使学生集中注意力去解释条件,提出和验证假设,发现新的东西,产生新的结论或争论。如"哥伦布发现了什么"算不上是一个富有思考性的问题,而"探险需要什么样的准备,为什么"就是一个富有思考性的问题。在课堂中,一些开放性的问题,含有矛盾冲突性的问题,与自己生活经验有关的问题,都容易激起学生思考的兴趣。

2. 重视课堂提问,使学生思维的隐性过程外显化

学生对一个问题的解答通常有一个较长的思维过程,在这一过程中他们可能有许多零散的想法,一个正确答案的获得往往是一个对这一系列零散想法进行修正的结果。要改善学生的思维,教师首先应该让学生清楚地意识到这些想法是怎样起作用的,要使学生意识到自己当前是怎样思考的,然后要清楚地了解比自己更好的思考者的思维是怎样进行的。这就意味着我们需要使表面上不可见的思维过程变得可见和外显,尤其是当学生正在进行新的和复杂的思维操作时。使内隐思维外显化主要有两种方式:一种是让学生反复思考他们在完成一种思维推理时做了些什么,即元认知反思。另一种方式是把一种思维操作发展为思维模型,即让学生一步步说明一种思维是如何执行的。实际上,要实现这些过程,教师要注重自己的课堂提问,给学生说明自己思考过程的机会。

3. 架设探索的桥梁,使学生的思维不断具体和深化

在课堂教学中不能仅局限于在课堂之初创设问题情境,还要在接下来的课堂中层层设问,层层深入,不断引起学生探索思考的兴趣,使学生的思维过程不断地具体化和深化。这就要求教师对自己所教课程有清楚的把握,同时又能清楚地了解哪些问题容易引起学生的思考兴趣。

4. 克服思维定势,培养发散思维

发散思维是创造性思维的核心,要培养学生良好的思维品质,培养学生的发散思维是不容忽视的。学生在长期的学习过程中会不自觉地形成一种思考的习惯,被称为思维定势。思维定势有其积极的一面,在解决常规问题时,可以使学生轻车熟路,迅速解决问题。同时又有其不可忽视的消极面,思维定势会阻碍学生解决新的问题,阻碍其思维发展。有些学生对一些常规问题解答准确而迅速,而同样的问题稍加变换他们却不能解答就是思维定势在起作用。克服思维定势的有效手段就是培养学生的发散思维,所谓发散思维就是从一个问题出发向多个方向去寻找答案的思维形式。教师在教学中要注意利用一题多解、一题多变、一题多问、精解巧解的方法培养学生的发散思维。

5. 做好归纳总结,升华思维

每一节课、每一单元的课程结束时都要进行归纳总结。引导学生将所授知识进行归纳总结,既要总结本节、本章的重点、难点,又要将知识浓缩成一个或几个知识点,由点连成知识主线,再编织成知识网。在这一知识的积累和重组过程中,学生通过探索知识的内在联系与规律,自觉地理解知识,从知识的整体再去理解局部的知识,逐步学会驾驭知识的过程,使思维升华。

6. 把思维的教学和知识的教学完美结合起来

需要强调的是思维的训练是与具体内容联系在一起的,这就好像一个人的身体和精神是不能分离的一样,离开内容的思维是没有对象的,没有思维参与的知识是没有生命的。思维的教学不能脱离具体学科的教学而进行,两者必须结合起来才能达到良好的教学目的。

总之,思维能力的培养是一个复杂而持续的工程,需要从多个方面多个角度持续一贯的实施教学才能达到培养良好思维技能和品质的目的。

第三节　中学生的人格发展与教育

一、中学生人格发展的特点

中学生的各种人格特征正处在一个快速发展的时期,一些人格特征甚至开始成熟,其中最突出的有以下三个方面:

（一）自我意识的高涨

初中生正处在青春发育期，身体发育迅速，这使初中生在很短的时间内出现了成人的体貌特征。身体的发展尤其是性机能的成熟使他们对自身的发展产生了浓厚的兴趣。他们的一部分注意力从关注外部世界转移到关注自己的内部世界，于是初中生的内心世界越发丰富，内省能力显著提高，自我意识明显高涨。他们经常关注"我是一个什么样的人？""我有哪些特点？""别人是否喜欢我"等问题。初中生的自我意识是如此强烈，以至于他们特别强调自我的独特性和自我的独立。于是初中生的自我意识在一定程度上表现出自我中心性和对成人的反抗性。高中生的自我意识继续发展，与初中生不同的是，高中生对自己各个方面的看法和评价更加的客观公正，不再过于强调自我的独特，而是努力在强调自我独立和寻求与环境和平共处之间寻求一个平衡点。高中生经常能够对自己的特点、优缺点有明确的认识，当自己的观点与成人观点不一致时也能心平气和地与成人讨论。

（二）自我同一性的发展

著名心理学家艾里克森提出，人生发展的各个阶段都有一对独特的社会心理矛盾需要解决，矛盾解决得好就能促进发展而顺利进入下一个阶段，不能解决矛盾就会阻碍心理发展。他认为青年初期心理发展的矛盾是"自我同一性对角色混乱"。所谓自我同一性是一种关于自己是谁，在社会上应占什么样的地位，将来准备成为什么样的人以及怎样努力成为理想中的人等一连串的感觉。同一性在青春期之前就已经开始发展，但青春期以后原有的同一性没有办法应付当前生活的选择和发展任务，于是必须建立新的同一性来应对生活中的种种选择和抉择。同一性发展的核心是职业的同一性，即将来要从事什么职业。初中开始，学生就开始探索同一性的发展问题了，到高中阶段正常发展的学生都应该建立起关于职业的同一性，否则就会陷入艾里克森所说的"角色混乱"。所谓"职业的同一性"就是对自己将来要从事什么样的职业有清楚的认识并准备为将来从事这一职业而积极努力。陷入"角色混乱"的学生要么会体验到强烈的焦虑不安，要么整天无所事事胸无大志，这对以后的发展将产生不利的影响。

（三）中学生价值观的确立

从初中开始，由于自我意识的觉醒，学生开始关心自我的价值问题，价值观逐渐形成。他们开始思考诸如"人活着为了什么？""什么样的人生才是有意义的人生？"等问题。进入高中以后，学生就更加关注自己的价值观问题。高中阶段是个体价值观的初步确立时期，也是个体价值观形成的关键时期。为什么高中生开始特别关注价值问题呢？首先，随着高中生认知能力的发展，他们开始能够分析各类社会事件，能够掌握各类社会标准，并以这些标准来衡量各种现象，能够有较正确的道德意识。其次，进入高中后,意味着个体很快就要结束高中生活,他们面临着就业或继续求学等一些重大选择,这些选择会对他们以后的人生发展产生重大的影响。而个体要对这些问题做出正确的选择就需要以个人的价值观为前提。只有这样,才能做到既可以在处理各种问题时保持内心准则的一致性,又可以较为灵活地应付各种变化。再次,高中生体验到更为广泛的内心冲突和压力。高中生的生活方式较之以前阶段更为复杂,面临着多方面的价值冲突,而要解决好这些问题就需要发展出较为稳定的价值观念。最后,由于自我意识的高度发展,高中生能更充分地认识自己,更正确地对待社会生活中所发生的一切,从而能按照社会的要求,开始设计自己的人生。以上这些都是高中生价值观蓬勃发展的原因。

高中生价值观的发展表现出多方面的特点:首先,高中生对理论问题产生了浓厚的兴趣,喜欢把各种具体事实综合成若干系统的总原则,热衷于哲学探讨;其次,高中生的价值观的核心是人生意义问题,他们逐渐学会将个人的生活目标与社会发展的总体方向相联系;再次,高中生的价值观反映个性色彩,具有不同价值观的高中生对事物的兴趣、态度等均不相同;最后,高中生的价值观尚缺乏稳定性,容易受环境的影响。正因为如此,高中生的价值观可能向不同的方向发展。教育的目标是引导他们的价值观沿着社会期望的方向发展。

二、中学生的人格塑造

(一) 中学生需要、兴趣、价值观的培养

人的需要是多层次的、多侧面的,它们以高层次的需要为主导,相互交织在一起发挥着动力性的作用。从大的方面可以将人的需要分为先天的生物性需要和后天习得的社会性需要两大类。先天的生物性需要,如饥、渴、性等,它们是维持生命和种族延续所必需的,但毕竟是比较低层次的需要。根据马斯洛的需要层次理论,人的低级需要基本满足以后就会产生更高级的需要。信念是人的高层次需要,它激励和支持人按照自己深信无疑的观点和准则去行动,是一种崇高的强大的精神力量。"人生自古谁无死,留取丹心照汗青"是一种信念,也是一种自我价值的实现,满足的是人的最高需要。现实生活中,伦理道德、美的评价、科学真理等都可以成为信念的内容。教师要注意在科学知识的教学过程中培养学生正确的信念。

兴趣是人格倾向性的一个方面,是人积极地接触、认识和探究某种事物的心理倾向。在中学生的生活和学习中,兴趣都起到相当重要的作用,所谓"兴趣是最好的老师"。培养中学生良好的兴趣可以从以下方面着手:首先,鼓励学生多参加有益的活动,如阅读、手工、劳动、社会公益活动等。其次,注意培养学生的精神兴趣和间接兴趣,促进间接兴趣向直接兴趣转化。人的兴趣从不同角度可以分为物质兴趣与精神兴趣、直接兴趣与间接兴趣。物质兴趣表现为对吃、穿、住、行等生活方面的兴趣,精神兴趣主要

是指认识兴趣,如对哲学、数学、艺术等感兴趣。物质兴趣多为低级兴趣,而精神兴趣是我们所崇尚的高级兴趣。直接兴趣是对所从事的活动本身感兴趣,对活动有着强大的推动力。间接兴趣是指对活动本身不感兴趣,而对活动的结果感兴趣。中学生中以学习为直接兴趣的很少,但可以引导学生明白学习对个体发展的意义,激发其间接兴趣。待间接兴趣较为稳固再促进其转化为直接兴趣。

价值观是人格的最高层次,统合着人格的其他方面,决定着人们为人处世的方式方法。对中学生进行价值观教育是人格教育的重要内容。有人提出价值观的形成要经历顺从、认同和内化三个阶段。顺从是指在社会影响下,只是在表面上显示自己的观点、态度与他人一致。顺从主要是靠外在力量来控制的,如教师对学生违反纪律的行为给予惩罚,对维护纪律的行为给予奖励。这种靠外在力量控制的行为缺乏持续性,一旦外因消失,顺从也就停止了。认同是指把别人的判断、观点等接受为己有,使自己的态度和行为与别人一致,如某学生遵守纪律是因为他认为其他学生都遵守纪律,自己也应该遵守纪律或认为老师期望自己遵守纪律所以自己应该遵守纪律。内化是在认同的基础上把接受来的价值观念等整合到自己的价值体系当中,成为自己的价值信念,变成自己人格的一部分,如某学生遵守纪律是因为他认为遵守纪律是学生应该做到的最基本的品质,并坚信遵守纪律才是好学生。

价值观的培养是一个逐步内化的过程。价值观确立之初教师应该对学生进行严格要求,培养良好的行为习惯,与此同时,要引导学生对价值观念的意义有深入的理解,产生共鸣,促使其将外部的要求转化为自己的内在要求。初中生的认知发展水平较低,从因果关系看问题的能力还较差,因此对他们的价值观教育需要有更多的外在约束。高中生能利用间接经验,从联系的发展的观点思考问题的能力大大提高,尤其是对社会现实和社会理想等问题更加关注,能从理论上检验某些价值观念的合理性。高中生价值观的教育要更加注重启发引导、辩证分析。

(二) 中学生良好性格的培养

性格是人格的核心,良好的性格特点是健全人格的基础,其结构极其复杂,其形成也受多方面因素的影响。因此,性格的培养是一个复杂而艰巨的任务,经验表明,以下几个方面是培养良好性格特点的有效途径:

1. 榜样的作用

"榜样的作用是无穷的",人天生就具有模仿能力。刚出生几天的新生儿就能够模仿成人的表情,七八个月的乳儿就能模仿成人的招手、拍手等动作。心理学中有很多实验都证明榜样的作用不可忽视。中学教师要培养学生良好的人格特点,自己首先要有良好的人格特点,在教学和生活中注意为人师表,对自己的言行严格要求。同伴也是中学生重要的榜样,要塑造学生良好的性格特点,尤其是在矫正学生不良的性格特点的时候,可以通过安排良好同伴的方式为其提供可以模仿的榜样,从而起到示范和教育矫正的作用。

2. 民主的教育方式

学校教育中,不同教师对学生教育引导的方式也不同。有的教师要求学生严格执行自己的要求,稍有违反便进行严厉的惩罚,甚至体罚。这种教育方式被称为"管家式的教育",强调学生对教师的绝对服从,这种教育方式下的学生人格比较压抑,没有独立精神和民主精神。教师在场能保持良好的集体纪律,努力学习,教师不在场时又往往故意放纵自己的行为,表现出较强的反叛。还有种教育方式被称为"保姆式的教育",教师在教学中什么事情都替学生安排好,对学生百般爱护,嘘寒问暖。这种教师一般会被认为是认真负责的好教师,但是这种教育方式培养的学生往往对教师比较依赖,缺乏独立精神,遇到问题自己难以决断。民主的教育方式下,教师对学生有明确的要求,同时又给学生自己决定的空间,引导学生遇到问题群策群力,一起解决问题,教师和学生的关系较为平等,是亦师亦友的关系。这种教育方式培养出来的学生往往比较独立,有民主精神,比较自信,有责任感。因此,要培养中学生良好的人格特点,教师要注意更多地采用民主的教育方式。

3. 运用集体的力量

在学校中对学生影响最大的集体是班集体,集体的规模、气氛、个体在集体中的地位等都会影响到学生性格特点的形成。对成员既有严格要求,又有民主气氛的班集体,能够使其成员既有积极性、主动性,又有纪律性。在这样的班集体中学生较易形成良好的性格特点。有人做过研究,挑选出班级中地位低下的后 8 名学生,任命他们为班级委员,并在教师的指导下开展班级工作。一个学期后的测定发现,他们在集体中的地位明显上升,8 名中的 6 名在重选中再次当选,他们在自尊心、安定感、明朗性、活动能力、协调性、诚实性和责任心等方面都有明显的发展。可见集体的力量可以培养学生良好的性格特点,实际教学中教师要善于引导和创造良好的集体氛围,利用集体的力量来影响学生,塑造学生良好的性格特点。

(三) 塑造中学生优良的性格品质

要培养健全的人格,培养优良的性格品质是非常必要的。以下几种品质是健全人格所必不可少的。

1. 道德品质

道德品质是道德现象在个人身上的反映,是个人依据一定的道德准则行动时所表现出来的稳定的倾向和特征,在性格结构中属于高层次部分。教育工作者对学生进行品德教育时,应充分了解品德的心理结构、形成过程及其变化规律。品德由三部分构成:道德认知、道德情感和道德行为,三者是相互联系、相互制约的。品德形成的基本过程是由具体到抽象,由外部到内部。最初的道德认知、道德情感都是发生在具体的道德情境中的,以后逐渐概括抽象成为道德观念、道德理论、道德情操等较为抽象的道德品质。最初的道德行为需要有外在的强制要求,天长日久,个体就逐渐接受外在的要求为自己的要求,这时就不需要有外在的要求和强制,个体已能根据自己形成的道德信念体系做出符合道德的行为,这个过程称为"内化"。内化是道德品质形成的基本过程。

中学生的认知已经获得较高的发展,能够从逻辑上思考道德要求的合理性,并选择、接受自己认为正确的道德观念形成自己的道德信念,但是中学生的认知有时容易受社会风气的影响,存在一定的极端性、片面性。教师要对他们进行适当的教育,引导他们形成正确的道德信念,培养积极的道德情感,养成良好的道德行为习惯。

2. 自尊心

自尊是个人要求社会、集体和他人尊重自己,尊重自己的社会地位和荣誉的心理倾向。自尊心是性格结构中的可贵品质,自尊的人渴望表现自己,有进取心,关心自我形象;热爱真理,尊重客观事实;既不孤芳自赏也不随波逐流,对他人能接纳和信任。自尊心能使人采取积极的生活态度,成为推动人不断进取的巨大动力。缺乏自尊心的人往往自轻自贱,妄自菲薄。因此,在教育中要注意保护学生的自尊心,尤其是初中生的自尊心。初中生自我意识很强,自尊心较高,具有较强的逆反心理,过度伤害其自尊可能导致悲剧性的后果。对于那些由于种种原因缺乏自尊心的中学生要注意引导,多给他们提供成功的机会,使他们懂得人生,懂得自我的价值,提高其自尊心。

3. 自制力

自制是指一个人自觉地调节和控制自己行动的品质。自制力强的人能够理智地对待周围发生的事情,有意识地控制自己的思想感情,约束自己的行为,成为驾驭现实的主人。自制力弱的人遇事不冷静,不能控制自己的激动和冲动,不能克制自己的欲望、恐惧的情绪,处理问题不顾后果,任性冒失,做事易受干扰或惊慌失措。一个人成功与否往往与其自制力之间存在密切联系。中学生心智上已经比较成熟,但仍具有较强的冲动性,情绪容易激动,有时难以控制自己的行为,所以在教育教学中要注意培养中学生良好自制力的品质。自制力的培养要在具体活动中进行,在实践中锻炼,空谈道理、一味说教作用不大。

4. 自信心

自信是成功的必要要素,这一点被古往今来众多的成功人士所证明。培养自信心的关键是要肯定自身存在的价值,相信自己的能力。只有对自己的价值和能力有充分认识并相信自己能行的人才能在困难面前不畏惧,在挫折面前不低头,并最终取得成功。爱迪生发明蓄电池做了两万五千次实验,即为明证。自我暗示也是培养自信的手段,经常用"我能行""我能胜"等鼓励性的话语暗示自己有助于提高自己的自信心。教师在培养中学生的自信方面要引导学生对自己的长处和短处有客观的了解,培养他们解决问题的能力,教给他们一些应对困难的方法,如考试前自我鼓气等。

5. 责任心

责任心是认识到自己的行为与他人、社会有关,积极主动地对自己、他人和社会负有责任承担义务的性格品质。当一个人完满地尽到自己的责任时,会产生满意的、愉快的情感,如果没有尽到自己的责任,会深感不安和内疚。有了责任心,个人的价值才能得到更充分、合理的体现。培养学生的责任心,要从打扫卫生、完成作业、努力学习等具体事务出发,逐渐扩大范围,培养学生关心他人、关心集体、热爱祖国、关心整个社会。

除上述品质外,还有一些其他的性格品质如独立性、竞争性、合作意识等也是健全人格的必要组成成分。

复习思考题

一、选择题

1. 青春期的学生在心理上成人感及幼稚感并存。这主要体现了学生心理发展的哪种特点?(   )

A. 动荡性　　　　　B. 自主性　　　　　C. 前瞻性　　　　　D. 失衡性

2. 中学生晓波通过物理试验发现,钟表的摆动幅度不取决于钟摆的材料或重量,而是取决于钟摆的长度。根据皮亚杰的认识发展阶段理论,晓波的认知发展水平已达到(   )。

A. 感知运动阶段　　B. 前运算阶段　　　C. 具体运算阶段　　D. 形式运算阶段

3. 刘文经常思考"自己是谁,将来要成为怎样的人"这一类问题,在兴趣爱好、职业选择等方面常出现冲突,令他倍感困惑。根据埃里克森的发展理论,他处于(   )。

A. 同一性对角色混乱阶段　　　　　B. 勤奋感对自卑感阶段

C. 信任感对怀疑感阶段　　　　　　D. 亲密感对孤独感阶段

二、简答题

1. 简述中学生发散思维的基本特征。

2. 简述良好性格的培养途径。

第章　　　　　　　　　　中学生的个体差异

内容摘要

　　中学生在成长过程中由于受到遗传和环境的交互影响,个体在身心特征上显示出彼此各不相同的现象,只有关注学生的个体差异,才能真正做到因材施教,促进中学生的整体发展。本章在介绍个体差异概念及产生原因的基础上,着重介绍了中学生学习风格差异及个体差异教学理念。

重点难点

1. 了解中学生的个体差异及产生原因。
2. 掌握中学生学习风格及其认知要素。
3. 掌握因材施教及个体差异教学理念。

本章结构

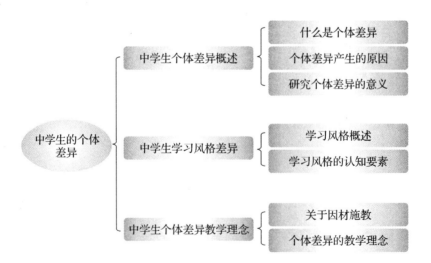

第一节 中学生个体差异概述

一、什么是个体差异

个体心理差异，也叫个体差异，是指个体在稳定的心理特征方面的差异，是在先天素质的基础上，通过后天教育、实践形成的一贯的、持续的、不同于他人的个体心理特点。

对个体差异的认识，孔子提出"性相近，习相远"的观点，孟子进一步指出"权，然后知轻重；度，然后知长短。物皆然，心为甚。"这段话告诉我们：世界上的万事万物都各不相同，个体差异具有普遍性，个体心理的个体差异是非常明显、非常突出的，同时也是可以测量的。东汉哲学家桓谭指出："凡人耳目所闻见，心意所知识，情性所好恶，利害所去就，亦皆同务焉。若材能有大小，智略有深浅，听明有暗照，质行有薄厚，亦则异度焉。"这句话不仅指出了人的心理具有共同性的一面，即所谓"同务"，而且还揭示了人的心理具有差别性，即所谓"异度"。可见，差异是无时不在、无处不在的。

现代研究认为处在不同社会、不同阶层、不同民族和不同年龄阶段的人，无论是在认识、情感和意志方面，还是在性格方面，都具有某些相似的特征，这就是人们心理的共性。没有共性，人们就不可能互相交往、沟通，人类社会也就失去了存在的基础。同时，人的心理还有另一个重要方面，就是心理的差别性，人总是一个活生生的具体的人。同一年龄阶段、同一阶级、同一民族、同一社会的人，其心理有共同的方面，但是其中每一个人的心理却又各有各的特色，即"人心不同，各如其面"。正是由于心理的差别性，每一个人才成为一个真正的"主体"，才能作为一个真正的个体而存在；正是由于心理的个体差异，才形成了个人心理生活的独特性和无限多样性。

在这里主要以智力的个体差异和学习风格的个体差异，探讨个体差异及其与因材施教的关系。

二、个体差异产生的原因

心理学家认为个体差异是在遗传及体质条件的基础上，由于教育与环境的影响，在个人实践活动中形成与发展起来的。

（一）遗传因素的影响

遗传因素主要指那些与生俱来的解剖生理特点，如神经系统、感觉器官和运动器官等的特质，其中大脑的特质对个体差异的形成尤为重要。

遗传对人的发展的终生影响，可以用基因型和表现型来表达。基因型是指个体的整个遗传禀赋,表现型是指具有一定基因型的个体在特定的环境中遗传得以实现的程度。李其雅等对 67 对同卵双生子和 34 对异卵双生子的智力相关研究表明,遗传对智力的影响是明显的。林崇德对 24 对同卵和异卵双生子的研究也显示,个体的智力、学习能力、气质和性格上的差异对遗传效应的影响是客观存在的。

国外不同研究对智力的遗传性给出了不同的估计:分开抚养的双生子遗传系数大约在 0.6～0.8,同卵和异卵双生子的遗传系数大约在 0.7～0.8。这些数字表明基因的确影响个体的智力差异,但并不是唯一的因素。研究者还发现一个有趣的现象,智力的遗传性似乎随着年龄增加而增加,也就是说,随着个体长大,早期环境的差异作用越来越小。

因此,遗传对人的心理和行为的影响不可否认,但也不能过分夸大遗传的作用。遗传只能提供个体发展的自然前提和可能性,现实环境和教育则决定着个体发展的方向和水平,它是将遗传的潜在可能性转化为现实可能性的关键因素。

(二) 环境因素的影响

一提到环境,人们通常会想到家庭、教育、经济以及类似的影响,事实上人们对环境的感受和经验在出生前就已经开始了,比如,婴儿出生前的营养状况,出生前的有毒物质的影响等。所以,环境是一个内涵非常丰富的概念。它是指与个体直接发生联系的外部世界,既包括维持生存必需的空气、水、食物等自然环境,又包括家庭、学校、人际交往、社会思潮的影响等社会环境。

心理学的研究表明,父母的教育方式和期望,家庭的氛围会潜移默化地对学生的心理发展产生影响;学校的课程及教师的人格特征和教学方式、校风、班风等会有目的、有计划、有系统地促进学生的发展;个体步入社会,在社会交往中不断习得社会规范和积累经验,最终实现自然人向社会人转化,这些都是影响学生差异的重要环境因素。

总之,环境是学生心理发展的外部条件,它使遗传获得的潜在的可能性素质逐步地变成现实。我们一方面要研究遗传是在什么样的环境影响下发挥作用,另一方面要研究环境又是在什么样的遗传背景上产生作用。

三、研究个体差异的意义

1. 有利于探讨人的心理活动的共同规律

人的心理活动既有其共同性的一面,也有其特殊性的一面。研究个体差异可以揭示人的心理的特殊规律,而共同性即寓于特殊性之中,没有特殊性就没有共同性,所以揭示个体差异发生、发展和形成的规律,对探索人的心理活动的共同规律是有莫大裨益的。

2. 有利于教育心理学理论的发展

自桑代克把个体差异问题纳入教育心理学体系以来，几乎所有的教育心理学著作都涉及这方面的内容。差异心理学对个体差异的研究成果越丰富、越科学，教育心理学的内容也就会越丰富、越科学。可以说，教育心理学是随着差异心理学的发展而发展的。

3. 为因材施教提供心理学依据

在教育与教学过程中因材施教的依据是学生的个体差异，就是说，在教育与教学过程中，教师既要考虑学生的智力差异，也要考虑学生的人格差异。只有对学生的个体差异研究得越深刻，对他们的智力差异与人格差异了解得越清楚，因材施教的效果才越好。如在被动式的教学过程中，学生被视为没有个体差异的群体，于是教师按照"一致化"的标准，实施"一刀切"的教学形式，忽视了每个学生自身所固有的智力、人格和风格方面的各种特点，忽视了学生个体间普遍存在的各种心理差异，自然会造成教育、教学上的种种不良后果。因此，教学要考虑到学生心理发展水平和心理发展性质的差异，在统一安排的基础上尽可能使教学的各个方面灵活、多样。例如，课程设置可以考虑实行统一要求与个体差异相结合的弹性课程制，以适应学生的个体差异。

4. 有利于教育教学中实际问题的解决

教育教学的重点最终还是要回落到学生个体，唯有树立以学生为主体的教育思想，才能从根本上使教育教学工作收到应有的效果。要想使教学工作行之有效，就必须深入考察学生的个体差异。过去常说，在教育工作中要一把钥匙开一把锁。怎样才能做到这一点呢？事实告诉我们，对学生的个体差异了解得越全面、越深刻，就越能做到这一点。反之，离开学生的个体差异而去开展教育教学工作，那就是无的放矢，必无实效。

第二节 中学生学习风格差异

有经验的教师会发现，除了智力之外，还有其他一些因素会影响学生的学习。例如，两位能力相当的学生，其中一位喜欢按照自己的方式做事，另一位则喜欢被动等待老师的指导；有的学生容易对任务细节感兴趣，另一些学生则对细节感到厌烦；有些学生喜欢热闹的课堂气氛，喜欢小组讨论和课堂互动，有的学生则喜欢安静、独处的学习环境。所有这些差异都属于学习风格的差异。

一、学习风格概述

(一)学习风格的含义

1954年,赛伦首次提出"学习风格"的概念,在此之后,有关学习风格的理论和模式不断涌现。20世纪80年代,学习风格研究逐步从管理走向教学实践,其影响被称为发生在"美国中学里的静悄悄的革命"。然而,对学习风格,学者们却有着许多不同的理解。

邓恩等人认为,学习风格是学生集中注意并试图掌握和记住新的或困难的知识技能时所表现出的方式,这种方式受周围环境、自身情感特征、社会性需要、生理特征和心理倾向性的影响。凯夫认为学习风格由学习者特有的认知、情感和生理行为构成,它是反映学习者如何感知信息、如何与学习环境相互作用并对之做出反应的相对稳定的学习方式。肯塞拉认为,学习风格是学习者在接受信息和信息加工过程中采用的自然习惯的偏爱方式,这些偏爱方式具有一定的持久性。

一般来讲,学习风格是指学习者在完成学习任务时表现出来的一贯的、典型的、独具个人特色的学习策略和学习倾向。其中学习策略是指学习者在完成学习任务或实现学习目标的过程中所采取的一系列步骤和方法。学习倾向是指学习者的学习情绪、态度、动机、坚持性及对学习环境、学习内容等方面的偏爱。有些学习策略和学习倾向可随学习环境、学习内容的变化而变化,而有些则表现出持续一贯性。这些稳定、持久、一致而独特的学习策略和学习倾向共同构成了学习风格。

(二)学习风格的特点

学习风格具有三个明显的特点:① 独特性。学习风格是在学习者个体神经组织结构及其机能基础上,受特定的家庭、教育和社会文化的影响,通过个体自身长期的学习活动而形成,具有鲜明的个性特征。② 稳定性。学习风格是个体在长期的学习过程中逐渐形成的,一经形成,即具有持久稳定性,很少随学习内容、学习环境的变化而变化。但是学习风格的稳定性并不表明它是不可以改变的,它仍然具有可塑性。③ 学习风格兼有活动和个性两种功能。人的个性,诸如能力、气质和性格等对学习的影响和作用往往是间接的,而学习风格是学习者惯常使用的、有所偏爱的学习策略和学习方式,它直接参与学习过程,一方面使学习过程得以顺利进行,另一方面使学习过程和学习结果受个性的影响。

二、学习风格的认知要素

(一)认知风格的含义

学习风格的认知要素实质上是一个人的认知风格在学习中的体现。认知风格

(cognitive style),也称认知方式,是指个人在认知活动中所偏爱的信息加工方式。在平时教学中,我们不难发现不同学生具有不同的认知风格。例如,有些学生爱听教师讲解,有些学生喜欢自己独立思考问题;有些学生喜欢与别人热烈讨论,有些学生则偏爱自己独立学习。学生的认知方式虽然是多种多样的,但认知方式没有绝对的好坏之分,只是不同的个体、不同的问题情境可能适应不同的认知方式。了解学生的认知方式的差异,对于教师根据学生特点进行因材施教有重要意义。

目前研究较多的认知风格主要有场依存型和场独立型、冲动型和沉思型、具体型和抽象型等。这些认知风格的个体差异,成为因材施教必须考虑的心理变量。

(二)认知风格的类型

1. 场依存型与场独立型

（1）概念

从个体在认知加工中对客观环境提供线索的依赖程度看,个体的认知风格可以区分为场依存型(field-dependence)和场独立型(field-independence)两种,这两个概念最早由威特金(H. Witkin)提出。威特金在研究飞行员依据身体内部的线索和外部仪表的线索调整身体位置中发现,有些被试主要利用外部仪表的线索来调节座椅;另一些人则主要利用自身内部的线索。威特金称前一种人的知觉方式为场依存方式,后一种人的知觉方式为场独立方式。他进一步研究后认为,根据一个人从一个复杂的背景图形中找到一个简单的目标图形的能力的差异,可以将其归属为场独立性或场依存性的不同类型。场独立性是指很容易地将一个知觉目标从它的背景中分离出来的能力;场依存性是指在将一个知觉目标从它的背景中分离出来时感到困难的知觉特点。

后续研究认为,场依存与场独立是两种普遍存在的认知风格。具有场独立型风格的人,对客观事物的知觉和判断时,常利用自己内部的参照,如经验、价值观等为依据,不易受外界因素影响和干扰,而在内在抽象和分析的水平上进行认知,他们倾向于对事物独立做出判断,但社会敏感性差,不善社交,关心抽象的概念和理论,喜欢独处。具有场依存型风格的人,对事物的认知加工时,较多依赖外在参照知觉事物。他们的态度和自我认知更易受周围的人们(尤其是权威人士)的影响和干扰,善于察言观色,从他人处获得标准,其行为是以社会为定向的,社会敏感性强,对他人感兴趣,爱好社交活动。

对于学习者而言,场独立型学习者的心理分化水平较高,在进行信息加工时往往倾向于以内在参考而不是外在参考去知觉事物,难以自己独立的标准觉察、判断事物,对外界环境的依赖程度低;场依存型学习者的心理分化水平较低,在信息加工时对外在的环境有较大的依赖倾向,往往较多地依赖外在参考去知觉事物,或者难以摆脱环境因素的影响,不能从复杂情境中区分事物的若干要素或组成部分。在解决需要灵活思维的问题上,场独立型的人有优势,他们善于抓住问题的关键性成分,能灵活地运用已有的知识来解决问题;场依存型的人在解决熟悉的问题时不会发生困难,但让他们运用已有的知识去解决没有遇到过的新问题时,则难于应付,缺乏灵活性。因此,具有场独立型风格的人适合于那些不强调"社会敏感性"的教学方法,而场依存者则相反。

也有研究表明,场独立者对科学、教学、机械等强调认知能力的专业感兴趣,偏爱自然科学,数学成绩较好,两者呈显著的正相关,他们的学习动机以内在动机为主,学习自觉性高,喜欢个人独立学习,接受知识时善于运用分析的知觉方式,同时在学习情景中也更倾向于冲动、冒险,凡事以个人的意志来决定;而场依存者对社会科学、儿童教育、社会工作、文秘工作、商业或广告之类的以人为对象的专业感兴趣,偏爱社会性学科,他们的学习更多地依赖外在反馈,他们对人比对物更感兴趣,学习欠主动,易受暗示,喜欢与同伴一起讨论或进行合作学习,接受知识时偏爱非分析的、笼统的或整体的知觉方式,同时在学习情境中,他们往往较为谨慎,不愿冒险。

(2) 对教学的启示

心理学家通过对持有两种不同风格的教师所采取的教学方法研究发现,场独立性强的教师喜欢数学和自然科学各科,他们喜欢讲演,在讲课时注意教材的结构和逻辑,偏向于使用较正规的教学方式;而场依存性强的教师使用的结构不那么讲究方法,喜欢与学生相互作用,喜欢采用讨论的方法。如果教师与学生的风格相同,教学效果就会好些。一般讲,可以说场依存型的教师趋向于不指引的和以学生为定向的教学;而场独立型的教师趋向于指引的和以任务为定向的教学。

萨拉科(Saracho,1980)研究二年级和五年级师生之间场定向的相匹配或不匹配来考察教师与学生的关系发现,教师的认知方式显著地影响着他们对学生的期望。把教师对学生学术能力的主观的等级与学生参加基本技能的综合测验的实际等级相比较,表明场独立型的教师对不与他场定向相匹配的学生给出比实际测验结果更积极的评分。而场依存型的教师则给不与他相匹配的学生更消极(负的)等级。这显然意味着,场独立型的教师比起场依存型的教师,对认知方式不同于自己的学生具有更积极的期望。

进一步的研究表明,当学生的认知方式与教师的一致(即相互匹配)时,学习效果较好。场独立型教师教学时,场独立型学生的成绩明显高于场依存型学生,而场依存型教师教学时,没有明显差异。可见,学生的学习可在与教师的认知方式匹配中受益,在不匹配的情况下,场依存型学生的学习所受的不利影响比场独立型的学生大。从另一方面看,在学习某些类型的东西时,师生有对立的认知方式,会使个人的观点和反应不尽相同,可使课堂更为活跃,可能会比师生相同的认知方式更促进学习。这方面的研究主要是告诉教师:怎样使他们的教学策略与不同学生的学习需要相匹配。

Saracho 在一项追踪研究中发现,在学校期间,学生的成绩(分数)是与师生的场定向有关的,总的来说,由场独立型的教师教出来的学生比起场依存型的教师教出来的学生得到的更多,而且,所达到的成熟性随着师生认知方式的不同结合而变化。

我国学者谢斯骏等人在20世纪80年代初将该理论介绍到国内,并进行了大量相关研究,发现儿童认知风格发展与场依存—场独立性有密切关系。张卫东和傅金芝等分别就大学生的文理科分化、性别、民族等因素与场依存—场独立性的关系做了调查分析。张厚璨等用隐蔽图形或镶嵌图形测验研究场依存性与场独立性及其对教与学的影响,结果表明,不同认知风格对学生学习有不同的影响,适合学生认知风格的教学更易发挥学生潜力,并能取得更好的教学效果。同时也发现,独立性的程度有随年龄增长而增长的趋势,在小学生与中学生之间,中学生与大学生之间均存在着很显著的差异,但与同龄人相比,人们在场依存—场独立性维度上的相对位置则是稳定的。这似乎意味着这一性格维度受先天因素的影响。初中学生中,男生的场独立性显著地高于女生,这表明,场依存—场独立性不但有着明显的年龄差异,也有性别差异。

利用场定向实施教学一般有以下途径:首先,把对个体场依存的测评放在小学阶段实施,较早地识别学生的场的倾向,采用适合他们的课程方法,同时教师和学生也可根据他们优先的认知方式加以匹配。不过,这种做法可能会在一定程度上限制了教师和学生的自然能力和现存的倾向。其次,比较实用的方法是,将每个学生和教师的全部技能扩大到超出他们的占优势的认知方式的范围,即通过扩大师生的知识技能改变其相对弱势的认知方式,从而提高适应性。例如,指派场独立型的学生从事某些社会敏感性的任务(主持一个班会、与同学谈心等);相反,可以要求场依存型的学生应用分析性技能单独工作,从而在活动中受益。对于教师而言,这种扩展的策略,会要求那些场依存型的人更多地从事于分析的和理论的活动,而场独立型的教师可指定他们进行更多的要求其发展和训练社会技能的活动。

区分这两种认知风格,对因材施教具有重要的意义。因材施教一方面意味着发挥不同认知类型人的特长,另一方面也意味着采取适当的教学措施弥补认知风格上的缺陷。例如,国内在一项关于"场依存性数学教学"的研究中发现,数学教学中,图式的辅助作用对场依存型学生较为有效,可以消除或减弱场依存型学生在数学学习中的劣势。

2. 冲动型和沉思型

(1) 概念

首先提出冲动型和沉思型的是罗杰姆·卡根及其同事,他们用这对概念描述主体在解决一些复杂的认知任务时的表现。冲动型(impulsive style)与沉思型(reflective style)涉及个体在很不确定的情境下对自己解答的正确性进行思考的程度,其中错误率和反应时间反映出了这方面的个体差异,但也应看到两种认知风格各有优缺点,并无好坏高低之分。

属于沉思型的个体在解决认知任务时,不急于作答,他们会用充足的时间考虑、审视问题,总是谨慎、全面地检查各种假设,对问题中的各要素及其相互关系做深入思考,权衡各种问题解决的方法,再确认没有问题的情况下才会从中选择一个满足各种条件的最佳方案。属于冲动型的个体在解决认知任务时,总是急于求成,他们不习惯对解决问题的各种可能性进行全面考虑,无法对问题做出全面、透彻的分析,有时甚至问题还未搞清楚就开始解答,常常以直觉式的、顿悟式的方式做出解答。因此,具有冲动型风格的个人解决问题速度快,但容易出现错误;沉思型者相反,速度慢,但解决问题的质量很高。根据心理学家研究,这两种认知类型都是在两岁左右即养成的习惯性格。

对于问题的答案,沉思型学习者往往更容易自发地或在外界要求下做出解释。由于他们对解题思路和依据都较为清晰和充分,对自己的答案做出解释往往具有相当的合理性。有研究表明,在解决较难问题时沉思型学习者就会表现出优势来,冲动型学习者会掩盖其解决问题的实际能力,使它们不能很好地发挥出来。当然,如果遇到比较简单和熟悉的问题,沉思型学习者也能快速地做出反应,这时,两种风格类型的差异就不那么明显了。另外,冲动型学生在运用低层次事实性信息的问题解决中占据优势,而沉思型学生在解决高层次问题中成绩更好。阅读领域的研究也表明沉思型学生更善于鉴别文章的前后矛盾之处,而冲动型学生更擅长快速浏览文章。

怎样知晓一个人是沉思型的还是冲动型的呢?卡根设计了"匹配相似图形测验"(MFFT)作为测量沉思型与冲动型的工具。这个测验给儿童出示一个标准图形和6个可供选择的图形,要求儿童从这6个图形中选出一个与标准图形完全一样的图形,不限反应时间。全套测验共包括20套这样的图形。主试记下儿童对每套图形从开始思考到做出第一个反应所花的时间,以及所犯的错误量。奥尔特根据测验中儿童思考的时间及错误率,将儿童分为四个类型(如表3-1)。

表 3-1　儿童在"匹配相似图形测验"中的反应类型

		错误率	
		平均数以下	平均数以上
反应时	平均数以下	快而正确型	冲动型
	平均数以上	沉思型	慢而非正确型

如表3-1所示:第一,那些对问题的思考在平均思考时间以上,错误率在平均错误率以下的儿童被划分为"沉思型"的类别;第二,那些思考时间在平均思考时间以下,错误率在平均错误率以上的儿童被划分为"冲动型"的类别;第三,那些思考时间和错误率均在平均数以下的儿童被划分为"快而正确型"的类别;第四,那些思考时间和错误率均在平均数以上的儿童被划分为"慢而非正确型"的类别。有近2/3的儿童属于第一和第二个类型,有1/3的儿童属于第三和第四个类别。因此,"沉思型"和"冲动型"是儿童普遍具有的两种认知风格。

虽然随着儿童年龄的增长,其认知的冲动性会有所降低,但是在各年龄阶段上仍表现出沉思型与冲动型认知风格的相对稳定。

（2）对教学的启示

研究人员一直在试图比较这样两种学习方式的效果，一种是深思熟虑的、计算的、分析性的和逻辑的，而另一种学习者是根据几个线索所做出的很大的直觉的跃进。有人可能认为冲动型的学生是易出错误的，但事实上，这也可能是、也可能不是这样的。那么，如何针对这两类学生进行有效教学呢？

海瑟林等在研究中发现，沉思型儿童比冲动型儿童表现出更成熟的解决问题的策略，会更多可能地去考虑不同的假设，在学习中的优势是显著的。麦金尼也认为，在9岁儿童的作业中，沉思型和冲动型儿童的表现没有什么差别，但是在11岁儿童中，沉思型儿童在加工任务信息方面比起冲动型儿童更有效，并且会采用更为系统和从发展上更为成熟的策略。然而，罗林斯等人指出，虽然沉思型儿童解决较少维度的问题比起冲动型的儿童要快得多，但是冲动型儿童解决具有许多维度的任务比起沉思型的儿童要快得多。

还有人的研究发现，沉思型儿童在完成需要对细节做分析的学习任务时，学习成绩较好些；冲动型学生在完成需要做整体性解释的学习任务时，成绩要好些。所以，冲动型学生在解决问题的能力方面，并不一定比沉思型学生更差。现实中，人们之所以认为冲动型学生学业成绩差，主要是因为学校里的测验往往过多注重对细节的分析，而他们擅长的则是从整体上来分析问题。

麦金尼指出，如何利用时间去解决问题，可能比学生的学习方式更为重要，如时间是否被用来审视视觉的线索和提出假设，马曼则总结说，在这两种学生中，在决策的质量和内容上没有实际的差别。托纳及其同事在对学前儿童约束自己的运动动作的研究中发现，沉思型儿童比起冲动型儿童更能抗拒诱惑，虽然这两者随着年龄增长而有增长的趋势，但这种状况会随着个体精心考虑而发生变化。班斯廷指出，幼儿园和二年级的学生，如果趋使他们为更精确而努力时，二年级的学生更容易地做出适当的改变，当强调速度时，也是二年级的学生会更灵活。所有这些结果表明，在小学低年级时，信息加工的方式是随情境的要求而改变的。

因此，在教学中，教师应采用适当的方法对学生进行引导，以达到高效的教学效果。例如，采用自我指导式训练（Self-Instruction Training）将有助于教师尽量降低这两种认知风格的负面影响。自我指导式训练教给学生在问题解决过程中利用自我对话来监视自己的思维。例如"现在我们来看……问题是要求整个圆的长度……那是周长，那么求周长的公式是什么呢？……哦，别忙着去求周长，要把题目中的已知条件搞清楚，我最容易犯的毛病是题意还没有搞清楚就急匆匆地找答案……"通过让学生对自己的思维加工保持意识，可以尽量减少学生的冲动倾向而提高他们解决问题的一般技能水平。现实已经证明，自我指导式训练这种教学技术具有很强的应用价值。

3. 整体性和序列性

（1）概念

英国心理学家戈登·帕斯克和司科特在一项研究中，要求学生对一些想象出来的火星上的动物图片进行分类，并形成自己分类的原则。在学生完成分类任务后，要学生报告他们是怎样进行这项学习任务的。帕斯克发现，在学生使用的假设的类型以及建立分类系统的方式上，都表现出两类明显不同的特征：一类学生对学习任务倾向于采用聚焦策略，行为特征是按步骤进行，他们努力探索具体明确的材料，倾向于考察较少的材料，利用逐步的方法来证实或否定他们的假设，是一种"系列性策略"，就是说，从一个假设到下一个是呈直线的方式进展的。而另一类学生对学习任务倾向于采用整体策略，行为反应特征是"假设导向"的，他们倾向于去检验较大的特征或假设，喜欢搜集大量的材料，努力探索某种范式和关系，这种策略被称为"整体性策略"，就是指从全盘上考虑如何解决问题。

帕斯克认为尽管两类学生最终达到了对问题同样的理解，但他们获得对问题理解的路线是不同的。整体—序列化的认知风格也是根植于知觉功能上的个体差异，它与个性有重叠。在一个自由的学习情境中，序列型学习者喜欢注意或知觉较小的细节，把问题分解成较小的部分；而整体型学习者恰好相反，将任务作为一个整体对待。

帕斯克和司科特指出：序列型学习者在学习、记忆和概括一组信息方面，常根据简单的关系将信息联系起来，即信息之间呈现的是低序列的关系，因为序列型学习者习惯于吸收冗长的序列型的数据，不能容忍不相关的信息；而整体型学习者的表现与此相反，学习、记忆和概括时将信息作为一个整体对待，他们倾向于把握"高层次的关系"。采用序列策略的学生，把重点放在解决一系列子问题上，他们十分重视子问题的逻辑顺序，解决问题是一步一步地进行，所以，只有到学习快结束时，才能对所学的内容形成一种比较完整的看法。采用整体策略的学生在从事学习任务时，视野比较开阔，对整个问题涉及的子问题的层次结构和自己所采取的方式进行预测，能把一系列子问题组合起来，而不是一遇到问题就立即着手一步一步解决。

对于整体—序列型的两个极端，帕斯克提出存在两种不利的情况：一种是过分序列型的学生，他们不能采取整体的观点，对问题的理解可能是缺乏远见的；一种是过分整体型的学生，他们倾向于采取快捷整体的方式，常常根据不充分的证据做出草率的决定。

（2）对教学的启示

整体性策略和序列性策略是学生思维方式与问题解决方式表现出来的最基本、最重要的差异。研究表明，有些学生在任何情况下都倾向于采取整体性策略，有些学生则趋于采取序列性策略。

采取整体性策略的学生在从事学习任务时，往往倾向于对整个问题将涉及的各个子问题的层次结构，以及自己将采取的方式进行预测，而且，他们的视野比较宽，能把一系列子问题组合起来，而不是一碰到问题就立即着手一步一步地解决。采取序列性策略的学生，一般把重点放在解决一系列子问题上。他们再把这些子问题联系在一起时，十分注重其逻辑顺序。由于他们通常都按顺序一步一步地前进，所以，只是在学习过程快结束时，才对所学的内容形成一种比较完整的看法。如果他们要使用类比或图解等方法，也是比较谨慎的。尽管这些学生所采取的解决策略是完全不同的，最后却发现，在学习任务结束时，都能达到同样的理解水平。但当学习材料与学生习惯采取的信息加工策略不匹配时，又会怎样呢？

在另一项实验中，帕斯克要求所有学生学习一组程序学习的材料，然后进行测验，以检验他们学到了多少内容。该组学习材料有两个版本，一个版本旨在适合于采取整体性策略的学生，材料中有许多类推和图解；另一个版本是按逻辑顺序一步一步地呈现内容，不穿插任何其他类比或说明材料，以适合于采取序列性策略的学生。帕斯克把采取整体性策略的学生分成两组：一组学习第一个版本（在匹配条件下学习）；另一组学习第二个版本（在不匹配条件下学习）。同样，习惯采取序列性策略的学生也被分成两组，一组学习第一个版本（在不匹配条件下学习）；另一组学习第二个版本（在匹配条件下学习）。实验结果戏剧性表明，匹配组与不匹配组学生的分数几乎没有任何重叠。这就是说，在匹配条件下学习的学生，都能够回答有关他们学习过的内容的绝大多数问题；而在不匹配条件下学习的学生一般都不及格。

因此，在实际教学中，教师要确定哪些学生倾向于采取整体性策略，哪些学生倾向于采取序列性策略。如果教师采取某种比较极端的教学方法（也许，这种方法本身反映了教师自己习惯采取的策略），那么，必然会有一些学生感到这种教学方法与自己学习方式相距甚远，从而影响这些学生的学习。教师可以通过为学生提供一种适合于学生自己偏好的学习方式来学习，或者，在教学前先要给学生提供一定的信息，使这些信息与学生已有的认知结构相互作用，以激发学生对学习意义的理解，同样可以达到事半功倍的效果。

4. 思维风格

思维风格的差异表现在三个方面，即分析与综合、发散与聚合、归类的宽与窄。其中发散与聚合是思维的两种重要形式。聚合思维，也称求同思维，是把问题所提供的各种信息聚合起来得出一个正确答案或一个最好的解决方案的思维方式。发散思维，也称为求异思维，是一种沿着各种不同方向去思考去探索新事物，去追求多样性答案的思维方式。善于发散思维的人，会沿着各种不同方向、从不同的角度思考问题，把当前的信息与记忆系统中的原有信息加以重组或相互作用，产生大量、独特的新信息，或产生许多创造性的观念。

赫德森发现,两种不同倾向的学习者的个性和兴趣也存在着差异。大多数聚合思维者倾向于谨慎,情绪冷淡,兴趣较窄,可靠性强,想象力不够丰富,喜欢选取自然科学作为自己的专业或职业。发散思维者更具有冲动性、广阔性,热情较高,兴趣较广,可靠性差,想象力丰富,喜欢选择人文科学作为自己的专业或职业。赫德森进一步认为,学生表现出来的这种兴趣以及与之相联系的认知能力,与他们儿童时的早期教育有关。其中,聚合思维者做出的反应,可能与他们小时候接受家长的指令太多,情绪上受过压抑有关。

沃勒克与科根对儿童(尤其是 10—11 岁)思维方式做了大量深入的调查,并对以往种种测量发散思维的方法提出了批评。他们认为,这些测验都是在有时间限定的竞争性条件下进行的,而事实上,儿童的想象和思维只有在一种放松的、游戏性的情境里才能被唤起。在一种紧张的考试气氛中,创造性的反应很可能会被抑制。

从信息加工模式的角度来看,发散思维是一种搜寻策略,这种策略的注意面较广,并可以把已有的各种图式联结起来(即便在还不清楚这种联结的理由时也这样做)。对有关图式的广泛搜寻,既包括语义方面的,也包括情节方面的。这种搜寻很可能是松散的、缓慢的、广泛的,而且不只局限于信息储存的某一方面。聚合思维则趋向于只注意某些方面,并很快地就局限在某一特定领域。所以,从信息加工模式看,发散思维与聚合思维是学生使用储存信息的两种不同的方式。

此外,研究发现,聚合—发散思维方式与场依存—场独立性之间有一定的关系。Bloomber(1971)研究认为,在发散思维方面得高分的人在场独立型上得分也较高。Bergum(1977)等人研究发现,学习富有创造性学科的学生比学习缺乏创造性学科的学生更加场独立。

5. 水平化—尖锐化

赫尔兹曼和克莱因于 1954 年首先使用水平—尖锐认知型来描述认知风格的另一维度。这种认知风格反映的是在将信息"吸收"到个人的记忆中时表现出的差异。具有水平化风格的个体倾向于将相似的记忆内容混淆起来,倾向于将知觉到的对象,或从先前的经验中得出的相似事件联合起来,被记忆对象中的差异往往被丢失,或弄得模糊不清。与此相对,具有尖锐化风格的个体倾向于不将记忆中相似的事件进行混淆,甚至可能夸大相似记忆内容之间的较小差异。水平化—尖锐化的风格特性来自观察,它们在个人身上具有一致性。

吉尔福特发现,"个体倾向于在一个方向,或在另一个方向上一端是浓缩和简化信息,相对的一端是对信息之间的差异进行夸张"。证据显示这种风格具有普遍性。赫尔兹曼和加德纳发现这个维度在各种知觉信息的场合起作用,包括视觉、听觉和动觉以及对语义信息的知觉。克莱因发现对水平化组的描述遵循"自我指向"(self-inwardness)的模式,包括从外在对象退却,避免要求自己去主动参与的情景;他们对指导和相助有一种夸张的需要,倾向于自我贬抑。具有尖锐化风格的个体,显示出"外在指向"(self-outwardness),他们对竞争和自我展示表现出适意性,他们对成就有高度的需要,竭力把自己向前推进,"对自制有种高度的需要"。

6. 概念系统

概念系统这种认知方式的功能在于为人们表述自己所体验到的环境事件提供依据。哈维和他的同事们认为,可以把概念系统的个体差异看作抽象—具体这样一个连续统一的变化。这个连续统一体也可称为"整合复杂性"连续体。它有四种认知功能水平,即从最具体到最抽象排列为四个"系统"。系统一(最具体水平)的功能特征是遵循外部的绝对标准,不容许对标准加以探索或偏离标准;系统二的功能特征是对抗外部强加的标准;系统三的功能特征是用依赖性作为对付他人的手段;系统四(最抽象水平)的功能特征是具有个体判断的独立性。

简言之,一个在具体水平上体验环境的人,倾向于把各种不同的情境看成性质上是相似的,常以一种刻板的、概念化的方式对不同的情境做出反应;一个在抽象水平上体验环境的人,则能够对不同情境的要求加以区分或者分化,从而使自己的反应适应所在情境的要求。

如一个抽象性类型的学生,能够看到某个问题或论点的众多方面,可以避免刻板印象(定型),能够容忍情境的模糊度并进行抽象程度较高的思考。而具体性类型的学生则能比较深入地分析某一具体观点或情境,但要向他们提供尽可能多的有关信息,否则很容易造成偏见。这一领域的有关研究表明,抽象型学生在非结构化教学方法(如归纳法或发现法)下会表现得更好,而具体型学生在结构化教学方法(如演绎法和讲解法)之下成绩更好。

7. 心理自我管理理论

斯腾伯格在总结前人关于风格的理论的基础上,提出了自己的思维风格的概念和心理自我管理理论。与传统的认知风格理论相比,斯腾伯格对认知风格有几点新的认识:第一,每个人都具有多种认知风格,而非只有一种认知风格。个体会在不同情况下或针对不同的任务选用不同认知风格。第二,认知风格的形成和发展是个体社会化的结果,儿童在生长过程中通过观察学习逐渐形成自己的认知风格,并在与环境的相互作用中不断发展。因此,斯腾伯格认为个体的认知风格并不是固定不变的,而是会发展变化的。第三,由于认知风格是社会化的结果,因此认知风格是可以培养的。学校可以通过多种教育活动如讲座、课堂讨论、小组练习家庭作业等来促使学生形成各种认知风格。

斯腾伯格提出的心理自我管理理论着重阐述人的思维方式,它将思维方式分为五个维度,即功能、形式、水平、范围和倾向性,共13种具体方式。

在功能维度上,思维方式可分为立法型(legislative)、执法型(executive)和评判型

(judicial)三种,类似于政府的三种职能。立法型风格的人喜欢创造和提出计划,按自己的思想和观点做事,喜欢自己做出决定;不喜欢执行由他人建构好的任务。执法型风格的人喜欢按给定的结构、程序和规则做事,不是特别喜欢创造;他们很高兴去做别人要他们去做的事情,遵循常规。评判型风格的人喜欢分析和判断已有的事物和方法,喜欢对规则和程序进行评价。对大部分人来说,这三种功能中的一种是占主导地位的。

在形式维度上,思维方式可分为君主制型(monarchic)、等级制型(hierarchic)、平等竞争型(oligarchic)和无政府型(anarchic),类似于四种类型的政府。君主制型风格的人思想简单,在一段时间内只能处理一件事物或一个方面,做完一件事再做另一件事,处事时不易受到外界的干扰。等级制型风格的人可以同时面对多种事物,并把要处理的事物按重要性进行排序,有很好的秩序感,处事有条理。平等竞争型风格的人常常面临多种有冲突的目标,但不能对事物按重要性排序,因而不能很好地分配时间、资源等而感到有压力或无所适从。无政府型风格的人会极其灵活地、随心所欲地工作,他们在无结构的、没有清晰程序可遵循的环境下表现得最好。

在水平维度上,思维方式可分为局部型(local)和整体型(global)。局部型风格的人喜欢处理具体的、细节的事物。他们比较实际但看不到全局。整体型风格的人喜欢处理大的、整体的、抽象的事物,忽视细节。他们喜欢概念化的、观念化的任务。

在范围维度上,思维方式可分为内倾型(internal)和外倾型(external)。内倾型风格的人是任务导向的,他们喜欢独立工作,对人际问题不敏感,喜欢将自己的智能应用到独立于其他人的工作中。外倾型风格的人是人际导向的,喜欢与他人一起做事情或在团体中完成工作,他们对人际问题比较敏感。

在倾向性维度上,思维方式可分为自由型(liberal)和保守型(conservative)。自由型风格的人喜欢面对不熟悉、不确定的情境,超出现有的程序和规则,对变化的容忍力高。保守型风格的人喜欢任务和情境相对熟悉确定,适于按已有的程序和规则做事,喜欢做熟悉的工作,避免模糊与变化的情境。

斯腾伯格认为,并非每个人只具有其中的一种风格,每个人具有的都是一系列的思维风格。这13种思维风格在每个人身上都有不同程度的体现,只是各种风格的强度不同。而且,人们在某种思维风格上的强度会随着任务和情境而发生变化。

斯腾伯格等人设计的测试思维方式的工具包含四个分测验,分别针对青少年和成人。第一个分测验是让学生自我陈述的思维方式问卷;第二个分测验是针对教师设计的思维方式问卷,测量教师对学生思维方式的偏好;第三个分测验是针对学生设计的一套运用思维方式的任务,测量学生在真实任务中偏好的思维方式;第四个分测验是教师对学生思维方式的评判,测量教师对学生思维方式的判断。这套测量工具已被多项研究证明是有效、可信的。

总的来说,心理自我管理理论是一个关于风格的一般性理论。这一理论中的风格在观察事物的风格上(如立法型和整体型等)是认知的并且和使用能力的偏好是相一致的。

 案例

解救"书呆子"①

　　一位叫小怡(化名)的女生,她在初中阶段成绩拔尖,总是能通过努力取得年级前10名,这辉煌的成绩一直让她和她的父母引以为傲,但其实这光鲜的背后是小怡用无数个双休补课换来的,她认为只要付出能换来成绩提升,就是值得的。上高中后,小怡认为自己能延续辉煌。可是,万万没想到一踏入高中,她在班里只排到中下,于是,给自己订下了严苛的学习计划,每天按照计划逐步落实。

　　找到咨询师的并不是小怡本人,而是她的爸爸。小怡爸爸看着自己的女儿日渐消瘦的背影感到非常担心。他多次和女儿谈心,希望能改善女儿的敏感、好胜和偏执,找到适合自己的学习方法,放松心态。然而,小怡不愿意谈心,甚至认为谈心是浪费学习时间。不仅如此,小怡还要求家庭成员不能看电视,不能聊天,不能制造噪声,只要有一点动静都会影响她的学习。小怡爸爸表示,家里人已经十分迁就她了,电视机调到无音,走起路来踮着脚尖。可是小怡不仅没有感恩,还经常发脾气,易激惹,晚上做作业做到两三点钟,早晨五点多就起来。以小怡爸爸的话来说,小怡"走火入魔"了。

　　了解到小怡的情况后,咨询师希望能对小怡进行一次心理辅导。没想到的是,小怡竟然自己找上门来了。眼前的小怡不像是十六七岁的花季少女,她脸色苍白,身体瘦弱,两个黑眼圈高高地挂在脸上,可以说"惨不忍睹"。小怡向咨询师发出求救信号,希望咨询师能帮助她尽快地提高成绩。确实,对于她来说,这是核心问题。

　　如果你是咨询师,准备如何帮助小怡走出学习和情绪的泥潭?

　　(1)情绪疏导。对小怡最近的消极、负性情绪进行系统疏导,让她以坦然的心态面对目前的状况。

　　(2)学习风格偏爱调查。辨认出小怡所偏爱的学习风格类型,针对具体学习风格特点,实施相应的学习策略指导,全方位调整学习方法。

　　(3)通过认知治疗技术帮助小怡树立正确的学习行为。

---

① 蒋蔼瑜.解救"书呆子"[J].中小学心理健康教育,2017(16):48-49.

第三节　中学生个体差异教学理念

一、关于因材施教

因材施教是以学生心理的个体差异为基础而提出的一条教育教学原则,来自孔子的教育实践。但孔子未明确提出"因材施教"这四个字,是"二程"和朱熹从孔子的教育实践中概括出来的,即"圣人教人,各因其才。"朱熹亦云:"圣贤施教人,各因其才。"后世通行的因材施教这一概念便导源于此。

张载在总结自己教育经验的基础上提出了几点颇有价值的看法。第一,教育应当"尽人之才",即一方面要充分挖掘和发展学生的才能;另一方面又要考虑和顾及他们的接受能力。第二,教育学生既要考虑内容的"难易",又要考虑其才资的"美恶"。第三,教人要"当其可,乘其间"。"当其可",是指当学生在知识上、心理上达到了可以接受某一种或某一阶段学习时,教师要及时进行教育;"乘其间",是指教师要根据学生知识上、心理上的不同阶段的不同特点选择适当的时机进行教育。

因材施教既是教学原则,又是教育原则。一般地说,作为教学原则的因材施教是以学生智力的个体差异为依据的。孔子说:"中人以上,可以语上也。中人以下,不可以语上也。"意即对于不同智力水平的学生,在教学上应有不同的要求。后世很多学者都接受了孔子的这一观点和做法。

一般地说,作为教育原则的因材施教是以学生性格的个体差异为依据的。如关于"闻斯行诸"的问题,冉求问时,孔子回答说:"行之。"子路问时,他却回答说:"有父兄在,如之何其闻斯行之。"当时在场的公西华有些疑惑,便请问老师为什么同一问题却有两种回答。孔子解释说,子路好勇过人,遇事莽撞,所以应当给他泼点冷水,让他及早打退堂鼓;冉求胆小怕事,遇事退缩,所以便给他加油打气,鼓励他马上行动。

因此,一个称职的教师必须努力做到四点:第一,用全面的观点看待学生;第二,用发展的观点看待学生;第三,合理确定对学生的期望值,及时调整期望值;第四,个体差异是教学的依据,但不用来选择或淘汰学生,毕竟教育的目的是发展人,而不是淘汰人。正所谓"教人要教人所短,用人要用人所长"。

那么,在学校环境中应如何尊重学生个性,促进学生身心的健全发展呢? 有效手段之一就是采取因材施教的教学组织形式。即使每个学生都以自己的水平和速度进行学习的教学方法,换言之,是为了适合个别学生的需要、兴趣、能力、学习进度和认知方式特点等而设计的教学方法,但它并不单纯意味着个体独自学习。

了解学生，因材施教

在一年前的教学中,李老师遇到过这样一个学生:小强初中时学习成绩非常优秀,也很聪明,是那种头脑灵活、主意很多的人。但是在初三开始时遭遇了父亲去世的重大打击,精神支柱陡然间消失,意志开始消沉,再加上刚刚处于青春期,叛逆的心态逐日上涨,对于老师的劝导和鼓励置之不理,以至于情绪低落,成绩一落千丈,像完全变了一个人似的,所以初三一年他都是这样浑浑噩噩地过的。勉强进入高中以后,情绪状况还是没有改善过来,反而有种破罐子破摔的感觉了。李老师从小强的档案中发现了以前优秀的他,通过跟家长和熟悉同学的沟通中,大致了解了他消沉、不求上进的原因。考虑到小强初三以前各课成绩都非常优秀,基础还是很不错的,所以开学第一天,李老师就委任他做了学习委员,希望通过这样的"重用"了解到老师的良苦用心。

经过两个星期的接触以后,李老师发现小强工作倒也勤勤恳恳,只是仍旧没有走出心情的低谷,再这样下去,只会毁了他。所以李老师找了个时间跟小强进行了一次长时间的沟通,李老师把他所看到的、感觉到的小强,一点一点都告诉了小强,找了很多优点,同样也提出了不足之处。李老师给小强讲了很多名人如何走出低谷的故事,并把他母亲和朋友的殷殷期盼告诉了他,他们的谈话直到小强留下第一滴真诚的眼泪而结束。李老师知道,这次长谈在小强"平静"的心湖中已经投下了一粒石头,荡起了一圈涟漪。

在接下来的日子里,李老师找了很多哲学小品文给小强看,并有意识地在课堂内外表扬他,把他树立为班级的学习榜样,并让他代表班级参加了很多学校的活动。当发现小强的组织能力很强,李老师就把组织委员这个职责也交给了他,每次班会课都让他去组织安排,李老师只是在边上做一下指导工作,学校有活动要班级参加的,李老师也交给他搞定。从拔河比赛中人员的敲定,到运动会上广播操的排练,从大扫除中人员的分配,到合唱比赛中服装的统一,一概由他去安排。在学习上,李老师听取了各科老师对小强的意见和建议,与小强共同制订了学习计划和目标,也提出了学习的要求,让他在一定的时间内争取达到自己的目标。生活上,李老师也非常关注小强,特意安排了一个比较温馨的寝室让他入住,交代了其他同学要在各方面帮助他,团结他。

渐渐地,小强在同学们真诚、信任的眼光中开始变了,脸上逐渐有了笑容,学习成绩也开始上升,从任课教师的言谈中也听到了对他的溢美之词。工作中的表现也非常抢眼,把李老师交代的事情都安排得井井有条,每一次活动、比赛都有出彩的地方，成了李老师的好帮手，也成为整个班级甚至整个学校学习的楷模。李老师知道，小强已经渐渐走出了失去父亲的阴影，也过了叛逆的青春期，在接下来高中阶段的学习中会有一段比较平静的时期，这对他来说是一个非常好的阶段。经过这一年，小强成为一个自信满满、神采飞扬的高中生，与当初刚进校时那种萎靡不振的样子截然不同了，李老师很高兴，也很欣慰，只要我们真正去关心、了解我们的学生，他就不会被挫折所击倒，而成为生活的强者！

请针对上述案例，分析李老师的做法。

案例分析：

因材施教既是教学原则，又是教育原则，是以学生心理的个体差异为基础而提出的一条教育教学原则。人类的差异是普遍存在的，个体差异的存在也是不容否定的客观事实，个体差异是教学的依据，但不用来选择或淘汰学生，毕竟教育的目的是发展人，而不是淘汰人。教育者应该尊重学生的个体差异，这不仅是学生发展的需要，也是社会发展的必然。

案例中的李老师做法非常正确，第一，用全面的观点看待学生；第二，用发展的观点看待学生，激发学生的积极性、主动性；第三，合理确定对学生的期望值，循序渐进促进学生的全面发展；第四，利用家庭和集体的力量营造支持体系，帮助学生度过困难时期。

二、个体差异的教学理念

（一）布卢姆的掌握学习

掌握学习是指学生在最佳教学、足够时间、成分反馈与矫正补救的条件下掌握学习材料的一种教学方式。掌握学习是一种教育观，又是一种教学形式。作为一种教育观，掌握学习概念是布卢姆在卡罗尔的"学校学习模式"基础上提出的。该观点认为，除了处于智力分布两个极端的少数学生外，其余绝大多数学生的智力差异不过是学习速度的差异。因为"学校学习中的许多个体差异是人为的、偶然的，而不是个体固有的。只要提供适当的先前与现时的条件，几乎所有人都能学会一个人在世上所能学会的东西"，所以，"如果按规律有条不紊地进行教学，几乎所有的学生都能达到教学目标水平，即达到完全掌握学习内容的程度。学习能力强的学生，可以在较短的时间内达到这种掌握程度。学习能力弱的学生，则要花很长时间达到同样的掌握程度"。于是，布卢姆设想：倘若提供了适当的学习条件，大多数学生在学习能力、学习速度、进一步学习的动机方面会变得十分相似。但如果学生学习的条件不利的话，他们在学习能力、学习速度与进一步学习的动机等方面的差异会变得更大。在适当的学习条件下，好与差、快与慢这些学习特性是可以改变的。

而传统教学的弊端，就是不管学生能力高低，在学习进度上实行"一刀切"，结果使学生知识掌握程度的差距日益增大。为了克服上述的弊端，布卢姆提出，提高教学效果的前提条件是教师要努力为班内所有的学生提供均等的学习机会。学生的学习成绩不及格，部分原因是课程设计和教学方法不完善，部分原因是教师没有期待这些学生去掌握。教师应该为大多数学生着想，并且牢记越是较差的学生越需要帮助。

于是，布卢姆设计了一种掌握学习的程序。该程序采用的是反馈—矫正程序，其实质是，用经常性的反馈以及适应每个学生需要的个别化帮助作为群体教学的补充。群体教学与现在进行的常规教学是一样的，反馈通常采用简要的诊断式形成测试的形式，通过这种形式了解学生已学会了什么，在掌握某学习任务之前还需要学些什么。这种测试在每个单元教学结束时都要进行。例如，将精选的、结构化的教学目标分解成许多小目标，根据这些小目标设计出一系列相互联系的学习单元。学生在学完一个单元后，教师就进行诊断性测验，测验成绩符合要求者才能进入下一个单元，否则应当重新学习这一单元，并根据学生的具体情况提供"矫正学习"或"深化学习"的程序。经矫正学习学生全部达到掌握要求后转入下一单元教学。如此循环反复，直至学完全部教材。

提供个别化矫正性帮助能使每个学生学会他未领会的重点。这样做，大多数学生便能够掌握每一项学习任务。教师还应更多地关注每个学生是否学会了下一步学习任务所需的准备。实验过程表明，这种教学形式，几乎调动了所有学生的学习兴趣和动机，学习效果良好。对于大多数学生来说，在每两周结束时，所需的额外时间和帮助，一般只需一小时左右。

实验证明，采用这种教学形式，一个学期或一学年之后，实验班学生的平均成绩比控制班的 85% 的学生可能高出一个标准差，也就是说，高于控制班的 85% 学生的成绩。更为可喜的是，这些学生的成绩提高了，其学习的自信心和兴趣也随之提高，自学能力也增强了。

（二）凯勒的个别化教学系统

个别化教学系统（PSI）又称凯勒计划，由美国心理学家凯勒及其同事于 1968 年创立。在该系统中，一年的课程被分成 15—30 个单元（大约每周一个单元），每个单元通常包括一段导言，一张列出了所要达到的目标的表格，一个建议用以达到这些目标的程序，包括阅读注释或参考教科书中的特定部分。在学习进程中，向学生提供一些问题的练习，以帮助学生达到目标。同时，学生还可以利用自测题了解自己是否已经掌握单元的内容。当他们认为已经学完一个单元时，就到"监督者"那里测验。测验一般都很短。测完后，"监督者"当着学生的面打分，并提一些有关对题和错题的问题。不能达到满意标准的学生必须重新学习，过一段时间再测，直到掌握以后才学习下一单元。对成功地完成前面各个单元的学生，给予听报告、看电影和参加演示的优先权，以资奖励。

该系统允许学生在保证对教材真正掌握的前提下按照适合自己的情况进行教学，从而避免了演讲式教学的单一性和时间安排的呆板性。

凯勒计划具有五个鲜明的特点：

（1）掌握。掌握规定的教学内容是教学的主要目标。每门课程分为若干小单元，学生在学完某个单元后，参加单元测验，通过测验表示已达到掌握标准，可以学习新单元，若未掌握，教师或"监督者"要求学生重新复习该单元。

（2）自定进度。学生根据自己的能力，自愿地控制单元学习的进度。

（3）学生助理。已通过该门课程的学生担任学生助理，帮助老师辅导新生的学习。

（4）使用指导性教材。指导性教材包括对各单元教学目标的明确说明，教材内容的分析以及一些练习题等，供学生自学。

（5）教师授课的自由化。教师只有少量几次教学，与考试内容无关，目的在于激发学生学习的动机和兴趣。

PSI 课程一般以学生一个学期或一个季度完成多少单元来决定学习等第，这一做法调动了学生的积极性，使其有共同参与感，有效地促进了教学个别化，增强了学生之间的相互影响。PSI 一般较适合于年级较高、独立性较强的学生，小学生和依赖性较强的学生实行起来比较困难。另外它与课程时间安排和评分的传统概念的冲突也是迫切需要解决的问题。

（三）个别指示教学

个别指示教学（IPI）是由美国匹兹堡大学学习研究开发中心所提出的，是当前很受欢迎的教学方式之一。IPI 的特点是根据学习者的能力、需要和学习情况准备教材及教学媒体，经常详细诊断学生的学习情况，根据其学习结果设计个别指导的内容和程序，保证每一个学生获得最优的学习效果。IPI 已在美国和其他一些国家的学生中使用，深受学生和教师双方的欢迎。

（四）自学辅导教学

20 世纪 80 年代，中国科学院心理所的卢仲衡等人在进行系统的"中学数学自学辅导教学"实验研究基础上，提出了具有中国特色的个体差异的教学方式，展示了班集体与个别化相结合的有效教学以及教师指导、辅导下以学生自学为主的有效学习的美好前景。该方法的特点：学生在教师指导下，运用自学课本、练习本、测验本进行自学、自练、自批作业，又称为三个本子教学法。自学辅导的教学原则主要有：教师指导以学生自学为主；深化学习动机；班集体与个别化相结合；启发引导、阅读教材、自主练习与及时反馈相结合；采用变式复习，他检与自检相结合；利用现代化手段加深直观性。

自学辅导教学与凯勒的个别化教学系统有相似之处，如两者都采用书本形式呈现教材，采用频繁的单元测验检查学生的学习效果。但在自学辅导教学中，学习进程采用教师定步速和学生定步速的形式。教师先做 5 分钟的指导和启发,然后让学生有连续 30～35 分钟(至少 30 分钟)的自学时间,最后留 5～10 分钟时间提问、答疑和小结。经过多年的教学实验,自学辅导教学调动了师生双方的积极性,培养了学生独立思考和自学的习惯与能力,促进了学生心理品质的提高,是一种有效的指导学生学习的方法。按照四个指标,即学业成绩、自学能力成长、自学能力迁移和各学科全面发展,对分布全国 28 个省市 5 000 多个实验班的学生的学习结果进行检查,都获得较好的效果,有的还很突出。

(五) 分层教学

传统的班级授课制采取统一的大纲、统一的教材、统一的进度、统一的要求来对待所有的学生,"一刀切",力图让学生"齐步走"。实践证明这是不切实际的想法。有的教育工作者形象地把这种教学比喻为"一件衣服让所有的学生穿"。社会对人才的需求是多方面、多层次的,学生的个人兴趣爱好、能力结构和个性发展也是有很大差异的。应该使不同层次的学生有课程选择的自由,能够主动地得到发展。我国一些学校尝试的分层教学体现了这一思想。

分层教学中,学校在一个年级内的某些学科上开设几种不同层次的课程,例如开设 A、B、C 三种层次的课程,供学生选修。A 级课程不受现行大纲教材限制,教学要求明显高于现行大纲,采用新的实验教材;B 级课程略高于现行大纲要求,采用统编教材;C 级课程按照现行大纲的最低要求进行授课。三级课程的课时不变,安排在相同时间,供学生跨班选择。而一些学科对学生原有知识基础依赖性不强,不存在前面知识未掌握后面就学不会的情况,则不采用分层教学。这样,学生原有的班级仍保留,班集体的作用仍要充分发挥出来。

在分层教学中,学生参加哪一学科的哪一个层次的学习,采用"动态管理",每学期进行一次调整。

分层教学不同于分快慢班,它允许学生根据自己的特长和今后的专业取向来选择,可能某学科参加 A 班学习,而另一学科参加 C 班学习。不像快班对各门学科要求都高,慢班则要求都低。

分层教学有助于学生的主动发展,有助于培养学生的主体意识、成才意识、超前意识、竞争意识,也有助于学生的专长的培养。

(六) 分组教学

教师面对不同的学生,要进行组织和处理教材,就有编班的问题。国外在许多年的研究中力求做到同质分组,实际上真正的同质分组是很困难的。一般来讲可以按年龄和年级分组,按能力编组。这里着重介绍按社会人际关系编组(sociocentric grouping)。

这是指按人际关系来编组。在同一水平如果有大量的学生,总是要按一定方式来编组,如在国外有些大学的班级,由学生所选同一个教授的课来编班;有些中学或大学则按报到的先后编班。按人际关系来编班是一种不是根据心理能力但又是比较有效的方法。

阿勃兰德与多义耳(Abllrand & Doyle,1976)在一项研究中以人际关系编组,在中年级,儿童按照学业成就、领导能力以及名望等方面的优缺点来评定他们的同伴。他们主张,社会性发展与学业成长一样,也是小学的一个正当的目标。他们发现,根据社会性的观念来编组,比根据年龄或根据能力来编组,更能促进社会性的交互作用。

在一个传统的班级里,教师可以用这一方法去确定位置的安排,或是形成某一项目的分组,或做集体的研究,或小组讨论。做法是先让学生写下他愿意一起工作的同学的名字。由于个人的喜好影响学生的社会性的支持,因此在人际关系编组中应该注意下面一些原则:

第一,在编组时应考虑到把互相选的放在一起。

第二,孤立者应给他们第一位选择,在任何一个小组中应尽可能少地安排孤立者。

第三,"明星"就不必去按其选择来考虑其所在组(虽然也不必故意不给他所选的组),因为,他们的"明星"的地位标志着他们有能力去适应不同的性格。

第四,应尽可能地考虑到自然的编组,如图3-1上2、3、5、7号就能自然地形成一个组,但是,因为2和7是明星,要是把他们分在不同组里成为每组的核心也会比较好。

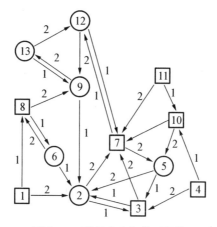

图 3-1　班级中人际关系网络

注:方形代表男孩,圆圈代表女孩;1、2线代表第一或第二选择;7号和2号是明星,被别人选得最多;1、4、11号是孤立者,没有被别人选中;2、3号之间,12和7之间,13和9,6和8之间都是互相选择。

为了提供新的接触和不同的经验,组可以不断地重新组成。

由于学生互相之间扩大了了解,这种选择也会改变;由于所要求的问题不同,学生也会做新的选择。有时教师会发现自己对学生的估计与实际情况不符,教师认为他群众关系好的,却得不到大家的爱戴;相反,有些却意想不到地在集体中受到拥护。不断使用这种方法,会使教师对学生的了解和评定更切合实际。

总之,在编组问题上,要考虑到使具有不同特点的学生一起学习更加有效。

(七) 计算机辅助教学

计算机辅助教学(CAI)是运用计算机对教学过程中教师和学生之间信息交流过程的模拟,该教学是根据程序教学原理而设计的。

首先,教师将教材内容按由易到难的原则编成教学程序,输入计算机内储存,即课件设计,然后学生学习课件内容,学生在学习时可以按自己的能力和需要自由选择,自定进度。教学开始,学生利用键盘选择课件,对所呈现的内容加以记忆、理解,对问题做出反应,计算机对学生的反应立刻做出正确与否的反馈。同时根据学生的反应,计算机将做出教学决策,决定下一步的教学行动,学生可以根据自己的学习进度进一步完成学习目标。

CAI系统具有一般教学机器难以比拟的优点,有巨大的发展潜力,为开展素质教育提供了有力的现代化教学手段。

复习思考题

一、选择题

1.《论语》记载:冉求做事好退缩,孔子就教他凡事要果断,想到了马上就去做;仲由争强好胜,孔子怕他冒失惹祸,就教他遇事要缓行。孔子的做法所体现的教学原则是( )。

　　A. 循序渐进　　　　B. 因材施教　　　　C. 教学相长　　　　D. 启发诱导

2.“中人以上,可以语上也;中人以下,不可以语上也”,这句话反映了孔子的哪种教育思想( )。

　　A. 以德为本　　　　B. 有教无类　　　　C. 因材施教　　　　D. 无为自化

3. 教数学的陈老师根据学生上学期期末成绩将学生分为 A、B、C 三类,并对三类学生制定了不同的教学计划。陈老师的做法体现的是( )。

　　A. 学生发展的个体差异性

　　B. 学生发展的不平衡性

　　C. 学生发展的未完成性

　　D. 学生发展的阶段性

二、名词解释

个体差异　学习风格　认知风格　因材施教

三、辨析题

1. 场独立型的学生比场依存型的学生更优秀。

2. 学习风格的认知要素实质上是一个人的认知风格在学习中的体现,因此没有好坏之分。

四、简答题

1. 简述场依存与场独立的学习特征。

2. 简述布卢姆的掌握学习。

3. 简述整体性策略和序列性策略的学习特点。

五、论述题

1. 试述认知风格及其类型。

2. 论述如何针对个体差异组织教学。

六、材料分析题

初中生王力擅长绘画,也是个要求上进的学生。但他行为散漫,无纪律,常画些小动物,写上同学的名字来取笑,当班主任李老师批评他时,他低着头,声音颤颤地说:"老师,我错了,以后再也不……",李老师温和地说:"喜欢画画没错啊,可画家是用画笔来表现思想情感的,应歌颂美的事物。"说到这儿,王力的头又低了下去。李老师接着说:"咱班想请你负责板报,你要把特长充分发挥出来。"他一听,兴奋地说:"老师,我保证把板报办好!"此后,王力发生了不小变化,办板报也很认真负责。

有一天,宣传委员找到李老师,气呼呼地说:"李老师,王力把板报全擦了,还说我们是笨蛋,我们的字配不上他的画,他画得再好,我们也得不了奖。"李老师一进教室便看见王力也在生气,他说他担心班级板报取不上名次。李老师肯定了他热爱集体、精心设计的工作态度,接着又帮助他分析个人与集体的关系,教育他尊重别人的劳动,树立正确的荣誉观,他频频点头,也承认了错误,并保证重新设计,完善板报。结果获得了二等奖。

王力的进步是可喜的,但有时还比较散漫,以为只要笔下有功夫,其他无关紧要。在学校举办的新风画展评比中,他以为夺魁稳操胜券,结果只得了第四,便非常失望。李老师问他对评选结果有何感想,他振振有词:李老师,我认为被评为第四的原因有两条,一是我的画位置摆得不好;二是同学们不会欣赏水墨画。李老师严肃地说:"你的画立意不够深,境界不够高。从你画上题的诗句来看,语言比较贫乏,文法也不是很通顺。如果你想当画家,应严格要求自己,树立正确的人生观,努力学好各门功课,打好文化基础。"听完李老师的话,王力脸红了,额头渗出了汗珠。后来,王力像变了一个人,各方面取得了长足的进步。

问题:班主任李老师的做法主要体现了哪些德育原则?请结合案例加以分析。

第 4 章　　　　　　　　　　　学习的基本理论

内容摘要

心理学尚未形成一门独立学科时,就有不少哲学家讨论学习问题,但是尚未形成理论和体系。心理学成为一门独立学科后,大量的心理学家和教育心理学家开始研究学习问题,他们从不同的角度、采用不同的方法进行各种各样的研究,形成了众多学习理论。本章对学习的实质与类型、行为主义学习理论、认知派的学习理论、人本主义学习理论以及建构主义学习理论进行了阐述。

重点难点

1. 了解学习的类型。
2. 理解行为主义学习理论与认知派学习理论的异同。
3. 掌握建构主义学习理论的基本观点。

本章结构

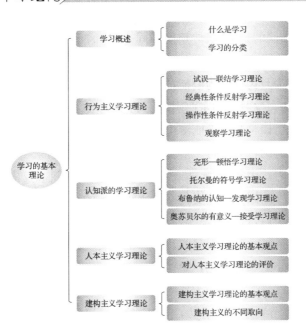

第一节 学习概述

几乎所有的心理现象都与学习密切相关。可以说,人类认识的一切方面都来源于学习,来源于个体经验的获得。因此,搞清楚什么是学习以及学习的不同类型对于个体自身的发展具有重要意义。

一、什么是学习

在我国,最早把"学"和"习"这两个字连在一起讲的是孔子。孔子说:"学而时习之,不亦说乎?"按照孔子的意思,"学"就是闻、见,是获得知识、技能;"习"是巩固知识、技能。"学"偏重于思想意识领域,"习"偏重于行动实践方面。学习就是获得知识,形成技能,培养聪明才智的过程。

对于"学习"这一概念,可以从广义和狭义两个方面进行探讨。

从广义上讲,学习既包括动物的学习,也包括人类的学习。长期以来,在对"学习"这一概念的理解上,不同的学者有不同的主张。就国外而言,有关学习的定义就有几十种之多,如学习是经由经验产生的个体行为的适应性变化的过程(Thorpe,1963);学习是由强化练习引起的有关行为潜能的持久性变化(Kimble,1961);学习是由练习或经验引起的行为或知识的较持久的变化(Wingfield,1979)等。就国内而言,有关学习的定义也纷繁多样,如学习是因经验而使个体行为或行为潜势产生改变且维持良久的历程(张春兴,1994);学习是由于经验所引起的行为或思维的比较持久的变化(陈崎,1997);学习是机体通过与其环境相互作用导致能力或倾向相对稳定变化的过程(皮连生,1997)等。这些不同的定义,虽然角度不同,关注的重点不同,但也有很多共识性的地方,主要表现在如下三个方面:

第一,学习表现为行为或行为潜能的变化。学习的结果是可以通过行为或行为潜能的变化体现出来的。学习到的东西引起行为变化,这种变化可以是当时能直接观察或可测量的行为,也可以是当时不能测出来的一种内隐的潜能。

第二,学习所引起的行为或行为潜能的变化是相对持久的。只有相对持久的行为变化,才能称之为学习。因疲劳、疾病或习惯化而造成的动机和反应能力下降等临时性的行为变化不属于学习,因为这些变化都是比较短暂的。例如,中学生因疲劳而降低了学习效率,但疲劳消失后,行为表现又会与过去相同,这种短暂的行为改变不属于学习。

第三,学习是由反复经验而引起的。个体的成熟乃至衰老都会使其行为产生持久的改变,如青春期少年的嗓音变化,就是生理成熟的结果,与经验无关,因而不能称之为学习。

综合上述心理学界对学习的看法,广义的学习可以定义为:人和动物在后天生活过程中,凭借经验而产生的行为或行为潜能的相对持久的变化。动物和人的生活均离不开学习,动物和人为了生存下去,必须通过学习获得个体经验。这种后天习得的行为经验与先天本能相比,具有重要的意义。但学习对个体生活的作用及其影响程度,在不同种类动物之间存在很大差异。动物进化的等级越高,其生活方式就越复杂,本能行为的作用就越小。人是高等社会性动物,生活方式极为复杂,固定不变的本能行为最少。由于绝大部分的人类行为都是后天习得的,学习以及学习能力在人类个体生活中的作用也就必然是最大的。

狭义上的学习专指人类的学习,它是个体以语言为中介,积极主动地掌握社会和个体经验的过程。而学生的学习则是人类学习的一种特殊形式,是指学生在教师的指导下,有目的、有计划、有组织、有系统地进行的,在较短的时间内接受前人所积累的科学文化知识,并以此来充实自己的过程。学生的学习,主要探讨学生在学校中的学习活动的本质与规律,探讨学生的学习与一般成年人学习的不同之处,找到学生学习的特殊性,以便为指导学校教育实践、提高教育质量服务。学生通过学习可以具备某种经验,并且通过经验的积累形成一定的能力。

二、学习的分类

由于学习现象异常复杂,涉及不同的学习对象、内容、形式、水平等,因此存在着各种不同类型的学习,各种学习的过程及其所需要的条件各有差异。因此,应区分不同种类的学习,探讨各种类型的学习规律,从而促进有效的学习。研究者们从不同的学习理论观点和视角出发,将学习划分为不同的类型。

(一) 根据学习水平进行分类

由于有机体进化水平的不同及学习本身的繁简程度不同,可以将学习分成不同的类别。1970 年美国著名的心理学家加涅根据学习的繁简程度将学习分为八个水平。

(1) 信号学习:个体学习对某种信号做出某种反应。经典性条件反射是一种信号学习,这是一种最简单的学习,其主要取决于有机体先天的神经组织。

(2) 刺激—反应学习:主要指操作性条件作用或工具性条件作用。在这类学习中,强化起着非常关键的作用。即先有一个行为再有结果,在这类学习中强化物是关键。

(3) 连锁学习:是一系列刺激—反应的联合。个体首先要习得每个刺激—反应联结,并按照特定的顺序反复练习,同时还应接受必要的及时强化。

(4) 言语联结学习:其实质是连锁学习,只不过它是语言单位的联结,如将单词组合为合乎语法规则的句子。

(5) 辨别学习:能识别各种刺激特征的异同并做出相应的不同反应。它既包括一些简单的辨别,如对不同形状、颜色的物体分别做出不同的反应,也包括复杂的多重辨别,如对相似的、易混淆的单词分别做出正确的反应。

（6）概念学习：对刺激进行分类，并对同类刺激做出相同的反应。这种反应是基于事物的某些特征而做出的，如圆的概念和质量的概念的学习。

（7）规则的学习：亦称原理学习，指了解概念之间的关系，学习概念间的联合。自然科学中的各种定律、定理的学习是规则学习。

（8）解决问题学习：亦称高级规则的学习，指在各种条件下应用规则或规则的组合去解决问题。

上述八类学习是分层排列的，由简单到复杂，由低级到高级。同时又具有累积性，每类学习都以前一层次的低级学习为前提，较高级、较复杂的学习是建立在较低级、较简单的学习基础之上的。1971年加涅对这八类学习进行了修正，将前四类学习合并为一类，将概念学习分为具体概念和定义概念的学习。因此，原来的八类学习变成了六类学习：连锁学习、辨别学习、具体概念学习、定义概念学习、规则的学习、解决问题的学习。

（二）根据学习结果进行分类

根据学习所得到的结果或形成的能力的不同也可以对学习进行分类。加涅于20世纪70年代提出了五类学习结果。

（1）智力技能：利用符号与环境相互作用的能力，即学习"怎么做"的一些知识，也有人称之为过程知识，如应用一些原理、法则去解答习题。

（2）认知策略：内部组织起来的用于调节学习者自己内部注意、学习、记忆与思维过程的技能。

（3）言语信息：学习大量的名称、事实、事件的特性以及许多有组织的观念等。言语信息包括复杂程度不同的一些子类别：最简单的是名称或命名，即了解、知道学习对象的名称或称呼；其次是用简单的命题来表达某一事实；还有一种是指由相互关联的事实、命题等构成的知识体系。

（4）动作技能：由有组织的、协调而统一的肌肉动作构成的活动。该技能是在不断练习的基础上形成的。

（5）态度：影响个体行为选择的内部状态。个体采取何种动作是受到态度影响的。个体可以通过多种方法形成态度，如通过某种特殊事件、模仿或其他亲身经历来形成特定的态度。

（三）根据学习性质进行分类

美国著名心理学家奥苏贝尔根据两个维度，对认知领域的学习进行了分类：第一个维度是根据学习材料与学习者原有知识结构的关系，把学习分为机械学习和有意义学习。前者指当前的学习没有与已有知识间建立起某种有意义的联系；后者指以符号为代表的新概念与学习者认知结构中原有的适当概念建立起实质性的、非人为性的联系。

另一个维度是根据学习进行的方式,将学生的学习分为接受学习与发现学习。前者指个体经验的获得来源于学习活动中主体对他人经验的接受,把别人发现的经验经过其掌握、占有或吸收,转化成自己的经验;后者指通过学习者的独立学习,独立思考,自行发现知识,掌握原理原则。

将上述两个维度结合起来,学习可以被划分为四种类型:机械的接受学习、机械的发现学习、有意义的发现学习、有意义的接受学习。奥苏贝尔强调的是有意义的接受学习,认为这是学生学习的主要形式。

除了上述几种基本类型外,还可以从其他角度对学习进行分类,例如,我国教育心理学家冯忠良依据教育系统中传递的经验内容不同,将学习分为三类,即知识的学习、技能的学习、行为规范的学习;布卢姆及其同事依据教育目标和教育任务的不同,将学习分为认知领域的学习、情感领域的学习和动作技能领域的学习三类。

第二节　行为主义学习理论

行为主义学习理论,又称刺激—反应理论,是当今学习理论的主要流派之一,该理论用刺激与反应之间的联结来解释学习过程,认为学习过程是有机体在一定条件下形成刺激与反应的联结从而获得新经验的过程。本节主要介绍行为主义学习理论的四种主要学说:桑代克的"试误—联结"学习理论、巴甫洛夫与华生的经典性条件反射学习理论、斯金纳的操作性条件反射学习理论、班杜拉的观察学习理论。

一、桑代克的"试误—联结"学习理论

(一) 学习的实质

桑代克关于学习实质的认识,源于 19 世纪末他进行的大量动物学习实验,其中最著名的是饿猫学习如何逃出迷笼获得食物的实验。桑代克将饥饿的猫禁闭于迷笼之内,饿猫可以用抓绳或按钮等三种不同的动作逃出笼外获得食物。饥饿的猫第一次被关进迷笼时,开始会盲目地乱撞乱叫,东抓西咬,经过一段时间后,它做出了打开迷笼门的动作,逃出笼外。桑代克重新将猫再关入笼内,并记录每次从实验开始到猫做出打开笼门的正确动作所用的时间。经过上述

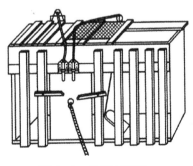

图 4 - 1　桑代克迷箱

多次重复实验,桑代克得出了猫的学习曲线。他认为猫是在进行"尝试错误"的学习,经过多次的尝试错误,饿猫学会了打开笼门的动作。依据动物学习的实验结果,桑代克提

出,学习的实质就是有机体形成"刺激"(S)与"反应"(R)之间的联结。同时,他还认为学习的过程是一种渐进的、尝试错误的过程。在这个过程中,无关的错误反应逐渐减少,而正确的反应最终形成。根据他的这一观点,人们将他的学习理论称为"试误说"。

(二) 学习的规律

桑代克认为,学习遵循三条重要的原则:

(1)准备律:指学习者在学习开始时的预备定势。学习者有准备而又给以活动就感到满意,有准备而不活动则感到烦恼,学习者无准备而强制给以活动也感到烦恼。

(2)练习律:指重复一个学会了的反应将增加刺激—反应之间的联结。也就是 S-R 联结在历经更多次的练习与频繁应用之后,就变得越来越强,反之,变得越弱。桑代克在后来的著作中修改了这一规律,因为他发现没有奖励的练习是无效的,联结只有通过有奖励的练习才能增强。

(3)效果律:如果一个动作后跟随着情境中一个满意的变化,在类似的情境中这个动作重复的可能性将增加,但是,如果跟随的是一个不满意的变化,此行为重复的可能性将减少,这就是桑代克效果律的基本含义。可见,一个人当前行为的后果对其未来的行为起着关键的作用。在刺激与反应之间形成可改变的联结,给以满意的后果,联结就增强,给以不满意的后果,联结就减弱。

(三) 对桑代克联结主义学习理论的评价

桑代克是西方第一位从事动物学习实验研究的心理学家,他的学习理论以实验研究为基础,系统地阐述了学习过程和学习的实质,并提出一系列学习定律,成为西方最早的、最系统的学习理论。这对后来联结主义学习理论的进一步发展产生了重大影响,对学校教学实践也产生了重要的影响。

桑代克的学习理论也存在着一些不足,如忽视了学习的认知特性,忽视了学习的目的性和能动性,模糊了人类学习与动物学习的界限。动物学习与人类学习既存在着一定的内在联系,又存在着一些本质区别。用解释动物简单学习的观点来解释人类复杂的学习,必然是不充分的或片面的。

二、巴甫洛夫与华生的经典性条件反射学习理论

经典性条件反射学习理论是行为主义学习理论的重要流派,它最初是由俄国著名生理学家、诺贝尔奖获得者巴甫洛夫提出。后来,行为主义心理学家华生将巴甫洛夫的经典性条件反射运用到学习领域,用来说明有机体的学习过程,形成了经典性条件反射的学习理论。

（一）巴甫洛夫的经典实验

1902年，巴甫洛夫在狗的消化腺分泌反应的实验中发现了条件反射现象，并在此基础上创立了经典性条件反射学说。最为人称道的经典性条件反射实验，当属巴甫洛夫关于狗在特定刺激下分泌唾液的条件反射研究。在该实验中，实验者把食物显现给狗，并测量其唾液分泌。狗能够对食物自然而然地分泌唾液，此时巴甫洛夫将食物看作无条件刺激（US）、唾液分泌看作无条件反应（UR），并将两者的关系称为非条件反射。而如果在提供食物之前的几秒钟发出一些作为中性刺激（NS）的声响，将会使得这个声响转变为条件刺激（CS），能够单独在没有食物的状况下引起作为条件反应（CR）的唾液分泌，两者的关系则被称作条件反射。这种与食物相关的刺激与所引起的反应的关系便是所谓的经典条件反射，其形成过程如图4-2所示。食物引起唾液分泌是先天性的，而声响之所以能够引起唾液分泌，源自动物个体所经历的经验。

本实验简化如下：

食物（US）＝＞唾液分泌（UR）

食物（US）＋声音（NS）＝＞唾液分泌（UR）

声音（CS）＝＞唾液分泌（CR）

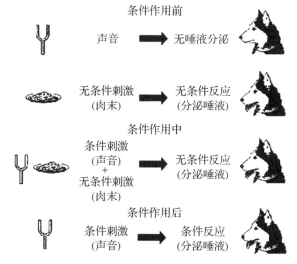

图4-2　经典性条件反射的形成过程

（二）华生的婴儿恐惧形成实验

行为主义心理学家华生将巴甫洛夫的经典性条件反射运用到学习领域，他根据经典性条件反射的原理做了一个著名的婴儿恐惧形成实验。华生从一所医院挑选了9个月大的艾伯特进行这项研究。开始时，华生和助手把艾伯特放在房间中间桌上的床垫上,将实验室白鼠放在靠近艾伯特处,这时,儿童对白鼠并不恐惧。当白鼠在他周围游荡,他开始伸手触摸它。在后来的测试中,当艾伯特触摸白鼠时,华生和助手就在艾伯特身后用铁锤敲击悬挂的铁棒,制造出响亮的声音。小艾伯特听到巨大声响后大哭起来,并表现出恐惧。经过几次将两个刺激配对,白鼠再次出现在艾伯特面前时,艾伯特对白鼠出现在房间里感到非常痛苦。他哭着转身背向白鼠,试图离开。显然,这名男婴已经将白鼠(原先的中性刺激,现在的条件刺激)与巨响(非条件刺激)建立了联系,并产生了恐惧或哭泣的情绪反应(原先对巨响的无条件反射,现在对白鼠的条件反射)。在实验的 17 天后,当华生将一只(非白色的)兔子带到房间,艾伯特也变得不安。对于毛茸茸的狗、海豹皮大衣,甚至华生戴上有白色棉花胡须的圣诞老人面具出现在他面前,他都显示出相同的反应。

(三) 经典性条件反射的基本规律

1. 获得与消退

条件反射的获得是指将条件刺激与无条件刺激多次结合呈现,可以获得条件反应和加强条件反应。如将声音刺激与喂食结合呈现给狗,狗便会获得对声音的唾液分泌反应。

条件反射的消退是指对条件刺激反应不再重复呈现无条件刺激,即不予强化,反复多次后,已习惯的反应就会逐渐消失,如学会对铃声产生唾液分泌的狗,在一段时间听到铃声但不喂食之后,可能对铃声不再产生唾液分泌反应。

2. 泛化和分化

刺激泛化是指某种特定条件刺激反应形成后,与之类似的刺激也能激发相同的条件反应,如狗对铃声产生唾液分泌反应后,对近似铃声的声音也会产生反应。"一朝被蛇咬,十年怕井绳"便是泛化的最好例证。

刺激分化是指通过选择性强化和消退,使有机体学会对条件刺激和与条件刺激相类似的刺激做出不同的反应。即辨别对相似但不同的刺激做出不同的反应。

总体来看,巴甫洛夫与华生提出的经典性条件反射学习理论有着重要的意义,经典性条件反射确实可以对一部分学习现象进行科学的解释。然而,经典性条件反射学习理论亦存在一定的局限性。经典性条件反射原理只可以解释部分简单的、低级的学习,而如果用经典性条件反射原理解释复杂、高级认知过程的学习,就可能会犯简单化和机械化的错误。

三、斯金纳的操作性条件反射理论

斯金纳,美国行为主义心理学家,新行为主义的代表人物,操作性条件反射理论的奠基者。他创制了研究动物学习活动的仪器——斯金纳箱。他以白鼠和鸽子为实验对象,观察它们在食物的强化作用下,学会压杠杆或啄亮窗等操作行为的过程,在此基础上提出了操作性条件反射学习理论。

(一)斯金纳操作性条件反射理论的提出及其基本观点

斯金纳从 20 世纪 20 年代末就开始了对动物学习的实验研究。他的实验装置被称为"斯金纳箱",如图 4-3 所示。斯金纳箱结构简单,在一个木箱内装一个操作用的按键或杠杆和一个提供食物强化的食盒。动物触碰按键或按压杠杆,食物盒就出现一粒食物,对动物的操作行为给予强化,从而使动物按压杠杆的动作反应概率增加。

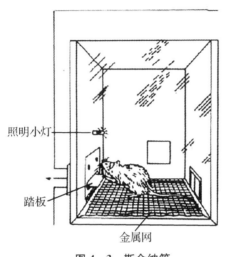

照明小灯

踏板

金属网

图 4-3 斯金纳箱

斯金纳认为,这种先由动物做出一种操作反应,然后再给予强化,从而使受强化的操作反应的概率增加的现象是一种操作性条件反射。这种反射与巴甫洛夫的经典性条件反射不同。经典性条件反射是由条件刺激引起反应的过程,写成公式是 S→R;而操作性条件反射是首先做某种操作反应,然后得到强化的过程,写成公式为 R→S。由此,斯金纳进一步提出,人和动物均有两种习得性行为:一种是应答性行为,通过建立经典性条件反射的方式习得;另一种是操作性行为,通过操作性条件反射获得。据此,斯金纳又进一步提出两种学习:一种是经典性条件反射学习,另一种是操作性条件反射学习。两种学习形式同样重要,而操作性条件反射学习更能代表实际生活中人的学习情况。

斯金纳采用"斯金纳箱"进行了一系列有关强化程序的实验研究。所谓强化是指通过强化物增强某种行为的过程。斯金纳区分了两种强化类型:正强化和负强化。正强化就是通过呈现想要的愉快刺激来增强反应频率,负强化则是通过消除或中止厌恶、不愉快刺激来增强反应频率。例如,当处于电击状态下的白鼠按动开关时停止电击,停止电击就是负强化。这两种强化都增加了反应再发生的可能性。斯金纳认为不能把负强化与惩罚混为一谈。惩罚(punishment)是通过呈现消极强化物或排除积极强化物来减少某些行为发生频率的过程。斯金纳实验证明,惩罚只能暂时降低反应率,而不能减少消退过程中反应的总次数。在实验中,当白鼠已经牢固建立按杠杆得到食物的条件反射后,在它再次按杠杆时给予电刺激,这时反应率会迅速下降。如果以后杠杆不带电了,按压率又会直线上升。50年代,斯金纳还以其强化理论为依据,提倡程序教学,对当时的教学改革产生过极大的影响。

(二)对斯金纳的操作性条件反射理论的评价

斯金纳发现了操作性条件反射现象,并对其进行了认真研究,丰富了条件反射的实验研究,填补了条件反射类型上的空白,同时也打破了传统行为主义"没有刺激,就没有反应"的错误观点。它无论是在动物的行为训练,还是在学生的行为塑造上都是可以借鉴的,同时,它对课堂教学也有重要的指导价值。斯金纳所做的"强化程序"实验研究既深入又具体,揭示出的强化规律客观可靠;也对人类的行为管理和学生学习过程的控制和激励有重要的参考价值。然而,斯金纳缺乏对人类学习内部机制与过程的关注,把人的学习与动物学习等同起来,将所有的学习行为简单归结为操作性条件反射,过于狭隘。

四、班杜拉的观察学习理论

班杜拉是一位新行为主义者,他以儿童社会行为的习得为研究内容,进行了一系列重要的实验研究,在此基础上,提出了观察学习理论。

(一)观察学习的含义

班杜拉认为,行为的习得或形成可以通过反应的结果进行学习,也可以通过榜样的示范即观察学习进行。所谓观察学习,是指一个人通过观察他人的行为及其强化结果而习得某些新的反应,或使个体已经具有的某种行为反应特征得到矫正的过程。在这一过程中,观察者并没有对示范反应做出实际的外显操作。人们通过观察他人的行为及行为后果,获得示范行为的象征性表象,并引导学习者做出与之相对应的行为过程。

(二)观察学习的过程

1. 注意过程

班杜拉认为,如果人们对示范行动的重要特征不注意,就无法通过观察进行学习,所以,形成观察学习的首要条件是观察者的注意过程。影响注意过程的因素主要有两种:其一是示范行动本身的特点,包括行为的显著特征,情境的诱因性,行动的复杂性、普遍性及机能的价值,其二是观察者本身的特点,即感知的能力、唤醒水平、知觉定势和强化的经验。

2. 保持过程

如果人们不记住示范行为,观察是不会有多大意义的,因此观察学习的第二个主要过程是对示范活动的保持。要做到这一点就需要以符号的形式把它表象化,从而保留在记忆中。班杜拉认为观察学习主要依存于两个系统:表象和言语。一些示范行为是以表象的形式保存着。示范行动引起观察者的注意后,引起了观察者对示范行为的感觉和知觉。示范行为在头脑中的重复呈现造成其持久的、可再现表象的产生,以便在以后的某些场合中被唤起。表象系统与示范行为的言语编码有关,它可以保证人的观察学习和保持的速度。调节行动的认知过程大多数是言语的而不是视觉的,示范行为被转换成表象和言语符号后,这些言语符号将起到指导行为的作用。

3. 再认过程

观察学习的第三个过程是把符号的表象转换成适当的行为。行为实施的第一阶段是在认知水平上将再认的反应选择并组织起来,然后再在行动中表现出来,而再次现出的行为动作并非准确无误的,还需要给予调整和纠正。在一些自己能够观察到的行为中,可以通过自我反应的监察来纠正或调整动作。

4. 动机过程

人们并不是把习得的所有东西都表现在行为中。有些示范行为是无奖赏的或是有惩罚的,而人们更经常采用一些能引起有价值的结果的示范行动。在由观察所获得的反应中,对他人有效的行为比那些造成消极后果的行为更为人们所喜爱。人们对自己行为的评价也决定哪一个观察习得的反应被实行。这些就是外部强化、替代强化和自我强化在观察学习中的作用。

(三) 观察学习的主要特点

一是强调人的行为是内部因素和外部影响相互作用的产物。班杜拉认为,学习受认知过程的影响,行为受认知的调节和自我调节。这一理论打破了单一因素决定论的错误思想,在学习理论的研究中是一个很大的进步。

二是既承认直接经验的学习,更强调观察学习的重要性。班杜拉认为,观察学习是一种间接学习,这种学习可以缩短学习过程,对人类的发展和生存具有重要作用。班杜拉还进一步澄清了直接经验学习和间接经验学习的区别,这在学习理论研究中是一个很大的进步。

三是强调学习动机的重要性。班杜拉注意到三种强化因素对学习的影响,即外部强化、替代强化和自我强化。在人类的观察学习中,尤其强调替代强化和自我强化的重要作用。

(四) 对观察学习理论的评价

班杜拉的观察学习理论揭示了人类和动物的一种极为普遍的学习形式,在解释学生在学校学习间接经验方面有极重要的参考价值。观察学习的理论和观点,无论是在行为习惯和运动技能的教学方面，还是在语言知识及人际交往的教学方面，都有很重要的指导作用和参考价值。然而，观察学习只是学习活动的一种方式，学习过程是极为复杂的，在重视观察学习的同时，也不能忽视其他方面的学习方式或模式。

第三节　认知主义学习理论

与行为主义学习理论对立的是认知主义学习理论，该理论派别认为，学习过程不是简单地在强化条件下形成刺激与反应之间联结的过程，而是有机体通过积极主动的内部信息加工活动形成新的认知结构的过程。

一、格式塔心理学的完形—顿悟学习理论

(一) 格式塔心理学的基本思想

格式塔心理学是 1912 年创立于德国柏林大学的一个心理学派别，其创始人是魏特海默、苛勒和考夫卡。格式塔心理学主张人的知觉、观念或心理内容具有整体性，不能分解为独立的元素。心理具有整体性，不是各元素性质的相加之和。格式塔心理学主张"心物同型说"，认为人的内心存在着许多与外界事物相应的同型物，这就是格式塔。对于每一个客观事物，在人的内心都有一个相应的格式塔。格式塔（Gestalt）是"形状"和"形式"的同义词，可以理解为一种心理的模式。格式塔具有自我组织和自我完善的功能，具有一种使自身趋于完整的活动倾向。当客观外界的某一事物呈现在我们的感官面前时，内心就有一个格式塔与之对应。当内心的格式塔与客观事物不相符时，格式塔就出现"缺陷"，这时自身就表现出弥补缺陷的活动倾向，活动的结果使格式塔本身完善化或形成良好的"完形"。基于这种观点，格式塔心理学家们认为，所谓学习就是面对当前的问题情境，在内心经过积极的组织，从而形成一个格式塔的过程。

(二) 完形—顿悟说的基本观点

完形—顿悟说是苛勒于 1913—1917 年间在西班牙加那群岛的腾涅立夫岛上通过对黑猩猩进行的大量学习实验而提出的。在以黑猩猩为被试的实验中，苛勒给黑猩猩设置了许多问题情境。其中有将香蕉挂在装黑猩猩的笼顶上，笼内有两个木箱，黑猩猩在任何一个木箱上都够不着香蕉，只有将两个木箱叠在一起，然后站在上边的木箱上才能取到香蕉。还有一种情境是将香蕉放在笼外，笼内有两根短竹竿，用任何一个竹竿都够不着香蕉，只有将两根竹竿连接起来，才能够到香蕉。在多种类似的情境中，苛勒发现黑猩猩在设法拿到香蕉时，不是像桑代克描述的那样进行尝试错误活动，而是先很好地观察整个情境，然后表现出对解决问题情境的领悟。黑猩猩把两个木箱叠起来，站到

木箱顶上拿到香蕉；或者把两根竹竿接起来得到香蕉。苛勒把黑猩猩的这种表现称为"顿悟"或"领悟"。因此，苛勒认为动物的学习不是尝试错误的学习，而是"顿悟"式学习。

苛勒用格式塔心理学的观点给予解释，认为所谓顿悟就是对问题情境的突然理解。黑猩猩通过对情境的良好观察，看出了箱子对取得香蕉的作用，懂得了把箱子叠起来就能站在上面取得香蕉，这就是顿悟，它导致了快速的学习，使动物突然地理解了目的物和取得目的物的途径或诸条件间的关系。顿悟的过程就是相应的格式塔的组织过程或形成内部格式塔的主动活动过程，也就是学习过程。

总的来看，格式塔学习理论关于学习本质的观点是：

第一，从学习的结果来看，学习并不是形成刺激—反应的联结，而是形成了新的完形。格式塔心理学家认为，学习会在有机体头脑中留下痕迹，这些痕迹不是孤立的要素，而是一个有组织的整体—完形。这种完形的改变可以因新的经验而发生，也可以通过思维而产生。

第二，从学习过程来看，学习是通过顿悟实现的。在格式塔心理学家看来，学习不是依靠"尝试"，而是由于"完形"的出现，通过顿悟突然地实现的。他们从两个方面来解释顿悟产生的原因：一方面强调刺激情境的整体性和结构性，因此在布置实验情境时，强调整个问题情境要能让动物直接感知到；另一方面假定脑本身有一种组织功能，能填补缺口或缺陷。因此，学习是一种积极主动的过程而不是盲目的、被动的过程。

（三）对完形—顿悟说的评价

完形—顿悟说揭示了有机体与环境之间的相互作用，肯定了意识的能动性，强调了认知因素（完形的组织）在学习中的作用，这不仅对反对机械主义的联结说具有重大意义，而且为 50 年代末 60 年代初现代认知心理学的兴起奠定了基础。然而，顿悟说把学习完全归于有机体自身的组织活动，否认了客观现实的反应过程。顿悟说把试误学习与顿悟学习完全对立起来，不符合人类学习的特点。

二、托尔曼的符号学习理论

托尔曼是美国心理学家，他强调行为的整体性，认为行为是一种整体现象。他客观地证明整体性行为具有目的性和认知性，并首次提出了中介变量的概念。虽然他自称行为主义者，却大量地吸收了格式塔心理学的认知观点和麦独孤的目的心理学的观点，这些观点都集中地表现在他的学习理论中。

（一）托尔曼有关学习问题的经典实验

1. 位置学习实验

位置学习实验是托尔曼及其同事克利希设计在一架"十字形"迷津中进行的，如

图4-4所示,实验的被试白鼠被分成两组:一组为反应学习组,该组被试以无规则的轮换法有时从 S_1 处开始跑出,有时从 S_2 处跑出,但总是在向右转弯后找到食物。当白鼠从 S_1 开始时,食物放在 F_1 处。从 S_2 开始时,食物放在 F_2 处。另一组是位置学习组,这组被试总是跑到同一地点找到食物。即如果它们从 S_1 开始,就得向右转弯才能跑到 F_1,如果它们从 S_2 开始,就得向左转弯才能跑到 F_1。实验结果表明,位置学习组的学习获得了很大的成功,而反应学习组的学习效果远不如位置学习组的效果。托尔曼认为,动物在跑迷津的过程中所学到的不是动作反应,而是在弄清目标在什么地方,即目标的位置。动物通过学习,仿佛"知道"目标的位置,对目标的位置形成了认知性期待。

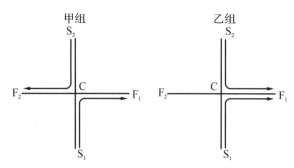

图4-4 白鼠的位置学习实验

2.迁回实验

这项实验是托尔曼和杭齐克共同进行的。该项实验的迷津设计如图4-5所示。从起点到终点的路径有三条:途径一距离最短;其次是途径二;最长的是途径三。途径二与途径一有一段共同通向目标的部分。在正式实验之前,给被试一段预备训练的时间。在预备训练时,当途径一在甲处被堵塞时,另一条较短的途径是途径二和途径三之间较短的一条。仅当途径二也被关闭时,白鼠才会跑途径三。在这样的预备训练中,实验者使白鼠熟悉了所有的三条途径,并使它们形成了按一、二、三的顺序选择途径。正式的实验是在乙处将途径堵塞,这样白鼠只好沿原路折回去。这时有两条途径可供选择,即途径二和途径三。白鼠是选择途径二,还是选择途径三?实验结果表明,白鼠没有走较短的途径二,而选择了较长的途径三。这说明白鼠既不是按照预备训练时所形成的选择顺序去做出反应,也不是盲目地选择路径,而是按照它们自己头脑中的"认知地图"去选择路径。白鼠们能够推断出,乙处设堵,既堵塞了途径一,也堵塞了途径二,只好选择唯一能到达目标的途径三。这就进一步地证实了托尔曼的假设,即动物能够根据自己熟悉的路径,做出判断,形成推理性期待。

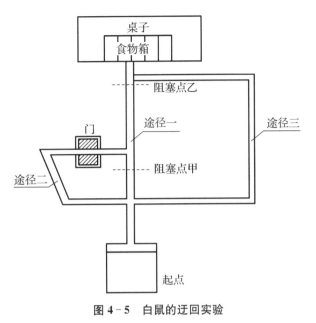

图 4-5　白鼠的迂回实验

3. 潜伏学习

潜伏学习是托尔曼和杭齐克在 1930 年的白鼠跑迷津的实验中发现的一种无强化学习现象。实验将白鼠分为三组,其中甲组自始至终不受奖;乙组自始至终都受奖;丙组是实验组,这一组直到第 11 天尝试实验时才开始受奖。到了第 12 天,实验组在迷津里只喂过一次食,可是这一组的错误次数和那个在前几天的实验中一直给奖赏的乙组所做的错误次数同样的少。这说明实验组在无奖赏的前 11 天里也在进行学习,只不过没有表现出来。所以称为"潜伏学习"。潜伏学习的事实说明,动物在无强化的条件下也在进行学习。

(二) 托尔曼学习理论的基本观点

托尔曼依据动物学习的系列实验,提出了符号学习理论,阐述了他对学习本质的基本观点。托尔曼认为有机体习得的是关于周围环境、目标位置以及达到目标的手段和途径的知识,也就是形成"认知地图"的过程,而不是习得简单、机械的运动反应。他用"符号"一词来代表有机体对环境的认知,而关于目标及达到目标的手段和途径的意义的知识则是对符号意义的认知。学习的实质就是习得达到目的的符号及其所代表的意义。

托尔曼学习理论的核心概念是期待,它有"预先认知"的含义,是一种通过学习形成的认知观点。托尔曼所说的对"目标—对象"的期待,就是对特定的目标—对象的预先认知,对"手段—对象"的期待就是对对象和达到对象的手段的认知,对"符号—格式塔"的期待就是对达到目标的途径的标志的认知。所以,期待是认知性的,是通过学习获得的。任何一种学习过程都是把对一种特定的整体的期待树立起来的过程。在学习过程中，形成的期待有三种水平：其一是"感知性"期待；其二是"记忆性"期待；其三是"推理性"期待。按照托尔曼的意思，学习就是对行为的目标、取得目标的手段、达到目标的途径和获得目标的结果的认知，就是期待或认知观念的获得。因此，也有心理学家称托尔曼的学习理论为"期待说"，又因为托尔曼的学习理论强调学习的目的性和认知性，所以又有人称之为"认知—目的说"。

（三）对托尔曼学习理论的评价

托尔曼把认知主义的观点引进行为主义学习理论，改变了把学习看成是盲目的、机械的过程的错误观点。托尔曼重视学习的中介过程，即认知过程的研究，强调学习的认知性和目的性。这些都是对学习理论研究的贡献。他对"潜伏学习"的发现，对我们的教学实践有一定的启示，提示我们在教学中，不仅要注意学生学习的外显行为状态和表面现象，更要注意了解学生潜伏的学习积极性和认知探究倾向。然而，托尔曼的学习理论严格来说是动物学习理论，该理论在解释学生的课堂学习现象时，尚存在一定的解释力局限和适用性差距。如果用从动物学习实验中得到的结果来说明人类的学习，显然是一种还原论的观点。

三、布鲁纳的认知—发现学习理论

布鲁纳是美国著名心理学家，他特别注重研究教学中的学习心理问题，其学习理论以学生的知识学习为研究对象。

（一）布鲁纳的学习观

1.学习的实质

布鲁纳认为，学习的过程实际上是人们利用已有的认知结构，对新的知识经验进行加工改造并形成新的认知结构的过程。所谓认知结构是人对外界物质世界进行感知和概括的一般方式，是在过去经验的基础上形成的，并在学习过程中不断变动。布鲁纳把认知结构称为"表征"，并认为有三种类型的表征：动作性表征、映象性表征、符号性表征——即通过动作或行动、肖像或映象，以及各种符号来认识事物。这三种表征系统，实质上是三种信息加工系统。它既包括已经获得的知识经验，也包括与这些知识经验相联系的活动方式。每个人包括儿童在内，一直在连续不断地使用这三种表征系统，凭借它们来认识世界。这种认知结构的建立是学生进一步学习的重要内部因素。它是理解新知识的基础，也是对新的信息进行加工的依据。在学习中，新的知识经验要么纳入原有的认知结构（同化），要么引起原有的认知结构的改组（顺应），从而产生新的认知结构。这个过程不是被动地产生的，而是一种积极主动的过程。

2. 学习的过程

布鲁纳认为，学生不是被动的知识接受者，而是积极的信息加工者。学生的学习包括三个几乎同时发生的过程：① 获得新信息；② 转换信息，使其适合于新的任务；③ 评价、检查加工处理信息的方式是否适合于该任务。新知识的获得过程是它与已有的知识发生联系的相互作用的过程，是主动地接受和理解的过程；新知识的转化是对它的进一步的加工，使之成为认知结构的有机构成部分并适应新的任务的过程；评价是指对新知识转化过程和结果的一种检验与核对，核对我们对知识的理解与概括是否正确，能不能正确地应用。学生的学习认知过程就是对新知识的获得、转化和评价三个几乎同时发生的过程。

知识学习主要是认知活动尤其是思维活动的概念化或类型化过程。经过多次这样的思维活动所形成的编码系统是有层次的，它在众多同类事物的基础上形成同类事物的概念，又在同类概念的基础上形成更概括、更抽象的概念。学习过程就是编码系统中的概念不断概括和分化，使之成为更完整、更概括的系统的过程。知识结构具有一定的层次，它可以通过一个人所发展的编码体系中的三种表象模式表现出来，布鲁纳把编码系统解释为构成一个人三种表象模式的一套有联系的、非特定的系统，它是一个人将关于他的世界的信息分类和联系的方式。编码系统是一种不能直接观察到的假设构成物。一个人的编码系统使他能够超越一定的信息，即可以从他的编码系统中演绎出新的信息，也就是产生创造性信息和行为。人的知识学习过程就是编码系统形成的过程。

(二) 布鲁纳的教学观

1. 结构教学观

布鲁纳强调学习的结果是形成认知结构，因此他强调在学科知识的教学中，应帮助学生掌握学科的基本结构。所谓学科基本结构，就是指某门学科的基本概念和基本原则。例如，化学中的化学键，数学中的交换律、分配律和结合律等。在布鲁纳看来，学生掌握学科基本结构应该是学习知识方面的最低要求。学生如果能够掌握学科的基本结构，就能更好地掌握整个学科。布鲁纳认为，任何学科都有相当广泛的结构，而且任何与该学科有联系的事实、论据、观念、概念等都可以不断被纳入一个处于不断统一的结构中。尤其是自然科学和数学这类高度形式化的学科，有清晰的基本结构可教给学生。

布鲁纳认为，学习学科的基本结构可以有以下好处：第一，懂得基本原理可以使学科更容易理解；第二，把所学的知识用圆满的结构联系起来，有利于知识的记忆和保持；第三，领会基本的原理和概念，有利于知识的迁移和运用，达到举一反三、触类旁通的境地；第四，强调结构和原理的学习，可以缩小高级知识和低级知识之间的差距，有利于各级教育的贯通；第五，可以简化教学内容，"现实的极其丰富的教学内容，可以把它精简为一组简单的命题，成为更经济、更有活力的东西（基本结构）"。

2. 发现法教学模式

布鲁纳提倡在教学中运用发现法。他认为,发现法是教育学生的主要手段,学生掌握学科基本结构的最好方法是发现法。所谓发现法,是指教师设置一定的学习情境,让学生主动地探究和发现事物的特性、原理和原则的教学方法。布鲁纳认为,在教学过程中,学生是一个积极的探究者。教师的作用是要形成一种学生能够独立探究的情境,而不是提供现成的知识。教师教一门学科,不是要建造一个活着的小型藏书室,而是要让学生自己去思考,参与知识获得的过程。教学不应当使学生处于被动地接受知识的状态,而应当让学生自己把事物整理就绪,使学生自己成为发现者。学生的发现不只局限于寻求人类尚未知晓的事物的行为,它还包括用自己的头脑亲自获得知识的一切形式。学生所获得的知识,尽管都是人类已知晓的事物,但是,如果这些知识是依靠学生自己的力量引发出来的,那么对学生来说仍然是一种"发现"。

在教学中运用发现法,其灵活性和自发性都很大,没有固定的模式,要根据不同学科和不同学生的特点来进行。一般来说,发现法大致包括以下几个步骤。第一,提出和明确使学生感兴趣的问题。第二,使学生对问题体验到某种程度的不确定性,以激发其探究的欲望。第三,提供解决问题的各种假设。第四,协助学生搜集和组织可用于做结论的资料。第五,组织学生审查有关资料,得出应有结论。第六,引导学生运用分析思维去验证结论,最终使问题得到解决。在整个过程中,教师要向学生提供材料,让学生亲自发现应得的结论或规律,使学生成为发现者。

(三) 对布鲁纳学习理论的评价

布鲁纳的学习理论强调学习的主动性,强调学习的认知过程,重视认知结构和学生的独立思考在学习中的重要作用。这些观点不仅有力地反对了机械论的学习观点,而且发展了传统的"学习顿悟说"的认知观点,并把学习理论研究的重点转移到学生的知识学习和课堂教学方面来,对于指导课堂教学实践和学生的学习有很重要的参考价值,是值得重视的一种学习理论,当时在美国和其他各国都有很大影响,并且这种影响至今仍然存在。然而,布鲁纳学习理论夸大了学生的学习能力,忽视了知识学习活动的特殊性。其"发现法"也有不利的一面,如发现法运用范围有限、发现法耗时过多等。

四、奥苏贝尔的有意义—接受学习理论

奥苏贝尔是美国著名认知教育心理学家,他根据学习材料与学习者原有知识结构的关系,把学习分为机械学习和有意义学习;根据学习进行的方式,将学生的学习分为接受学习与发现学习,并提出学生的学习主要是有意义的接受学习。

(一) 奥苏贝尔学习理论的基本思想

1. 有意义学习

（1）有意义学习的实质

奥苏贝尔提出，有意义学习过程的实质，就是符号所代表的新知识与学习者结构中已有的适当观念建立非人为的和实质性的联系。这一论断既给有意义学习下了明确的定义，也指出了划分机械学习与有意义学习的两条标准。所谓实质性联系，指新的符号或符号代表的观念与学习者认知结构中已有的表象、已经有意义的符号、概念或命题的联系；新旧知识的非人为的联系，则是指新知识与认知结构中有关观念在某种合理的或逻辑基础上的联系。

（2）有意义学习的条件

有意义学习的产生既受学习材料性质的影响，也受学习者自身因素的影响。我们称前者为有意义学习的外部条件（外因），后者为有意义学习的内部条件（内因）。有意义学习的外部条件是指有意义学习材料本身，必须具有逻辑意义。这种逻辑意义指的是材料本身与人类学习能力范围内的有关观念可以建立起非人为的和实质性的联系。有意义学习的内部条件包括：首先，学习者必须具有有意义学习的心向。即学习者具有积极主动地把符号所代表的新知识与学习者认知结构中原有的适当知识加以联系的倾向性。其次，学习者认知结构中必须具有适当的知识，以便与新知识进行联系。最后，学习者必须积极主动地使这种具有潜在意义的新知识与他认知结构中有关的旧知识发生相互作用。

（3）有意义学习的类型

有意义学习可分为三种类型：表征学习、概念学习和命题学习。表征学习是学习单个符号或一组符号的意义，概念学习则是掌握同类事物的共同的关键特征，命题学习是学习以命题形式表达的观念的新意义。根据新旧命题之间的关系具体有三种类型命题学习：下位学习、上位学习和组合学习。

2. 接受学习

奥苏贝尔关于学习的观点正与布鲁纳的相反，奥苏贝尔认为学习应该是通过接受发生的，而不是通过发现。在接受学习中，学习的主要内容基本上是以定论的形式传授给学生的。对学生来讲，学习不包括任何发现，只要求他们把教学内容加以内化（即把它结合进自己的认知结构之内），以便将来能够再现或派作他用。奥苏贝尔强调不能错误地认为接受学习必然是机械的，发现学习必然是有意义的。在他看来，无论是接受学习还是发现学习，都有可能是机械的，也都有可能是有意义的。

3. 有意义接受学习的心理机制——认知同化理论

奥苏贝尔用同化来解释有意义接受学习的心理机制。"同化"这一概念，最初是由皮亚杰提出来的,指的是个体把客体纳入已有的图式中去,从而引起图式的量的变化。皮亚杰的同化概念主要用来说明儿童认知发展的内部机制,而奥苏贝尔将其引入学习理论领域,用以探索学生的内部心理机制,从而赋予了同化概念以新的内涵,他认为学生能否获得新知识,主要取决于学生个体的认知结构中是否已有了有关的概念。他指出影响学习的唯一重要的因素,就是学习者已经知道了什么,并据此进行相应的教学。

奥苏贝尔在同化理论的基础上提出了学习组织的四大原则,即渐进分化原则、综合贯通原则、序列组织原则、巩固性原则,还就如何贯彻四大原则提出了先行组织者策略(advance organizer)。所谓先行组织者,是指为了避免学生机械地学习或记忆新知识,在学习新知识之前,要先向学生介绍一些与新知识适当相关的、概括性较强、包摄性较广、清晰性及稳定性较强的引导材料,来帮助学生确立意义学习的心向,这些引导性材料即为先行组织者。根据所要学习的新知识的性质,奥苏贝尔列出了两种不同类型的先行组织者。对于完全陌生的新知识,他主张采用说明性组织者(或陈述性组织者),利用更高抽象和概括的观念为下一步的学习提供一个可资利用的固定观念;对于不完全陌生的新知识,他主张采用比较性组织者,帮助学生明确新旧知识间的共同点和差异处,为学生获得精确的知识奠定基础。

(二) 对奥苏贝尔学习理论的评价

奥苏贝尔的学习理论揭示了学生知识学习的最本质的特征,即学生学习新知识的过程是以已有的知识经验为基础,通过对语言文字所表述的知识内容的理解,掌握新知识的实质性意义的过程。奥苏贝尔强调,学生的学习以有意义的接受学习为主,有意义的接受学习是学生在教师的指导和传授下获得知识的最经济、最快捷、最有效的学习方式,学生正是用这种既省时、又省力的方式才能在较短的时间里获得大量有用的知识。这对我们教学有重要的指导意义。然而,奥苏贝尔的学习理论适合于解释学生陈述性知识的学习过程,不全适用于解释如言语技能、操作技能等程序性知识的学习过程;奥苏贝尔只注意到学生的课堂接受学习和教师的课堂讲授教学,而忽略了学生的读书学习和教师对学生的阅读指导;奥苏贝尔的学习理论偏重学生的知识掌握,忽视学生的能力培养。

五、加涅的信息加工学习理论

加涅于 20 世纪 50 年代开始对人类学习问题进行研究,建立了信息加工学习理论。他着重运用认知心理学的理论观点,特别是信息加工模式来解释人类的学习活动。加涅认为学习是一个有始有终的过程,这一过程可分成若干阶段,每一阶段需进行不同的信息加工。在各个信息加工阶段发生的事件,称为学习事件。学习事件是学生内部加工的过程,它形成了学习的信息加工理论的基本结构。与此相应,教学过程既要根据学生的内部加工过程,又要影响这一过程。因而,教学阶段与学习阶段是完全对应的。

(一) 信息加工学习模式

加涅的信息加工学习模式描述了信息从环境中进入个体,经过一系列加工阶段,最终形成长期记忆和反应的过程。这一模式包括以下关键部分:

1. 信息流

信息从环境中通过感受器进入个体的感觉登记(非常短暂的记忆储存),然后经过选择性知觉进入短时记忆。在短时记忆中,信息可以被进一步加工并转入长时记忆。当需要使用信息时,它会被检索出来并可能回到短时记忆进行进一步考虑或直接通向反应发生器产生反应。

2. 控制结构

包括期望事项和执行控制。期望事项指的是学生所期望达到的目标,属于动机系统在学习过程产生的影响,正因为学生对学习有某种期望,他才能够对信息进行深入加工,才能够进行学习,来自教师的各种反馈才具有强化作用,而反馈又进一步肯定和增强了学生的期望。

执行控制系统在信息加工过程中决定哪些信息从感觉记忆进入短时记忆,哪些内容被复述从而保持更长时间,确定编码选择方式从而决定长时记忆的信息怎样存储,确定学习者的搜索与提取方式从而决定学习者记多少、如何记等。

(二) 学习阶段与教学事件

加涅将学习过程划分为八个阶段,每个阶段都对应着特定的教学事件。

1. 动机阶段

动机阶段是整个学习过程的预备阶段,在此阶段,学习者形成学习的动机或期望。此时,教师可以通过设置明确的学习目标、提供有趣的学习材料等方式来激发学生的学习动机。

2. 领会阶段

当学生学习目标确立,就需要接受刺激,并且在接受刺激的过程中,只接受与学习目标有关的刺激,而忽略其余刺激。这一阶段,教学的目的就是要让学生有效地进行选择性知觉,也就是注意到该注意的学习内容。

3. 习得阶段

学生一旦开始注意知觉到外部信息,学习活动就可进入习得阶段,被感知的信息进入工作记忆中进行编码和存储。教师在这个阶段就可以指导学生,为学生提供编码的策略,选择不同的编码方式,把信息从短时记忆传递到长时记忆。

4. 保持阶段

在工作记忆中编码了的信息进入长时记忆存储起来。贮存在长时记忆中的信息的强度不会随时间进程而削弱,但是会因缺乏提取或记忆痕迹不够明显而逐渐消退,或因不同的信息片段之间相互混杂而难以提取,所以怎么减少无关信息的干扰,从而提高信息保持的精确度是教师在教学中需要注意的。

5. 回忆阶段

即信息检索阶段,使所学的知识或获得的信息能够复现出来。教学可以利用各种方法帮助学生提取,但更重要的是要指导学生自己具有比较强的信息提取能力。

6. 概括阶段

这是一个"举一反三"的过程,将已经编码、存储在长时记忆中的知识技能提取,迁移到各种各样的题型情景中去,完成知识的重组构建,使学生在不同的情境中提取信息,概括和掌握学习的内容,促进学习的迁移。

7. 操作阶段(作业阶段)

即反应生成阶段,从学习的信息加工过程而言,反应生成器组织学习者的反应,使之在作业中表现出所学到的知识,为教师的反馈提供了依据。

8. 反馈阶段

学习者通过操作阶段看到了自己的学习结果,认识到自己的学习是否已达到了预定目标。通过考试成绩或教师言语肢体的肯定,可以帮助学生证实动机阶段建立的期望,强化学习动机。

(三) 对加涅信息加工学习理论的评价

加涅依据信息加工原理,提出了学习的信息加工模式,并对学习过程、学习类型和学习结果进行了探讨,其研究目的立足于为教学实践服务,改变了以往只注重一般学习研究的狭隘性;他把研究对象定位于人,特别是学校中的学生,这更接近于教育教学实际;加涅开创性地对学习的不同类型、阶段和结果的内外条件进行了具体说明,在学习与教学之间构筑起联系的桥梁,使学习理论与教学实际紧密结合。

虽然加涅的信息加工学习理论能够解释许多人类思维过程,但它将人的认知活动比喻为计算机对信息的处理,这在一定程度上简化了人类认知的复杂性。人类认知过程远比计算机处理信息要复杂得多,涉及更多的情感、意志和创造性等因素;尽管加涅提出了学习过程的基本模式和八个阶段,但这些阶段之间的相互作用和关系仍然不够明确;此外,该理论也未能完全解释学习发生的机制,如学习过程中的神经生物学基础等。

总之,加涅信息加工学习理论在教育心理学领域具有重要地位和贡献,它揭示了学习过程的本质,提出了学习过程的基本模式,并强调了内部心理过程的作用。然而,该理论也存在一些局限性和不足之处,需要进一步完善和发展。

第四节　人本主义学习理论

人本主义心理学是 20 世纪 50 年代末和 60 年代初兴起于美国的一种心理学理论,其代表人物有罗杰斯、马斯洛等人。

一、人本主义学习理论的基本观点

(一) 学习的本质

罗杰斯等人本主义心理学家批评以往的学习都是一种无意义学习,是一种在颈部以上发生的学习。鉴于此,罗杰斯提出了有意义学习(significant learning)的概念,指出有意义学习是一种使个体的行为、态度、个性以及在未来选择行动方针时发生重大变化的学习,是一种与个体生活的各部分经验融合为一体的学习。有意义学习包括四个要素,即学习具有全人投入、个人参与的性质,学习是自我发起的,学习是渗透性的,学习是由学习者自我评价的。

(二) 学习的动机

在对学习动机的看法上,人本主义心理学家认为,人类具有学习的自然倾向或学习的内在潜能,人类学习是一种自发、有目的、有选择的学习过程。教学的任务就是创设一种有利于学生学习潜能发挥的情境,使其学习潜能得以充分发挥。

(三) 学习的内容

在学习的内容上,人本主义心理学家强调学生学习的内容应该是学习者认为有价值、有意义的知识或经验。只有当学生正确地了解到所学内容的用处时,学习才是最好的、最有效的。因此,在课程内容的安排和设置上要给学生以充分的自由,允许学生根据自己的兴趣和爱好以及自我理想来选择有关学习内容,而不应该把一些学生不喜欢的东西强行地灌输给学生。

(四) 学习的方法

人本主义心理学家特别强调学习方法的学习和掌握,强调在学习过程中获得知识和经验。人本主义心理学家认为,很多有意义的知识或经验不是从现成的知识中学到的,而是在做的过程中获得的。学生通过实际参加学习活动,进行自我发现、自我评价和自我创造,从而获得有价值的、有意义的经验,这是最宝贵的知识。人本主义心理学家还强调在学习过程中获得的不仅仅是知识,更重要的是获得如何进行学习的方法或经验,这些方法和经验可以运用到以后的学习中去。所以,最有用的学习是学会学习,它能使学习者不断地体验并感悟各种经验,同时增强对变化的耐受性。

二、对人本主义学习理论的评价

罗杰斯等人本主义心理学家从他们的自然人性论、自我实现论出发,在教育实践中倡导以学生经验为中心的有意义的自由学习,对行为主义等学派的教育心理理论产生了冲击,促进了教育革新,为学习与教学的研究和实践提供了富有启发意义的新观点和新思路。然而,人本主义学习理论脱离了社会和社会关系来强调人的本性,过于强调学生天赋潜能的作用,忽视了人的本质的社会性;过于强调学习要以学习者的自由活动为中心,忽视了教师在学科教学中的主导作用,某种程度上降低了教育与教学的效能。

第五节　建构主义学习理论

随着心理学家对人类学习规律研究的不断深入,西方学习理论中又出现了一个重要的派别,这就是建构主义学习理论。

一、建构主义学习理论的基本观点

建构主义认为,知识不是通过教师传授得到的,而是学习者在一定的情境即社会文化背景下,借助其他人的帮助(包括教师和学习伙伴),利用必要的学习资料,通过意义建构的方式获得的。这种学习更加强调学习的主动性、社会性、情景性和协作性,是一种更加开放的学习。

(一) 建构主义的知识观

当代建构主义者主张,世界是客观存在的,但是对于世界的理解和赋予的意义却是由每个人自己决定的。我们是以自己的经验为基础来建构现实,或者至少说是在解释现实,每个人的经验世界是用我们自己的头脑创建的,由于我们的经验以及对经验的信念不同,我们对外部世界的理解是迥异的。因此,知识并不是对现实的准确表征,它只是一种解释、一种假设,它并不是问题的最终答案。相反,它会随着人类的进步而不断地被"革命"掉,并随之出现新的假设。而且,知识并不能精确地概括世界的法则,在具体问题中,我们并不是拿来便用,一用就灵,而是需要针对具体情境进行再创造。此外,知识不能以实体的形式存在于具体个体之外,尽管我们通过语言符号赋予了知识一定的外在形式,但这并不意味着学习者会对这些命题有同样的理解,因为这些理解只能由个体学习者基于自己的经验背景而建构起来,这取决于特定情境下的学习历程。

(二) 建构主义的学习活动观

建构主义认为,学习不是由教师把知识简单地传递给学生,而是由学生自己建构知识的过程。学生不是简单被动地接收信息,而是主动地建构知识的意义,这种建构是无法由他人来代替的。学习意义的获得是每个学习者以原有的知识经验为基础,对新信息重新认识和编码,建构自己理解的过程。在这一过程中,学习者原有的知识经验因为新知识经验的进入而发生调整和改变。所以学习并不是简单的信息的积累,它同时包含由新、旧经验的冲突而引发的观念转变和结构重组;学习过程并不是简单的信息输入、存储和提取,而是新旧经验之间的双向的相互作用过程。

建构主义认为,学习者的知识是在一定情境下,借助于他人的帮助,如人与人之间的协作、交流、利用必要的信息等等,通过意义的建构而获得的。理想的学习环境应当包括情境、协作、交流和意义建构四个部分。

1. 情境

学习环境中的情境必须有利于学习者对所学内容的意义建构。在教学设计中,创设有利于学习者建构意义的情境是最重要的环节或方面。

2. 协作

教师与学生之间、学生与学生之间的协作,对于学习资料的收集与分析、假设的提出与验证、学习进程的自我反馈和学习结果的评价以及意义的最终建构等都有十分重要的作用。协作在一定的意义上是协商的意思。协商主要有自我协商和相互协商。自我协商是指自己和自己反复商量什么是比较合理的,相互协商是指学习小组内部之间的商榷、讨论和辩论。

3. 交流

交流是协作过程中最基本的方式或环节。学习小组成员之间必须通过交流来商讨如何完成规定的学习任务并达到意义建构的目标,怎样更多地获得教师或他人的指导和帮助等等。其实,协作学习的过程就是交流的过程,在这个过程中,每个学习者的想法都为整个学习群体所共享。交流是推进每个学习者学习进程的重要手段。

4. 意义建构

意义建构是教学过程的最终目标。其建构的意义是指事物的性质、规律以及事物之间的内在联系。在学习过程中帮助学生建构意义就是要帮助学生对当前学习的内容所反映事物的性质、规律以及该事物与其他事物之间的内在联系达到较深刻的理解。

(三) 建构主义的学生观

建构主义强调,学习者并不是空着脑袋走进教室的,在日常生活中,在以往的学习中,他们已经形成了丰富的经验。有些问题即使他们还没有接触过,没有现成的经验,但当问题呈现在面前时,他们也能基于相关的经验,依靠他们的知识能力,形成对问题的某种解释,这并不是胡乱猜测,而是从他们的经验背景出发而推出的合乎逻辑的假设。

二、建构主义的不同取向

建构主义本身是一种理论思潮,并且目前正处在发展过程中,存在着不同的取向,对教育实践具有较大影响的主要有如下几种理论取向。

(一) 激进建构主义

激进建构主义是在皮亚杰思想基础上发展起来的建构主义,它有两条基本原则:① 知识不是通过感觉被个体被动地接受的,而是由认知主体主动建构起来的,这种建构是通过新旧经验的相互作用而实现的。② 认识的机能是适应自己的经验世界,帮助组织自己的世界,而不是去发现本体论意义上的现实。

激进建构主义者相信,世界的本来面目是我们无法知道的,而且也没有必要去推测它,我们所知道的只是我们的经验。只要某种知识能帮助我们解决具体问题,或能提供关于经验世界的一致解释,那它就是适应的,不要去追求经验与客体一致。为了适应不断扩展的经验,个体的图式会不断进化,所有的知识都是在这种个体与经验世界的对话中建构起来的,而这要以个体的认知过程为基础。

(二) 社会建构主义

社会建构主义是以维果斯基的理论为基础发展起来的建构主义,其观点主要表现在三个方面:① 它在一定程度上对知识的确定性和客观性提出了怀疑,认为所有的认识都是有问题的,没有绝对优胜的观点,但它又比激进建构主义稍温和。② 该理论强调知识的社会性,认为知识是在人类社会范围里建构起来的,又在不断地被改造,以尽可能与世界的本来面目相一致。③ 社会建构主义也把学习看成是个体建构自己的知识和理解的过程,但社会建构主义更关心这一建构过程社会性的一面。该理论认为知识是个体与物理环境的相互作用内化的结果,在此过程中,语言等符号具有极为重要的意义。

（三）社会文化取向的建构主义

社会文化取向也受到了维果斯基的突出影响，把学习看成是建构的过程，关注学习的社会性的方面。但该理论认为，心理活动是与一定的文化、历史和风俗习惯背景密切联系在一起的，社会实践活动是知识的来源。所以，其着重研究不同文化、不同时代和不同情境下个体的学习和问题解决等活动的差别。社会文化取向的建构主义借鉴了文化人类学的方法，研究一定文化背景下的个体为达到某种目的而进行的实际活动，并认为这些实际活动是以一定的社会交往、社会规范、社会文化产品为背景的。个体以自己原有的知识经验为基础，通过一系列的活动，解决所出现的各种问题，最终达到活动的目标。社会文化取向的建构主义认为，学习应该像这些实际活动一样展开，在为达到某种目标而进行的实际活动中，解决遇到的实际问题，从而学习到某种知识。学生在问题的提出及解决中都处于主动地位，而且在其中可以获得一定的支持。

（四）信息加工建构主义

在学习理论中，信息加工理论不属于严格的建构主义。信息加工理论认为，认知是一个积极的心理加工过程，学习不是被动地形成 S—R 联结，而是包含信息的选择、加工和存储的复杂过程。在此意义上，信息加工论比行为主义大大前进了一步。但是，信息加工论假定，信息或知识是事先以某种形式存在的，个体必须首先接受它们才能进行认知加工，那些更复杂的认知活动才能得以进行。但它只是强调原有知识经验在新信息的编码表征中的作用，而忽略了新经验对原有知识经验的影响。

信息加工的建构主义比信息加工理论前进了一步。它仍然坚持信息加工的基本范式，但信息加工的建构主义完全接受了"知识是由个体建构而成的"观点，强调外部信息与已有知识之间存在双向的、反复的相互作用。同时，信息加工的建构主义强调新经验意义的获得要以原有的知识经验为基础，而原有经验又会在此过程中被调整或改造。但这种观点并不彻底，它不接受"知识仅是对经验世界的适应"的原则。所以，信息加工建构主义也被称为"温和建构主义"。

总之，建构主义更加关注学习者如何以原有的经验、心理结构和信念为基础来建构知识，更加强调学习的主观性、社会性和情境性，这对当今教育理论和实践均产生了广泛的影响，对于进一步推动学习与教学理论的发展有着重要的理论意义，对于指导教育实践也具有积极的作用。然而，建构主义理论亦存在一些争议之处。例如，建构主义过于强调知识的相对性，而忽视了知识的客观性；过于强调个体知识再生产过程信息加工活动的个别性，而忽视了其本质上的共同性；过于强调学习知识的情境性，而忽视了知识的系统性。同时，作为目前正处在发展中的一种新的理论思潮，建构主义存在着不同的取向，各种建构主义的观点尚存在很多争议之处。

复习思考题

一、选择题

1. 强调教学重视学科基本结构和学生能力培养，提倡"发现学习"的教育家是（　　）。

A. 凯洛夫　　　　B. 赞可夫　　　　C. 布鲁纳　　　　D. 罗杰斯

2. "学习过程就是尝试错误的过程"，这一观点属于哪种学习理论？（　　）

A. 行为主义　　　B. 认知主义　　　C. 人本主义　　　D. 建构主义

3. 鉴于何某这学期各方面有明显进步，学校撤销了对他原有的警告处分。学校采用的行为矫正方法属于（　　）。

A. 正强化　　　　B. 负强化　　　　C. 正惩罚　　　　D. 负惩罚

4. 李玉看到王强经常帮助同学而受到老师的表扬，因此，她也愿意帮助同学。这种现象主要体现了哪种强化方式？（　　）

A. 负向强化　　　B. 间隔强化　　　C. 自我强化　　　D. 替代强化

5. 张老师在教学中经常用奖励来激发学生的学习动机，培养学生良好的学习习惯。张老师的这种做法符合（　　）。

A. 人本主义学习观　　　　　　　B. 行为主义学习观

C. 认知主义学习观　　　　　　　D. 建构主义学习观

6. 如果一个家长想用玩游戏来强化孩子认真完成作业的行为，最合理的安排应该是让孩子（　　）。

A. 玩完游戏后做作业　　　　　　B. 自己规定游戏时间

C. 边玩游戏边做作业　　　　　　D. 完成作业后玩游戏

7. 在心理学实验中，为了使小狗能够区分开圆形光圈和椭圆形光圈，研究者只在圆形光圈出现时才给予食物强化，而在呈现椭圆形光圈时不给予强化，那么小狗便可以学会只对圆形光圈做出反应而不理会椭圆形光圈。该过程称为（　　）。

A. 刺激分化　　　　　　　　　　B. 刺激泛化

C. 刺激获得　　　　　　　　　　D. 刺激消退

二、简答题

1. 简述人本主义学习理论。

2. 简述布鲁纳认知—发现学习理论的主要观点。

3. 加涅将学习结果分为哪几类？

4. 简述建构主义学习理论的知识观、学习观、学生观。

三、论述题

1. 论述接受学习与发现学习的区别与联系。

2. 试述建构主义学习理论对中小学教学实践活动的启示。

四、案例分析题

材料：

情境1：林强上课捣乱，受到同学责怪和老师批评，可他的行为不仅没有减少，反而频繁出现。后来，为了消除他的捣乱行为，当他捣乱时，老师和同学都不理他，久而久之，他的捣乱行为逐渐减少了。

情境2：杰明上课时总是不遵守纪律，干扰同学的学习。老师找他谈话，他多次承诺予以改正，但很快又重犯。今天上课时，他趁陈军站起来回答问题时，抽掉陈军的椅子使其重重地摔了一跤。于是，老师宣布取消杰明去春游的活动资格。

情境3：兴华平时课上喜欢讲闲话，老师为了改变他的这种不良习惯，不像以前那样一味地批评，而是采用新的策略，只要兴华不在课上讲闲话，老师就及时给予表扬。

问题：

(1) 试从行为主义心理学视角，分析三种情境中教师做法的依据。

(2) 该材料对教师培养学生良好行为有何启示？

第 **5** 章　　　　　　　　　　　　　　　学习动机

内容摘要

　　人的各种行为总是由一定原因引发的，心理学一般用"动机"这一术语描述行为的原因。在学校教育活动中，学生的学习行为和学习效果受其学习动机的影响。因此，提高教育教学成效的关键之一是调动学生的学习积极性，也就是激发与维持学生的学习动机。本章将主要介绍学习动机的概念、基本成分、分类、相关学习理论和学习动机的培养与激发。

重点难点

1. 理解学习动机的基本成分。
2. 了解学习动机的分类。
3. 掌握学习动机理论。
4. 掌握学习动机的培养与激发。

本章结构

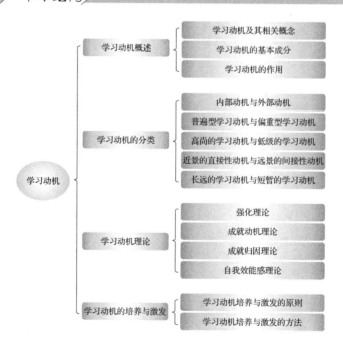

第一节 学习动机概述

一、学习动机及其相关概念

(一) 动机的概念

动机是指引起并维持个体活动,使活动朝向某一目标的内部动力。它有三个主要功能:一是激活功能,即动机会提高唤醒水平,促使人产生某种活动;二是指向功能,即动机推动人的活动指向某一目标;三是维持与强化功能,即动机可以使活动保持适当的行为强度,直至完成,而当目标达到时,动机又能加强和维持这一行为。

从动机的概念和功能可以看出,动机是影响行为的"中介变量",很难直接观察和测量,只有通过一个人当时所处情境及其行为表现,才能观察和测量,并予以解释。

(二) 学习动机的概念

学习动机是指激发、引导和维持学习者进行学习活动,并使活动朝向一定的学习目标的内部动力。具体来说:

首先,学习动机是个体的一种内在心理历程,它是不可以直接观察的,但是可以通过个体的外部行为推测。例如,通过学生对学习任务的选择、努力的程度、对困难的态度和坚定性等,可以推测学生学习动机的指向性,即兴趣、爱好和方向;也可以推测出学生学习动机的强度以及维持时间的长短等。

其次,动机是由一定的学习目标或对象所指引、激发和维持的。例如,学生为实现考上重点大学这样一个目标,就会产生学习的动力,努力克服困难,争取获得优异的成绩。

(三) 学习动机的相关概念

1. 学习态度

学习态度是指学习者对学习有关的人和事,所持有的一种具有一致性和持久性的倾向。培养学生对学习的积极态度,有助于激发和维持其学习动机。

2. 学习兴趣

兴趣与学习动机关系密切,二者有相似之处,都可视为引起学生学习行为的内在原因。相异之处是,学习动机所驱动的行为未必能够达到预定目标,故而动机未必一定获得满足。而兴趣是行为后果获得动机满足所致,也就是动机驱使行为并指向目标,目标达到,学习动机获得满足,学习者产生学习兴趣。

二、学习动机的基本成分

一般认为,学习动机的两个基本成分是学习内驱力和学习期望,两者相互作用形成学习的动机系统。在个体学习的过程中,学习的动力主要来自两方面,一方面来自个体的内部,个体内部的需要和愿望形成的一种内驱力是一种内部的推动力量,相当于推力。例如,学生的兴趣、爱好、求知欲、对学习必要性的认识和对未来的理想等都是推动学生进行学习的内部力量。另一方面来自外部,是指环境因素对个体的吸引力和压力形成一种拉动个体学习的力量,相当于拉力。例如,为了成为优秀学生、考取重点学校、取得学位以及达到社会、学校和家长的要求等,都是拉动学生进行学习的外部力量。

(一) 学习需要与内驱力

1. 学习需要

广义而言,学习需要、内驱力与学习动机三者涵义相同,都是描述学习行为的内在原因或内部动力。具体而言,学习需要是指学习者在学习活动中,感到某种欠缺而力求获得满足的心理状态。它的主观体验形式是学习者的学习愿望和学习意向,包括学习的兴趣、爱好和学习信念等。内驱力是由于个体内部的某种缺乏或不平衡状态所产生的,旨在恢复平衡的一种内在推动力,是以需要为基础的,但它是动态的。当学习者的某种需要没有得到满足时就会产生相应的学习内驱力,促使学习者去从事满足需要的学习活动。

2. 内驱力

美国教育心理学家奥苏贝尔(D.P.Ausubel,1996)认为学生在学校情境中的学习内驱力主要有三方面:认知内驱力(cognitive drive)、自我提高内驱力(ego-enhancement drive)和附属内驱力(affiliate drive)或亲和内驱力。他认为,学生所有的指向学业的行为都可以从这三方面的内驱力加以解释。

(1)认知内驱力:是一种要求了理解事物,掌握知识,以及系统地阐述问题并解决问题的需要。它以求知为目标,从知识的获得中得到满足。这种动机指向学习任务本身,满足这种动机的奖励是由学习本身提供的。因此,教育的主要职责之一是要让学生对获得有用的知识本身发生兴趣,而不是让他们为各种外来的奖励所左右。

(2)自我提高内驱力:是个体因自己的胜任力或工作能力,而赢得相应地位和威望的需要。这种动机不直接指向知识和学习任务本身,而是把成就看成是获得地位与自尊的来源,它既可以促使学生把自己的行为指向当时学业上可能达到的成就,又可促使学生在成就的基础上把自己的行为指向今后在学术和职业方面的目标。

(3)附属内驱力(亲和内驱力):是学习者为了赢得长者(如家长、教师)的赞许或认可,而表现出来的要把工作或学习做好的一种需要。这种需要不是由个体的学习活动而来,也不是由成就水平决定的,而是个体需要得到长者的认可。它有三个条件,一是学生与长者在感情上具有依附性;二是学生从长者处所得到的赞许或认可终将获得一种派生的地位,所谓派生地位,不是由学生本身的成就水平决定的,而是从长者的认可中引申出来的;三是学生会有意识地使自己的行为符合长者的期望和标准,借以获得并保持长者的认可。

认知内驱力、自我提高内驱力与附属内驱力,在动机结构中所占比例因年龄、性别、社会地位、种族以及人格等因素而有所不同或发生变化。在儿童早期,附属内驱力占主导的地位,他们努力学习是为了获得家长的赞许。少年期附属内驱力逐渐减弱,而同伴赞许成为一个强有力的动机因素。而到了青年期,认知内驱力和自我提高内驱力成为学生学习的主要动机,学生学习的主要目的在于满足自己的求知需要,并从中获得相应的地位和威望。

(二) 学习期望与诱因

学习动机的第二个成分是学习期望,它是指学习者对学习活动所要达到的目标的主观估计。班杜拉指出,个体对他达到目标的能力的期望将决定他会付出多少努力和他将持续多久。学习期望与学习目标密切相关,但二者不能等同。学习目标是学习者通过学习活动想要达到的预期结果,而在学习者完成学习活动之前,这个预想结果是以观念的形式存在于头脑之中的,因此学习期望是学习目标在学习者头脑中的反映。

在学校中,学习目标的种类有很多,常见的有长远目标和短期目标;一般目标和具体目标;指向任务本身或指向自我的内在目标和指向他人或外在奖励等的外在目标;在学习中,关注知识的理解和掌握的掌握目标,旨在证明能力,获得对能力的有利评价或避免不利评价的成绩目标等。无论何种形式的目标,都会使学生产生学习的动力。

诱因是指能够激起有机体的定向行为,并能满足某种需要的外部条件或刺激物。诱因既可以是食物、水等简单的物质性的,也可以是名誉、地位等复杂的精神性的。既可能是调动个体积极行为,趋向某一目标的积极性诱因,也可能是促使个体产生消极行为,回避某一目标的消极诱因。在激发学生学习动机的教育过程中,教师应尽量使用积极诱因如表扬、奖励等,减少使用消极诱因,如频繁的考试、惩罚等。

学习内驱力与学习期望是学习动机结构中的两个基本成分,两者之间的关系是十分密切的,相辅相成。在学习的过程中,学习需要是学生从事学习活动最根本的动力,这种动力来自学生自身,来自个体内部,在学习的过程中起主导的作用,它是学习期望产生的前提条件,只有学生的学习需要与其可以达到的目标相互作用才能形成学习期望,学习期待指向学习需要的满足,才促使学生有更强的动力去达到目标。

三、学习动机的作用

（一）学习动机对学习过程的影响

1. 启动作用

学习动机对学习过程的启动作用首先在桑代克的动物实验中得到证实。在桑代克的实验中，要想让猫能解决如何从问题箱逃脱的难题，就必须使它处于饥饿状态，这样它就会表现出焦躁不安的内心紧张状态，为克服这种紧张状态，就会唤起觅食行为。而且，饥饿程度越高，寻找食物的内驱力就越强，即启动作用就越大。同样，对学生的学习来说，当学生有了学习的需要，获得学习动机后，就会在学习前做好准备，集中精力在某些学习上，而较易启动其学习行为。

2. 定向作用

学习动机以学习需要和学习期待为出发点，使学生的学习行为一开始就指向一定的学习目标，并推动学生为达到这一目标而努力学习。有时学生可能面临多个学习目标，这时就要根据学生需要的轻重缓急，或对目标的期望程度从中做出选择。

3. 维持作用

在学习过程中，学生是勤奋还是懒惰，是持之以恒还是半途而废，很大程度上取决于学习动机的水平。我国心理学家沈德立等 1990 年的研究也发现，学习动机水平高的小学一年级新生的课堂注意情况要好于学习动机水平低的学生。在实验期间，对于对照班学生只进行常规的学习习惯和行为习惯教育，而对实验班学生除进行以上常规教育外，还进行专门的学习动机培养教育。实验班经过一个学期的动机教育，学习动机水平明显高于对照班。这些结果都证明学习动机对学习行为有极大的维持作用。

4. 调节作用

在实际教学情境中，学生的学习动机和由其激起的学习行为可能经常要受到来自学生自身内部和外部各种因素的影响，原有学习动机水平的高低、学习目标的改变、学习兴趣的转移、外界要求的变化、诱因价值的变化等都会影响已出现的学习行为，影响学生学习的专注程度，影响其注意分配，影响其付出努力程度等。如果学生具有正确的、水平适合的学习动机，那么，由其引起的学习行为的各个环节就会受到它有意或无意的调节和监控，排除来自内外因素的干扰，朝着既定的学习目标做出不懈的努力，直到目标的实现。

（二）学习动机对学习效果的影响

由于学习动机对学习过程有着广泛的影响，这种影响最终会在学习结果上表现出来。学习动机对学习效果的影响可分为两个方面:一方面是总体上整个动机水平对整个学习活动的影响,另一个方面是具体的学习活动中学习动机对学习效果的影响。

1. 学习行为是学习动机与学习效果的中介因素

从总体上看,学习动机越强,有机体学习活动的积极性就越高,从而学习效果越佳。学习动机作为一种非认知因素,它对学习效果的影响并不是直接发生的,它必须通过学习者的学习行为这一中间环节才能起作用。有研究将学习动机、学习行为和学习效果放在一起考察,发现了学习动机与学习效果的一致与不一致的关系(见表5-1)。

表 5-1　学习动机与学习效果的关系

	正向一致	负向一致	正向不一致	负向不一致
学习动机	＋	－	－	＋
学习行为	＋	－	＋	－
学习效果	＋	－	＋	－

注:＋表示好或积极,－表示坏或消极。

学习动机是通过以下两方面对学习行为产生影响从而间接地作用于学习结果的:

第一,学习动机作为一种非智力因素,间接地对学习起促进作用。人的智力因素对学习有直接、重要的影响。但是,一些非智力因素如集中注意、坚持不懈及对挫折的忍受性等意志和情感方面的品质,对于成功的学习也是必不可少的。动机的作用正是通过唤起对学习的准备状态,增强这些重要的品质来间接地促进学习的。例如,一个学生产生了要在学习上名列前茅的强烈动机,他就一定会把主要精力集中在有关的学习上,减少其他无关活动,并能持之以恒、排除干扰、克服困难、经受失败挫折的考验。

第二,学习动机与学习结果之间存在互为因果的关系。学习动机推动学习行为,导致学习结果。成功的学习结果可以激发学生进一步学习的动机,从而产生积极的学习行为,得到更好的学习结果,形成良性循环;反之则是恶性循环。奥苏贝尔曾明确指出"动机与学习之间的关系是典型的相辅相成的关系,绝非一种单向性的关系",因此,没必要等所有学生都表现出对学习的强烈动机后才开始学习活动。对于那些尚无学习动机的,尤其是年龄较小的学生,教学的最好方法是,把重点放在学习的认知方面而不是动机方面,致力于有效地教他们掌握有关知识,让他们获得成功的体验,学生尝到了学习乐趣,就有可能产生要学习的动机,也就是说通过学习活动及其结果来激发学习动机。

尽管动机对学习的促进作用是无可置疑的,但值得注意的是,学习动机与学习效果的关系并不一定成正比。这是因为:其一,学习动机的强弱对学习的效果有不同的影响。过弱的动机固然无助于学习,但是过强的动机也会造成过度的紧张,抑制大脑相应部位的活动,从而影响学习的效率。其二,影响学习的因素除了智力、动机之外,还有学生的知识基础、学习方法、人格特征、身体及情绪状况等。因此,在重视动机作用的同时,也要注意全面提高学生的学习技能和其他心理素质。

2. 耶克斯—多德森定律

对一项具体的学习活动而言,学习动机对学习效果的影响并非那么简单。有时随着学习动机的增强,学习效果反而会下降。例如,有些学生想上大学的动机过强,结果是一进考场便因情绪紧张而产生"怯场"现象,使注意力和知觉的范围过分狭窄,记忆和思维也都受到影响,平时非常熟悉的问题这时也答不出来了。当然,一个人缺乏一定的学习动机,对学习抱无所谓的态度,肯定也是学不好的。因此,在学习活动中,为了使学习最有成效,就要避免过高或过低的动机。只有当学习动机的强度处于最佳水平时,才能产生最好的学习效果。已有的研究表明,在各种学习活动中存在着一个最佳的动机水平。但最佳的动机水平并不是固定不变的,它随着学习任务难易程度的不同而不同。对于一般难度任务,中等强度的动机可取得最高效率;对于容易任务,这一强度要略高一些;对于困难任务,这一强度要略低一些。这一现象是由心理学家罗伯特·耶克斯(Robert Yerkes)和约翰·多德森(John Dodson)1908 年通过动物实验发现的,心理学上称之为耶克斯—多德森定律。图 5-1 表示了这种关系。

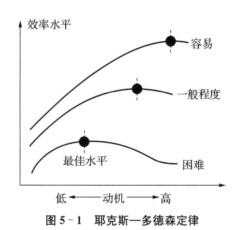

图 5-1   耶克斯—多德森定律

耶克斯—多德森定律研究了不同的任务难度水平上的最佳的动机水平,这对我们有较大的启发意义,但需要指出的是,这一结论是动物实验的结果,它未能考察学习者的能力水平在其中的作用,因此,对此结论应持谨慎态度,如对同样困难的任务,对能力水平低的学习者来说,其最佳动机水平是在中等偏低处,但对高能力水平的学习者而言,其最佳动机水平则可能在中等偏高处。

第二节 学习动机分类

学习动机是在社会生活环境和教育影响下逐渐形成的,不同的环境与教育对学生有着不同的要求,所以学生表现出的学习动机也是复杂多样的。不同学者从自己的研究角度出发,对学习动机的分类提出了多种见解,其中与教育实践密切相关的有以下几种。

一、内部动机与外部动机

从学习动机的来源上,可以划分为内部学习动机与外部学习动机。由学习者内在需要引起的学习动机,称为内部动机。例如学生的求知欲、学习兴趣、信念、理想、好胜心、荣誉感等等,可以促使学生进行积极学习活动。外部动机是指学习者由外部诱因所引起的学习动机。例如父母的鼓励、教师的表扬、竞争的奖励等等,都可能成为激发学生学习的外在条件。

一般来说,内部动机比较持久,使学习者有较大的主动性,外部动机起作用的时间比较短,使学生的学习比较被动。但是,内部学习动机与外部学习动机的划分也不是绝对的。在外部学习动机发生作用时,人的学习活动较多依赖于责任感、义务感或得到奖赏和避免惩罚的意念。从这个意义上说,外部学习动机之所以能起作用,其实质上依然是一种内部学习动力。因此,我们在教育过程中强调内部学习动机,但也不忽视外部学习动机的作用。教师应一方面促进外部动机向内部动机的转化,另一方面利用外部动机使学生已形成的内部动机处于持续的激起状态。

二、普遍型学习动机与偏重型学习动机

这是根据学习动机影响范围的大小区分的。普遍型学习动机驱使学生认真学习所有课目,参与学习活动的全过程;偏重型学习动机的学生则只对某几门学科,或某些学习活动有学习动机。教育实践经验表明,第一类学生所具有的普遍型学习动机,并不是在短时间内教导出来的,而可能是在其求学史上一向如此,这类学生在小学时就表现出对学习的兴趣、态度、习惯甚至意志力与价值观等心理特点,也已成为其性格的一部分。至于偏重型学习动机的学生,其学习动机多半是在求学过程中,由于学业失败或者师生关系不良而逐渐形成的。

三、高尚的学习动机与低级的学习动机

根据动机内容的性质,可以把学习动机区分为高尚的与低级的。前者的核心是利他主义,学生把当前的学习同国家和社会的利益联系在一起,如周恩来总理在中学时发出"为中华之崛起而读书"的宏愿;后者的核心是利己的,自我中心的,学习动机只来源

于满足眼前的需要,如个人名誉、地位,报答父母等等。

> **知识链接**
>
> ### 梦想从学习开始——学习习近平总书记关于学习的重要论述①
>
> 学习一直是影响"国运"的隐性杠杆。历史上,一些民族和国家迅速崛起,学习释放的正能量最耀眼最持久;还有一些民族和国家逐步沉沦乃至消亡,不善学习的教训最触目惊心。党的十八大以来,中央政治局以学习开局,大会结束后的第三天,十八届中央政治局就进行第一次集体学习,带头学习领会、贯彻落实党的十八大精神,以加强学习托举中国梦。依靠学习走向未来,成为中国共产党治国理政的一大鲜明特色。

四、近景的直接性动机与远景的间接性动机

根据学习动机作用于学习活动的关系,可以分为近景的直接性动机与远景的间接性动机。前者是与学习活动本身有关的,来源于对学习内容或学习结果的兴趣,以及老师生动的讲解等;后者则是与学习的社会意义和个人前途相联系的,如中学生意识到自己的历史使命,争取考上理想的大学等,都属于远景的间接性动机。

五、长远的学习动机与短暂的学习动机

根据动机持续作用的时间,可以把学习动机区分为长远的与短暂的。前者如,一个学生立志要在数学上取得一些成就,这种抱负不仅在小学、中学、大学的学习中起作用,而且在以后相当长的时期里都起作用,它就是一种长远而持久的动机;后者如某学生的期望只是为了某一次数学考试取得高分,这个动机就比较浅近短暂,它只会在此次考试之前起一点作用,考试之后就无效了。

第三节　学习动机理论

一、强化理论

(一) 基本观点

学习动机的强化理论是由行为主义学习理论家提出来的,他们不仅用强化来解释

---

① http://theory.people.com.cn/GB/n1/2016/0707/c376186 - 28531506.html? ivk_sa=1024320u.

学习的发生,而且用它来解释动机的产生。在行为主义看来,人的某种学习行为倾向完全取决于先前因强化而建立起来的稳固联结,按照这种观点,任何学习行为都是为了获得某种报偿。因此,在学习活动中,采取某种外部手段,如评分、表扬、奖励、竞赛等,可以激发学生的学习动机,引起相应的学习行为。

(二)教育应用

一般来说,无论正强化还是负强化都能增进学习动机,如适当的表扬与奖励、获得优异成绩等正强化手段,或者取消讨厌的频繁考试等负强化手段。惩罚则一般削弱学习动机,但有时也可以使一个人在受批评后发奋图强。在学习中如能合理运用强化,减少惩罚,将有助于提高学生学习动机的水平,改善他们的学习行为和学习结果。

(三)评价

强化理论强调奖励与惩罚措施的使用可以维持学习动机,确能收到一时之效。但是由于过分强调引起学习行为的外部力量(外部强化),忽视甚至否定人的自觉性和主动性(自我强化),不利于培养学生的求知热忱,趋奖避罚的功利心态不利于学生的人格发展,因而这一学习动机理论有较大的局限性。

二、成就动机理论

(一)基本观点

成就动机是指人们在完成任务中,努力克服障碍、施展才能、力求获得成功的内部动力。它是在人的成就需要基础上产生的,是个体对自己认为重要的、有价值的事情乐意去做,并努力达到完美地步的一种内部推动力量。成就动机是人类所独有的,它是后天获得的具有社会意义的动机。在学校教育情境下,学生的学习活动中,成就动机是一种主要的学习动机。高成就动机者具有以下特征:① 选择中等难度的任务,并全力以赴地获取成功;② 对欲达到的目的明确,并抱有成功的期望;③ 精力充沛,探新求异,具有开拓精神;④ 选择工作伙伴以高能力为条件,而不是以交往的亲疏关系为前提。

成就动机理论的主要代表人物是阿特金森。他认为,个体的成就动机可以分为两类,一类是力求成功的动机 Ts,即人们追求成功和由成功带来的积极情感的倾向性;另一类是避免失败的动机 Taf,即人们避免失败和由失败带来的消极情感的倾向性。一个人面临一种任务时,这两种倾向通常是同时起作用的,两种力量势均力敌时,个体就会感到心理冲突的痛苦。根据这两类动机在个体的动机系统中所占的比例,可以将个体分为力求成功者和避免失败者。研究发现,力求成功者最有可能选择成功概率50%

即中等难度的任务,因为他们的目的是获得成功,而这种任务既有挑战性,又有可能成功;而避免失败者倾向于选择非常容易或非常困难的任务,因为选择容易任务可以确保自己不失败,而选择特别困难的任务,由于多数人都不会成功,自己失败也就是自然的,从而减少失败感。

在阿特金森的理论中,追求成功的动机(Ts)是成就需要(Ms)、获得成功的可能性(Ps)和成功的诱因值(Is)三者乘积的函数。用公式表示为:

$$Ts = Ms \times Ps \times Is$$

Ms 表示长期的、稳定的追求成功的需要,Ps 表示成功的主观期望值(成功可能性),Is 是成功的诱因价值。Is 和 Ps 是一种此消彼长的关系,即 $Is = 1 - Ps$,成功的可能性降低,诱因值就增大。例如,学生在易学的科目上得高分(成功可能性大),并不感到自豪(成功诱因值小),但在难学的科目上得高分(成功可能性小),就会体验到自豪和胜任感(成功诱因值大)。阿特金森的理论因特别强调期望和诱因价值的作用,所以,他的理论又被称为期望—价值理论。

与力求成功的倾向一样,回避失败的倾向也是在成就活动中引发的,阿特金森认为,回避失败的倾向(Taf)是回避失败的动机(Maf)、失败的可能性(Paf)和失败诱因值(Iaf)的函数。用公式表示为:

$$Taf = Maf \times Paf \times Iaf \quad Paf = 1 - Iaf$$

在阿特金森的理论中,任务的选择是判断成就动机的主要内容,对 $Ms > Maf$ 的人来说,$Ps = 0.5$,任务处于中等难度水平时,成就动机值最大,Ps 增大或减小时,动机值对称性地降低。对 $Ms < Maf$ 人来说,当 Ps 处于中等难度水平时,动机的阻碍最大,随着 Ps 在 0.5 水平上增大或减小时,动机值相应地提高,即个体在回避失败的动机占优势时,就回避中等难度的任务,他们倾向于选择非常容易或非常难的任务。阿特金森在1958 年进行了一项经典实验,他把 80 名大学生被试分成四组,每组 20 人,让他们完成相同任务。给第一组被试的指导语是,只有 1 名被试能得到奖励($Ps = 1/20$);第二组被试的指导语是成绩前 5 名者会得到奖励($Ps = 1/4$);第三组被试的指导语是,成绩前10 名者可以得到奖励($Ps = 1/2$);第四组的指导语是成绩前 15 名者能得到奖励($Ps = 3/4$)。实验结果表明,成功可能性为中等的两个组的成绩最好(第二组和第三组);成功概率太低(第一组)或太高(第四组)的成绩最差。

(二)教育应用

阿特金森的成就动机理论对教育实践来说,有着重大的指导意义。首先,在任务安排上,对于力求成功者,应通过给予新颖且有一定难度的任务,安排竞争的情境,严格评分标准等措施激发学习动机;对于避免失败者,则尽量安排竞争性不强的情境,如果取得成功要及时表扬,并尽量避免在公众场合指责其错误。其次,在评价标准的设置上,要考虑使更多的学生获得成功,同时又不是那么容易达到的。

(三) 评价

当然,这一理论也不是尽善尽美的,首先,该理论更多地注重动机的内部因素,未能充分考虑到外部社会生活条件对人的成就动机的作用。其次,试图把动机的情感和认知方面结合起来,这种思路是正确的,值得肯定的。但是人的期望、诱因价值都要通过人对环境和自身条件的认知才能影响人的动机,阿特金森未能对这些影响做出进一步的分析。

三、成就归因理论

(一) 基本观点

所谓归因是指人们对自己或他人之行为的原因加以解释或推测的过程。

维纳认为可从原因源、稳定性和可控性三个维度把归因分为:内归因和外归因,稳定性归因和不稳定性归因,可控制性归因和不可控制性归因。维纳经过研究发现一般人将自己行为成败的原因主要分为六个因素:能力高低、努力程度、任务难度、运气(机遇)好坏、身心状态和外界环境。如果将此"三维度"和"六因素"结合起来,就可组成如下"归因三维模式"(见表 5 - 2)。

表 5 - 2　成就归因的三维模式

归因类别	稳定性		原因源		可控性	
	稳定	不稳定	内在	外在	可控	不可控
能力高低	+		+			+
努力程度		+	+		+	
任务难度	+			+		+
运气好坏		+		+		+
身心状态		+	+			+
外界环境		+		+		+

维纳认为,学生对学习结果的归因,可以影响学生的情绪和对未来学习成败的预期,即进而影响学生的后继学习行为。

就稳定性维度而言,如果学生把成败归因于稳定因素(能力高低、任务难度),则学生对未来学习结果抱有同样的预期,即仍然会成功或失败。如果学生把成功归因于不稳定因素(努力程度、运气好坏),则对未来学习结果的预期有可能改变,即这次失败下次有可能成功。

就原因源维度而言,与个体的自尊有关。把成功归于内部因素(能力高低、努力程度),则感到自豪,产生积极的自我价值感,进而更加投入未来的学习活动中,强化动机;反之,把失败归于内部因素则减少自尊,形成消极的自我意象,从而更避免参与成就性任务;相反,如果学生将成败归因于外在因素(任务难度、外界环境),则不会对其自我意象产生什么影响。

就可控性维度而言,与个体的体验有关。将成功归于可控因素(努力程度)可产生满意,会对自己充满信心;归于不可控因素(身心状态、任务难度等)则可产生幸运;反之,将失败归于可控因素(努力程度)会产生自责,归于不可控因素(能力高低、任务难度)则可能产生无助感或抱怨情绪,不利于学习动机的激发。

(二) 教育应用

教师在客观的立场上对学生的学习行为及其结果进行归因解释,不仅可以在课业上辅导学生,也可以改进自己的教育教学,从而使学生更多地感受到学业上的成功。归因理论在教育实践中的意义可表现为以下方面:① 根据学生自我归因可预测以后的学习动机。② 学生自我归因虽未必正确但却是重要的。③ 长期消极归因心态有碍于学生人格成长。④ 教师的回馈是影响归因的重要因素。

(三) 评价

美国心理学家维纳提出的三维归因理论,是解释学习动机最系统的理论,也是近年来国内教育心理学家最感兴趣,并由此衍生出最多研究的理论。由于归纳理论是从结果来阐述动机的,因此它的理论价值与实际作用主要表现在三个方面:一是有助于了解心理活动发生的因果关系;二是有助于根据学习行为及其结果来推断个体的心理特征;三是有助于从特定的学习行为及其结果来预测个体在某种情况下可能产生的学习行为。正因如此,在实际教学过程中,运用归因理论来了解学习动机,对于改善学生的学习行为,提高学习效果,会产生较大的作用。

四、自我效能感理论

(一) 基本观点

自我效能感是指人们对自己能否成功地从事某一成就行为的主观判断。这一概念最早由美国心理学家班杜拉提出。他认为人类的行为不仅受行为结果的影响,而且受通过人的认知因素形成的对结果的期待的影响。所谓期待,包括结果期待和效能期待,结果期待是个体对自己的某种行为会导致某一结果的推测。如果个体预测到某一特定行为会导致某一特定结果,那么这一行为就可能被激活和被选择。例如学生认识到只要认真听课，就会获得期望的好成绩，那么他就很可能认真听课。效能期待则指个体对自己能否实施某种成就行为的能力的判断，即人对自己行为能力的推测。当个体确信自己有能力进行某一活动时，就会产生较高的自我效能感，并会去实施那一活动。例如，学生不仅认识到认真听课可以取得理想的成绩，而且还感受到自己有能力听懂教师所讲的内容时，就会更加认真听课。

班杜拉强调人的认知因素在行为的引起和改变中的重要作用，同时也十分重视强化的作用，但他对强化的理解与传统强化论的理解有所不同。班杜拉认为强化有三种：① 直接强化，即通过外界因素对学习者本身的行为直接进行强化。奖励和惩罚是学习中最常用的直接强化。② 替代性强化，即通过一定的榜样来强化相应的学习行为或学习行为倾向。如学生如果看到其他人的成功行为或受到赞扬的行为，他也会增强同样行为的倾向；如果看到他人失败的行为或受到惩罚的行为，就会削弱或抑制发生同样行为的倾向性。③ 自我强化，即学习者根据一定的标准进行自我评价和自我监督，来强化相应的行为。如当自己的行为达到自己设定的标准时，以自己能支配的报酬来增强、维持自己的行为。

（二）教育应用

自我效能形成后，对人的行为将产生深刻的影响，主要表现在：① 决定人们对活动的选择，以及对活动的坚持性。自我效能水平高者倾向于选择富有挑战性的任务，在困难面前能坚持自己的行为，而自我效能水平低者则相反。② 影响人们在困难面前的态度。自我效能水平高者敢于面对困难，富有自信心，相信通过坚持不懈的努力可以克服困难；而效能水平低者在困难面前缺乏自信，畏首畏尾，不敢尝试。③ 自我效能不仅影响新行为的习得，而且影响已习得行为的表现。④ 自我效能还会影响活动时的情绪。效能水平高者活动时信心十足，情绪饱满，而低效能者则充满恐惧和焦虑。

班杜拉通过大量的研究指出，自我效能感的形成主要受个体自身成败经验的影响。一般来说，成功经验会增强自我效能，反复的失败会降低自我效能。但事实并非这么简单，成败经验对自我效能的影响还要受到个体归因方式的左右，如果把成功归于外部不可控的因素就不会增强自我效能；把失败归于外部不可控的因素也不一定就降低自我效能。因此，教师应尽量提供机会使学生获得成功体验，并引导学生对行为结果进行积极归因，从而增加学生的自我效能感。此外，替代性经验也是重要的影响因素。人类许多的效能期望来自观察他人所获得的替代性经验，能否成功获得这种经验，一个关键因素是观察者与榜样一致性的问题。

（三）评价

自我效能感理论在教育、心理、职业发展和健康行为等众多领域展现出重要的实践指导价值，其干预策略的科学性和可操作性得到了大量实证研究的支持。这些应用不仅验证了理论的核心假设,也使抽象的理论概念转化为提升人们生活的实际力量。

在教育领域,自我效能感理论为理解学生学习动机和学业表现提供了关键视角。研究表明,具有高自我效能感的学生倾向于选择更具挑战性的学习任务,投入更多努力,在面对困难时表现出更强的坚持力。

第四节　学习动机的培养与激发

一、学习动机培养与激发的原则

(一) 并行性原则

学习动机的培养是指把社会、学校和家庭的需要变为自己内在的学习需要的过程,而学习动机的激发是将已形成的学习需要调动起来,以提高学习积极性的过程。学习动机的培养是一个从无到有的过程,而学习动机的激发是一个从静到动的过程。所以,学习动机的培养和激发是两个既有区别又有联系的概念,学习动机的培养为激发提供了基础,学习动机的激发是为培养提供了进一步的强化。但在实际的教学中,学习动机的培养和激发是紧密联系在一起的,很难截然分开的,因此,在教学中应坚持培养与激发并行性的原则。

(二) 递进性原则

学生的整个学习动机系统由多种动力因素组合而成,不同年龄阶段的学生的动力因素的构成是有一定差异的,而且在不同的时期、不同的个体身上,占主导地位的动力因素也是不一样的,因此在对学生进行学习动机教育时,应针对特定时期学生的动机发展规律进行教育,只有这样才能起到事半功倍的效果。一般说来,年龄越小的学生,外部动机对他们的学习起的作用就越大,这时,一味地要求他们对学习本身产生内部动机是不怎么现实的。年龄大些的学生,内部动机起的作用才逐渐增大。因此,应坚持递进性原则。

(三) 手段与目的的共一性原则

培养和激发学生学习动机是调动学生学习的积极性和自觉性的一种手段,使学生真正能由"要我学习"的状态变为"我要学习"的状态,从而能更好地完成学业,取得优异成绩。但学习动机的培养与激发仅停留于此是不够的,学习动机的培养和激发应同时也作为一种教育目的,使学生能从学习动机的教育中真正获得一种内在的学习需要,获得一种能应付未来的学习和生活的本领。因此,在动机的培养与激发中,既要把它作为一种促进学习的手段,又要把它作为一种应付未来生活和学习的本领,进行动机教育。

二、学习动机培养与激发的方法

在学校教育中,培养与激发学生学习动机的方法是多种多样的。在运用各种方法时,教育者首先应帮助学习者树立正确的学习目的,明确学习的意义与知识的价值,使他们不仅认识到要学什么,而且也要认识到为什么学、学到什么程度、学了有什么用等,这对于他们学习动机的培养与激发是十分重要的。可以这样比喻,你能把马牵到河边,却不能强迫它喝水。对于学生学习也是如此,你可以让学生坐在教室里,但你不能强迫他学习,一定要让他有学习的动机。

(一)内部学习动机的培养与激发

1. 创设问题情境,激发求知欲与好奇心

求知欲和好奇心是内部动机最为核心的成分,它们是培养和激发学生内部学习动机的基础。心理学家怀特指出,人有一种探索和认识外界环境的内在需要,这种内在需要会引起个体的好奇行为和探索行为,并表现为求知欲。心理学家克罗思指出:"好奇心是一种天生的和强有力的动机因素。"

教育实践证明,创设问题情境是激发学生的求知欲和好奇心的一种十分有效的方法。所谓问题情境,是指具有一定难度,需要学生努力克服,而又力所能及的学习情境。创设问题情境指提供的学习材料、条件、实践能使学生产生疑问、渴望从事活动、探究问题的答案,经过一定的努力能成功地解决问题。有效的教学在于形成一种使学生似懂非懂、一知半解、不确定的问题情境,由此产生的矛盾、疑惑、惊讶最能引起求知欲和学习兴趣,产生学习的愿望和意向。成功的教学应不断创设问题情境,来激发学生的好奇心、求知欲,激发学生的内部学习动机。例如,有个物理教师在教"压强"这一概念时,要学生设想把一块砖放在沙地上,怎样才能陷得最深这样一个生动有趣的问题入手,在横着放、竖着放、斜着放、砖的一角触地等热烈提议中引出"压强"概念。这样的教学由于激发了学生的好奇心和求知欲,因此教学效果往往是良好的。

2. 鼓励学生的学习目标定向

心理学家德维克和尼克尔斯等发现学生的学习行为是由两种目标定向引起的:学习目标定向和成就目标定向。学习目标定向的学生把学习的目标看成是掌握所学的知识、获得某方面的能力;而成就目标定向的学生则把学习的目标基本上看成是为了获得对其能力的积极的评价或避免否定的评价。学习目标定向的学生更易于选择困难的课程、寻找挑战,而成就目标定向的学生关注的是高分,因而选择容易的课程,回避有挑战性的情境。虽然两种目标定向的学生的智力在总体上没有什么差异,但其学业成绩却有相当大的差异。当遇到困难时,成就目标定向的学生很容易丧失信心,而学习目标定向的学生则会不断地尝试,他们的学习动机和成绩实际上提高了。特别是,那些觉得自

己能力低的成就目标定向的学生很容易形成"习得性无助"现象,而学习目标定向的学生却不会,因为他们关心的是自己学会了多少知识,并不关心他人的成绩。教师应让学生懂得学习的目标是掌握知识,而不是获得分数。这可以通过强调学生学习材料的兴趣价值和现实的重要性,降低对分数和其他奖赏的重视而达到。教师尤其要避免高竞争性的评分或诱因体系,只有这样,才能使学生获得成功体验,从而获得进一步学习的动机。与此同时,要鼓励学生对自己学习的成功结果进行自我奖励和强化。

3. 提高学生的自我效能感

国外有不少研究表明自我效能与学业成绩呈正相关。班杜拉 1981 年的研究发现,那些对数学毫无兴趣、数学成绩特别差的学生,经过一段时间的训练后,他们的成绩和自我效能都显著地提高了,而且觉察到的自我效能与对数学活动的内部兴趣呈明显的正相关。国内的研究者(何先友,1992)通过实验研究发现自我效能不仅与学习成绩呈正相关,而且,在教学实践中通过一定方法和措施也是可以改变和提高的。

许多学生尤其是学业成绩不良的学生,由于对自己的学习能力持怀疑态度,表现出很低的自我效能水平,在学习中放弃尝试和应有的努力,进而影响学习成绩。首先,教师可以通过为他们选择难易适合的任务,让他们不断地获得成功体验,进而提高自我效能水平。其次,让他们观看和想象那些与自己差不多的学生的成功操作,通过获得替代性经验和强化来提高他们的自我效能,使他们确信自己也有能力完成相应的学习行为,从而推动学习的进行。最后,教师还可以通过归因训练改变学生对自己学习能力的错误判断,形成正确的自我效能判断。

4. 对学生进行积极归因训练

根据动机的归因理论及相关研究,学生对学业成败不同的归因对后续学习行为产生巨大的动机作用。在各种因素中,能力和努力是两个最为主要的因素,将成功归于能力,有助于增强个体的自我效能,进而有利于以后的学习和归因;如果将失败归于能力,就会使学生容易放弃努力,久而久之,就会变得无助,听之任之,破罐子破摔。

我国学者隋光远提出的"积极归因训练"模式是改变学生不正确的归因、提高学习动机的一条有效的途径。"积极归因训练"包含两层含义,一层是"努力归因",无论成功或失败都归因于努力与否的结果。因为学生将自己的成败归因于努力与否会提高学生学习的积极性,当学习困难或成绩不佳时,一般不会因一时的失败而降低将来会取得成功的期望。第二层含义是"现实归因",针对一些具体问题引导学生进行现实归因,以帮助学生分析除努力这个因素外,影响学习成绩的因素还有哪些,是智力、学习方法,还是家庭环境、教师等因素,这些因素在多大程度上影响其学习成绩,并尽力指出解决这些问题的方法,以提高学生克服困难的勇气,增强自信心。这种归因训练的好处在于,在学生做"努力归因"时又联系现实,在做"现实归因"时又强调努力,体现了主客观相统一的辩证思想,在教育实践中也被证明是行之有效的好方法。

（二）外部学习动机的培养与激发

1. 及时提供具体的学习结果反馈信息

"反馈"在这里的意思是提供给学生关于其成绩的信息。心理学家发现，反馈可作为一种诱因，在很多情况下，可作为个体行为的适当的强化。通过反馈，学生及时了解自己学习的结果，包括运用所学知识解决问题的成效、作业的正误、考试成绩的优劣等，知道自己的学习结果，会产生相当大的激励作用：看到自己的成功、进步，会增强信心，提高学习兴趣；知道自己的缺点和错误，可以及时改正，并激起加倍努力，力求获得成功。

运用反馈时，首先要清楚、具体。教师如果给某学生提供一个抽象的、不具体的反馈（"你做得很好"），不做任何解释，学生就难以从反馈中知道他下一步应该做什么，也不会做出最具有动机效应的努力归因。其次，反馈要及时，必须使反馈紧随个体的学习结果。如果反馈与作业结果相隔的时间太长，反馈就会失去其动机和信息价值。最后，必须提供经常性的反馈，使学生能付出最大的努力。班杜拉发现，不管外界的奖赏具有多大的价值，如果只是偶尔才能得到的，那么，它的动机价值还不如小的但能经常得到的奖励。

2. 合理运用外部奖赏

这里所说的外部奖赏是指物质上的奖励。根据奥苏贝尔对课堂学习动机的分析，学生的课堂学习动机既有认知的内驱力，又有自我提高的内驱力和附属的内驱力，仅仅依靠认知的内驱力是不足以激发和维持学生学习动机的。

大量的心理学研究表明，对学生的学习行为和学习结果给予外部的物质奖励能有效地促进其学习。但外部奖励运用不当，很可能会引起意想不到的负面效果。蒂茜等人的实验发现，个体在行为过程中，常常要对行为的原因加以探究，或者产生自我决定感，或者产生他人决定感。对某一行为，如果多次受到外部奖励，个体就会产生他人决定感，或从自我决定感变为他人决定感，结果在没有外部奖励的条件下，就会表现出行为动机的丧失。因此，教师在运用外部奖励时，应持谨慎的态度。对那些已有内部动机的活动最好不要轻易运用物质奖励，只有对那些缺乏内部动机的活动予以物质奖励才可能产生积极的激励作用。

运用外部奖励时另一个需要考虑的问题是：即时奖励与延迟奖励哪个更有效？一般来说，即时奖励较延迟奖励更有效。但奖励效果的大小与奖励量的大小、受奖励者的个性特点有关。

3. 正确运用表扬与批评

表扬在课堂教学中的作用主要是强化学生适当的行为，为他们所表现出的期望行为提供反馈。教师对学生的肯定评价具有积极的强化作用，能鼓励学生产生再接再厉、积极向上的力量。对学生的评价,赞扬、表扬、奖励一般比责备、批评、惩罚更具有激励作用,特别是对年龄小的学生和学业成绩不良的学生更是如此。

然而,研究也发现表扬不是无条件地起作用的,给予表扬的方式比给予表扬的多少更重要。作为课堂激励机制之一的表扬的有效性取决于它的具体性、可靠性以及与行为结果的依随性。因此,教师在运用表扬与批评时,要根据学生的年龄特征与个别差异,做到客观、公正、全面、恰到好处,既要赏罚分明,又要以理服人,这样才能收到预期的教学效果。

4. 组织合理的课堂活动结构

课堂活动结构是指在课堂学习中,对学生达到学习成就目标产生不同影响的基本人际关系。在现实课堂情境中,课堂活动结构存在三种形态,即竞争式学习、单干式学习和合作式学习。

在竞争式学习中,学生之间的成就活动会互相排斥,因为个体达到目标(或获奖)的机会会因为其他有能力的同学的存在而减少。这种情况下学生所追求的目标实际上没有一个固定标准,需要在活动的结果(成绩)上与他人进行比较,即个人把超过他人作为目标,重视能力甚于努力,所有活动和策略都是为了避免导致"能力缺乏"的结果。

单干式学习是个人主义的,其最大特征是个人目标的独立性。一个学生是否实现其目标,不受其他学生影响。产生单干式学习的一个基本前提是"我有能力",因此自我评价和成败归因的焦点是"我是否付出了努力"。他们衡量目标是否实现时并不过分关注社会性比较,而是依据任务完成的质量及与以往水平的比较。

在合作式学习中,因为只有取得群体的成功,才能获得个人的成就,所以个人获得成就的机会反而会因其他学生的存在而增加。个人能否达到目标取决于群体目标的实现,成就是互享的。在面临任务时,学生采取的策略总是围绕"我们怎样才能更好地完成任务"这一问题。当合作有利于群体目标实现时,它就成为一种普遍形式,会对在什么情况下应该帮助他人形成一种规范,并给违反者以约定俗成的惩罚。合作学习是目前大多数心理学家和教育实践工作者推崇的学习方式。

复习思考题

一、选择题

1. 小明学习不是为了获得家长的赞许,也不是为了赢得名次,只是他发觉知识学习过程本身就有乐趣。根据奥苏贝尔关于学校情境中的成就动机理论,小明的学习动机属于(　　)。

A. 认知内驱力　　　　　　　　　B. 自我提高内驱力

C. 附属内驱力　　　　　　　　　D. 自我效能感

2. 在归因训练中,老师要求学生尽量尝试"努力归因",以增强他们的自信心。因为在维纳的成败归因理论中,努力属于(　　　)。

A. 内部的、不稳定的、可控的因素

B. 内部的、不稳定的、不可控的因素

C. 内部的、稳定的、可控的因素

D. 内部的、稳定的、不可控的因素

3. 进入初中后,小磊为了赢得在班级的地位和满足自尊需要而刻苦学习,根据奥苏贝尔的理论,小磊的学习动机属于(　　　)。

A. 认识内驱力 　　　　　　　　 B. 自我提高内驱力

C. 附属内驱力 　　　　　　　　 D. 生理内驱力

4. 最近,王华为了通过下个月的出国考试而刻苦学习外语,这种学习动机是(　　　)。

A. 外在远景动机 　　　　　　　 B. 内在远景动机

C. 外在近景动机 　　　　　　　 D. 内在近景动机

二、辨析题

1. 焦虑不利于学生的学习。

2. 学习动机是学生进行学习活动的内部动力,学习动机越强,学习效率越好。

三、简答题

1. 简述激发学生学习的基本措施。

2. 简述自我效能感及其功能。

四、案例分析题

晓奇小学的时候成绩好,上中学之后因为考试失败,所以认为自己不是学习的料,放弃努力了。

问题:

(1) 请用动机归因理论结合案例分析晓奇出现的问题及其原因。

(2) 老师应该向家长提出哪些教育建议?

第6章 知识和技能的学习

内容摘要

　　掌握知识是学生学习的主要任务之一,也是学校智育的核心任务,因此,知识的学习是教育心理学研究的一个中心问题。传统的知识学习理论主要根据知识的构成关系将它们分为概念学习、规则学习、问题解决学习等,这种分析有利于与日常学习和教学活动相对应,便于人们理解及开展应用研究。而现代认知心理学家则从获得知识的机制方面将知识分为陈述性知识和程序性知识,这种分析深入知识学习的内在机制,有利于人们从更深的层次上把握知识学习的过程。知识的掌握如不能转化为相应的技能,这种知识在实践中所发挥的作用则是有限的。那么,知识与技能有何关系? 这是本章将要探讨的主要内容。

重点难点

1. 理解知识的含义,了解知识的分类。
2. 掌握知识学习的过程。
3. 掌握概念和规则学习的方式,并能结合实例分析概念和规则学习的过程。
4. 了解陈述性知识和程序性知识的表征方式、一般掌握过程。
5. 理解技能的概念与特点。
6. 掌握动作技能和心智技能形成的阶段及其特点。

本章结构

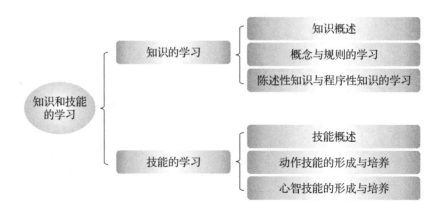

第一节　知识的学习

一、知识概述

（一）知识的概念

从哲学认识论的角度，知识是"对事物属性和联系的认识，表现为对事物的知觉、表象、概念、法则等心理形式"。或者更具体地说，"所谓知识，就它反映的内容而言，是客观事物的属性和联系的反映，是客观世界在人脑中的主观映象。就它的反映形式而言，有时表现为主体对事物的感性知觉或表象，属于感性知识，有时表现为关于事物的概念或规律，属于理性知识"。

在教育心理学领域，对知识的定义有狭义与广义之分。狭义的知识是我们传统理解中的知识，一般仅指能贮存在语言文字符号或言语活动中的信息或意义，如各门学科的事实、概念、公式、定理等。

信息加工心理学家把广义的知识分为两大类：一类是陈述性知识，另一类是程序性知识，前者是关于"是什么"的知识，如回答"中国的首都在哪里？"等问题，需要陈述性知识。后者是关于"怎么做的"的知识，如"$\frac{1}{3}+\frac{2}{5}=?$"等问题需要应用程序性知识。

我们将广义的知识定义为"主体与其环境相互用后获得的信息及其组织"（皮连生，2010）。它既不是客观世界的副本，也不由个体的遗传因素和主观意识所决定。它既包括个体从自身的生活实践和人类的社会历史实践中获得的各种信息，也包括在获得和使用这些信息过程中所形成和发展而来的种种技能、技巧和能力。

（二）知识的分类

由于对知识的概念和范围的理解不同，研究者们对知识的划分也多种多样。根据不同标准和不同目的，可以将知识划分为多种类型。

1. 感性知识和理性知识

由于反映活动的深度不同，知识可分为感性知识和理性知识。感性知识是对活动的外表特征和外部联系的反映。理性知识反映的是活动的本质特征与内在联系，包括概念和命题两种形式。

2. 奥苏贝尔的分类

奥苏贝尔将知识的学习由简单到复杂分为表征学习（词汇学习）、概念学习、命题学习、规则学习和问题解决的学习(也称高级规则的学习)。显然,知识也可以相应地从简单到复杂表现为:词汇、概念、命题、规则、高级规则等。

3. 加涅的分类

根据学生的学习结果,加涅提出五种学习结果的划分:

① 言语信息,指能陈述用语言文字表达的知识;② 智慧技能,指运用符号办事的能力,它指向学习者的环境,使学习者能处理外部的信息;③ 认知策略,指对内控制与调节自己的认知活动的特殊认知技能,它是学习者应付环境事件的过程中对自身认知活动的监控;④ 动作技能,表现为平稳而流畅、精确而适时的动作操作能力;⑤ 态度,表现为影响着个体对人、对物或对某些事件的选择倾向。

4. 信息加工心理学的分类

当代著名认知心理学家 J.R.安德森从信息加工的观点出发,根据知识的表征方式及获得机制的不同分为陈述性知识和程序性知识。陈述性知识也叫描述性知识,是个人能用言语进行直接陈述的知识,是关于"是什么"的知识。这类知识主要用来回答事物是什么、为什么和怎么样的问题,可用来区别和辨别事物。程序性知识也叫操作性知识,是个体难以清楚陈述,只能借助于某种作业形式间接推测其存在的知识,是有关"怎么做"的知识,它主要用来解决做什么和怎么做的问题。

陈述性知识与程序性知识的主要区别有:

① 从测量学的观点看,前者可以通过"陈述"或"告诉"的方式测量;后者只能通过观察人的行为间接测量。

② 从心理表征来看,前者主要以命题和命题网络或图式形式表征,后者以产生式和产生式系统表征。

③ 从激活和提取看,前者激活速度慢,其提取往往是一个有意识的搜寻过程,后者激活速度快,能相互激活。

④ 从输入和输出来看,前者是相对静止的,后者是相对动态的,其输入与输出不同,如输入的是 $\frac{1}{3} + \frac{1}{4} = ?$ 输出的是 $\frac{7}{12}$。

⑤ 从学习与遗忘速度来看,前者习得速度快,遗忘也快,后者习得速度慢,遗忘也慢。

⑥ 从修正角度看,前者修正较容易,后者一旦形成或熟练则很难修正。

(三) 知识学习的过程

知识学习包括知识的获得、知识的巩固和知识的运用三个阶段。

1. 知识的获得

知识的获得是知识学习的第一个阶段。在这个阶段,新信息进入短时记忆,与来自长时记忆系统的原有知识建立一定的联系,并纳入原有的认知结构,从而获得对新信息意义的理解,因此本阶段也可称为知识的理解阶段。而要理解新信息的意义,一般要经历两个阶段,对学习内容的直观和学习内容的概括,即知识直观和知识概括两个环节。对学习内容的直观是指学生在教师的指导下,获得感性知识的活动,它主要使学生对知识形成形象化的理解和表征,是学生对知识做感性加工的阶段;对学习内容的概括是指对直观过程获得的感性知识进行分析、综合、抽象、概括、推理等的加工,最终获得对事物本质特征和内在联系的认识,是学生对知识做理性加工的阶段。

(1) 知识直观

直观是主体通过对直接感知到的教学材料的表层意义、表面特征进行加工,从而形成对有关事物的具体的、特殊的、感性的认识的加工过程。在中学教学中,主要有三种直观方式,即实物直观、模象直观和言语直观。

实物直观即通过直接感知要学习的实际事物而进行的直观活动,如观察各种实物、演示各种实验、到工厂或农村进行实地参观。

通过实物直观,学生获得的感性认识亲切、真实、印象深刻;实物直观有利于激发学生的求知欲,增强学习知识的积极性;实物直观也便于知识的运用。但实物直观也有局限性:一是难以突出事物的本质特征。在实物直观中,事物的特征同时呈现在学生面前,如果所选实物本质特征不明显,或无关特征太多、太鲜明,学生往往去注意那些无关特征。二是许多事物难以通过实物直观获得清晰的感性认识。

模象直观是通过对事物的模象的直接感知而进行的一种直观方式。例如,各种图片、图表、模型、幻灯片和教学电影电视等的观察和演示,均属于模象直观。

模象直观在很大程度上可以克服实物直观的局限,扩大直观的范围,提高直观的效果。首先,它可以人为地排除一些无关因素,突出本质要素,使学生将注意力集中到所要观察的特征上来。另外模象直观扩大了直观的范围,它可以根据观察的需要,通过大小变化、动静结合、虚实互换、色彩对比等方式扩大直观范围。如利用地图和模型,把某一地区的地貌置于学生视野之内(缩小);利用原子结构示意图,可以看到原子核与电子结构(放大);利用幻灯片等,可观察到动植物的生长过程(加快)和化学反应的快速运动过程(变慢)。由于模象直观的优点,它已广泛地用于中学各科教学中。

但由于模象只是事物的模拟形象,因此模象与实际事物有一定的差异,如果模象制作不当,或对模象说明不充分、不准确,就可能引起学生的误解,使学生形成不准确的、片面的理解。

言语直观是指通过生动形象的语言描绘使学生获得感性认识的活动。例如,在史地教学中,学生对有关历史事件、历史人物、地形地貌的领会,均可通过教师的口头描述获得言语直观。

言语直观的优点是不受时间、地点和设备条件的限制,可以广泛使用,另外言语直观能运用语调和生动形象的事例去激发学生的感情,唤起学生的想象。但是言语直观引起的表象,不如实物直观和模象直观鲜明、完整、稳定,也容易受教师语言表达能力和性格特征的影响,因此要尽量配合实物直观和模象直观。

实物直观、模象直观和言语直观各有优势,也各有局限性。教师在实际教学中常将它们配合使用。

(2)知识概括

概括指主体通过对感性材料的分析、综合、比较、抽象、概括等深度加工改造,从而获得对一类事物的本质特征与内在联系的抽象的、一般的、理性的认识的活动过程。在实际的教学过程中,学生对于知识的概括存在着抽象程度不同的两种类型,即感性概括和理性概括。

感性概括即直觉概括,它是在直观的基础上自发进行的一种低级的概括形式。例如有的学生由于经常看到主语在句子的开端部位,因而就认为主语是句子开端部位的那个词。虽然从形式上看,感性概括也是通过一定的概括得来的,是抽象的,而且从外延上看,它也涉及一类事物而非个别事物。但是从内容上看,它并没有反映事物的本质特征和内在联系,所反映的只是事物的外表特征和外部联系,是一种知觉水平的概括。因此在科学知识的获得过程中不能仅仅依靠这种概括来完成学习任务,必须使学生掌握高级的理性概括的方式。

理性概括是在前人认识的指导下,通过对感性知识经验进行自觉的加工改造,来揭示事物的一般的、本质的特征与联系的过程。理性概括是一种高级的概括形式,它所揭示的是事物的一般因素与本质因素,是思维水平的概括。所谓一般因素,指的是一类事物所共有的,不是个别或某些事物所特有的;所谓本质因素,是内在地而非表面地决定事物性质的因素。在感性概括中,只能获得概括不充分的日常概念和命题;只有通过理性概括,才能获得揭示事物本质的科学概念和命题。

促进知识概括的方法有:

其一,配合运用正例和反例。教师在指导学生概括时,不仅要注意抽取本质的一面,也要注意抛弃非本质一面。为此必须配合使用概念或规则的正例和反例。正例又称肯定例证,指包含着概念或规则的本质特征和内在联系的例证;反例又称否定例证,指不包含或只包含了一小部分概念或规则的主要属性和关键特征的例证。一般而言,概念或规则的正例传递了最有利于概括的信息,反例则传递了最有利于辨别的信息。在实际教学中,为了便于学生概括出共同的规律或特征,教学时最好同时呈现多个正例来说明,同时配合以适当的反例。如,在教“鸟”的概念时,可用麻雀、燕子、鸡、鸭作为正例,说明“前肢为翼、无齿有喙”是鸟概念的本质特征;用蝙蝠作为反例,说明“会飞”是鸟概念的无关特征。

其二,恰当运用变式。变式,就是用不同形式的直观材料或事例说明事物的本质属性,即变换同类事物的非本质特征,以便突出本质特征。如在讲果实的概念时,不要只选可食的果实(如苹果、花生等),还要选择一些不可食的果实(如橡树子、棉籽等),这样才有利于学生看到一切果实都具有"种子"这一关键属性,而舍弃其"可食性"等无关特征。

在运用变式时,如果变式不充分,学生往往会发生下列两类错误。一类错误是把一类或一些事物所共有的特征看成本质特征。如由于把"生活在水里"当作鱼类的本质特征,而把鲸列入鱼类。另一类常见的错误是在概括中人为地增加或减少事物的本质特征,不合理地缩小或扩大概念。如有的学生把直线看成是处于垂直或水平位置的线,而认为处于倾斜位置的线不是直线,这是由于人为地增加了一个本质特征——空间位置,从而不合理地缩小了概念。

其三,科学地进行比较。概括过程即思维过程,也就是在分析综合的基础上进行比较,在比较的基础上进行抽象概括。因而比较过程对于知识的概括具有非常重要的意义。比较有两种方式:同类比较和异类比较。同类比较即关于同类事物之间的比较。通过同类比较,便于区分对象的一般与特殊、本质与非本质,从而找出一类事物所共有的本质特征。如学习鸟的概念时,先让学生观察麻雀、燕子、鸵鸟、鸡等的图片,然后要求学生比较这些动物的特征,确定哪些特征是个别鸟类所特有的、变异着的无关特征,哪些是各种鸟都共有的关键特征。经过比较,学生就能概括出"前肢为翼、无齿有喙"是共有的关键特征,而会不会飞、体格的大小、生活习性等是无关特征。异类比较是不同类但相似、相近、相关的事物之间的比较。如对"重量"与"质量"、"压力"与"压强"等概念的比较。通过异类比较,不仅能使相比客体的本质更清楚,而且有利于确切了解彼此间的联系与区别,防止知识间混淆与割裂,有助于知识的系统化。

其四,启发学生进行自觉概括。为了促进知识的获得,在实际的教学情境中,教师应启发学生去进行自觉的概括,鼓励学生自己去总结原理、原则,尽量避免一开始就要求学生记忆或背诵。教师启发学生进行自觉概括的最常用的方法是鼓励学生主动参与问题的讨论。在讨论时,不仅要鼓励学生主动提出问题,而且要鼓励他们主动解答问题。在概括过程中,教师应充分调动学生的思维,让他们自己去归纳和总结,从根本上改变"教师作结论,学生背结论"的被动方式。

2. 知识的巩固

知识的巩固是将所理解的知识保持长久的记忆,因此也称知识的保持。从记忆的过程看,知识的巩固主要是通过识记和保持这两个环节来实现的。从认知心理学的角度来看,知识的巩固是知识贮存以及贮存过程中进一步得到精加工,与更多的知识形成联系的过程。知识在保持的过程中,如果不加以复习和运用,会发生遗忘性同化;如果经常得到复习和运用,则会加深对知识的理解程度,使已有的认知结构不断优化,同时也会增加运用知识的准确性和灵活性。

理解了的知识是以不同形式被保持下来的,因为人类的记忆有不同的类型。形象记忆、词语逻辑记忆、情绪记忆和运动记忆是人类最基本的记忆类型。知识的巩固对知识学习是必不可少的,它是知识积累的前提,理解之后的知识如果不能被积累和保持下来,则将学无所成。知识的巩固与知识的理解相互依赖,缺乏理解的知识是难以巩固的,没有巩固的知识难以得到概括,妨碍对知识的理解。

3. 知识的运用

知识的运用是指运用已有的知识去解决有关问题,即知识的提取。作为知识掌握的阶段之一,知识的运用主要体现在学生领会教材的基础上,提取所学的知识去回答相关的问题或解决相关课题的过程中,也就是陈述性知识的激活与激活的扩展过程,或程序性知识的执行过程。一般而言,学生运用所学知识的主要目的是完成对知识的掌握,而不是直接参与社会实践领域的某一活动,因此,学生知识的运用大多表现为教师讲完新课之后的练习、作业等。知识的运用过程实质上也就是学习迁移的过程。

知识的运用是在知识的理解和巩固的基础上进行的,它又可以检验知识的理解和巩固的水平,同时还可以促进知识的理解和巩固。

(四) 知识学习的作用

知识历来是学校教育的重要内容。知识学习是增长经验、形成技能、发展创造力的重要前提。

首先,知识的学习和掌握是学校教学的主要任务之一。学校教师通过有计划、有组织、有目的地向学生传授人类长期积累的宝贵知识经验,有助于学生的成长,有助于学生更好地适应现代社会的生活。

其次,知识的学习和掌握是学生各种技能形成和能力发展的重要基础。心智技能作为通过学习而形成的合法则的活动方式,其掌握是以知识的学习为前提的。许多研究表明,知识掌握水平越高,越有助于心智技能形成。

再次,知识学习是创造性产生的必要前提。创造态度和创造能力是个体创造性的两个主要标志,通过知识的学习,个体体验前人的创造成果,这对创造态度的获得起到了积极作用。同时,缺乏知识的头脑是不可能有创造性的,创造性不会从无知无识的头脑中产生。脱离知识的学习而空谈创造性的开发,是不可能有什么结果的。

二、概念与规则的学习

在传统的知识分类中,概念与规则有着非常重要的地位,概念和规则的学习不仅本身是较为重要的两种学习任务,同时还是更为高级的问题解决的学习的基础。

(一) 概念的学习与教学

1. 概念的界定

在心理学上一般把概念界说为由符号所代表的具有共同的关键特征的一类事物。所以,当用一个概括的名称或符号以代表具有关键特征的一类事物的全体时,可称此名称或符号所代表者为"概念"。

大多数概念包括四个方面的要素:概念的名称、例子、属性和定义。名称就是用语词来命名;例子是用事例来证实,属于这一事物的例子即正例或肯定例证,不属于这一事物的例子即反例或否定例证;属性以关键特征为标准,是概念的一切正例的共同本质属性;定义是对事物共同本质属性的概括,常常是以语词加以规定的。

2. 概念的功能

概念是知识的细胞,在人们的活动中有重要意义,其功能有:

一是称谓功能。概念一般用词来表示,人们可以用词指称一类事物或现象,将认识成果表达出来。

二是简化认识过程。概念能反映一类事物的本质特征和一般特征,这就使人们能将复杂的客观环境进行简化和标准化,有利于抓住主要矛盾和矛盾的主要方面,排除无关因素的干扰。

三是系统化功能。概念间的关系反映事物间的内在关系,根据这种关系构成的概念体系,可以使知识系统化,优化人的知识结构。

概念是抽象逻辑思维的基本单位,是构成原理和规则的基础,没有概念,就无法构成判断,进行逻辑推理。因此学生对学科基本概念的理解水平,是决定他们是否掌握相应的学科知识的重要因素。

3. 概念的获得

概念的获得实质上是指理解和掌握一类事物共同的关键特征,同时能区分概念的本质属性和非本质属性,关键特征和无关特征,肯定例证和否定例证。奥苏贝尔认为,儿童获得概念有两种形式,即概念形成和概念同化,并指出概念同化是学生获得概念的最基本的形式。

(1) 概念形成

所谓概念形成,是指从大量的具体例证出发,在儿童实际经验过的概念的肯定例证中,通过归纳的方法抽取一类事物的共同属性,从而获得初级概念的过程。如学前儿童获得"蔬菜"这个概念,就是多次看到不同的蔬菜,通过归纳逐渐形成的。年幼儿童已有的知识比较具体,认知结构简单,概念形成是他们获得概念的典型方式。在现实或实验的情境中,概念形成也可能是中学生或成年人获得概念的形式,但它不是典型的,与年幼儿童相比在概念形成的心理过程上更为复杂,水平也更高。

一般而言,无论是年幼儿童还是中学生,在现实生活中,概念形成所需的时间较长些,而且很少有固定不变的程式。从学习方式上看,概念形成属于发现学习,常常是自发地通过一系列的心理过程,从具体的实际经验出发,获得一类事物的共同特征,通过他人肯定或否定的回答来加以证实的。由于是通过个体经验的积累和日常交际中获得的,往往受到知识经验的限制,难免有错误或曲解,有时在概念中就包括一些无关特征,而忽略了关键特征,概念间的关系混淆不清。

(2)概念同化

概念同化,是指在课堂学习的条件下,利用学生认知结构中原有的有关概念,以定义的方式直接向学生揭示概念的关键特征,从而使学生获得概念的方式。奥苏贝尔认为,概念同化是学龄儿童获得概念的典型方式。儿童入学前在认知结构中已经积累了许多通过概念形成而获得的初级概念,入学后在学校接受系统的教学,增加了较多的抽象概念,认知结构逐渐复杂化。学生在课堂学习中,可以不必经过概念形成的过程,只需把所接受的新概念与自己认知结构中的适当观念相结合,即可获得同类事物共同的关键特征。这种新旧知识的结合或相互作用,就是新信息的内化过程,这就是概念同化。儿童入学后,概念同化就逐渐成为他们获得概念的主要形式,日益取代概念形成而成为获得概念的典型方式。概念同化属于接受学习。

奥苏贝尔根据新的知识与认知结构中起固定作用的观念的关系区分出了三种不同的同化过程:下位学习、上位学习,并列结合学习。

一是下位学习(类属学习)。当学习者原有知识的包容和概括水平高于新学习的知识时,所进行的学习是下位学习,也叫类属学习。如学习者头脑中的原有知识是"三角形",要学习的新知识是"等边三角形",原有知识的概括程度高于新知识,因而在这种情况下的学习叫下位学习,是从一般到个别的学习。

二是上位学习。当学习者原有知识的包容和概括水平低于新学习的知识时,所进行的学习是上位学习,又叫总括学习。这种学习一般是在若干个比较具体的例子基础上习得一个较为概括的概念、原理,如学过了"三角形""长方形""梯形"等概念后,再学"平面图形"这个概念时,新概念总括了原有的观念,这就是上位学习。

三是并列结合学习。当学习者原有的知识与新学习的知识之间既不存在从属关系,又不存在总括关系,但两者在横向上存在某种吻合或对应关系时,所进行的学习就是并列结合学习,又叫类比学习。如物理课上学习"电压越大,电流越强"这一新知识时,常用学生的原有知识经验"水压越大,水流越强"来类比。新旧知识不存在上下位关系,但又有一定对应关系,通过这些对应关系,新旧知识联系了起来。

4.中学生概念掌握发展的特点

(1)在认知发展阶段上的特点

按皮亚杰理论,儿童的认知发展经历着四个阶段。在不同的认知发展阶段,儿童获得概念的形式和结果,具有不同的特点。

中学生的认知发展已达到抽象逻辑运算的较高级水平,二级概念的关键特征就可以直接与认知结构中的原有的概念相联系,不需要凭借具体实际的经验。这样就为学生直接通过概念的定义和上下文获得概念开辟了广阔的天地,以概念同化的方式来掌握概念,就成为主要的形式。只有到了这个阶段,才能真正获得由语言所表述的精确、清晰和抽象的概念。但不可否认的是,虽然中学生具备了这种抽象概括的能力,感性经验对其概念学习仍然是有很大促进作用的。

(2)在掌握概念发展趋势上的特点

儿童掌握概念发展的一般趋势,有以下一些特点:

首先,概念的具体性和含糊性减少,概念的抽象性和精确性增加。掌握概念不是一次完成的,它是知识经验的结晶,它随着知识经验的积累而发展,根据布鲁纳的研究,在分类的基础上,学前儿童以直接知觉的物体共同属性为标准;小学生以物体的结构和功能的相似为依据;中学生则以抽象的关键特征为基础。中学生不仅能获得较抽象的囊括性概念,而且也能对紧密相关的概念做出精确分化,并在概念之内又发展了从属的概念。

其次,概念形成减少,概念的同化增加。这是掌握概念在方式上的发展特点。学前儿童主要是用概念形成的方式获得概念,入学后概念同化才逐渐成为获得概念的主要方式。

再次,概念的自发性降低,概念的自觉性提高。维果斯基把通过概念形成获得的初级概念称为自发概念,指出儿童在运用自发概念时,并未意识到这些概念,因为他们只注意概念所指的对象,而不是思维活动的本身。只有当某一概念成为某个概念体系的组成部分时,这才能受意识控制。概念是知识的细胞,它是按不同概括水平有层次地组织起来的,一个科学概念的真正含义,是指它在概念体系中的一定位置上的意义。因此,概念获得中的自我意识,即概念的科学性,是同科学概念的教学相联系的。对掌握概念过程中认知运算的自我意识要到接近青年期,并在受过系统的科学教学以后才得以发展。

5. 概念的教学

对应于概念学习的方式,概念的教学可以采取两种相应的基本方法。一种是适合概念形成的例规法,即先向学生呈现某个概念的正例和反例,然后要求他们总结、归纳出概念的本质特征和定义。另一种是规例法,即先给学生呈现一个定义,接着呈现几个正例和反例,分析这些例子是如何代表这一定义的,在教学中常常根据需要灵活地决定采用其中一种方法或将两种方法结合起来,比如许多老教师常常采用规则—例证—规则法,先给出并分析概念的定义,再佐以正例和反例,最后加以讨论和总结。

为了帮助学生有效掌握概念,在教学上要注意以下几点:

（1）用准确的语言明确揭示概念的本质特征。概念的定义一般包括两个方面的信息：新概念所属的上位概念（或类别）和新概念的定义特征。界定准确的概念既能促进学生形成正确的概念关系和概念体系，又有利于学生区别概念的关键特征与无关特征。

（2）突出关键特征，控制好无关特征的数量与强度。概念的关键特征越明显，学习越容易；无关特征越多、越明显，学习就越困难。要注意的是尽管突出有关特征、减少无关特征有利于理解新概念，但是如果在教学过程中总是只呈现有关特征，不呈现无关特征，学生会在面对无关特征较多的实际问题时不知所措，或者注意不到事物间的细微差异。为了防止这种情况，一般在教学开始时强调有关特征，弱化无关特征，以使学生顺利把握概念的实质内容，而在以后的教学中再逐渐增加无关特征，指导学生对有关特征和无关特征做出辨别和区分，以提高学生对无关特征的免疫力，使获得的概念更加精确。

（3）适当运用例证和比较。概念的正例传递的信息有利于学生从例子中概括出共同特征，正例在无关特征方面的变化叫作变式。提供变式可以促进学生对概念的理解，例如"果实"概念的各种正例中，"种子"这一关键特征不变，无关特征（大小、形状、是否能吃等）则各不相同。提供这样的变式，让学生看到一切果实都有"种子"这一关键特征，舍弃了许多无关特征，使学生获得的概念更精确、稳定和易于迁移。概念的反例传递的信息有利于学生辨别关键特征与无关特征、排除无关特征的干扰，加深对概念本质的认识。教师在教学中列举的正例和反例应是充分和典型的。在提供例证的同时要引导学生进行比较，通过比较，学生更加清楚概念的关键特征和无关特征，有利于概念的学习。

（4）在实践中运用概念。运用概念实际上是概念具体化的过程，而概念的每一次具体化，学生都可能会遇到一些新的情境，发现自己在概念学习时存在的一些错误和不足，这都会使概念进一步丰富和深化，对概念的理解就更完全、更深刻、更准确。

（5）注意将概念放入相应的概念体系中。如前所述，一个科学概念的真正含义，是指它在概念体系中的一定位置上的意义。如果一个学生仅知道了概念的名称，掌握了概念的定义和本质特征，认识了概念的例证，但不知道该概念在相关概念体系中的位置，不知道其上位概念及下位概念，还不能算真正地理解了该概念，也难以形成准确精细的认知结构。因此教师在教授学生概念时，应在恰当的时机向学生揭示其在概念体系中的位置，明示上下位关系，一方面有利于使学生更深刻地理解概念，另一方面有利于帮助学生将知识组织化、系统化，有利于认知结构的形成。在实际教学中，教师可指导学生使用概念构图的方式来更好地理解概念。

（二）规则的学习与教学

1. 什么是规则

规则，也称原理，它是对概念之间关系的言语的说明。如"比重＝重量÷体积"这条规则是比重、重量、体积之间关系的说明。但不是所有的言语说明都是规则,如"明天会下雨"就不是规则。

规则的内容和形式多样。一个规则可以是一个下定义的概念,如"密度""化合反应"等,自然学科的许多科学概念都是以定义的形式表现出来的规则;规则也可以是一种运算技能,如四则运算规则、写作规则等。一个定义的概念是一个特殊的分类的规则,它可以用于区分不同概念之间的类别。作为一种技能,规则使个人能够运用它对特定情境做出反应。所以掌握规则,就可以控制自己的行为。人们在认识世界,发现各种事物的内在联系的基础上,得出计算的公式、处理事物的法则或提出科学原理和定律等,这些公式、法则、原理、定律都是规则。

规则的掌握不是以能不能用语言将原理叙述出来为标准,而是看是否能理解规则所说明的事物或现象之间关系的意义,并自觉地按照规则的规定做出适当的行为反应,即规则的学习要以形成程序性知识为最终目的。

2. 规则学习的过程

规则的学习至少应该包括三个环节:

第一步是对规则所涉及的概念的学习。规则常常描绘概念间的关系,如果相应的概念没掌握,就无法理解规则。有时新规则所提到的概念是学生以前已经学习过的,则不必重新学习,只需复习即可;当规则所涉及的概念是以前没有学习过的,或者以前理解得不正确、不充分时,就必须先学习概念。

第二步是理解规则所表述的概念间的意义关系,而不仅是记住规则的言语表述中反映出来的概念间的字面的关系。理解规则所反映的意义关系要求学生不能拘泥于规则的表述形式。如小学生学习加法的交换律:$A+B=B+A$,知道 $3+5=5+3$,$12+25=25+12$,可是却认为 $9-20+31=?$ 这题无法计算,这就是说他对于加法交换律的理解只能限于两个加数的计算题,即与"$A+B=B+A$"在形式上高度一致的问题情境中,没有理解规则的真正意义,缺少灵活地进行模式识别的能力。

第三步是将规则内化为控制自己的行为反应的内在依据,在规则表述的基础上形成运用规则的智慧技能,甚至是相关的认知策略。这不仅要求学生在回答教师提问或做书本习题时自觉运用所学规则,还要求他们能将课堂上所学的规则用于生活实践。这主要是通过练习实现的,一般在中学教学中,各学科教师都较为重视练习的运用。

3. 规则学习的方式

和概念的学习一样,课堂情境中学生学习规则的基本方式也有发现式和接受式两种。

(1) 发现式的规则学习从规则的例子入手,学生通过对例子的分析,找出共同的规律,归纳出规则的内容,并尝试用准确的语言进行表述。在这个过程中,学生对规则所涉及的概念、概念间的本质关系及规则适用的条件等可能不是一下子就能找出来的,而需要经过反复的试误,在教师的指导下达到对规则的准确表述。这种学习的方法我们也称为例规法,是上位学习的一种形式。

如在科学课上学生要学习"声音可通过固体传播"这一规则,就先通过三次实践活动来接触该规则的三个例证。第一次活动是学生耳朵紧贴桌面,用手敲击桌腿,学生听到敲声;第二次活动是学生耳朵贴桌面,教师敲击水泥地,学生听到敲声;第三次活动是学生在教室的一头耳贴墙壁,教师在另一侧敲击水泥墙,学生听到敲声。而后学生对这些例子进行分析讨论,概括出敲击产生的振动会通过桌腿、地面、墙体等固体而传播的结论。

(2)接受式的规则学习是从规则到例子的学习,又叫规例法。在这种学习中,学习者首先运用其原有的知识经验学习规则的言语陈述,而后再学习说明该规则的例证,从而实现对规则的理解。最后学习者在不同情境中尝试练习和应用这一规则。学习者的这种学习方法是下位学习的一种形式。

如在英语课上学生通过阅读教科书或听教师讲解,先学习动词变过去式的一条规则:对以字母 e 结尾的动词,在其后加"d",而后又学习了"live—lived""move—moved"等说明该规则的例证,理解和记住该规则后,学生又将这一规则用于写出下列动词的过去式:continue、hope、assure、improve、arrive。一般来说,随着学生年龄增长和年级升高,规例法的教学应用的范围越来越广。

当然,在实际的教学中,例规法和规例法可能会综合运用。对规则的掌握也不是某一次课、某一次练习就能完成的,新学习的规则往往要在以后的反复运用中逐渐加深理解的程度和运用的精熟程度。

4.有效进行规则教学的注意事项

(1)教师要通过言语指令让学生明确相关问题

在规则学习的过程中,教师要通过言语指令让学生明确如下问题:在学会一个规则后能懂得可以应用该规则来干什么;用提问的方式要求学生重新陈述或回忆已经学会的组成该规则的概念;用言语提示的方式,引导学生将组成规则的那些概念按适当的次序放在一起,以形成新的规则;提示学生用实例证明所学的规则。

(2)灵活地选择教学方式

例规法和规例法哪一种更合适,要视具体的规则和学生而定,应注意在灵活、综合地选用多种教学方法的同时,多鼓励学生自己去发现规则。另外对于规则学习要求达到的运用水平和程度,也应视学生的年级等因素区别对待。

(3)教师在运用规则解决问题时,为学生提供过程清晰的示范

当学生理解了某个规则,知道了所涉及概念之间的关系后,就应该进入运用所学规则解决问题的阶段了,一般在学校教学情境下,这些活动多表现为规则的练习(如学习完三角形的面积公式 $S=\frac{1}{2}a \cdot h$ 后,来求解某一三角形的面积)。如果让学生自己根据所学去解答问题,尤其是有一定难度的问题时,可能会有些不知所措,容易犯错误,这主

要是由于学生对规则的掌握还不够精准、熟练。此时教师给予恰当的示范,可以帮助学生少走弯路。教师示范时首先要分析问题,进行模式识别,即判断在该问题情境下是否适用所学规则;其次,在确定所使用的规则后,教师把整个解决问题的过程分解成若干步小动作,逐步完成并将整个过程规范、清晰地展现给学生。在示范过程中教师应注意充分地暴露自己的思维过程,使学生了解过程的来龙去脉,另外还要注意充分调动学生思维的参与,引领学生和教师一起完成解决问题的过程,既起到了示范的作用,又起到了一定的练习的作用。

(4)设计并提供有效的练习

首先是设计变式学习。学习规则的目标是要会在其他新颖的情境中运用规则,因而要达到这一目标,学生练习的情境要有所变化,既要与学习时的情境有所区别,也要保证练习的情境彼此之间有变化,即要进行变式练习。在变式练习中,变化的是规则应用的情境,不变的是规则本身。如对"三角形内角和等于180°"这一规则,可以安排如下一些变式练习题目:一类题目是已知三角形一个或两个角的度数,求另一个角的度数,第二类题目是求任意四边形的内角和,第三类题目是求任意多边形的内角和。这些题目都要用到三角形内角和定理,但应用的情境不同。

其次是练习时要采用间隔练习的形式,间隔练习有助于促进智慧技能的保持。不要将规则的多次练习只安排在比较集中的时间(如一节课、两节课)内进行,而应该分散在较长的时间内,如在刚学习过规则时安排一定量的练习,在后续的新授课进行前的复习、练习环节中,可以安排一段时间练习,在单元复习或期中期末复习中也可安排适量的练习,这需要教师根据学生的实际掌握情况灵活做出安排。

5. 为学生的练习提供反馈

学生对规则的练习要想习得正确的智慧技能,就需要教师为学生提供有效的反馈。提供反馈不是简单地告诉学生对错,而是应该帮助学生具体地认清哪里是错的,哪里是对的,分析错误的原因在哪里,有针对性地给学生反馈。

三、陈述性知识与程序性知识的学习

信息加工心理学把知识分为陈述性知识和程序性知识。两者在获得过程、表征方式、激活方式等方面都有所不同,下面分别探讨陈述性知识和程序性知识的表征方式、学习过程与促进学习的方法。

(一)知识的表征

知识的表征指知识在头脑中的表示形式和组织结构。知识是通过个体与信息,甚至是整个情境相互作用而获得的,个体一旦获得知识,就会在头脑中用某种形式和方式来代表其意义,把它储存起来。陈述性知识以概念、命题及命题网络、表象或图式表征,程序性知识主要以产生式表征,有时也可用图式表征。

1. 概念

概念代表着事物的本质属性和本质特征,是一种简单的表征形式。不同概念在头脑中是相互联系的,又具有一定的层次关系,因此,它们就构成了概念层次网络组织。关于概念的表征,目前心理学中主要有两种理论:特征表理论和原型理论。特征表理论认为概念是由定义特征和概念规则两个因素构成的。原型理论认为,概念是由原型和与原型有相似性的成员构成的。原型是某一类别的最佳实例。

2. 命题以及命题网络

命题是意义或观念的最小单元,用于描述一个事实或描述一个状态。命题用句子来表达,但命题不等于句子。心理学家们发现,人们在记忆信息时,在记忆中所保留的并不是所记忆的字句等文字信息,而是以命题的形式存在的观念。

单个命题所储存的信息量并不大,孤立存放的话代价太大。为了更为合理地使用头脑,人们会将同一主题的若干命题结合在一起,使其相互联系,构成所谓的"命题网络"。

林斯和奎利恩的实验表明,人类以网络化层次化的方式(命题网络)组织着自己所拥有的知识,通过运用命题网络对外界信息进行更有条理的接收和加工。应该看到,这种知识结构是相当经济的。因为以这样组织知识的形式,人们可以运用对概念上下位关系的理解来减少我们在某一水平上需要直接贮存的知识量。但也有研究表明,有些信息可能没有按照层次结构来储存。

3. 表象

表象是指过去感知过的事物不在面前出现时,仍然能够在头脑中再现出事物的形象。从其定义分析,表象具有直观性的特征,也就是人们经常所说的"好像在头脑中看到它们似的"。人们不仅使用表象作为储存陈述性知识的形式。在此基础上,人们还在头脑中对于表象进行进一步的加工改造,以获得更多信息。

4. 图式

图式是指有组织的知识结构,即关于某个主题的一个知识单元,包括与该主题相关的一套相互联系的基本概念,构成了感知、理解外界信息的框架结构。图式表征了对某个主题的综合性知识。比如我们在头脑里都有关于学校的图式,与它相关的信息有教师、学生、教学楼、教室、操场等。通过这样的图式,我们可以预想到学生上课时的情境。

安德森认为"图式是对范畴的规律性做出编码的一种形式,这些规律性既可以是知觉性的,也可以是命题性的"。安德森认为,图式作为人类对于客观世界范畴规律性的总结和提炼,表征了事物之间的共同之处,从而可以帮助人类以更经济的方式储存陈述性知识,并更好地适应客观世界。

我们头脑中存储着多种不同类型的图式,如关于某事物的图式(如房屋)、关于完成某个事件的图式(如何搭乘地铁)等。与命题、表象相比,图式被认为是一种更为复杂更具综合性的表征方式。

5. 产生式

产生式是一条关于"条件—行动"规则,即满足特定条件就产生相应行为的规则。一个产生式由条件和行为两部分组成。条件部分往往以"如果(if)"开头,罗列了产生式的前提条件,行为部分则以"那么(then)"表明满足条件之后所产生的行为。比如说"如果天下雨,那么我将带伞"就是一个简单的产生式。

产生式系统是指由一系列产生式相互联合,为完成某一共同目的而形成的认知活动系统。在其中,一个产生式的结果或者是一个命题,往往就是另一个产生式的条件。它们相互嵌套在一起,构成了产生式系统。

(二) 陈述性知识的获得

陈述性知识的获得,在某种意义上说,也是学习的过程。在这一过程中,影响因素众多。其中,针对陈述性知识主要的表征方式,心理学家提出了一些在学习和教学活动中值得关注的理论。

1. 命题的精致和组织

命题的精致即信息的增补。当人们学习一个新命题的时候,会激活记忆中与之有关的部分即原有的旧命题,并以推论等形式通过这些旧命题来加深对新命题的理解,在新旧命题之间建立尽可能多的联系,构成复杂的命题网络。比如在学习"国家"的命题时,人们不但会记住它的定义,还会想到一些与之有关的观念(国旗、国徽)、实例(中国、美国)、表象等。这样,在需要的时候,人们可以遵循更多的路径提取命题,减少遗忘。

命题的组织即知识的结构化。人们记忆中的命题网络并不是全部杂乱无章的,实际上具有层级之分、类属之别。上位概念包含着下位概念。因此,当人们学习一个新命题时,会试图在记忆中寻找这个命题的类属,将这个新命题嵌入已有的命题网络结构中,使记忆更具系统性,记忆效果自然更好。

在教学活动中,为促进学生更好地掌握命题内涵,提高命题学习和记忆的效果,可以采取一些相应的教学措施,多使用形象化教学手段,帮助学生对所学内容形成表象;在学习较抽象的材料时多使用类比和举例,加深学生对于材料的理解;列出明确的教学大纲,使学生对所学知识体系化和组织化;指导学生有意识地主动寻找适合自身的对所学材料(命题)精致化和组织化的方法。

2. 图式的获得

图式作为陈述性知识的高级表征方式,往往集合了一些较低级的知识单元如命题和表象以及线性排序,从而形成对于范畴知识的归纳。在已有图式的基础上,人们可以识别新事物,作出推论,解决问题,适应环境。对于人类而言,图式的学习非常重要。因此在学校情境中,教师必须采取一定的措施以帮助学生形成更为准确的图式。

第一,对学生学习时工作记忆提供支持。在形成图式时,学生需要对具体的范例进行比较,找出异同之处。由于工作记忆容量有限,在这一过程中很容易丢失信息。因此,教师必须将需比较的样例尽量同时呈现,如在同一页书、同一个屏幕上同时呈现两个图像。不可同时呈现的样例,如音乐等,可采用循环播放的方式呈现给学生。在学习新样例时,也要提醒学生回忆与之有关的样例,并进行比较。

第二,注意呈现一定数量的反例。在学生形成图式的过程,他们需要对范畴样例进行比较、归纳并提炼共同特征,将之集合成图式。但由于呈现的样例具有多种特征,学生有可能会将不属于图式的无关特征也归纳进去。而图式的无关特征越多,也就越缺乏准确性和灵活性。因此,教师在教学过程中,不必一味地呈现类似的样例,而应该多列举一些反例,使学生能够真正理解图式的核心特征,而不被无关特征所迷惑。

第三,指导学生自己提出样例。传授知识并不是教学的唯一目的,指导学生找到适合自己的学习方法、成为善于学习的人也同样重要。正如老子所说"授人以鱼,不如授人以渔"。因此,在教学活动中,教师可以有意识地培养学生在面对新图式时的学习能力,要求他们发现或找到与之相应的样例,最终使他们养成自觉寻找样例、自觉归纳和辨别的良好学习习惯。

(三) 程序性知识的获得

1. 程序性知识获得的基本过程

在安德森看来,要熟练掌握特定领域中的程序性知识(自动化的技能)通常经历以下三个阶段:第一阶段是认知阶段,在这一阶段中学习者对这一技能做出陈述性解释,并对这一技能的条件和行动做出陈述性编码(命题、表象、图式等)。第二阶段是联系阶段,学习者将陈述性表征逐渐转化为程序性知识(产生式),并在单独的产生式之间建立联系。第三阶段是自动化阶段,学习者通过反复练习从而不断完善和熟练自己的程序性知识,最终达到自动化的程序。

2. 获得程序性知识的教育措施

学生掌握技能需要经历学习和练习的过程。在此过程中,教育工作者可以在如下三个方面给予一定的帮助。

第一,帮助学习者实现子技能的自动化。在教学中,必须保证让每个学生学会必要的前提知识,以及掌握新的复杂技能所必需的子技能。比如,在教授乘法运算之前,首先要使学生牢固掌握加法的运算,这些前提技能和子技能的学习必须达到熟练的程度,直到能够通过相当水平的测试为止。第二,提供一些机会给学生,使他们能有机会将小的产生式联合起来。也就是说,必须使学生能够在工作记忆中激活这些单独的产生式,并注意到各自的条件和行为之间的联系,逐渐组合在一起。在这个过程中,教师必须提供给学生练习的机会并及时给予反馈。有研究者认为,分散练习的效果要好于集中练习。第三,帮助学生将所学的技能程序化、自动化。这样学生在使用的时候就可以对技能本身不做太多考虑,从而能够观察情境,根据情况选择相应的技能。换句话说,在最后阶段,教师要让学生将整个程序中一系列的产生式联系在一起,完整而非单独地进行练习。

第二节　技能的学习

知识的掌握如不能转化为相应的技能,这种知识在实践中所发挥的作用则是有限的。那何谓技能? 技能如何形成,又如何学习? 这些是本节将要探讨的主要内容。

一、技能概述

(一) 技能的概念

技能是指经过练习而习得的合乎一定规则程序的认知活动或身体活动的行为方式。比如能迅速有序并高效地思考或解决一般的常见问题或复杂运算,熟练地打出一套拳法,自由地跳水、击剑等。

(二) 技能的特点

1. 技能形成的途径是练习

技能是在后天的学习过程中,通过大量练习而逐步形成并完善的。学生在技能学习中,活动动作方式的掌握总是要经历一个由不会到会、由会到熟练的逐步发展完善的过程。练习是实现这一过程的必由之路。

2. 技能是一种活动方式,是由一系列动作及其执行方式构成的,属于动作经验

技能是控制动作执行的工具,要解决的问题是动作能否做出来、会不会做、熟练不熟练等。经过反复多次练习形成熟练技能后,学习者在头脑中储存的则是一种完善严密的动作影像系统,许多时候难以用语言描述出来。因此,技能的掌握不是通过言语表述而是通过实际活动表现出来的,是一种动作性经验。

3. 技能形成的标志是活动合乎一定的法则

技能的活动不是动作的随意组合,也不是一般的习惯性动作。合乎法则是技能形成的前提。在技能形成过程中,各个动作要素及其之间的顺序都要遵循活动本身的要

求。例如,初学太极拳必须按照太极拳的法则要求严格执行各个动作。

合乎法则的高度熟练的技能具有以下特点:流畅性,即各动作成分以整合的、互不干涉的方式和顺序进行;迅速性,即快速地做出准确的反应;经济性,即完成某种活动所需的生理和心理能量较小,工作记忆的负荷较小;同时性,即熟练的活动各成分可以同时被执行或者可以同时进行无关的活动;适应性,即能够灵活地适应各种变化的条件。

(三) 技能的分类

对于技能的分类有许多不同意见,如有的学者将技能分为智慧技能和操作技能,再生性技能和创造性技能,等等。本文认为可以按照技能自身的特点,将技能分为动作技能和心智技能。

1. 动作技能

动作技能又称作运动技能或者操作技能。它是指由一系列外部的以合理的程序组成的操作活动方式,如书写、体操、骑自行车等技能。在动作技能中,根据是否需要操纵一定的工具可以将它分为操控器具的动作技能和机体的动作技能两种。写字、绘画、骑自行车和撑竿跳等技能就属于操控器具的动作技能,而田径、体操、唱歌、跳舞等技能则属于机体动作技能。尽管动作技能的表现形式多样,但它们都是借助于肌肉、骨骼的动作和相应的神经系统的活动来完成的。

2. 心智技能

心智技能又称智慧技能或智力技能,一般简称为"智能"。它是一种借助于内部语言在人脑中进行的认知活动方式,如默读、心算、写作、观察和分析等方面的技能。学生在观察记忆和解决问题过程时所采取的策略也是心智技能的不同形式。一般来说,只有人类才有心智技能,动物经过训练有可能具有简单的心智技能。人们普遍认为,机器是不具备人类的心智技能的。但是,最近的科学研究表明,"人工智能"也有可能实现类似人类的心智技能。

3. 动作技能和心智技能的关系

动作技能与心智技能既有联系又有区别。它们的不同之处在于动作技能具有物质性、外显性和扩展性等特点,而心智技能则有观念性、内隐性和简缩性等特点。换言之,前者主要表现为外显的肌肉骨骼的操作活动,后者主要为内隐的思维操作活动。

同时它们又密切地联系在一起。心智技能是动作技能的调节者和必要的组成部分,动作技能又是心智技能形成的最初依据和外部体现的标志。两者是相辅相成、互相制约、互相促进的。例如,在学生的学习活动中,不仅需要心智技能的参与,也需要动作技能的参与,常常是这两种技能的有机统一,即手脑并用。因此,在确定某种技能到底是属于心智技能还是属于动作技能时,关键取决于其活动的主导成分。

（四）促进技能形成的一般条件

技能不是先天就有的，它的获得是有一定的条件的。由于技能的学习以一定的知识经验作为基础，因此促进知识经验的学习条件也适用于技能的学习。除此之外，技能的学习还需要以下条件：

1. 提供例证

正例和反例的提供是学习模式识别的必要条件。在这里，"模式"是指由若干个元素按照一定关系组成的一种结构。模式识别学习就是指学会对特定的内部或者外部刺激模式进行辨别和判断。在技能学习中，如果没有对大量合适的正、反例的分析和比较，概括化和分化的过程就无法完成，也就很难达到对同类和不同类刺激模式的准确判别和区分。而模式识别如果无法完成，动作步骤也不可能正确运用到该问题情境中来。有人把动作步骤所必需的模式识别程序叫作条件性知识，如果没有形成有关的模式识别程序，即使知道了动作步骤，也可能不知道在何种场合使用，如儿童的四则运算能达到快速准确的程度，但并不意味着他能解决文字应用题。

2. 练习和反馈

无论是模式识别还是动作步骤，无论是程序化还是程序组合，都需要大量的练习和反馈。练习在技能的学习中是必不可少的，没有练习，技能只能以文字或陈述性的知识存储于大脑中，无法实现程序化和自动化。

（五）技能与知识、习惯的关系

1. 技能与知识的关系

一般来说，人们常常用"知"与"会"来区分知识和技能。知识学习的目的在于理解和记忆概念、原理和事实等，涉及知不知和懂不懂的问题。技能学习的目的在于掌握完成某种活动所要求的动作来解决问题，涉及会不会和熟不熟的问题。

2. 技能与习惯的关系

熟练的技能与习惯两者之间既有联系又有区别。一方面，熟练的技能和习惯都是自动化了的动作系统。另一方面，习惯和熟练的技能存在着一些区别：

第一，习惯是实现某种行动的需要，已经成为一种实现某种自动化动作系统的心理倾向。而熟练技能仅仅是一种自动化的动作方式，不一定与人的需要联系在一起。

第二，熟练技能是在有目的、有计划的练习中形成的，而习惯可以在无意中，通过简单的重复养成。

第三，熟练技能有高级和低级之分，但没有好坏之分。而习惯不同，它可以根据对个人和社会的意义，区分为好习惯和坏习惯。

（六）技能的作用

技能的学习及其掌握对于学生来说有特别重要的意义。

第一，技能的掌握是进行学习活动、提高学习效率的必要条件。长期以来，学生对阅读、书写、运算等基本技能的掌握一直被认为是他们顺利完成学习任务所必备的基本条件。

第二，技能的形成有助于对有关知识的掌握。虽然技能的形成要以对有关知识的掌握为前提，但在技能形成过程中或之后，却又能促进对这些知识点的理解和掌握。

第三，技能的形成也有利于智力、能力的发展。研究表明，能力的发展是以有关的技能为前提的。培养和造就某种人才，除了使他们具有相关的知识以外，还必须掌握有关技能。例如，不掌握音乐方面的吹、拉、弹、唱等技能，就无法发展音乐技能。

二、动作技能的形成与培养

（一）动作技能的结构

从结构上说，动作技能包括感受部分、中枢部分和动作部分这三种基本成分。人们在完成一项特殊任务时，他们的感觉器官在内外环境特定刺激的作用下，将这些信息迅速地传递到人脑进行信息加工，并做出指令调节和支配效应器官的活动，使各种动作协调进行，使自身的肌肉活动适应变化着的环境条件，产生某种动作的节律。

（二）动作技能的种类

动作技能依不同的分类标准，可分为连续技能和非连续技能、封闭技能和开放技能、精细技能和粗大技能等。

1. 连续技能和非连续技能

连续技能指以连续、不间断的方式所完成的一系列动作，如说话、唱歌、打字、滑冰、弹琴等。这些技能中动作的持续时间一般较长；动作与动作间没有明显可以直接感觉到的开端与终点。非连续技能指具有可以直接感知的开端和终点的技能，完成这种技能的时间相对短暂（一般少于 5 秒），如投掷标枪、伸手推门、挪动棋子的位置等。射击也是一种非连续性技能，它的发动和完成时间常常不到 200 毫秒。因此，非连续性技能是由突然爆发的动作组成的。

2. 封闭技能和开放技能

当一种技能主要依靠内部的、由本体感受器输入的反馈信息来调节时，这种技能叫封闭技能，如体操、游泳、急行跳远、掷铁饼等。这种技能一般具有相当固定的动作模式。因此，掌握这种技能就要通过练习，使自己的动作达到某种理想的模式。

当一种技能主要依赖于周围环境提供的信息,而正确地感知周围环境成为运动调节的重要因素时,这种技能就叫开放技能,如打篮球、排球、棒球等。开放性技能要求人们具有处理外界信息变化的能力和对事件发生的预见能力。

3. 精细技能和粗大技能

当一种技能局限在较狭窄的空间内进行并要求较精巧的协调动作时,这种技能被称为精细运动技能,它一般由小肌肉的运动来实现,如打字、弹钢琴、写字、雕刻等;相反,粗大动作技能运用大肌肉,而且经常要求整个身体的参与,如跑步、游泳、打网球等。

(三)动作技能形成的阶段和特征

动作技能是由个别动作构成的系统,它是在学习中形成和发展起来的,动作技能在形成的各个阶段中表现出不同的特征。

1. 动作技能形成的主要阶段

动作技能的形成一般要经历以下三个阶段:

(1)认知—定向阶段

人在开始掌握一种技能之前,要形成掌握这种技能的动机,学习与它有关的知识,在头脑中形成这种技能的最一般的、最粗略的表象,这就是技能的定向阶段。例如,在教学生学习蛙泳时,首先应向学生示范蛙泳的连贯动作,并将动作切分,分别进行讲解,使学生全面了解关于蛙泳的知识,形成蛙泳的动作表象。动作表象的形成在技能学习中有重要的作用。正确的表象能帮助人们顺利地掌握各种运动技能,相反,一个人错误地想象了自己要完成的动作,技能的学习就会出现偏向。清晰而精确的动作表象,依赖于训练者的示范动作以及学习技能的人对示范动作的正确感知。人们根据自己学习的知识,也能在头脑中引起必要的动作表象,帮助人们主动地学习某种技能,并且校正自己的错误。

在认知—定向阶段,人对技能的学习有时从个别动作入手,有时从动作的整体入手。这时学习者需要熟悉动作的要领,了解动作的特点,把新学习的动作与已有的、习惯了的动作进行比较,克服习惯动作的干扰。以学习射击技能为例,由于这种技能具有容易分解的特点,人们是从掌握举枪动作、调节呼吸、瞄准、扣动扳机等个别动作入手来学习的。

该阶段的特点是,人的动作显得呆板、迟缓、不稳定、不协调,多余动作较多,对动作要有意识地进行控制。在这个阶段,示范者在每个动作上的示范表演对人们学习技能有重要的意义。人们主要是靠把自己的动作与示范者的动作进行对照,来校正自己的错误的。

(2)动作系统初步形成阶段

在掌握局部动作的基础上,人们开始把个别动作结合起来,以形成比较连贯的动作,或在了解一种技能的大致特征之后,对其中的个别动作做更多的练习。这时,他们的注意力从认知转向运动,从个别动作转向动作的协调与组织,这是把个别动作连成动作系统的关键。

该阶段的特点是,由于技能还处在初步形成的阶段,人们常常忘记动作之间的联系,在动作转换和交替的地方,会出现短暂的停顿;练习者完成动作的紧张度已大大缓和下来,但没有完全消失,稍微分心,还会出现错误的动作;在前一阶段经常出现的多余动作已逐渐不见了。这时候,练习者的头脑中已形成比较清晰而牢固的动作表象,他们能够评价自己的动作,并根据自己的动作表象来校正自己的技能。

（3）动作协调和技能完善阶段

这是技能形成的最后阶段。在这个阶段,人们学习的各种动作在时间和空间上彼此协调起来构成一个连贯的稳定的动作系统。他们在完成动作时的紧张状态和多余动作都已几乎完全消失;意识对动作的控制作用减小到最低限度;整个动作系统从始至终几乎是一气呵成的。动作的连贯主要由本体感受器提供的动觉信号来调节。由于技能已经完善,人们就能熟练地运用这种技能去完成自己所面临的各种任务。以后,随着新任务的出现,又会产生掌握新技能的要求,人的技能便从一个水平向另一个更高的水平不断发展。因此,技能的完善是相对的,而不是绝对的。

2. 动作技能形成的特点

在动作技能形成的过程中,技能的特点发生了一些变化,具体表现为:

（1）意识对动作的控制作用减弱,整个动作系统转向自动化

在技能形成的初期,人的内部言语起着重要的调节作用。人们完成每一个技能动作,都要受到意识的调节与控制。意识的控制作用稍有减弱,动作就会停顿下来或出现错误。随着技能的形成,意识对动作的控制逐渐减弱,整个技能或技能中的大多数动作逐渐成为一个自动化了的动作系统。由于动作系统的自动化,扩大了人脑加工动作信息的容量,完成动作的紧张程度也就缓和了。

（2）动作反馈由外反馈逐步转向内反馈

在技能形成中,反馈对技能动作的学习和完善起着重要的调节作用。在动作技能中,反馈可分成外反馈与内反馈两种。外反馈是指由视觉、听觉等提供的反馈,它们具有外部的源泉,例如,旁观者的指点、某种机械的信号等。内反馈指由肌肉、关节或机体平衡等提供的动觉反馈,它们是动作的自然结果,例如在钉钉时,落锤的轻重、方向提供的动觉反馈就是内反馈。

在技能形成的不同阶段,不同反馈的调节作用也在变化。在技能形成的初期,内反馈与外反馈都很重要,但来自外界的视觉反馈起着更重要的作用。随着技能的形成,外部感觉的控制作用逐渐为动觉的控制所代替,内反馈在技能动作的调节中便起着越来越重要的作用。

（3）动作的稳定性与灵活性增加

初学某种技能的人，动作是不稳定的，这种不稳定既表现在个别动作的准确性上，也表现在动作之间的转换和过渡上。当技能形成以后，它就会以相对稳定的方式表现出来，成为某种稳定的动作模式。一个熟练的体操运动员能够反复按同一方式完成某套体操动作，并以此传授给别人，就因为他的体操技能达到了相对的稳定程度，形成了某种稳定的动作模式。在不同的人身上，同一技能的动作模式可能不完全相同，它们表现了技能动作间的不同结合，因而形成不同人的技能风格，如武术的不同流派、书法的不同风格等，都表现了技能的相对稳定性。

技能的稳定性并不意味着它是刻板的、一成不变的。熟练的技能是与各种变化了的情境相适应的技能。因此，当情境出现变化时，技能熟练的人，能灵活地运用自己的技能动作，使技能的发挥不受某种固定的动作模式的限制。竞技场上许多武林高手出奇制胜的绝招，常常是和他们灵活的应变能力分不开的。

技能的灵活性是长期学习和练习的结果。初学某种技能的人，动作呆板，执行技能的条件稍有变化，动作的完成就可能遇到困难。以后，人们在不同的情境中经过练习，掌握了应付各种情境的动作系统，他们的技能才变得灵活起来。

（4）建立起协调化的运动模式

一系列局部动作联合成为一个完整的动作系统，即一种协调化的运动模式，这是运动技能形成的另一个重要标志。技能是由一系列动作构成的。技能动作的协调化表现在两个方面：① 连续性的统一协调，这是动作在执行时间上的协调。打拳时先打一式，接着打另一式，前后连贯，一气呵成，这是时间上的协调或连续性的统一协调。② 同时性的统一协调，这是动作在空间上的协调。驾驶汽车时，脚踩油门，手扶方向盘，紧密配合，融为一体。这是空间上的协调或同时性的统一协调。许多技能，既需连续性的统一协调，又需同时性的统一协调，从而构成一个协调化的运动模式或运动系统。

（四）练习及其在技能形成中的作用

练习是指在反馈作用的参与下，反复多次地进行一种动作。练习包括重复与反馈，两者都是技能形成的必不可少的条件。没有反馈的重复是机械重复，它只能引起疲劳，而不能带动动作技能的进步。练习的主要作用是促使技能的进步与完善，它包括加快技能完成的时间、改善技能的精确度和使动作间建立更完善的协调。

1. 练习进程的特点

在技能形成中，不同技能的练习进程可能不完全一样，但它们之间又有某些共同的规律和特点，具有一般的发展趋势。

（1）练习成绩随练习的进程而逐步提高

在多数情况下，练习开始时，成绩的提高较快、较明显，以后技能的进步逐渐缓慢下来，如跳高、短跑、驾驶摩托车都是这样。造成这种现象的原因有：① 练习开始时，人们受新鲜感和好奇心等强烈动机的驱使，兴趣高、干劲大，因而进步快，以后人们对要学习的技能失去新鲜感，热情下降，进步也就缓慢了。② 练习开始时，人们可以利用生活中已经学会的技能来解决问题，由于新、旧技能之间有许多共同的成分或因素，因而学习新技能易取得明显的成绩；以后，新技能与旧技能的差别越来越大，人们仅仅依靠旧的技能已无法满足新技能的要求，这时候，继续提高成绩就比较困难了。③ 在练习的初期，人们的努力集中在掌握个别的动作，因而提高较快；以后，人们把注意转向动作的协调、转换，因而进步就不明显了。

在另一些情况下，技能的进步也可能先慢后快，或者在练习的前后期，成绩的进步一直均匀地发展。这和技能性质、学习者对练习的态度及其个性特点均有密切的关系。

（2）练习进程是不均匀的

我们知道，练习的进程是起伏的，其效果是呈波浪式的，有时出现较大的上升，有时反而下降。在练习过程中，引起成绩下降的原因有很多，如环境中存在某些干扰的因素、人们对某项任务的态度发生变化，都会使成绩骤然下降。此外，在高原现象出现后，人们需要改组旧的技能结构。这时旧的动作方式还会出现在新的技能结构中，并产生干扰作用，因而使工作效率出现短暂的下降。

在技能发展的最后阶段，练习成绩相对稳定下来，不再继续提高，人们称之为技能发展的极限。但也有一些研究表明，这种极限并不是不可突破的。

（3）练习中存在个别差异

练习者不同的特点，他们对学习的准备程度和对练习的不同态度，都会影响练习的成绩，造成练习中的个别差异。

（4）练习进程中存在高原现象

练习成绩的进步并非直线式的上升，有时会出现暂时停顿的现象，这叫作"高原现象"。高原现象在技能学习中是常见的，例如，语言技能的学习中，许多英语学习者曾经感觉到学习到达一定的层次以后，想要再进一步地提高学习成绩变得非常困难，仿佛学习停滞不前了，即使继续努力也收效不大。

高原现象是练习成绩暂时性的停顿现象，它与生理的极限和工作效率的绝对顶点是不同的。而且，并不是所有的技能学习中都必然存在高原现象。产生的原因可能很多，比如，学习兴趣不足，缺乏学习动力，基础薄弱不熟练，自我评价不当，缺乏信心，急功近利带来的恐惧心理，身心疲劳，随着水平提高学习方法没有及时调整，等等。如果能针对以上原因做出相应的调整，高原现象是可以克服的。

教师在专业成长过程中也存在着"高原现象"。处在"高原期"的教师，专业发展停滞不前，好像很难再上一个新的台阶，找不到前进的动力，影响教师专业的成长。这是因为，教师在师范院校掌握了专业知识，但把这些知识与教育教学实践结合起来转变为一种技能、能力则需要一定的时间。把新的理念、要求、技能，与自己原有的知识、技能与能力结构发生联系,形成自己新的知识结构和能力系统是一种有机的融合,需要一个过程。

2. 提高练习效率的条件

(1) 确定练习的目标

有没有明确的目标,是影响练习效果最重要的因素。练习与机械地重复一种动作不同,它是在一定的目的支配下,指向于改进动作的方式与方法。确定练习的目标有三方面的意义:① 使练习具有强烈的动机和巨大的热情;② 使人对练习的结果产生积极的期待;③ 为检查和校正练习的结果提供依据。

(2) 灵活运用整体练习和分解练习

人们通常把技能学习分成整体练习法和分解练习法两种。整体练习法是把某种技能当作一个完整的整体来掌握,人们从一开始就着眼于动作间的联系和关系,并从始至终对动作进行整体练习。分解练习又称局部练习,是指在练习时,人们把某种技能分解为若干部分或某些个别的、局部的动作,通过学习和掌握这些局部的动作,逐渐达到学习整个技能的目的。

由于整体和部分只有相对的意义,因此,整体练习与分解练习不能截然分开。在进行局部练习时,人们有时并不把技能分解成一个个孤立的动作,而是把动作分解成某些较大的动作单元,按单元进行练习,并把新学习的单元与已经学会的单元逐渐联系起来。这种整体与分解的练习或渐进性分解练习法,对学习复杂的动作技能特别有利。

(3) 恰当安排练习时间

练习时间的安排有两种,即集中练习和分散练习。集中练习是指长时间不间断地进行练习,每次练习中间不安排休息时间;分散练习指相隔一定时间间隔进行的练习,每次练习之间安排适当的休息时间。一般说来,分散练习比集中练习的效果要好些。

(4) 练习中必须有反馈

只有当练习者从他们的操作或动作的结果中得到反馈时,练习才对学习起到积极的作用。反馈是动作技能形成的重要条件,它既可以来自内部,即"感觉"自己的动作是否正确,也可以来自外部的观察。例如,射击运动员观察打过的靶面,篮球运动员计算自己的投篮命中率等。

(5) 影响练习成绩的其他心理因素

首先是人对活动的态度。当人们对当前进行的活动抱着积极的态度时,练习的成绩容易获得进步。其次是自信心。一个人对自己的能力缺乏自信,他的抱负水平低,练习的成绩就不会有很大提高。当然,过于自负,骄傲自大,也会降低自己的意志努力和注意的紧张度,因而影响对技能的掌握。再者,人在练习时的情绪状态也有重要的作用。轻度的焦虑对获得良好的成绩有积极作用。另外,积极、欢快的心境能促进技能的掌握。相反,抑郁的心境会使练习成绩明显下降。最后,人的意志品质在练习中也有重要作用。许多复杂技能的掌握,要求人们进行长期艰苦的锻炼,要克服各种困难。因此,必须具有顽强、坚毅、勇敢的意志性格特征,否则,就不能使技能发展到高度完善的程度。

(五) 青少年期动作技能的特点

青春期是个体生长发育的一个加速期,在这个阶段,个体身体的各个方面都在迅速发育并逐渐达到成熟。个体的各种操作技能发展水平已经非常接近或者达到成人水平,甚至在某些方面较成人更有优势。但是,青少年身体各部位的快速生长变化,有时会带来动作行为的变化。原本稳定发展的身高、体重、骨骼、肌肉等序列被打乱,就可能出现动作发展中一个特殊的现象——青少年动作笨拙现象。

青少年动作笨拙现象是指在青少年发展的某个时期内,当生长以高速度进行时,可能会伴随着动作的暂时性障碍,主要在男性中间存在。有研究表明,在男性青少年中出现动作能力下降的比例为 $1.4\%\sim33\%$。但是,青少年的动作笨拙现象并不表明动作发育迟滞或不良,这种动作水平下降只是暂时性的。

董奇、淘沙等人的研究表明,很多因素会影响个体动作笨拙的程度和持续的时间。比如,实际的生长速度增加了对身体系统适应能力的要求,中枢神经系统的适应性特点也对动作水平产生影响,个体的活动水平对感知系统也有深入的影响,从而决定动作水平。

总之,作为中小学教师,要了解青少年动作发展的特点,对在教学过程中出现的个别笨拙现象,应予理解、关心,并帮助其进行针对性的训练,从而有效改善动作发展。

三、心智技能的形成与培养

(一) 心智技能的形成

1. 加里培林的五阶段模型

(1) 活动定向阶段

活动定向阶段是一个准备阶段,即让个体能够领会活动任务,从而在头脑里建立起活动的定向映象。在从事活动之前,个体需要首先了解要做什么和怎么做,从而在头脑中形成活动本身和活动结果的表象,也就是对活动本身和活动结果进行定向。以加法运算为例,教师必须先让学生知道运算的目的是要求几个数之和,知道这一过程是对事物数量的运算,知道运算步骤和顺序以及运算方法。也就是说,需要让学生熟悉整个活动的结构及实际意义,并知道正确的活动方式和方法。

该阶段虽然是准备阶段,却是心智活动必不可少的阶段,因为活动定向的性质、水平都会对心智活动的形成和发展起决定作用。从某种意义上来说,该阶段是决定学生智力活动能否顺利进行的重要因素。

（2）物质活动或物质化活动阶段

物质活动是指运用实物的活动,物质化活动是指利用实物的模象,如图片、模型、表格、标本、示意图等进行的活动。物质化活动是物质活动的一种变形。在教学中,无论是科学基础知识还是社会知识的学习,学生不可能都通过直接经验的物质活动进行,尤其是历史、地理等科目。在不能利用物质活动时,物质化活动就成了学生学习主要的方式,这两者一起构成智力活动的源泉。加里培林认为,任何新的智力活动在最初都应当不是活动本身,而是作为外部的一物质或物质化的活动而形成的。此阶段,教师应注意先把活动展开,将其分成大大小小的各种操作,并指出相互之间的联系,然后再进行概括,使学生从对象的各种属性中区分出这一活动所需的属性,同时概括出进行这一智力活动的法则。如儿童在学习加法运算时,可以利用小木棒、手指、卡片等完成计算活动。当这个阶段达到最高水平时,活动就会离开它最后的外部依据,转向下一阶段。

（3）出声的外部言语活动阶段

这一阶段的活动不直接依赖实物或模象,而是用出声的外部言语形式来完成活动。如在物质活动或物质化活动阶段可以给儿童实物来帮助计算,那么在这一阶段则收起实物,让儿童用出声的语言来进行计算,这样儿童不仅要对这个动作的对象内容进行定向,而且也对这个对象内容的词的表述进行定向。如在上例的加法运算中,儿童在此阶段应能根据题目的数字出声地说出"几加几等于几"。在这一阶段中,他们不再使用卡片或小木棒等实物或模具来进行计算,而是用出声的言语来运算。加里培林认为,如果没有言语范畴的练习,物质的活动根本不能在表象中反映出来。正是由于这一言语活动才使抽象化成为可能,因为言语水平的特点就是以抽象的客体来代替物质的客体,这既可保证活动的定型化（由抽象而来）,也保证了活动迅速自动化。这一阶段还不算是智力活动本身,虽然它脱离了实物,但还是不能在头脑中无声地完成活动。

（4）不出声的外部言语活动阶段

无声的外部言语活动阶段是仅靠内部语言参加而在大脑中完成活动的阶段。也就是说,个体在离开实物,也不出声,只看到嘴动但听不到声音的情况下,以词的声音表象、动觉表象为支柱而进行的智力活动阶段。加里培林说这时"在头脑中,言语的有声形象成为词的声音形象的表象"。例如,学生在运算时的"心算"。该阶段也是外部言语活动向内部言语活动转化的开始,是将有声语言活动向声音表象、动作表象转化的途径。

（5）内部言语活动阶段

内部言语活动阶段是智力活动的最后阶段,也是智力活动过程的简约化、自动化阶段。在这一阶段,学生凭借简化了的内部言语,似乎不需要多少意识的参与就能"自动化"地进行智力活动。例如,在学习演算进位加法时,学生已经不需要默念公式和法则,而是在头脑中出现几个关键词后,马上进行自动化操作。整个运算过程在他们头脑中被"简化"和"压缩",以至于他们只能觉察到运算的结果。

2. 我国学者冯忠良的三阶段模型

我国心理学家冯忠良根据有关研究并结合教学实际,将上述五个阶段进行了简化和改进,提出了心智技能形成的三阶段说,即原型定向、原型操作、原型内化。

（1）原型定向阶段

原型定向就是了解心智活动的实践模式,包括了解"外化"或"物质化"了的心智活动方式或操作活动程序。了解原型活动的结构,就是儿童知道该做哪些动作和怎样去完成这些动作,明确活动的方向。因此,原型定向阶段的任务就是使儿童掌握心智技能的实践模式并使这种模式的动作结构在头脑中得到清晰的反映。

（2）原型操作阶段

原型操作即根据心智活动的实践模式,把头脑中建立起来的动作程序以外显的方式付诸实施。在该阶段,活动方式是在物质和物质化水平上进行的,即借助于实物模型、图片、示意图等,以外部语言、外显的动作,按照活动模式一步步展开执行。

（3）原型内化阶段

原型内化即心智活动的实践模式向头脑内部转化,由物质的、外显的、展开的形式变成观念的、内潜的、简缩的形式的过程,即借助于内部言语,学生可以在头脑内部进行程序化的心智活动,而且能够以非常简缩、快速的形式进行。

（二）心智技能的培养

1. 促进条件化知识的形成和产生式知识的自动化

心智技能形成的关键是把所学到的知识及其应用的"触发"条件结合起来,形成条件化知识。即在头脑中储存大量的"如果……那么……"的产生式。在学习知识的同时,要把握该知识在什么情况下适用。

促进产生式知识的自动化。认知心理学的研究表明,产生式知识必须通过练习达到十分熟练的程度,甚至达到自动化的程度,才能变成一种心智技能。

2. 遵循心智技能形成阶段性理论

心智技能的形成需要练习,练习又分为不同阶段。因此,在心智技能的培养中,教师需要遵循练习的阶段性特点,帮助学生从外部的物质活动向内部的智力活动转化。此外,心智技能又是借助内部言语得以实现的,因此言语具有十分重要的作用。动作的执行应从外部言语开始,而后逐步转向内部言语。在由出声到不出声、由展开到压缩的转化过程中,也要注意活动的掌握程度。不能过早,转化也不宜过迟,而应适时。

3. 根据心智技能的不同种类选择方法

心智技能有简单与复杂之分,在进行教学时,首先需要了解学习任务的复杂程度,对于复杂的由多种智力活动方式组成的心智技能（如写作技能），可以采取部分到整体的训练方法；对于简单的心智技能（如加减运算），适合采用整体方法来训练。

4. 积极创造应用心智技能的机会

教师必须积极创设问题情境，让他们的心智技能在解决问题的练习中得到锻炼。此外，教师还应该加强指导，帮助他们正确运用心智技能来解决有关问题。

5. 注重思维训练

思维是学生心智技能中至关重要的心理成分，正确的思维方式是心智技能的本质特征。因此，教师在教学中还要对学生的思维方式进行一定的训练和指导，积极创设问题情境，培养学生思维的独立性、批判性、灵活性、流畅性等品质。

当然，除了上述要求外，教师在教学过程中还需注重其他影响因素，比如确立合理的智力活动原型、恰当的示范和讲解、指导学生做好相关的知识储备等等。

复习思考题

一、选择题

1. 程序性知识特有的表征方式是（　　　）。

A. 命题　　　　　　　B. 图示　　　　　　　C. 产生式　　　　　　　D. 概念

2. 下列对技能描述正确的是（　　　）。

A. 技能就是活动程序　　　　　　　　B. 技能就是潜能

C. 技能是通过练习能提高的　　　　　　D. 技能一下子就能学会

3. 动作技能按照操作的连续性的不同分为（　　　）。

A. 精细技能和粗大技能　　　　　　　B. 连续技能和非连续技能

C. 封闭性技能和开放性技能　　　　　D. 器械型技能和开放型技能

4. 下列属于常见的心智技能的是（　　　）。

A. 骑车　　　　　　　　　　　　　B. 洗衣服

C. 解两步应用题　　　　　　　　　D. 听到声音

5. 下列不属于心智技能的特点的是（　　　）。

A. 内隐性　　　　　B. 客观性　　　　　C. 简缩性　　　　　D. 观念性

6. 下列属于陈述性知识表征形式的是（　　　）。（多选题）

A. 命题网络　　　　B. 图示　　　　　C. 产生式　　　　　D. 表象

二、简答题

1. 陈述性知识与程序性知识的联系与区别是什么？

2. 知识直观有哪几种方式，分别有什么样的优点和局限？

3. 概念是怎样获得的？试举例回答。

4. 规则的获得方式有哪些？分别举例说明。

5. 请说明动作技能和心智技能的关系。

6. 简述动作技能的形成阶段。

7. 简述加里培林关于心智技能形成的五阶段模式。

三、案例分析题

小亮这学期参加了学校网球队。刚开始参加学习训练网球技巧时,他的球技提高很快。但随着时间的推移他的球技却停滞不前,甚至还有下降,这种现象让小亮陷入困惑中。

(1) 请运用教育心理学知识解释这种现象,说明产生这种现象的原因。

(2) 请运用教育心理学关于动作技能学习的知识,为小亮提出提高网球技能学习效果的建议。

第 7 章　　　　　　　　　　　　　　　　　　　　学习迁移

／内容摘要／

　　学习迁移是一种普遍现象,广泛地存在于学习中,其中以知识学习迁移和技能学习迁移最为显著。学习迁移的意义首先在于它能指导教师进行有效的教学,显著提高学生的学习效率。更重要的是,学生通过学习迁移的运用,可以将自己掌握的知识、技能和行为方式应用到新的问题情景中,使在校的学习对以后的工作产生积极深刻的影响,最终实现认识的目的和归宿——实践。

／重点难点／

1. 明确学习迁移、正迁移、负迁移、横向迁移、纵向迁移等概念。
2. 熟知认知结构与学习迁移的关系。
3. 能够运用迁移理论指导学习。

／本章结构／

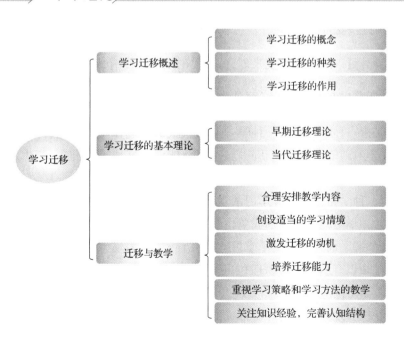

第一节　学习迁移概述

党的二十大报告指出："实施科教兴国战略，强化现代化建设人才支撑。""必须坚持科技是第一生产力、人才是第一资源、创新是第一动力。"培养创新型人才已成为教育领域的重中之重，这一目标的实现，离不开对学生学习迁移能力的培养和提升。

一、学习迁移的概念

学习迁移，也称训练迁移，指一种学习对另一种学习的影响，或习得的经验对完成其他活动的影响。这种影响包括前、后影响，积极、消极影响。

先前学习对后续学习的影响，如学会了骑自行车的技术有助于学习骑电动车。后续学习对先前学习的影响，如后学习的汉语拼音对以前学习的汉字发音起到巩固的作用。积极影响，如学会打羽毛球有助于学习打网球。消极影响，如骑惯了三轮车的人，在初骑自行车时，由于身体平衡与手臂配合关系的改变，会感到不适应。

学习迁移的影响普遍地存在于人们的各种学习、工作和生活中。除了知识和技能的迁移外，兴趣、情感、意志和态度等也可以发生迁移。如有的学生因为喜欢老师而喜欢其任教的学科，这就是态度的迁移。可见，迁移对我们的学习生活有非常重要的作用。迁移既是学习的继续和巩固，又是提高和深化学习的条件，学习与迁移不可分割。

迁移并不是每次都能自发产生，因此我们必须对迁移现象进行深入研究，发现其规律，从而能够有效地进行学习。

二、学习迁移的种类

迁移的种类可以从许多维度来划分，常见的划分维度有如下几种：

（一）从迁移的效果看，迁移可分为正迁移与负迁移

正迁移是指一种学习对另一种学习起到积极的促进作用。在这种迁移中，已有的知识、技能在学习新知识和解决新问题过程中，能够很好地得到利用，产生触类旁通的学习效果。从总体上说，正迁移可表现为一种学习使另一种学习具有了良好的心理准备状态，或者一种学习使另一种学习活动所需的时间和练习的次数减少，还可表现为一种学习使另一种学习的深度增加或单位时间内的学习量增加。正迁移既可表现在同一学科之内，如掌握平面几何有助于掌握立体几何；又可表现为在不同学科之间，如学习了数学的基础知识有助于学习物理和化学。在教育工作中所说的"为迁移而教"，就是指正迁移在教学中的应用。

负迁移往往表现为一种学习所形成的心理状态对另一种学习的效率和准确性产生

消极影响,或一种学习使另一种学习所需的学习时间和练习次数增加。如,学生在掌握了直角三角形和钝角三角形的概念后,知道了有一个角是直角的三角形是直角三角形,有一个角是钝角的三角形是钝角三角形。当学生再学习锐角三角形时就会受到负迁移的干扰,认为锐角三角形的定义是有一个角是锐角的三角形。但其实锐角三角形正确的定义是三个角都是锐角的三角形。鉴于此,在教育工作中要避免和消除负迁移的影响。

(二) 从迁移的水平上看,迁移可分为横向迁移与纵向迁移

横向迁移也称水平迁移,是指处于同一概括水平的经验之间的相互影响。学习内容之间的逻辑关系是并列的,难度和复杂程度大体属于同一水平,虽有相似但又在不同的学习之间相互影响。日常生活中,人们常说的举一反三、闻一知十、触类旁通就属于横向迁移。例如,由于钠元素和钾元素属于元素周期表中的同一主族元素,同为碱金属,化学性质相似,学习了钠元素的化学性质有利于钾元素化学性质的学习。再如,学生回家看报纸杂志时,在文章中发现有在学校学习的新单词。所有这些都是横向迁移的表现。

纵向迁移也称垂直迁移,是指处于不同概括水平的经验之间的互相影响。学习内容之间的逻辑关系是上下位的关系,难度和复杂程度处于不同水平。纵向迁移表现在两个方面,一是自上而下的迁移,主要是指上位较高层次的经验影响着下位较低层次的经验的学习,常见于演绎式的学习。如平行四边形有关内容的掌握,有助于菱形和长方形的学习。二是自下而上的迁移,是指下位的较低层次的经验影响上位较高层次的经验的学习,常见于归纳式的学习。如学习了猪、牛、羊的特性,有利于哺乳动物特性的学习。

(三) 从迁移的方式看,迁移可分为一般迁移与具体迁移

一般迁移也称普遍迁移、非特殊迁移,是将一种学习中习得的一般原理、方法、策略和态度等,迁移到另一种学习中去,即将原理、原则和态度具体化,运用到具体的事例中去。美国心理学家布鲁纳非常强调一般迁移,认为基本的原理、基本的态度具有广泛的适应性,能适用于多种情境,并且能使以后的学习变得较容易。如个体在日常生活中形成了认真仔细的品质,那么在学习中也会体现出认真仔细的品质。

具体迁移也称特殊迁移,指一种学习中习得的具体的、特殊的经验直接迁移到另一种学习中去,或经过某种要素的重新组合,迁移到新情境中去。如学习了"日""月"后,再学习"明"字,就会比较容易。因为具体迁移只是将习得的一种经验运用到另一种学习之中,所以具体迁移的范围不如一般迁移广。具体迁移虽然仅适用于非常有限的情境,但它对于系统掌握某一领域的知识是非常重要的。

（四）从迁移的方向上看,迁移分为顺向迁移与逆向迁移

顺向迁移是指先前学习对后续学习的影响。如当面临新的学习情境和问题情境时,学习者能够利用原来的知识和技能,获得新知识和解决新问题,这种迁移就是顺向迁移。"举一反三"就是顺向迁移的例子。

逆向迁移是指后续学习对先前学习的影响。学习者原有的知识技能若不足以使其获得新知识、掌握新技能,则需要对原有知识进行补充、改组或修正,在解决新问题、获得新知识的同时,原有知识结构会发生改变,这种迁移就是逆向迁移。如儿童在刚开始认识世界时认为活动的物体是生命体,但之后见到汽车就会发现,会活动的并不都是有生命的,这时就要修改已经形成的关于生命体的认知结构,认识到是否会活动并不能成为衡量生命体的正确标准。

总之,不管是顺向迁移还是逆向迁移,其影响的效果都有积极与消极之分,其迁移量也有大小之别。

三、学习迁移的作用

首先,迁移有助于知识的获得和应用。在学习过程中,教师不可能将所有知识、经验,事无巨细地进行传递,学生必须具备举一反三、触类旁通的能力,才能获得最好的学习效果。学习的最终目的并不是将知识、经验储存在大脑中,也不是仅仅用于解决书本上的问题,更不是用来应付考试。学习的最终目的是使学习者能够在知识、经验的指导下解决实际问题,进行实践活动,即知识的应用。迁移可以使学生运用在校所学的知识,解决学校以外的现实问题,使知识和经验的利用达到最大化。

其次,迁移有助于知识、经验的概括化和系统化。布鲁纳认为学习的过程是学习者主动参与、获得认知结构的过程。认知结构是指一种反映事物之间相互联系或关系的内部认识系统,或者说,是某一学习者观念的全部内容与组织。教学需要让学生理解学科的基本结构,即概括化了的基本原理或思想。只有通过迁移,尤其是纵向迁移,才能够使原有的知识、经验得以改造,才能够获得概括化、系统化的学科基本结构。

再次,迁移有助于能力的形成。能力作为人们成功地完成某种活动所必须具备的个性心理特征,是一种稳定的心理品质。能力的形成依赖于知识、技能的掌握,同时也依赖于所掌握知识和技能的不断概括化、系统化。在知识技能的掌握过程中,必然存在先前经验对新学习的影响,即存在着迁移。而知识技能的类化过程只有在学习的迁移中才能实现。迁移为知识、技能向能力转化提供了心理依据。

第二节 学习迁移的基本理论

学习迁移一直是学习理论的一个重要问题。对迁移进行研究,有助于探讨人类学习的实质和规律,揭示能力和品德形成的内在机制,同时也为教学过程提供理论指导。

一、早期迁移理论

(一)形式训练说

形式训练说是关于迁移的比较古老的学说,这种学说是以"官能心理学"为基础的。"官能心理学"认为,个体心理的组成部分是各种官能,如注意力、记忆力、推理力等,这些官能可以像肌肉一样通过训练而得到发展和加强。如果一种官能在某种学习情境中得到改造,就可在与该官能有关的所有情境中自动地起作用,从而表现出迁移的效应。

按照形式训练说的观点,训练和改进心理的各种官能,是教学的最重要目标。某些学科可能具有训练某一种或某些官能的价值,例如,学习拉丁语等古典语言和学习数学具有训练记忆、推理、判断的心理官能的作用。这种观点还认为,训练的项目越困难,官能得到的训练越多,一种作业越深奥,学习就越有效。教学过程中不必重视实用知识的学习,学习的具体内容是会被忘却的,作用是有限的,重要的在于形式的训练,只有经过形式训练提高各种官能,才会促进迁移的产生。形式训练说的观点在欧美盛行达一两百年之久,直到今天,这一理论对教育工作仍有一定的影响。到了 19 世纪末 20 世纪初,形式训练说的迁移理论开始受到各种实证研究的挑战。越来越多的心理学家设计了严密的实验,从不同的角度对形式训练说的迁移理论进行研究。这些研究都未发现能支持形式训练说的证据。因此,形式训练说遭到了许多学者的反对。

149

> **知 识 链 接**
>
> 《学记》中提道:"古之学者,比物丑类,鼓无当于五声,五声弗得不和;水无当于五色,五色弗得不章;学无当于五官,五官弗得不治。"这里,"比物丑类"可以理解为类比或迁移的一种形式。古代学者通过比较不同事物之间的相似性,从而理解其本质和规律。例如,鼓声在五声(宫、商、角、徵、羽)中虽然只是其中之一,但如果没有鼓声,五声就不能和谐;水在五色(青、赤、黄、白、黑)中虽然只是其中之一,但如果没有水,五色就不能鲜明。同样,学习也应该通过五官(眼、耳、鼻、舌、身)来感知和理解事物,如果五官没有得到适当的锻炼和发展,就不能达到良好的学习效果。
>
> (《学记》,高时良译注,人民教育出版社,2021)

(二) 共同要素说

"共同要素说"是桑代克(Edward L. Thorndike)等人通过一系列的实验提出的。桑代克认为只有当两种情境中有相同要素时才能产生迁移。相同要素主要是指相同的刺激与反应的联结,刺激相似而且反应相似时,两种情境的迁移才能发生。后来,吴伟士将共同要素修改为相同要素,认为两情境中有共同成分时就可以发生迁移。

桑代克在 1901 年以大学生为被试,训练他们判断不同大小和形状的图形面积的能力。被试者先估计了 127 个矩形、三角形、圆和不规则图形的面积,这样就预测了他们判断面积的一般能力。然后用 90 个 10~100 平方厘米的平行四边形,让每一位被试者进行判断面积训练。最后被试者接受两种测验。第一种测验要求判断 13 个与训练图形相似的长方形的面积。第二个测验要求判断 27 个三角形、圆和不规则图形的面积。这 27 个图形是预测中用过的。研究表明:通过平行四边形训练,被试者对矩形面积的判断成绩提高了,但他们对三角形、圆和不规则图形的判断成绩没有提高。桑代克根据实验的结果提出了迁移的共同要素说。他认为迁移的产生是由于两个学习情境之间具有相同的要素,相同要素即相同联结。因此,迁移即相同联结的转移。个体形成的联结数量越多,在以后的学习中产生迁移的可能性越大。

桑代克的共同要素说揭示了迁移现象中的一些事实,对迁移理论研究做出了重大的贡献。共同要素说对当时的教育界起到了一定的积极作用。它使学校脱离了那种在形式训练影响下不考虑实际生活、只注重所谓的形式训练的教学状况。学校在各方面开始重视应用学科,教学内容的安排也尽量与将来的实际应用相似。但是桑代克的理论只注重学习情境客观方面的特点对迁移的影响,过于强调共同要素的存在,忽略了学习主体特点对迁移的影响,否认了迁移中复杂的主体认知因素的作用,并使迁移的实际应用范围大为缩小,这种迁移理论明显表现出机械、片面的色彩。在现实生活中,即使个体学习的情境发生较大变化,学习迁移依然能够进行。因此,桑代克的共同要素说只能解释机械的、具体的特殊迁移,难以揭示人类复杂的学习迁移的实质。

(三) 概括化理论

贾德(Charles H. Judd)提出的概括化理论强调概括化的经验或原理在迁移中的作用。该理论认为共同成分只是产生迁移的必要条件,而迁移产生的关键在于学习者能够概括出两组活动之间的共同原理。学习者的概括水平越高,迁移的可能越大。

"水下击靶"的实验,是概括化理论的经典实验。实验以五年级和六年级学生作被试,分成实验组和控制组,实验组又分为实验组Ⅰ和实验组Ⅱ。对实验组Ⅰ只讲解简单的光学折射原理,对实验组Ⅱ除教给光学折射原理之外,还教给水愈深所看到的水中靶子的实际位置距离相差愈大的原理。对控制组不进行任何提示。首先在水深 12 英寸处进行实验。试验结果是,教过和未教过折射原理的学生成绩相等。因为所有的学生都要学会使用标枪,理论的说明不能代替练习。接着改变条件,把水下 12 英寸的靶子移到水下 4 英寸处,这时两组的差异明显表现出来,实验组Ⅱ成绩最好,实验组Ⅰ次之,控制组最差。实验结果表明,提示原理具有重要的作用,而且提示愈详细,效果愈好。在实际应用中掌握原理的意义比单纯地学习知识原理更为有效。

1941 年,亨德里克森(Ellen Hendriksen)与施罗德(Hans Schroder)在贾德实验的基础上做了改进,实施了新的实验。他们在实验中设立了三组被试,其中两个实验组和一个控制组:对实验Ⅰ组只讲解光的折射原理;对实验Ⅱ组除了讲解光的折射原理外,还教给被试水深对水中靶子的位置的影响,即水越深,水中位置与实际位置相差越大;控制组则不受任何提示。实验结果表明,提示原理具有重要的作用,而且提示的内容越详细,学习的迁移效果越好。

概括化理论主张,知识只有与实际相联结才能发挥出更大的价值,仅仅讲解概括化原理知识不能够保证知识的有效性,还要在此基础上建立知识之间的联系并将知识与现实存在相结合。只有当学生能借用已建构的知识体系去理解实际情况,才能进一步将概括了的经验应用到新的问题中,并迅速调整思路与行为,解决实际情况。但这种概括能力存在较大的年龄差异,年长的学生要比年幼的学生更容易形成原则的概括。因为通过概括化而产生迁移的前提是概括出并学会原理和原则。

概括化理论突破了桑代克相同要素的局限,第一次将相同要素的范围上升到更抽象的原理层面,同时把学习者对学习情境的共同原理和原则的概括作为迁移的基本条件,从而扩大了迁移研究的范围。同时概括化理论使人们认识到学习过程中应该重视讲解概括化原理知识,尤其是结合实际讲解原理,使教育内容和手段同样受到重视,对教学工作有着深刻的指导意义。

(四)关系转换说

格式塔心理学家进一步发展了迁移的概括化理论,苛勒(Wolfgang Kohler)根据"小鸡觅食"实验的结果提出了关系转换说。他认为学生顿悟两种学习情境中原理、原则之间的关系,特别是手段—目的之间的关系,是实现迁移的根本条件。两种学习情境中存在某种相似的关系,这是迁移的前提条件。学习者对两种学习情境的共同关系的顿悟是迁移的关键和根本。

苛勒让小鸡在深浅不同的 A 与 B 两张卡片纸中找食,A 为浅灰,B 为深灰,食物只放在深灰的纸上,A 与 B 这两张卡片的位置是随机调换的,所以食物与位置之间无任何关系。小鸡经过 400～600 次试验能够学会准确无误地选择卡片 B。然后,变换实验情境,呈现成对卡片纸 B 与 C,C 是比 B 颜色更深的灰色,结果小鸡会到颜色更深的那张 C 下面寻找食物,该实验证明迁移是对关系做出的反应。实验表明,影响小鸡选择的不是比较刺激的绝对性质,而是两种刺激的相对关系。

关系转换理论强调主体在迁移中的作用,认为学习者必须发现两个事件之间的关系,迁移才能产生。虽然苛勒理论对主体因素的研究还是笼统的、肤浅的,但是已经预示着迁移研究发展的新方向,即以认知的观点来研究学习迁移现象。

二、当代迁移理论

自二十世纪六七十年代以来,随着对学习议题探究的不断深化,各种新颖的研究视角与观点亦如雨后春笋般层出不穷,研究提出了迁移的认知结构说、迁移的产生式理论、元认知迁移理论和情景迁移理论,为学习迁移领域的探索注入了源源不断的活力。

(一) 认知结构说

布鲁纳(Jerome Bruner)和奥苏贝尔(David Ausubel)从认知结构出发提出了关于迁移的认知理论。布鲁纳认为学习就是类别及其编码系统的形成,将习得的编码系统应用于新的事例这一过程就是迁移。布鲁纳将迁移分为正迁移和负迁移,正迁移就是将编码系统正确地应用于新的事例,负迁移就是将编码系统错误地应用于新事例的过程。1963 年,奥苏贝尔提出了学习迁移的认知结构说,该迁移理论是奥苏贝尔根据他的有意义接受学习理论发展而来的。认知结构是指学习者头脑中已有的知识结构,是其头脑中全部观念的内容和组织,是影响学习和迁移的重要因素。广义上说,它是学生已有的观念的全部内容及其组织;狭义上说,它是学生在某一学科的特殊知识领域内的观念的全部内容及其组织。这一理论认为,任何有意义的学习都是在原有认知结构的基础上发生的,不存在某种有意义学习可以摆脱认知结构的影响。学习的迁移是在原有认知结构的基础上进行的。所谓认知结构变量,就是在学习者利用已建构的知识体系来同化新知识时,他原有认知结构的内容方面以及组织方面的系列特征,奥苏贝尔提出了三个主要影响学习迁移的认知结构变量,即可利用性、可辨别性、稳定性。

(1) 认知结构的可利用性,涉及学习者原有知识的实质性的内容特征,是指学习者准备学习新的东西时,能否在原有认知结构中找到可以用来同化新知识的适当观念。有意义接受学习理论主张原有知识与新学习的知识具有上位、下位和并列三种不同的关系。奥苏贝尔认为,如果原有认知结构中有可以用于新学习的概括程度较高和包容范围较大的上位性知识,则新的学习将以下位学习的形式出现。相较于上位学习和并列结合,下位学习要更容易进行,因为知识是通过累计获得的,是按照一定的层次组织的。因此,学生现掌握知识的概括水平和包容范围是判断他是否具有良好的认知结构的一个重要标准。学生现有知识的概括程度越高、包容范围越广,就越有助于学生同化新的知识,进而越有助于完成迁移。

(2) 认知结构的可辨别性,涉及学生个人的知识组织特征,是指学习者准备学习新的东西时,其原有的知识与要学习的新知识之间的异同是否能被清晰分辨。例如,小学生在学习汉语拼音的同时学习英语字母会感觉到吃力,因为汉语拼音和英语字母相似却不相同,在汉语拼音还没有牢固掌握的阶段,汉语拼音作为原有的知识先入为主,会干扰英文字母的学习。当一个学生的原有知识体系是结构严密、层次分明的，那么在他开始新的学习时，不仅能在原有的认知结构中找到新知识的固定点，而且也能迅速地辨别新旧知识之间的异同。

（3）认知结构的稳定性，学生原有认知结构越巩固，就越有助于促进学生达成新知识的学习。倘若在利用原有知识同化新知识时，如果原有知识本身不够巩固，那么在借用原有知识去同化新知识时，非但不会产生积极的作用（正迁移），甚至可能会出现干扰（负迁移）。

认知结构迁移理论认为，一切有意义的学习必然要借助迁移过程，而迁移是以认知结构为中介进行的，所以学习是一个基于原有认知结构而发生的过程，不存在任何一个独立于认知结构以外的有意义学习。在学习新知识时，如果学生具备可利用性高、可辨别性大、稳定性强的认知结构，就能很好地完成对新知识的迁移。"为迁移而教"从本质上来说就是要塑造学生良好的认知结构。从这一理论能够得出，在教学过程中，可以通过改革教材内容和教材呈现方式等方式来帮助学生建立较为稳固的认知结构，进而达到迁移的目的。

（二）迁移的产生式理论

逻辑学家波斯特（E.L. Post）在 20 世纪 40 年代第一次提出"产生式"这个术语，被用于计算机程序。70 年代纽厄尔和西蒙将其引入信息加工过程，并把它定义为人脑在解决问题时的操作程序。在他们看来，人体是和计算机一样的"物理符号系统"，其功能都是操作符号。因为计算机被编入一系列形式为"如果……那么……"的编码规则，所以它可以运行指令序列，进而完成各种运算并解决问题。同样的，人经过学习，头脑中也会贮存一系列跟电脑编码相似的有关条件和行动的规则。这种规则称为产生式，简称 C - A 规则。产生式是认知的基本成分，由一个或多个条件与动作的配对构成。

产生式迁移理论是由辛格莱（Robert Gagné）和安德森（John Anderson）针对认知技能的迁移提出的。这一理论的基本思想是前后两项学习任务产生迁移是因为两项任务之间有重叠的产生式，迁移的量由重叠产生式的多少来决定，重叠越多，迁移量越大。安德森认为，产生式迁移理论可以作为桑代克相同要素说的现代化理论。在桑代克时代，心理学没有关于人的技能的正确表征形式，当时的心理学家用外部的刺激和反应来表征人的技能，这是一种错误的表征方式，它不能反映技能学习的本质。而信息加工心理学家将着重点放在了迁移的心理实质上面，用产生式和产生式系统表征人的技能。

（三）元认知迁移理论

元认知理论于 1976 年被美国心理学家弗拉维尔（John Flavell）提出。元认知是一种基于对认知的认知，是个体对自身认知加工过程的自我觉察、自我反省、自我评价与自我调节，包括元认知知识、元认知体验和元认知监控三个成分。元认知迁移理论研究的是认知策略的获得和发展,它以策略训练为基础,认知策略是个体为了提高自身认知任务完成效率而采取的方法,它服务于改善个体认知加工过程。并且它不是单独指向某一具体情境,而是针对个体的普遍的、一般的认知过程。

该理论认为,个体的认知会对自己在给定任务中采取的策略进行认知监控,并会对这些策略做出优劣或取舍的判断,所以个体的认知策略会在不断地训练中得到提升,如自我提问、自我评价、自我调节等训练方式。个体通过这些训练掌握有效的学习方法,并将这些方法广泛地迁移到学习情境中去。从教学实践出发来看,元认知训练实际上是教会学生学习。所以在教学过程中老师不仅要传授学科知识,更重要的是要教会学生如何去学习。

(四) 情境性理论

格林诺(William Greenough)等人提出了迁移的情境性理论。他们的理论主要集中说明在一种情境中学习参与某种活动,将如何影响个体在不同情境中参与另一种活动的能力。他们把学习定义为个体与环境中的事件的相互作用,进而达成对当前情境特征的适应。在个体与环境的相互作用过程中会积累一些动作图式,这些图式作为活动的组织原则而存在,而不是作为符号性的认知表征。迁移就在于如何利用不变的活动结构或动作图式来适应不同的情境。这种活动结构的建立由最初的学习情境和后来的迁移情境共同决定。

从这些理论的学习中,我们可以看出,虽然心理学家对迁移现象已经展开了大量的研究,并在研究的基础上提出了相应的迁移理论,它们在一定程度上对学习迁移现象做出了解释;但不足的是,这些理论都有自己适用的条件和范围,它们都只能解释某一特定范围内的学习迁移现象。迄今为止,还未有一个统一的理论能够对人类复杂多样的学习迁移现象做出解释,所以学习迁移还需要进一步的探索,我们应该力图探索整合理论以便对迁移做出更为全面的解释,这才能比较接近客观实际。

综上所述,无论哪一种迁移理论都是对迁移现象的某个侧面的研究,都是对迁移理论的发展与完善,它们之间并不是互不相容的。

第三节　迁移与教学

古今中外,关于迁移的研究都是为了使学习的过程成为主动的正迁移的过程。实现学习的迁移能使学习的过程更为有效,使学生能够在尽可能短的时间里,获得尽可能多的知识,同时迁移的应用还能使学校的学习结果顺利地迁移到社会,指导实践活动。因此,利用迁移理论指导教师进行有效的教学十分重要。

一、合理安排教学内容

教学内容是教与学的过程中有意识传递的主要信息部分。教学内容表现为教学大纲、教材和课程。教材的编制和课程的设置必须以学习、教学的理论和研究为基础。

首先，教材的内容应该体现本学科的基本原理。根据贾德提出的概括化理论，迁移产生的关键在于学习者能够概括出两组活动之间的共同原理。学习内容的概括水平越高，迁移的可能越大。最高概括水平的知识是学科的基本原理和基本知识体系。正如布鲁纳所指出的："任何学科知识都是一种结构性存在，知识结构本身具有理智发展的效力。""不论我们选教什么学科，务必使学生理解各门学科的基本结构。"这种基本结构就是学科基本知识、基本原理，它们具有广泛的适应性，其迁移价值较大。根据这一理论，教学内容的重点应该放在那些具有广泛迁移价值的学习材料上，也就是学科的基本知识、基本原理。

其次，教学内容一体化。根据奥苏贝尔的认知结构理论，一切新的有意义学习都是在原有的学习基础上产生的，不受学习者原有知识影响的有意义学习是不存在的。因此，教学内容在顺序上的要求是，先学习的内容应该能够为后学习的内容做准备，先学习的内容应该成为后学习内容的先行组织者，为后学习的内容提供有效的支点。同时，学习内容本身应该体现循序渐进的原则，后学的内容不仅可以借助于先学的内容，被纳入学习主体的知识结构中，同时还可以在新的水平上使先学的内容不断改善、充实。所有学习内容相辅相成、相互促进，使知识经验逐步形成一种符合客观规律的科学体系。这种体系中的知识联系越紧密，结构越合理，越有利于适应新的情境和解决现实中的问题，产生迁移。

二、创设适当的学习情境

首先，学习情境多样化。迁移的本质就是有效地将学习从一个情境迁移到另一个情境，其迁移的范围越广，迁移的效果就越好。因此，促进迁移的关键就在于拓展尽可能多的知识应用情境，而应用情境的多寡，在很大程度上受制于学习情境。如果信息是在人们试图解决复杂的实际问题中呈现的，学习者常常无法把学到的知识灵活地迁移到新的情境。所以，只教给学生基本原理是不够的，还必须使学生了解在什么条件下、如何迁移所学内容。也就是说，教学应重视创设多样化的学习情境，让学生有机会唤起、验证知识，领会隐藏在知识背后的意义及思考这些信息是如何进行组织的。为了实现这一目标，一方面可以让学生在具体情境中进行发现学习，这样的概括过程，有利于学生对知识的应用情境加深了解。另一方面可以让学生进行具体案例分析。要求学生主动将知识应用于具体情境，获得一种不仅能解决单一问题而且能够解决整个相关类群问题的方法，通过创造性地解决类似问题情境，增加学习者把知识迁移到新问题和新情境的可能性，扩大知识的应用外延，提高应用能力水平，促进大范围的学习迁移。

其次,学习情境的生活化。根据建构主义的情境化认知观点,知识的建构离不开一定的情境,对知识意义的建构与对知识应用范围的建构是一体化的。所谓学习情境生活化,强调的是与实际生活的联系。知识学习的情境应该是生活中的熟悉的任务情境。要想在教学中促进学习迁移就必须要给学生提供一个真实的、界定了知识应用范围的问题情境,只有这样,才能发展学习者灵活的、可应用的知识。在教学过程中,为了激发学习者积极地投入,为了加深学习者的理解,教师要将学习置于一定的生活情境之中,使学习情境生活化。

最后,学习情境的相似性。知识迁移,离不开一定的情境。情境既包括最初的学习,也包括之后迁移所涉及的社会和物理情境。学生学习的内容与今后运用所学知识的情境越相似,越利于知识迁移。

在教学中,教师应该选取那些与原理公式的具体运用情景形似的学习内容对学生进行讲解。促进学生能够在脱离这些原理、概念的背景之下掌握知识的本质内涵,并在以后遇到该原理、概念适用的情景时,能够迅速准确地运用所掌握的知识来解决新的问题,也就是达到一种对原理、概念去背景化的程度,防止学生对某一原理、概念理解和运用的呆板化。

因此,只要条件允许,教师应该尽可能让学生在真实的情境中来观察、学习和运用原理、概念。同时,教师在教学中也可以适当运用计算机以及多媒体信息技术,帮助学生更直观地理解知识,增加其感性认识。

三、激发迁移的动机

动机作为引起和维持个体活动的内在过程,激发迁移动机并使其处于积极、持久、稳定的活动状态,是实现迁移的必要条件。所谓迁移动机是指在外界没有要求迁移的情况下,个体具有主动迁移已有知识经验于新情境中的动机或愿望。迁移动机的激发能够促进良好知识结构的建立,进而为以后可能发生的迁移提供前提条件,同时积极的动机状态能够提高主动应用所学经验的意识,进而促进迁移。就目前迁移研究现状以及教育实践来看,很多时候,学生并不是不具备迁移所需的知识,而是没有迁移的意识和需要,要摆脱迁移的这种困境,就必须重视迁移动机的培养。

首先,引导学生建立迁移的目标。个体具有的迁移目标是引起动机的重要因素。目标可以激发学生产生迁移的需要,而需要是动机产生的内在条件。需要和动机是紧密联系的,当需要在强度上达到一定水平,并且有满足需要的对象存在时,就会引起动机。许多研究一致发现,具有掌握目标(强调知识技能的掌握与能力的改善、进步)的个体比具有表现目标(强调能力的比较、展现)的个体更倾向于进行自我监控、自我调节,更有可能使用深度的加工策略,而这些最终都将提高迁移能力。Dweck(1986)的研究发现,掌握目标定向的学生在迁移测验上得分很高,在解决问题或迁移过程中更加积极。其他研究也证明,当学习者具有多元目标时,即不只是希望取得良好的学业成绩,还关注身体健康、娱乐、自身的完善与超越、个人的归属等多种比较积极的结果或目标时，更有利于建构网络化的知识结构，进而扩大了迁移的范围与机会。因此，教师在教学过程中应该注意引导学生树立多元、有效的迁移目标，激发学生的迁移动机。

其次，善用定势的作用。定势也叫心向，是指一定的心理活动所形成的准备状态影响或决定着同类后继心理活动的趋势。也就是说，人的心理活动的倾向性是由预先的准备状态即定势所决定的。定势有积极的一面，它反映出心理活动的稳定性和前后一致性。定势也有消极的一面，它妨碍学生思维的灵活性，不利于智力的形成和发展，使心理活动表现出惰性，显得呆板，不利于适应环境，有碍于解决问题的速度和灵活性。因此，教师要根据定势对迁移的双重影响，善于利用定势的意义影响，注意在教学中培养学生的迁移定势，使学生时刻处于迁移的准备状态中。

再次，帮助学生形成良好的迁移自我效能感。迁移自我效能感是指个体对自己能够进行迁移行为的实施能力的推测或判断。迁移自我效能感也是对自己迁移行为能力的主观推测，对自己是否有能力胜任迁移任务的认识。当个体拥有了相应的知识技能之后，能不能很好地将它们迁移到实践活动中，迁移自我效能感起着非常重要的作用。研究发现，当自我效能感比较低并伴随害怕失败、焦虑等情绪状态时，个体或多或少都会减弱应用知识的意愿，进而阻碍了迁移的产生。当个体认为某项内容或活动具有内在价值时，认为自己适合并愿意在将来从事某项活动或工作时，都比较容易产生动机性迁移。如果某个学生认为当前所学的生物学知识非常有价值，而且也希望将来从事与此相关的工作或活动，那么，该学生将会有更强的动机或愿望进行迁移。因此，在教学过程中，教师要注意对学生的迁移行为进行及时的反馈。学生的迁移行为良好，要给予积极的强化。当学生在迁移过程中遇到阻碍时，提供及时的帮助，并注意引导学生对迁移的结果进行正确的归因，使学生形成良好的迁移自我效能感。

四、培养迁移能力

能力作为人们顺利完成某种活动所必需的个性心理特征，是迁移顺利产生的基本条件。培养学生的迁移能力，是教育的重要目标之一。面对学校传授知识的有限性与实际应用的无限性之间的矛盾，迁移成为解决问题的关键。迁移能力作为一种稳定的心理特质，能够使人类更好地适应新的环境。尤其是面对现代社会，知识技能更新速度加快，个体生存的外部世界飞速变化，迁移问题比以往任何时候都更令人关注与担忧。只有培养出良好的迁移能力，教育的价值才能最终得以体现。根据已有的迁移理论，迁移能力主要包括迁移观察能力、迁移概括能力和迁移分析能力。

培养学生的迁移观察能力。桑代克的共同要素说认为，只有当两种情境中有相同要素时才能产生迁移。凡是在先前的学习同后来的学习之间有着相同或相似地方的，才能产生互相迁移的作用，而且它们之间所包含的共同因素越多，迁移也就越容易产生。共同因素是迁移的基本条件之一。教师应该注意培养学生的分析能力，使学生具备发现共同要素的能力,有效地进行迁移。

培养学生的迁移概括能力。贾德提出的概括化理论强调概括化的经验或原理在迁移中的作用。他认为共同成分只是产生迁移的必要条件,而迁移产生的关键在于学习者能够概括出两组活动之间的共同原理。学习者的概括水平越高,迁移的可能越大。教师在教学过程中,应该注重学生概括能力的培养。学生只有获得较高概括水平的知识,才能提高迁移能力。

培养学生的迁移分析能力。关系转换说认为学生顿悟两种学习情境中原理、原则之间的关系,其中,手段—目的之间的关系,是实现迁移的根本条件。其实质也就是在两种学习情境中存在某种相似的关系,这是迁移的前提条件,而学习者对两种学习情境的共同关系的顿悟是迁移的关键和根本。教学过程中注意培养学生分析问题的能力,有助于学生对事物之间关系的觉察。学生对事物之间关系的觉察越敏锐,越容易产生迁移的作用;反之,迁移就越困难。

五、重视学习策略和学习方法的教学,增加迁移的普遍性

"授人以鱼,不如授人以渔",无论是哪种知识的学习,学习方法和学习策略在其中都具有更高的普遍适用性,因此也可以产生更广泛的迁移。教师应积极发挥其主导作用,在教学中教会学生各种学习方法和学习策略,促使其迁移到各种知识技能的学习之中。

学习策略主要包括认知策略、元认知策略和资源管理策略。在教学中教师不仅要重视认知策略的教学,例如教会学生如何组织材料,如何分析、比较、综合所学知识,以及如何识记知识等等,也要重视元认知策略的教学,教会学生如何计划、控制和调节自己的认知过程。最后还要重视资源管理策略的教学,学习者的各种资源是有限的,所以教师应该教学生如何管理自己的时间、学习环境和努力程度等等。

有效的学习方法千人千面,如同教学重点相同,而教学难点因学生个人差异而不同一样,但无论其表面形式发生怎样的改变,其本质核心还是在于获取信息的方法、加工信息的方法、储存信息的方法以及运用信息的方法等等。只教给学生组织良好的信息是远远不够的,还应该使学生清楚在什么条件下迁移所掌握的知识以及迁移的有效性和普遍性如何。

教师在教学中应教授并示范各种学习方法与策略,使学生熟练掌握并能够运用到各种知识的学习中去,由此产生知识迁移,促进学习效果的提高。

六、关注知识经验,完善认知结构

(一) 学生原有认知经验的充分性

学习和掌握基础知识是学生有效获得认知经验的重要来源。学生知识经验掌握得

越牢固,其大脑认知结构中储存的知识就越牢固、越丰富,越有利于学习迁移的产生。为了巩固学习过的知识,学生就需要增加其学习的时间和练习的次数。

学生学习某个特定情境知识的时间越长,他们就越容易把掌握的知识迁移到一个新的情境中;学生联系的次数越多,就越熟练,越有利于知识的掌握。因此,教师在教学中要关注学生对必要知识基础的掌握,并要求学生对基础知识或概念原理熟练掌握。已有知识经验越丰富,越有利于学生新的学习,越利于知识迁移。

(二) 学生原有认知经验的概括性与条理性

随着学生对原有知识经验的理解能力提高,其积累的认知经验也会逐步增加,概括性更强,更具有条理性和概括性。知识丰富并且条理清晰、有逻辑的认知结构,更容易为新知识的学习提供新的固着点,更容易发生知识迁移。因此,教师在教学过程中既要注重学生对于基础知识与概念原理的理解掌握,同时也要教会学生如何总结概括已学知识。学生原有知识经验越概括,越不容易受到事物表面特征的制约,从结构特性着眼,不仅更利于适应新问题、新知识,也更利于产生广泛的迁移。

(三) 学生原有认知经验的可利用性

通常来说,我们会利用原有知识来同化与之相似的新知识,也就是将原有知识和新知识建立联结。学生在新旧知识中建立的联结越多,在需要运用时就越容易提取。

因此,教师在教学过程中,除了关注学生对知识内容本身的掌握,还要帮助学生建构稳定清晰的知识结构,让学生明白何时、何处以及如何迁移某种知识经验,使所学知识保持较高程度的可利用性和可区分性,以便在学习新知识时,能够迅速准确地找到与之对应的旧知识,为新知识学习提供帮助[1]。

复习思考题

一、选择题

1. 学生小 A 由于会弹电子琴,很快学会了钢琴。这种现象属于(　　)。

A. 顺向正迁移　　　　　　　　　　　B. 逆向正迁移

C. 顺向负迁移　　　　　　　　　　　D. 逆向负迁移

2. 小 B 学习了英语语法后,加深了对以前学过的中文语法的理解,这种现象属于(　　)。

A. 负向迁移　　　　B. 垂直迁移　　　　C. 顺向迁移　　　　D. 逆向迁移

3. 小 C 由于"锐角三角形"知识掌握不好而影响了"钝角三角形"知识的掌握。这种现象属于(　　)。

① 王春阳,杨彬,张婕.教育心理学[M].成都:电子科技大学出版社,2017:171.

A. 纵向迁移　　　B. 横向迁移　　　C. 一般迁移　　　D. 正迁移

4. 认为可以通过背诵古典语言(古汉语、拉丁语、希腊语)、解答数学和自然科学中的难题来提高大学生学习迁移能力的观点属于(　　　)。

A. 关系转换学说　　　　　　　　B. 经验泛化说

C. 形式训练说　　　　　　　　　D. 相同要素说

5. 在早期的迁移理论中,提倡两种情境中有相同要素时才能产生迁移的共同要素说的是(　　　)。

A. 贾德　　　　　B. 安德森　　　　C. 桑代克　　　　D.奥苏贝尔

6. 心理学上的"水下击靶"实验所支持的迁移理论是(　　　)。

A. 形式训练说　　　　　　　　　B. 共同要素说

C. 概括说　　　　　　　　　　　D. 关系转换说

二、名词解释

学习迁移　正迁移　负迁移　横向迁移　纵向迁移　一般迁移　具体迁移

三、简答题

1. 论述形式训练说。

2. 简述认知结构与学习迁移的关系。

3. 简述共同要素说。

4. 简述关系转换说。

四、辨析题

1. 两种学习材料的相似度越高越容易产生正迁移。

2. 学习迁移是学习过程中常见的现象,它对新知识、新技能的学习起促进作用。

第 8 章　问题解决与创造性

内容摘要

　　问题解决是一种思维的过程,从中学习者发现了以前学过的能够用于解决新问题的那些规则的联合,即高级规则。解决问题是一种高级形式的学习,而创造性是解决问题的最高表现形式。为此培养学生解决问题的能力是学校教育的重要标志之一。那么,什么是问题解决和创造性? 它们的特点是什么? 影响问题解决和创造性的因素有哪些? 如何训练学生解决问题的技能和培养学生的创造性? 这是本章研讨的主要问题。

重点难点

1. 理解问题解决的特点,掌握问题解决的策略。
2. 掌握影响问题解决的因素。
3. 理解问题教学的优点。
4. 掌握创造性的培养方法。

本章结构

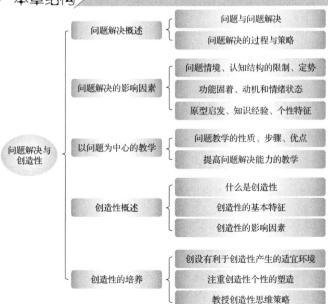

第一节　问题解决概述

问题解决是高级形式的学习活动。加涅认为:"教育课程重要的最终目标就是教学生解决问题——数学和物理问题、健康问题、社会问题以及个人适应问题。"事实上我们每个人都是问题的解决者。人类文明史,从火的发明到宇宙飞船上天,就是一部问题解决史。

一、问题

(一) 什么是问题

在日常生活中,我们每时每刻都会遇到问题,并且都知道什么是问题,但是,为了科学地探讨问题解决,有必要对问题下一个定义。目前,大多数教育学家和心理学家都赞同美国学者纽威尔和西蒙 (Newell & Simon,1972)所下的定义:问题是这样一种情境,个体想做某件事,但不能马上知道这件事所需采取的一系列行动。按照现代认知心理学的理解,问题就是指在给定的信息(已有状态)和目标状态之间有某些障碍需要加以克服的情境。

(二) 问题的基本构成

问题中有客观方面的因素,也有主观方面的因素。虽然问题有大有小,各式各样,小至如何确定约会的时间,大至如何消灭癌症等,但它们一般都包含三个基本成分:① 给定(givens)。一组已知的关于问题条件的描述,即问题的起始状态。② 目标(goals)。关于构成问题结论的描述,即问题要求的答案或目标状态。问题解决就是要把问题的给定状态转换成目标状态。③ 障碍(obstacles)。正确的解决方法不是直接显而易见的,必须间接通过一定的认知操作才能改变给定状态,逐渐达到目标状态。

(三) 问题的分类

现实生活中的问题是多种多样的,研究者倾向于将问题分为两类:有结构的问题或界定清晰的问题与无结构的问题或界定含糊的问题。

1. 有结构的问题

有结构的问题也称之为界定清晰的问题,是指已知条件和要达到的目标都非常明确,个体按一定的思维方式即可获得答案的问题。比如,已知三角形的底边为 6cm,高为 3cm,求三角形的面积,即属于这类问题,一般教科书上的练习题多属于有结构的问题。

2.无结构的问题

无结构的问题也称之为界定含糊的问题,是指已知条件与要达到的目标都比较含糊,问题情境不明确、各种影响因素不确定,不易找出解答线索的问题。此类问题在实际生活中经常遇到,也容易使人感到困惑,如如何培养学生的创造力? 如何激发学生的学习动机? 这些都是重要但又无确切的、唯一正确的答案的问题。

二、问题解决

(一) 什么是问题解决

早期心理学对问题解决的研究多以动物为对象,有字谜游戏问题、迷箱问题、接棒问题、容器倒水问题等,对问题解决过程的机制有桑代克的试误说与格式塔学派的顿悟说之争。加涅则主张解决问题的过程主要是发现过程,其中既包括试误也包括顿悟。20 世纪 60 年代以后,随着认知心理学的兴起,问题解决作为一个重要的研究课题,人们把人类问题解决的过程和计算机问题解决的过程进行类比,并用计算机模拟了人类问题解决的行为。这些观点和方法无疑为问题解决的研究注入了新的活力,也大大加深了人们对问题解决的认识。

问题解决(也可称解决问题)是指个人应用一系列的认知操作,从问题的初始状态到达目标状态的过程。问题解决是由一定情境引起的,需要运用一系列的认知操作来解决某种疑难的过程。

知识链接

坚持问题导向、找到问题解决办法——习近平这样阐释

要带头抓好调查研究,深入实际、深入群众,增强问题意识,真正把情况摸清、把问题找准、把对策提实,提出解决问题的新思路新办法,引导和推动全党大兴调查研究之风。[1]

(二) 问题解决的特点

1.目的指向性

问题解决是自觉的行为,具有明确的目的性。问题解决活动必须是有目的指向的活动,它总是要达到某个特定的目标状态。如在"猜谜"游戏中,目的就是要找到谜底。

---

[1] http://cpc.people.com.cn/n1/2023/0427/c164113 - 32674811.html.

没有明确目的指向的心理操作(如白日梦),是不能称之为问题解决的。

2. 操作序列性

问题解决包含一系列的心理操作,而不是单一的心理操作。它需要运用高级规则,进行信息的重组,而不是已有知识、经验简单的再现。例如,在猜字游戏"寺庙顶上竹林生(打一字)"中,首先要想象和联想,然后通过分析、综合、比较,在"寺"字顶上加一片竹林,即"竹+寺=等",从而判断出谜底。那些只包括一个心理步骤、只需要简单的记忆提取的活动,如回忆朋友的电话号码,虽然具有明确的目的性,但也不能称之为问题解决。

3. 认知性操作

问题解决是通过内在的心理加工实现的,包含一系列的认知操作,如分析、联想、比较、推论等,那些自动化的操作如走路、穿衣、刷碗等,虽然既有明确的目的性,也有一系列的操作步骤,但活动本身不是一种认知性操作,所以也不能称之为问题解决。

(三) 问题解决的分类

心理学家主张将问题解决分为两种基本类型:常规性问题解决和创造性问题解决。前者解决的是有固定答案的问题,只需使用现成的方法来解决,如数学中常见的套公式解题。后者解决的是没有固定答案的问题,是通过发展新方法、新步骤实现的,各种发明创造、技术革新都是创造性问题解决的典范。

三、问题解决的过程——问题空间

20 世纪 70 年代,纽威尔和西蒙(Newell & Simon,1972)通过对问题解决的计算机模拟,提出了"通用问题解决者模型"(general problem solver model),这一模型对问题解决的过程做出了详细的阐述。他们用问题空间的概念说明问题解决的过程。问题空间是指问题解决者对所要解决的问题的一切可能的认识状态,包括对问题的初始状态和目标状态的认识,以及如何由初始状态转化为目标状态的认识。而问题解决就是对问题空间进行搜索,以找到一条从问题的初始状态到达目标状态的通路。具体来说,包括以下三种状态。

(一) 初始状态

初始状态是指问题解决者所要解决的问题的最初状态。例如,在下列加法算式中,有 10 个不同的字母,每个字母分别代表 0—9 的一个数字。现在已知字母 D=5,要求找出每一个字母所代表的一个数字,并运用加法规则使下面的算式得以成立(如下所列)。而这道密码算题此时的状态即为初始状态。

```
  D O N A L D
+ G E R A L D
  R O B E R T
```

（二）中介状态

中介状态是指将初始状态转变为目标状态,其间必须通过各种操作而产生各种不同的状态,这种从初始状态到目标状态之间的各种状态称为中介状态。在上述密码算题中,从初始状态转变为最终的数字算式所经历的各种状态即为中介状态,下面列举出这道密码算题所经历的部分中介状态。

```
  5 O N A L 5          5 O N A L 5
+ G E R A L 5        + G 9 R A L 5
  R O B E R 0          R O B 9 R 0

  5 O N A L 5          5 O N A 8 5
+ G 9 R A L 5        + 1 9 R A 8 5
  7 O B 9 7 0          7 O B 9 7 0
```

（三）目标状态

目标状态是指问题解决者最终所要达到的目标。在上述密码算题中最终成功将全部字母转化成数字并使算式成立(如下所列)即为目标状态。

```
  5 2 6 4 8 5
+ 1 9 7 4 8 5
  7 2 3 9 7 0
```

四、问题解决的策略

（一）算法式策略

算法策略就是在问题空间中随机搜索所有可能的解决问题的方法,直至选择一种有效的方法解决问题。简而言之,算法策略就是把解决问题的方法——进行尝试,最终找到解决问题的答案。例如,一个四位数的密码箱忘记了密码,如果采用算法式策略打开密码箱步骤如下:将密码箱的前三位数字放置"0",第四位数字开始从 0 到 9 进行——尝试,如果不能打开的话,则继续按照此方法,将第一、二、四位数字置"0",第三位数字开始从 0—9 逐一尝试,如果依然无法打开,则继续按照此方法,直至问题得以解决。在实际教学中,这样的例子也屡见不鲜,如做一道大数目除法:2 845 381÷11,你只要仔细地按照乘一减的算法,反复地做下去,就能获得最终的解。

由此可见,算法式策略的优点是可以保证问题一定得以解决,缺点是费时费力。在采用算法式策略解决问题时,一方面,学生常常会乱用算法。例如,在玩"魔方"时,反复多次尝试后,可能偶尔碰巧得到了正确答案,但并未理解真正的算法。另一方面,应用算法式策略解决问题有时是非常烦琐的。例如,要解决"1+2+3+4+5+…+10 000=?"时,如果你采用连加的算法式,虽然最终也能算出结果,但非常烦琐。

(二) 启发式策略

启发式策略是人根据一定的经验,在问题空间内进行较少的搜索,以达到问题解决的一种方法。例如,同样是尝试打开上述已丢失密码的四位数的密码箱,启发式策略则是利用个体的经验,尝试着用自己的生日、银行密码以及亲人的相关信息等去尝试打开。再如,在解上面连加题时"1+2+3+4+5+…+10 000=?",就可以根据其特点,转换成(1+10 000)×(10 000÷2)进行简便计算。

由此可见,启发式策略的优点是省时省力,只要凭借自身的经验在问题空间中进行少量的搜索即可,但缺点是利用启发式策略无法保证问题一定能够得以解决。接下来介绍几种常用的启发式策略:

1. 手段—目的分析法

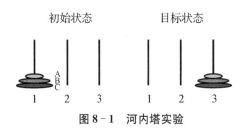

初始状态　　目标状态

图 8-1　河内塔实验

所谓手段—目的分析(mean-end analysis)就是将需要达到的问题的目标状态分成若干子目标,通过实现一系列的子目标最终达到总目标。它的基本步骤是:第一,比较初始状态和目标状态,提出第一个子目标;第二,找出完成第一个子目标的方法或操作;第三,实现子目标;第四,提出新的子目标,如此循环往复,直至问题的解决。著名的河内塔实验就属于这一类问题。该实验是在一块板上有三根柱子(从左至右为1、2、3),第一根柱子上有一系列由上而下递增的圆盘构成塔状。要求被试将左边1号柱子上的全部圆盘移到右边的3号柱子上,但仍需保持原来的塔状。移动的规则是每次只能移动一只圆盘,且大圆盘不能放到小圆盘的上面,移动时可利用2号柱子作为过渡(详见图8-1)。

2. 逆向搜索法

逆向搜索法(backward search)就是从问题的目标状态开始搜索直至找到通往初始状态的通路或方法。逆向搜索更适合于解决那些从初始状态到目标状态只有少数通路的问题,例如:棋手对弈时给对方"下套子"的策略以及求证长方形两对角线相等的问题,均属于此类方法。

3. 爬山法

爬山法(hill climbing method)是类似于手段—目的分析法的一种解题策略。它是采用一定的方法逐步降低初始状态和目标状态的距离，以达到问题解决的一种方法。这就好像是登山者为了登上山峰，需要从山脚一步一步往上爬。

爬山法与手段—目的分析法的不同之处在于：手段—目的分析法有时会为了达到目的而不得不暂时扩大目标状态与初始状态的差异，以便最终达到目标；而爬山法只允许一步步地接近目标。

4. 类比法

类比法(analogy)是指将当前问题同与之结构相似但内容不同的问题进行比较或比喻，揭示两者的相通之处。例如，研究蝙蝠导航机制导致了声呐的发明。再如，德国心理学家邓克(K.Duncker)的"治疗胃癌"问题，即一个人患胃癌，经医生诊断不能开刀切除，唯一可能的治疗方法是用放射线聚焦使癌体组织被破坏。但遇到的困难是，如放射线强度不够，就不能破坏癌体组织，如其强度增加，可能在破坏癌体组织之前，先伤害了身体其他部位的健康组织。邓克在解决这个问题之前先呈现"攻击城堡"的问题，即兵分各路同时向城堡进发，最终在中心点形成有力攻势。通过类比，最终成功地解决了射线治疗的问题。

第二节　问题解决的影响因素

一、问题情境

问题解决是由一定的问题情境引起的。所谓问题情境是指问题解决者所要解决的问题的客观情景或刺激模式。换而言之，问题情境就是出现在人的面前并使人感到不了解和无法解决的那种情况。它促使个体积极思考，运用一系列的认知技能去寻求答案、解决问题。没有问题情境就没有问题解决，而问题解决的结果则是问题情境的消失。因此，当个体再次遇到过去曾经解决过的问题时，他是不会感到疑难的，因而也不会再次构成问题情境。问题情境对问题解决的影响主要包括以下三个方面：

(一) 问题情境的具体性影响问题解决的速度

一般来说，问题情境越具体，即解决问题所必需的物体都在问题解决者的视野中，问题就容易解决，反之困难。如实物图形的问题情境与单纯以语词陈述的问题情境相比，前者更为具体，易于理解，问题解决的速度快；后者较为抽象，不易理解，问题解决的速度相对较慢。

（二）问题情境中刺激的呈现方式不同影响问题解决的难易程度

问题情境总是按照特定的空间位置和时间顺序以及特定的功能来呈现的。例如，图8-2中求圆的外切正方形面积问题，由于两图中圆半径的位置不同，题目的难易就不一样。由于B图中的半径容易看出是正方形边长的一半，因此在解B图问题时比解A图问题相对要容易些。

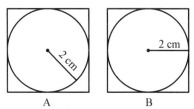

图8-2　两种求圆的外切正方形面积问题

（三）问题情境中刺激过多与过少均不利于问题的解决

问题情境中刺激太少可能遗漏事实，太多则会产生干扰。卡茨（D. Katz）层级研究过多余刺激对解决问题所引起的干扰作用。他给几组学生做一些简单的算术题目——加法和减法。有几组做一些无名数题目，如10.50＋13.25＋6.89等；另一组则做一些有熟悉名词的算术题，如10.50美元＋13.25美元＋6.89美元等；再有几组做一些带有瑞典货币名称的算术题，如10.50克朗＋13.25克朗＋6.89克朗等。研究表明，加上货币名称便增加了计算的困难，还发现了有名称的数字在加法上须增加12％的时间。显然，把一些不相干的或不熟悉的因素加在一项简单和熟练的工作上（如加法或减法），由于"心理眩惑"的作用，致使对问题解决产生了干扰作用。

二、认知结构的限制

认知结构又称问题的表征方式，是指个人面对问题时，对问题的认识、看法、印象等方面的心理反应。要获得明确的认知结构，对问题至少要有三点明确认识：① 所求得答案是什么；② 已知的条件是什么；③ 个人已有的经验能否符合问题解决的需要。假如这三点都能回答，问题自然容易解决。

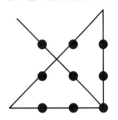

要突破认知结构的限制，使问题顺利地获得解决，必须从认知结构扩大或重组着手，突破原来的思路。例如，用一笔画成相连的四条直线，并穿过下列方阵中的所有九个点，如图8-3所示。对这个问题，如果你的认知结构只限于九个点所占的面积内，就无法解决；如果把认知结构扩大重组，将直线延长到九点范围之外，问题很快就能解决。

图8-3　九点方阵

三、定势

定势是心理活动的一种准备状态。这种准备状态有时有助于问题的解决，有时会妨碍问题的解决。陆钦斯(W.Luchins,1942)量水实验证明了定势的存在。实验中要求被试用大小不同的容器量出一定量的水，用数字进行计算(见表 8-1)。实验分两组，实验组从第 1 题做到第 8 题，控制组只做 6,7,8 题。结果实验组在解 1—8 时，大多数人用 B－A－2C 的方法进行计算，称间接法。而控制组在解 7,8 题时，全部采用了简便的计算方式：A－C 或 A＋C，称为直接法。这说明实验组在做 6,7,8 题时，受到了前面定势的影响。只有 19％的人不受影响，而采用了直接法。

表 8-1　陆钦斯的定势对问题解决的实验

课题序列	容器的容量			要求容量
	A	B	C	P
1	21	127	3	100
2	14	163	25	99
3	18	43	10	5
4	9	42	6	21
5	20	59	4	31
6	23	49	3	20
7	15	39	3	18
8	28	76	3	25

四、功能固着

功能固着是指个体在解决问题时只看到某种事物的通常功能，而看不到它的其他方面的功能。心理学中关于功能固着最经典的实验是竖蜡烛实验和系绳实验。

(一) 梅尔的系绳实验

梅尔(Mioler)的系绳实验：假如你身处于如图 8-4 所示的情景中，你的任务是要把两条线结在一起，但你若持着一条绳，另一条就抓不住。你能否想出办法来？

图 8-4　梅尔的系绳实验

（二）邓克关于功能固着的实验

20世纪40年代德国心理学家邓克(K.Duncker)设计了名为"竖蜡烛问题"的实验。参与者拿到一盒图钉、一根普通蜡烛，任务要求是在指定的时间内把蜡烛固定在与地面垂直的墙面上，并保证烛泪不会滴落到地板上。众多参与者在左右比画、屡次尝试后发现：最佳的做法就是利用装图钉的纸盒，通过把纸盒倒空，钉在墙面上，蜡烛就可以"稳坐"在盒子里，并且烛泪不会掉落在地板上。找到这一方案需要人们突破既有的思维模式，跳出习惯的框架。

此外，邓克(K.Duncker,1945)在另一项实验中要求被试使用五种熟悉的工具解决五个新的问题。实验组在解决问题前对工具的习惯用法进行了练习，增加了功能固着的倾向。控制组直接解决问题。结果控制组的成绩大大超过了实验组，其实验数据见表8-2。

表8-2 功能固着对解决问题的影响

组别	工具	事先练习工作	变更使用、解决新问题	人数	成绩/%
实验组	钻子	钻洞	支撑绳索	14	71
	箱子	装物品	做垫脚台	7	43
	钳子	打开铁丝结	支撑木板	9	44
	秤砣	称重量	击钉入木	12	75
	曲别针	夹 纸	做挂钩	7	57
控制组	钻子		支撑绳索	10	100
	箱子		做垫脚台	7	100
	钳子		支撑木板	15	100
	秤砣		击钉入木	12	100
	曲别针		做挂钩	7	86

克服功能固着需要个体灵活地使用已有的工具或材料，使之服务于解决问题的目的，这称之为功能变通。功能变通与功能固着的作用相反。要具有这种能力，一方面需要有丰富的知识，要熟悉物体的不同功能，另一方面也要具有思维的灵活性。

五、动机和情绪状态

（一）动机与问题解决

动机是促使个体问题解决的动力因素，对问题解决的思维活动有重要影响。动机的性质和动机的强度会影响问题解决的进程。就动机的性质来说，如果一个人的动机越积极，越有社会价值，它对人的活动的推动力就越大，人们就会为问题解决积极、主动地进行探索，这样，活动效率也就会越高。就动机的强度来说，它对问题解决的思维活动的影响比较复杂。耶克斯—多德森定律指出，对于容易的任务来说，较高的动机水平最有利于问题的解决；对于复杂的任务来说，较低的动机水平最有利于问题的解决；对于中等难度的任务来说，太强或太弱的动机都不利于问题解决，中等强度的动机最有利于问题解决，二者呈倒 U 型。

（二）情绪与问题解决

个体在问题解决活动中的情绪状态对活动的效果有直接的影响。一般说，高度紧张和焦虑的情绪状态会抑制思维活动，阻碍问题的解决；而愉快、兴奋的情绪状态会使思维活跃，思路开阔，有利于问题的解决。但情绪过于兴奋和激动，也会抑制人的思维活动，使人的思路狭窄，妨碍问题的解决。

六、原型启发

对解决问题能产生启发作用的事物叫原型。自然现象、日常用品、机器、动物、声乐等等都可以成为原型，并可能对问题解决产生启发作用，这就是原型启发。例如，鲁班从茅草割破手受到启发而发明了锯；瓦特从壶盖被蒸汽顶起，发明了蒸汽机等等。原型之所以具有启发作用，是因为原型与要解决的问题之间存在着某些共同点、相似之处，通过联想人们可以从原型中找到解决问题的新方法。原型启发对创造性地解决问题具有很大作用。

七、知识经验

已有经验的质与量都影响着问题解决。与问题解决有关的经验越多，解决该问题的可能性也就越大。研究发现，优生头脑中贮存的知识经验显著地多于差生。可以说，拥有某一领域的丰富的知识经验是有效地解决问题的基础。但若大量的知识经验是以杂乱无章的方式贮存于头脑中的，则对于有效的问题解决毫无帮助。显然，知识经验在头脑中的贮存方式决定了问题能否有效地解决。例如，一只熊从 A 点出发，向南跑 1 公里，然后转向东跑 1 公里，再转向北跑 1 公里便回到了出发地 A 点。那这只熊是什么颜色的？如果人们没有这些知识，如地球是圆的；在北极的顶点上向南、再向东、再向北各跑 1 公里便可以回到出发地；北极熊是白色的等，那么这个问题将很难解决。

研究认为，解决问题的专家与新手之间的主要差别是专家拥有更多的知识经验，经验使得专家能把更多的问题转化为常规性问题，从而较少地付出心理努力和心理资源，进而表现出更大的认知灵活性及更强的问题解决能力。因此，知识在问题解决中的作用主要体现在专家与新手的区别方面。

首先，专家与新手在知识数量上的差异。德格鲁特（De Groot，1965）在一系列著名的实验中，比较了国际象棋大师、普通棋手和新手的差异。在一项研究中，让象棋大师、普通棋手和新手看实际比赛的棋局各 5 秒钟，然后打乱棋子的位置，让他们重新恢复棋局（如图 8-5）。但当让他们看一些随机无规则排列的棋局时，他们恢复棋子的数量则没有差别。由此可见,专家与新手相比,记忆存储的信息量大,存储的熟悉的棋局模式多,这些差别决定了专家与新手棋艺水平的差别。

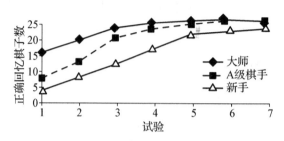

图 8-5　不同专业知识水平棋手的回忆

其次,专家与新手在知识组织方式上的差异。蔡等人(Chi et al.,1982)对专家和新手的知识组织方式进行了研究。在实验中,他要求专家(物理学博士研究生)和新手(学过一学期力学的大学生)对 24 个物理问题进行分类(如图 8-6)。可见,新手往往根据问题的表面结构特征进行分类,而专家根据问题的深层结构进行分类。

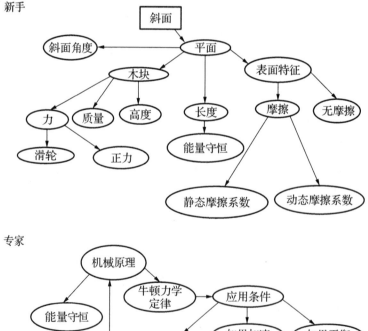

图 8-6　新手和专家的知识组织方式

八、个性特征

人的个性特征对问题解决有着直接的影响。一个有远大理想、富于自信、有创新意识、勤奋、乐观、勇敢、顽强、坚韧、果断、勇于进取和探索的人,能克服困难去解决许多疑难问题;而一个鼠目寸光、畏缩、懒惰、畏难、拘谨、自负、自卑、遇事动摇不定的人,往往会使问题解决半途而废。研究表明,绝大多数有重大贡献的科学家、发明家和艺术家,都有强烈的事业心和积极的进取心。他们善于独立思考,勤于钻研,富于自信,勇于创新,有胆有识,有坚持力等。此外,人的能力、气质类型也影响对问题的解决。

第三节 以问题为中心的教学

在学校情境中,大部分问题解决是通过解决各个学科中的具体问题来体现的,这也意味着结合具体的学科教学来培养解决问题的能力是必要的,也是可行的。

一、问题教学的性质

以问题为中心的教学简称问题教学或问题解决法,其实质是置学生于一定问题情境之中,引导学生围绕着问题,重新组织已知的规则,以形成相应的高级规则,并用它来解决当前的问题。所以,以问题为中心的教学是一种高级的学习。用加涅的话来说,既学到了高级规则,又学会了指导自己思维的认知策略,意义是深远的。

这种问题教学具有三个特点:① 解决的问题是初次遇到的,即新问题的解决。② 解决问题要把已掌握的规则重新加以组合,找出适合于当前问题情境的东西。③ 问题一旦解决,所习得的高级规则是能够迁移的。

二、问题教学的步骤

(一) 提出问题

要求学生置身于问题情境之中,提出学生第一次要解答的问题。如学习正方形、矩形、三角形等面积求法之后,向学生提出求四边形面积。对于这个新问题,不能用过去学过的知识直接处理,必须综合应用求正方形、矩形面积的规则,以及鉴别直角三角形的规则等来间接处理。为此,要引导学生分析当前的问题,使学生对问题有一个解决的办法,教师可根据学生的个别差异做必要的提示。如提示有规则的四边形面积可以对它进行图形分离。可见,提出问题时,一要符合问题情境,二要引导学生分析问题,三要进行必要的提示。

（二）解决问题

解决问题不可能在"真空状态"中进行，它总是依赖于学生以前的经验。因此，解决求四边形面积这一问题时，首先，学习者必须能够回忆起有关的规则，如直角三角形的等同性、矩形面积的求法等。其次，要激活并运用学习者以前学会的认知策略，如鉴别概念、思维探索、假设想象等。最后，解决问题，即学习者把回忆起来的规则，通过认知策略的重新组织，综合成新的高级规则，从而解决问题。作为学习方法，它要求学生在没有特别帮助的情况下去发现较高级的规则，这是解决问题的一个成果，这通常是高级规则的探究策略。

三、问题教学的优点

苏联学者提出问题教学有以下优点：① 教会学生学会逻辑的、科学的、创造性的思维。② 使教材对于学生来说更为确切和更有说服力。问题教学不是单纯地形成知识，而是形成学生的信念，这是形成科学的辩证唯物主义世界观的基础。③ 通过理解和亲自发现，促进形成牢固的知识，检索时也易于恢复。④ 可以形成自信、喜悦和满意等情绪情感。⑤ 能初步熟练探索性研究方法。⑥ 发展良好的学习态度和兴趣。当然，问题教学是教学最优化的道路之一，也必须与其他教学法合理结合，这在实践中是十分必要的。

四、提高问题解决能力的教学

（一）提高学生知识储备的数量与质量

1. 帮助学生牢固地记忆知识

知识记忆得越牢固、越准确，提取得也就越快、越准确，成功地解决问题的可能性也就越大。教师应教给学生一些记忆和提取的方法，鼓励学生应用这些方法。

2. 提供多种变式，促进知识的概括

只有深刻领会和理解的知识才能牢固地记忆和有效地应用，因此，教师要重视概括、抽象、归纳和总结。应用同质不同形的各种问题的变式来突出本质特征，加强对不同类型的问题的区别与辨别，提高学生对所学内容的理解水平。

3. 重视知识间的联系，建立网络化结构

问题解决经常是综合应用各种知识的过程，知识之间的有机联系是保证正确地解决问题的基础。为此，教师要有意识地沟通课内外、不同学科、不同知识点之间的纵横交叉联系，使学生所获得的知识不只是一个孤立的点，而是能够融会贯通、有机配合的网络化、一体化的知识结构。

（二）教授与训练解决问题的方法与策略

1. 结合具体学科，教授思维方法

有效的思维方法或心智技能可以引导学生进行正确的解决问题，教师既可以结合具体的学科内容，教授相应的心智技能，如审题技能、构思技能等，也可以根据已有的研究成果，开设专门的思维训练课。教授心智技能或策略的主要目的就是使学生学会学习、学会解决问题，成为一个自主的、自我调控的有效的学习者。

2. 外化思路，进行显性教学

教师在教授思维方法时，应遵循由内而外的方式，即把教师头脑中的思维方法或思路提炼出来，明确地、有意识地外化出来，给学生示范，并要求学生模仿、概括和总结，这在一定程度上可以避免学生不必要的盲目摸索。学生通过这种学习，可以逐步掌握各种思维方法，将教师的经验转化为自己的经验，充实或完善自己的内部认知结构，这是一个由外而内的内化过程。

（三）提供多种练习的机会

应避免低水平的、简单的提问或重复的机械练习，防止学生埋没于题海之中，应考虑练习的质量，根据不同的教学目的、教学内容、教学时段等来精选、设计例题与习题，充分考虑练什么、什么时候练、练到什么时候、以什么方式练、如何检验练的效果等。比如，既要训练学生解决有结构的问题，又要训练他们面对无结构问题存在的事实；既要有直接利用领会的知识进行解答的基本问题，又要有灵活、综合利用有关知识进行解答的较复杂的问题；既要有一般的语言文字问题，又要有一定数量的动手操作的问题；既要有促进学生理解所学知识的基本问题，又要有适当的结合现实的实际问题；既可以要求学生去解决、回答有关的问题，又可以要求学生自己去提问题、编问题。多种形式的练习，可以调动学生主动参与学习的积极性，培养学生知识应用的变通性、灵活性与广泛性。

（四）培养思考问题的习惯

1. 鼓励学生主动发现问题

鼓励学生对平常事物多观察，不要被动地等待教师指定作业后，才去套用公式或定理解决问题。

2. 鼓励学生多角度提出假设

在明确问题的基础上，教师可以鼓励学生从不同的角度，尽可能多地提出各种假设，而不要对这些想法进行过多的评判，以免过早地局限于某一解决问题的方案中。这

时,重要的是数量,而不是质量。

3. 鼓励自我评价与反思

要求学生自己反复推敲、分析各种假设、各种方法的优劣,对解决问题的整个过程进行监控与评价。也就是说,应注重培养学生的元认知能力,以有效地调控问题解决的过程。

第四节　创造性概述

当前素质教育的核心是培养学生的创新意识和创新能力。这也是 20 世纪 50 年代以来各国教育家、心理学家所关注的焦点问题之一。研究表明,学生的创造性不仅是个体自我发展的目标之一,更是人类社会发展不可缺少的推动力。

一、什么是创造性

创造性是指个体产生新奇独特的、有社会价值的产品的能力或特性。首先,新奇独特意味着能别出心裁地做出前人未曾做过的事。凡是科学发明,文艺创作中足以为世人称颂者,都符合新奇的条件。其次,有社会价值意味着创造的结果或产品具有实用价值、学术价值、道德价值或审美价值等。那些只是超越前人所做而无价值,也不足以称为真正创造。再者,创造性的心理结构非常复杂,它包含多种智慧、人格的品质,但创造性的核心是创造性思维。

创造有真正的创造和类似的创造之分,前者是一种产生了具有人类历史首创性成品的活动,如鲁班发明锯子。后者产生的成品并非首创,只对个体而言具有独创性。如高斯少年时做数字 1～100 的连加,自己发现了一种简便的方法,即首尾相加,将连加变为乘法。虽然这种方法不是高斯首创,但对他个人而言,也是具有创造意义的。无论是真正的创造还是类似的创造,它们所表现出来的思维或认知能力在本质上是相同的。可以说,创造性不是少数人的天赋,而是人类普遍存在的一种潜能。在中学生身上,也同样存在着创造的潜能。

二、创造性的基本特征

尽管各种不同的研究及其相关测验分别强调创造性的不同特征,但目前较公认的是以发散思维的基本特征来代表创造性。发散思维也叫求异思维,是沿不同的方向去探求多种答案的思维形式。与发散思维相对,聚合思维是将各种信息聚合起来,得出一个正确答案或最好的解决方案的思维形式。研究者认为,发散思维是创造性思维的核心,其主要特征有三个。

（一）流畅性

流畅性是指个人面对问题情境时，在规定的时间内产生不同观念的数量的多少，是发散思维"量"的指标。该特征代表心智灵活，思路通达。对同一问题所想到的可能答案越多，即表示他的流畅性越高。

一般来说，创造性高的人能在短时间内想出数量较多的项目。我们可以用"汉字组词"的方法来测量人的思维的流畅性。例如，要求用最后一个字组成下一个新词，如从"国家"开始，可以自由回忆为家庭、庭院、院落、落雨、雨水、水果、果树、树木、木材、材料、料理、理想、想象等。再如，在规定的时间内，写出偏旁为"氵"汉字，写出的汉字越多，说明流畅性越好。

（二）变通性

变通性也称灵活性，是指个人面对问题情境时，思维朝向不同方向发散的能力，是发散思维"质"的指标。换句话说，变通性是指个体不墨守成规，不钻牛角尖，能随机应变，触类旁通。对同一问题所想出不同类型答案越多者，变通性越高。

吉尔福特通过"非常用途测验"来测量人的变通性。例如，他要求被试在 8 分钟之内列出红砖的所有可能用途。结果一类被试只能列举出局限在建筑材料范围之内的例证，如盖房子、盖仓库、建教室、修烟囱、铺路、修炉灶等，这些例证的变化范围极小，说明被试的变通性较差。而另一类被试表现出较大的变通性，能列举出红砖的各种非常用途，如打狗、压纸、支书架、打钉子、磨红粉等，这些反应的变通性较大，表现出一定的创造性。

（三）独创性

独创性是指不落俗套和不寻常规的思维能力，是发散思维的本质。当个人面对问题情境时，能独具慧心，想出不同寻常的、超越自己也超越同辈的意见，具有新奇性。对同一问题所提意见愈新奇独特者，其独创性越高。

吉尔福特采用"命题测验"来测量人的思维的独创性。这种测验方式是提出一段故事情节要求被试按照自己的意思给予一个适当的题目，题目越奇特越好。如有这样一个故事，大意是：一对夫妻，妻子本是哑巴，经医生治疗后能像正常人一样说话了。但是妻子说话太多，整天与丈夫吵，丈夫非常痛苦，最后只好要求医生设法把自己变成了聋人，家中才又恢复了安宁。对这样的一段故事，一类被试命题为"丈夫与妻子""医学的奇迹""永远不满意"；另一类被试命题为"聋夫哑妻""无声的幸福""开刀安心"。吉尔福特认为，后一类被试比前一类被试的命题独特。

三、创造性的影响因素

(一) 智力因素

研究表明,创造性与智力的关系并非简单的线性关系,二者既有独立性,又在某种条件下具有相关性,其基本关系表现在以下几个方面:① 低智商不可能具有创造性。② 高智商可能有高创造性,也可能有低创造性。③ 低创造性的智商水平可能高,也可能低。④ 高创造性者必须有高于一般水平的智商。上述关系表明,高智商虽非高创造性的充分条件,但可以说是高创造性的必要条件。

在教育中我们不仅要发展学生的智力,还要注意培养学生的创造性。这种非线性关系还表明,创造性还会有一些智力测验所没有测出的智慧品质。正是由于这些品质的参与,才实现单纯智力所无法完成的创造。

(二) 个性特征

心理学研究认为,真正有创造性的人多半具有良好的个性品质。让有能力的评判员评定在艺术、建筑、文学与科学领域里有创造性的人的个性特征发现,那些有才能且在其领域里已有成就的人一般具有如自信、自重与胸襟开阔等特征,与人们对他们的期望是一致的。有创造性的人倾向于行动,有见识,有洞察力,好独立判断,善于吸取经验教训,言语流利,兴趣广泛。他们对理论观点与符号转换的兴趣大于对实际而具体事物的兴趣。另外,有创造性的人,往往表现为有雄心,有决心,敢于前进,且能预计自己的命运。

我国心理学家研究认为,具有高创造性的青少年一般具有以下个性特征:

(1) 好奇心强,兴趣广泛,思维灵活,喜欢钻研一些抽象问题。

(2) 自信心强,看问题常有自己独到见解,不满足于书本知识和教师讲解。

(3) 独立性强,常独自从事活动,对自己的事有较强责任心。

(4) 有较大的主动性和较少的禁制性,对新信息的接收较少防御。

(5) 有较大的坚持性和恒心。

(6) 对未来有较高的期望与抱负,希望能面对更复杂的工作,能摆脱传统和习俗,不怕风险和压力。

(三) 知识经验

知识经验是创造的原料、思维加工的素材,而创造又是知识经验的重新组合,没有足够的知识经验或信息储备是难以进行创新活动的。因此,继承前人的知识经验,逐渐积累个体的经验财富是创造活动的基础。国外心理学家的研究发现,学过三个专业的人创造性最高,学过两个专业的人创造性次之,只学过一个专业的人创造性最低。可见,知识经验与创造性有正相关,多学科的综合有利于创造性的发展。

(四) 环境因素

创造性比智力受环境的影响更大,其中,家庭、学校和社会等环境因素都会极大地影响学生的创造性。

首先,父母的受教育程度、管教方式和家庭气氛是影响孩子创造性的主要因素。研究发现,父母受教育程度较高、对子女的要求不过分严格、对子女的教育采取适当辅导策略、家庭气氛比较民主,则有利于孩子的创造性的培养。

其次,学校教育方面,如果学校气氛较为民主,教师不以权威方式管理学生,鼓励学生的自主性,容许学生表达不同意见,学习活动有较多自由,教师容许学生在自行探索中去发现知识,那么,这种教育有利于创造性的培养。而过分重视纪律和规范,学习中过分强调答案的准确和标准,也会制约儿童创造性的发展。

最后,社会文化和管理体制也会影响孩子的创造性发展。民主、宽松、尊重个性的社会环境,将有利于孩子创造性的形成。

第五节　创造性的培养

学生创造性的培养不仅有利于个体充分地表现自我、施展自己的才华,而且有利于学生创新精神的形成。

一、创设有利于创造性产生的适宜环境

(一) 创设宽松的心理环境

教师应给学生创造一个能支持或容忍标新立异者或偏离常规思维者的环境,让学生感受到"心理安全"和"心理自由",即给学生创造较为宽松的学习的心理环境。只有这样,才能够真正激发学生学习的积极性和主动性,促进学生的认知功能和情感功能的充分发挥,以提高学生的创造性。

(二) 给学生留有充分选择的余地

在可能的条件下,应给学生一定的权力和机会,让有创造性的学生有时间、有机会干自己想干的事,为创造性行为的产生提供机会,比如,可以提供条件使学生有机会选择不同的课程来学习,给学生呈现应用创造性思维才能解决的问题等。

（三）改革考试制度与考试内容

应使考试真正成为选拔有能力、有创造性人才的有效工具，在考试的形式、内容等方面都应考虑如何测评创造性的问题。比如，在学业测试中，可以增列少部分无固定答案的问题，让学生有机会发挥其创造性。评估学生的考试成绩时，也应考虑其创造性的高低。

二、注重创造性个性的塑造

由于创造性与个性之间具有互为因果的关系，因此，从个性入手来培养创造性，这也是促进创造性产生的一条有效途径。根据研究者提出的各种建议，可概括如下。

（一）保护好奇心

接纳学生任何奇特的问题，并赞许其好奇求知。好奇是创造活动的源动力，可以引发个体进行各种探索活动，应给予鼓励和赞赏，不应忽视或讥讽。

（二）解除个体对答错问题的恐惧心理

对学生所提问题，无论是否合理，均以肯定态度接纳他所提出的问题。对出现的错误不应全盘否定，更不应指责，应鼓励学生正视并反思错误，引导学生尝试新的探索，而不循规蹈矩。

（三）鼓励独立性和创新精神

应重视学生与众不同的见解、观点，并尽量采取多种形式支持学生以不同的方式来理解事物。对平常的问题的处理能提出超常见解者，教师应给予鼓励。

（四）重视非逻辑思维能力

非逻辑思维是创造性思维的重要成分，在各种创造活动中都起着重要作用，贯穿整个创造活动的始终。教师应鼓励学生大胆猜测，进行丰富的想象，不必拘泥于常规的答案。给学生机会进行猜测，并尽量让他们有猜测的成功体验。在丰富学生的想象力方面，可以应用实物、图片、多媒体辅助教学手段，或者组织参观、访问、开辟丰富多彩的课外活动等，使学生头脑中的表象更为鲜明、完整。

（五）给学生提供具有创造性的榜样

通过给学生介绍或引导阅读文学家、艺术家或科学家传记，或带领其参观各类创造性展览、与有创造性的人直接交流等，使学生领略到创造者对人类的贡献，受到创造者优良品质的潜移默化的影响，从而启发他们见贤思齐的心理需求。

三、教授创造性思维策略

通过各种专门的课程来教授一些创造性思维的策略与方法,训练学生的创造力。常用的方法有以下几种。

(一)发散思维训练

训练发散思维的方法有多种,如用途扩散、结构扩散、方法扩散与形态扩散等。

用途扩散即让学生以某件物品的用途为扩散点,尽可能多地设想它的用途。比如,尽可能多地说出别针的用途。结构扩散即以某种事物的结构为扩散点,设想出利用该结构的各种可能性。比如,尽可能多地画出包含△结构的东西,并写出或说出它们的名字。方法扩散即以解决某一问题或制造某种物品的方法为扩散点,设想出利用该种方法的各种可能性。比如,尽可能多地列举出用"吹"的方法可以完成的事情。形态扩散即以事物的形态(如颜色、味道、形状等)为扩散点,设想出利用某种形态的各种可能性。比如,利用红色可以做什么,办什么事。

(二)推测与假设训练

这类训练的主要目的是发展学生的想象力和对事物的敏感性,并促使学生深入思考,灵活应对。比如,让学生听一段无结局的故事,鼓励他们去猜测可能的结局,或读文章的标题,去猜测文中的具体内容。还可以让学生进行各种假设、想象,比如,假设你当校长,你如何管理这个学校,等等。

(三)自我设计训练

教师考虑到学生的兴趣及其知识经验,给他们提供某些必要的材料与工具,让学生利用这些材料,实际动手去制作某种物品,如贺卡、图画、各种小模型等。学生通过实际的操作活动,完成自己的设计。此项训练通常需要教师协助学生确定所设计的课题,并提供各种形式的帮助。

(四)头脑风暴训练

头脑风暴法又叫脑力激荡法,是通过集体讨论,使思维相互撞击,迸发火花,达到集思广益的效果。具体应用此方法时,应遵循四条基本原则:一是让参与者畅所欲言,对所提出的方案暂不做评价或判断;二是鼓励标新立异、与众不同的观点;三是以获得方案的数量而非质量为目的,即鼓励多种想法,多多益善;四是鼓励提出改进意见或补充意见。

教师首先需要熟悉头脑风暴法的规则和程序。如果教师要问一个问题,那么在他把这个问题用于课堂之前,首先得在同事之间进行一次尝试。教师需要向学生解释清楚这个问题,使问题不再模棱两可。教师可以提出他(或她)自己的想法。当头脑风暴的进展速度减慢,回答频率减少时,教师需要及时提出自己的想法,给予这一过程新的而又有力的能量。同时教师也可以向学生问一些能激发思维的问题,如"怎样把这用于其他的方面?""怎样改变它?""这儿可以用什么来代替它?""一个可供选择的设置意味着什么?"可以先由教师提出问题,然后鼓励每个学生从自己的角度提出解决问题的方法,通过集体讨论,可以拓宽思路,产生互动,激发灵感,进而提高创造性。

> **知 识 链 接**
>
> ### 人民的创造性实践是理论创新的不竭源泉
>
> 　　坚持理论创新是中国共产党百年不懈奋斗积累的宝贵历史经验,是当代中国共产党人的庄严历史责任。习近平总书记在主持二十届中央政治局第六次集体学习时指出,要"注重从人民群众的创造中汲取理论创新智慧","人民的创造性实践是马克思主义理论创新的不竭源泉"。这一重要论述深刻揭示了党的理论创新的人民性特质,以及人民群众在党的理论创新中的历史地位和作用,为我们立足人民群众的伟大实践,发挥人民群众的创造智慧,推进党的理论创新指明了前进方向。[①]

　　上述所列方法彼此之间有一定的交叉或重叠,教师可根据实际情况选择恰当的训练方式。培养创造性的方法是多种多样的,但并不存在捷径或"点金术"。创造性的产生是知识、技能、策略、动机等多方面综合发展的结果。虽然各种直接的、专门的创造性训练是有效、可行的,但不应取代或脱离课堂教学。许多研究证明,结合各个学科特点进行创造性思维训练,既可以发挥教师的创造性,也可以有效地提高学生的创造力。

复习思考题

一、选择题

1. 在思维训练课中,老师让大家列举纽扣的用处,小丽只想到了纽扣可以钉在衣服前面用来扣衣服,却想不到纽扣可以制作成装饰品,点缀衣服等其他用处。这种现象属于(　　)。

　　A. 功能迁移　　　　B. 功能固着　　　　C. 功能转换　　　　D. 功能变通

2. 老师问:"一张桌子四个角,锯掉一个角,还有几个角。"张东不假思索地回答:"三个角。"老师又问:"还有其他答案吗?"张东想了想,没有回答出来,这说明张东在解决问题时受到哪种因素的影响?(　　)

---

① http://www.xinhuanet.com/politics/20231215/2eb599e868eb4186a2b277bc456e2ade/c.html.

A. 功能固着　　　B. 原型启发　　　C. 心理定势　　　D. 垂直迁移

3. 初三学生小岩晚上在家复习功课,忽然灯灭了,她根据物理课上所学的知识,推测也许是保险丝断了,然后检查了闸盒里的保险丝。这是问题解决过程的哪个阶段?（　　）

A. 发现问题　　　B. 理解问题　　　C. 提出假设阶段　　　D. 检查假设阶段

4. 小红在解决数学问题时总是从多种途径寻求解决问题的方法,力求一题多解。小红的思维方式属于(　　)。

A. 聚合思维　　　B. 发散思维　　　C. 常规思维　　　D. 具体思维

5. 小亮在解决物理习题时,能够把各种解法逐一列出并加以尝试,最终找到一个最佳解法。小亮的这种解题方法属于(　　)。

A. 启发式　　　B. 推理式　　　C. 算法式　　　D. 归纳式

二、辨析题

1. 心理定势对问题解决只有消极影响。

2. 问题解决不受情绪影响。

三、简答题

1. 简述中学生发散思维的基本特征。

2. 简述创造性的培养方法。

第9章 学习策略

内容摘要

"授之以鱼,只供一饭之需;授之以渔,则终身受用无穷。"如果说,教学过程中的知识就是传递的"鱼",那么如何获得知识就是"渔"。这就意味着,教师必须掌握多种学习策略,以更好地帮助学生获得知识与掌握知识。同时,在理解学习策略教学训练原则、掌握学习策略教学过程、分析学习策略教学训练的影响因素基础上,教师方可通过最适合学生年龄发展特点的学习策略来指导教学活动,进而丰富学习策略的实证研究及应用范围。

重点难点

1. 了解学习策略的定义与意义。
2. 掌握学习策略的分类及各类型的具体操作。
3. 熟悉学习策略的影响因素与发展。
4. 理解学习策略教学与训练的影响因素与过程。

本章结构

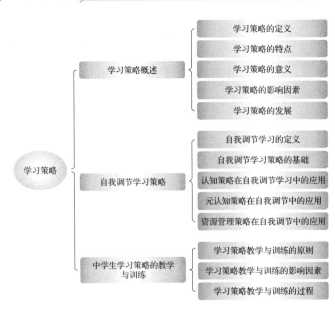

第一节　学习策略概述

一、学习策略的定义

(一) 由学习方法向学习策略的演变:心理学对学习策略的定义

以前,谈到学生如何学习和掌握知识的过程,一般都是指学生的学习方法。由于学习方法总给人以比较具体或狭隘的感觉,加之近年来教育心理学引入国外有关研究资料时,常常涉及所谓学习策略(learning strategy),而"策略"就显得比"方法"更为深入和广泛,突破了方法具体性的限制。自美国心理学家布鲁纳(Bruner)于1956年首次提出"认知策略(cognitive strategy)"的概念以来,学习策略的习得和使用就一直是心理学、教育学持续关注的热点问题之一。

国际心理学界对什么是学习策略,尚无一致意见。刘电芝教授和黄希庭教授根据已有文献归纳出四种观点:① 把学习策略看作内隐的学习规则系统;② 把学习策略看作具体的学习方法或技能;③ 把学习策略看作学习的程序与步骤;④ 把学习策略等同于学习活动。他们认为,以上观点从不同侧面揭示了学习策略的特征。如果把上述观点加以综合考虑,似乎能更全面地勾画出学习策略的完整图景,揭示出学习策略的本质。因此,他们对学习策略给出了一个比较简明的定义,即:学习策略是指学习者在学习活动中有效学习的规则、方法、技巧及调控方式。它既可以是内隐的规则系统,也可以是外显的操作程序和步骤,具有层次性和整体性的统一,灵活性与稳定性的统一,外显性和内隐性的统一。

(二) 由词源学引申出的学习策略定义

从词源来分析英文"Strategy"(汉语"策略"的意思)一词,来源于古希腊,当时的意思是"将领"或"总指挥"。到了17世纪演变成"使敌人出乎意料的计谋"的意思(《牛津英语词源词典》,1966年版,874页)。到了现代,该词演变出"战略、谋略、策略"的含义。

汉语"策略"一词,在中国古代是分而言之的。"策"本来是竹制的马鞭子(作动词时就是用竹鞭打马的意思,所以我们现在还有"策马扬鞭"的说法),后来又有了"成编的竹简"之含义乃至在竹简上记载问题及回答,这就是"策问"及"对策"的由来。最后,就发展出"计策"和"计谋"的意思。"略"的本意是土地的疆界(作动词时就是去视察疆界而变成"巡行"或"巡视"的意思),进而演变出经略和谋略的意思。后来,这两个字就此意义上合而为一,变成了"策略"。汉末三国时期刘劭所著《人物志·接识》中说:"术谋之人,以思谟为度,故能成策略之奇。"意思是说,专事方法谋略的人,以思考和计谋为准

185

则,才能制定出新奇的策略。

由此可见,无论是英语还是汉语,所谓策略就是计策方法,是在"知己知彼"基础上而形成的计划及其实施。如果把"策略"一词用于学习上,那么,所谓学习策略,就是指学习者根据自身素质、以前和目前的学习状况、当前学习对象的难易和要求,自觉地安排、调节和控制自身的学习内容、时间、次序、步骤和方法等的计划及其实施。

二、学习策略的特点

探讨学习策略的特点,可以从以下几个维度进行。

(一)学习策略的概括性和具体性

学习策略既可以是概括性的,也可以是具体性的。学习策略的概括性指学生在学习时采用的总的思路和方法,而具体性是指学生在学习时所进行的具体活动或技巧。

(二)学习策略的外显性和内隐性

学习策略既可以是外部的可见行为,也可以是内部不可见的心理活动。外部的可见行为就是学生具体的操作和活动,内部的不可见的心理活动就是思维过程、记忆过程和情绪情感过程。它们都对学习发挥着重要影响。

(三)学习策略对学习影响的直接性和间接性

学习策略对学习的影响既可以是直接的,也可以是间接的。直接影响学习的策略有记忆策略和组织策略等,间接影响学习的策略则有情绪情感策略和社会策略等。

(四)学习策略运用时的意识层次性

学生对学习策略的运用,是在不同层次的意识之中的。即,学生本人对学习策略的应用,有可能意识得到,也有可能意识不到。有些学生面对学习任务时,能够自动而娴熟地应用某种或某几种学习策略,我们可以认为他们的策略使用已达到"超"意识层次。即他们在应用学习策略时,并没有清楚意识到这一点。但是,一旦要求他们进行反思,说明自己的学习策略时,他们马上就能清楚表明自己在应用什么策略。那些要从自己的策略库中有意识选择某些学习策略来解决学习任务的学生,我们可以认为他们的策略使用处在意识层次中。还有一部分学生,他们对学习策略的使用是随机的和盲目的,我们认为他们的策略应用通常处于无意识层次中。

（五）学习策略运用水平的层次性

即使是同一种学习策略，其本身运用上仍有不同水平的层次性。不同的学生采用同一种学习策略，或同一个学生面对不同的学习任务采用同一种学习策略，都有可能表现出这种水平的层次性不同。比如，同样是复述策略，有可能采用比较低级的按次序复述，也可能采用比较高级的陌生点复述或重点内容复述。必须指出的是，这些特性之间的区别并不是机械的和绝对的，有的学习策略其特点是有复合性和交叉性的。

三、学习策略的意义

重视学习策略的科学研究对解决当前教学改革中存在的问题具有重要意义。

（一）提高学生的学习质量和效率

通过对学习策略的研究，并在学校教育过程中教会学生掌握一定的学习策略，可以大大提高学生的学习质量和加快学生学习的效率。特别是能促进或改进因学习策略掌握不好或有学习障碍的学生的学习成效，在一定程度上缓解学习困难。

（二）有效促进教师的教学工作

要教会学生掌握学习策略，首先是教师必须掌握。这一方面可以促进教师自身的不断学习，促进教师的专业性发展；另一方面，教师通过学习策略的教学，可减少各学科的教学和训练时间，达到减轻学生学习负担的目的。

（三）有利于实施素质教育

在当今终身学习的理念指导下，在信息时代的背景下，个人必须保持不断的学习，并且，任何学科知识的掌握都是有限的，而掌握获取知识的策略才是至关重要的。

四、学习策略的影响因素

美国心理学家弗拉维尔（Flavell）认为，当个体不能使用某种策略时，往往是由以下两种情况造成的。

（一）可用性缺陷

可用性缺陷（availability deficiency）是指个体不知道某一策略因而不会使用该策略。例如，5 岁以下的儿童，不能使用复述策略，是因他们不懂得复述策略是什么，这是一种由其年龄阶段导致的可用性缺陷。在 5 岁以下，认知发展水平不足以让他们自己发现或习得复述策略。再如很多小学生甚至中学生，并不知道记笔记和做笔记的区别，不知道应该对笔记进行精加工和再加工，他们最多把老师讲过的内容简单地记在笔记本上,然后就丢到一边。这可能有两个原因,一是因为他所在的年龄阶段不适合掌握这些方法,二是虽然认知水平已发展到相当程度,但没有机会习得这些方法。

(二) 产生性缺陷

产生性缺陷(production deficiency)是指个体不知道在何种条件下使用某一策略。这种现象的产生原因可从两个方面分析:

(1) 个体的元认知和认知发展水平有限。例如,十一岁左右的儿童能够在指导语的提示下使用某些精细加工策略,若离开了指导,不能独立决定在何时使用何种精细加工策略,这就是受其发展阶段的制约而出现的产生缺陷。到年龄大一些或成年的时候,学习者就能够自发使用精细加工策略了。

(2) 缺乏分析和练习。例如,有的学生在教师指导下会用诸如群集法等精细加工策略,但一旦自己独立学习时就不会用了。若排除其年龄小认知能力发展不足的原因,那就可能是因为他缺乏独立使用这些策略的练习,缺乏对该方法适用于何种学科知识或应在什么情况下应用的分析和把握。

可用性缺陷和产生性缺陷的形成原因主要是在策略的教学和训练过程中忽视了某些因素,因而,很有必要深入探讨学习策略的教学与训练。

五、学习策略的发展

研究者认为,儿童学习策略的发展要经过下述三个阶段。

第一阶段:儿童不仅不能自发地产生策略,而且,即使别人教给他们某种策略,他们也不能有效地使用,雷斯(Reese)将这种情况称作调节的缺乏,即年幼儿童因缺少产生策略及有效地应用策略的心理装置,而不能对认知活动进行合理的调节。

第二阶段:虽然儿童仍不能自发地产生某种策略,但可以在他人的指导下,学会某种策略,从而提高认知活动的反应水平。弗拉维尔将这种情况称为产生性缺陷。

第三阶段:儿童可以自发地产生并有效地使用策略,如复述策略和精加工策略。初、高中时期,某些青少年在他们熟悉的知识领域,可以在无人指导的条件下,自觉运用适当的策略改进学习,而且能根据任务的需要来调整策略。

学习者掌握和运用学习策略的能力是在学习中随经验的增长而逐渐发展起来的。学习者对自己学习系统的了解,及对进入学习系统的信息怎样处理并做出决定,是有效运用学习策略的基础和前提。

研究发现,儿童认知发展水平是制约他们使用学习策略的关键因素。10%的5岁儿童、60%的7岁儿童和85%的10岁儿童在记忆图片时可以使用复述策略。一项有关名词学习的调查发现,47%的五年级学生、74%的七年级学生和93%的九年级学生可以采用一些较为复杂的学习策略。

弗拉维尔 1976 年对儿童和大学生的提取认知策略进行过比较研究。在这项研究中，要求学习者学习含有特定类型词汇的词汇表（如文具、衣服和工具），当学完词汇表中所有的词以后，要求每位学习者在三种不同的条件下回忆其中的词：在第一种条件下，要求在不提供类目的名称的情况下回忆（自发使用）；在第二种条件下，明确要求学习者在使用类目的情况下进行回忆（明确指导）；在第三种条件下，要求学习者先回忆某种类型中的一个词，之后回忆另一类型中的一个词，如此等等（灵活使用）。结果发现，年幼儿童不能自发地使用类目作为提取的线索，但当要求他们使用这种方法时，大部分儿童可以做到。许多大学生也不是自发地使用这种方法，但当给予明确的指导时，所有的人都这样做了。参与了这项研究一半以上的幼儿园儿童、三年级大多数学生和所有的大学生，似乎都可以掌握词汇表提取的归类策略，即便是非常年幼的儿童也可能习得这个策略。

同时，学生对学习策略的掌握和选择存在明显的个体差异。研究发现，智商水平较高的比智商水平较低的更能自发地获得有效的学习策略。学习动机则决定学习者选择何种策略，动机强的学生倾向于经常使用已习得的策略，动机弱的则对策略使用不敏感；具有内部动机的学生较多使用意义学习的策略，而具有外部动机的学生更多采用机械学习的策略。

第二节　自我调节学习策略

一、自我调节学习的定义

自我调节学习（Self-Regulated Learning，SRL）是一种学习者主动控制自己的学习过程的方法，包括设定学习目标、选择有效的学习策略、监控学习进度和调整学习方法以优化学习效果。它的核心理念在于学习者不仅仅是知识的接收者，更是学习过程的主动参与者和调节者。自我调节学习的重要性体现在它能够促进学习者独立学习、提高学习效率、增强学习动机和自我效能感，以及适应不断变化的学习需求和环境。

自我调节学习理论的发展经历了从早期的动机和行为调节到后来对认知策略和元认知策略重视的过程。最初，研究集中在学习动机和自我效能上，探讨学习者如何通过自我激励和目标设定来调节自己的学习行为。随着研究的深入，学者们开始关注学习者如何使用认知策略、元认知策略以及资源管理策略调节自己的学习过程。

二、自我调节学习策略的基础

自我调节学习深入涉及学习过程中的行为、认知和元认知过程的调整及优化，因此,学习策略的分类是自我调节学习策略的基础。对策略的深入理解有助于不同学习策略,如认知策略、元认知策略和资源管理策略的综合运用,这对于实现自我调节学习的目标至关重要。

然而,国际国内学者对通用学习策略的分类尚未达成一致意见,从 3 种到 9 种不等。同时,各种分类之间的交叉性和复合性也意味着分类上的复杂和分歧。在此,我们选择有代表性的策略进行陈述。

(1)尼斯比特(Nisbett)和舒克史密斯(Shucksmith)认为,学习策略包括以下六个因素:① 质疑:确定假设,建立目标和项目参量,寻求反馈以及联系任务等;② 计划:决定策略及其实施一览,精简项目或对问题进行分类,以及选择某些体力或脑力技能来解决问题;③ 调控:使问题的初始状态和目标状态匹配起来,并不断做尝试性回答;④ 审核:再设计或检查,包括矫正目标的设置;⑤ 修正:或重新画一个简单的草图,或重新演算,或修正目标等;⑥ 自评:对活动和项目做最后的自我评价。

(2)温斯坦(Weinstein)认为学习策略包括:① 认知信息加工策略,如精细加工策略;② 积极学习策略,如应试策略;③ 辅助性策略,如处理焦虑;④ 元认知策略,如监控新信息的获得。她与同事们所编制的学习策略量表,包括十个分量表:信息加工、选择要点、应试策略、态度、动机、时间管理、专心、焦虑、学习辅助手段和自我测查。

(3)丹瑟洛认为学习策略应包括两类相互联系的策略:主策略和辅策略。主策略为具体的直接操作信息,即学习方法,它包括理解—保持策略(获得和储存信息的策略)和检索—应用策略(提取和使用这些存储信息的策略)。理解—保持策略包括理解、回想、消化、扩展、复查五个子策略。检索—应用策略又包括理解、回想、详述、扩展和复查五个子策略。辅策略被用来维持合适的进行学习的心理状态,如专心策略。辅策略包括三种策略:计划和时间安排、专心管理以及监控和诊断。这些辅策略帮助学生产生和维持某种内在状态,以使学生有效地完成主策略。

(4)我国学者皮连生将学习策略分类如下:① 促进选择性注意的策略,如自我提问、做读书笔记、记听课笔记等;② 促进短时记忆的策略,如复述、笔记、将输入的信息形成组块(chunking)等;③ 促进新信息内在联系的策略,如分析学习材料的内在逻辑结构和组织结构,多问几个为什么等;④ 促进新旧知识联系的策略,如列表比较新旧知识的异同,把新知识应用于解释新的例子等;⑤ 促进新知识长期保存的策略,如记忆术、双重编码、提高加工水平等。

一般来说,我们使用的是迈克卡的分类。迈克卡将学习策略分为三种,并对它们之间的层次关系进行了分析。他们认为学习策略可以分为认知策略、元认知策略和资源管理策略三种,请见图 9-1 的详细排列。

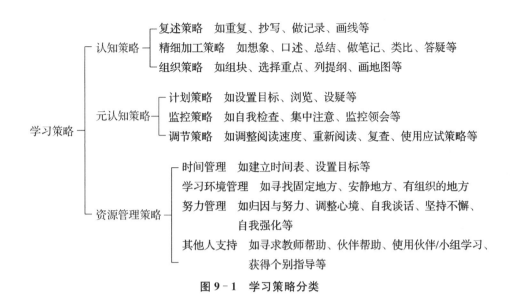

图 9-1　学习策略分类

三、认知策略在自我调节学习中的应用

（一）认知策略的概述

认知策略是指学习者在学习过程中主动采用的各种心理过程和技巧，旨在加深信息处理、理解和记忆，以提高学习效率和成效。这些策略涉及如何主动处理接收到的信息，包括组织、编码、存储和检索知识等方面。主要包括以下几种：

1. 复述策略

复述策略是在工作记忆中为了保持信息，运用内部语言在大脑中重现学习材料或刺激，以便将注意力维持在学习材料上。在学习中，复述是一种主要的记忆手段，许多新信息，如人名、地名或外语单词等只有经过多次复述后才能记住。下面就从识记和保持过程中的复述策略进行探讨。

（1）识记过程中的复述策略

一是利用无意识记和有意识记。无意识记是一种没有预定目的的、不需要意志努力的识记，这种识记是有条件的。凡是对人有重大意义的、与人的需要和兴趣密切相关的、给人以强烈情绪反应的或形象生动鲜明的人或事，就容易无意识记。如果我们对某事感兴趣，或者对它持积极态度，就会记得牢；反之，则容易遗忘。因此，我们若想保持良好的记忆，最好对要记背的材料持积极态度。孔子说过："知之者不如好之者，好之者不如乐之者。"在教学中，老师应尽量举例学生感兴趣的、持积极态度的、形象生动鲜明的以及情感反应强烈的人和事，加强学生的无意识记。有意识记是一种有目的、有意识的识记。要想记住某一信息，就需要有意识地、用心地去记它，尝试着自己复述一遍，以检验自己能否重复出来。

二是排除相互干扰。在日常生活中,常有干扰的现象,如果同时要做两件事,就会相互产生干扰。干扰是人们遗忘的一个重要原因。当一个信息被其他信息混淆时,干扰就发生了。一般来说,前后所学的信息容易相互干扰。在安排复习时,要尽量考虑降低前摄抑制、倒摄抑制和系列位置效应的影响,要尽量错开学习两种容易混淆的内容,如英语和拼音,避免相互干扰。前摄抑制是指先学习的知识对后学习的知识产生的干扰;倒摄抑制是指后学习的知识对先前学习的知识产生的干扰;系列位置效应是指中间学习的知识既受前摄抑制影响,又受倒摄抑制影响,记忆效果最不好的现象。识记还有首位效应和近因效应。一方面,由于人们对项目中先出现的信息倾注更多的注意与记忆,所以倾向于记住刚开始的信息。另一方面,由于末尾的信息不存在其他信息的干扰,所以放在最后的信息也容易识记。因此,当复习一系列材料时,开头和结尾比中间易记得牢。利用这一点,教师组织课堂教学时,一上课要把最重要的概念放在开头,并在最后加以总结,而不要把头尾时间花在检查家庭作业之类的事情上。

三是多种感官参与。在进行复述和识记时,要尽可能运用多种感官参与到当前的学习活动中去,这样能有效地提高记忆效果。运用多种感官协同记忆,可在大脑中留下多方面的回忆线索,从而提高记忆效果。例如,边听边看,边说边写,边听边做,边想边动手等。有心理学家曾在这方面做过有趣的研究,结果表明,人们在学习时信息的获得1％通过味觉,1.5％通过触觉,3.5％通过嗅觉,11％通过听觉,83％通过视觉。而且,人一般可记住自己阅读过信息的 10％,自己听到的 20％,自己看到的 30％,自己看到和听到的 50％,交谈时自己所说的 70％。这说明多种感官的参与,能有效增强记忆。

四是整体识记和分段识记。当学习者记忆一段较长的材料时,可以将它们分成几部分"分段识记",记的速度就会快很多。也就是说分段识记优于整体识记。中文及外语课文都可以用分段背诵的办法。然而对于篇幅小或内在联系强的材料,采用整体识记效果更好。要善于把整体识记和分段识记结合起来。对篇幅短小或者有内在联系的材料,可以采用整体识记,就是完整地一遍一遍地去识记,直到记牢为止;对于篇幅较长,或者较难,或者缺乏内在联系的材料可采用分段识记,即将材料分为若干部分或段落,先一段一段地识记,然后把它们整合为一个整体。

五是复述方式多样化。最好用几种不同的方式去识记相同的内容,这样会使复习更加持久而不单调,并且利于多角度理解知识内容。例如,复习英语生词时各种方法齐头并进,可用朗读、抄写、默写、看中文忆英文或相反、用单词造句、利用句子记、同学之间互考互问、自问自答等方法。复习时还可将所学的书本知识写成报告向别人讲解等。

六是画线、圈重点技术。在阅读过程中,我们经常一边看书一边在书上勾勾画画,我们采用的就是画线、圈重点技术或策略。画线是一种信息选择的策略,也是复述的策略,目的是快速找到和复习课文中的重要信息。画线策略一般与圈点批注的方法一起使用。例如,为了深入思考材料,可以在画线旁边圈点批注,圈出不知道的词,标明定义和例子,列出观点、原因或事件的序号,重要段落前加星号,在暂时还不理解的章节内容前画问号,画箭头表明关系,注上评论等。这就涉及了精细加工策略。

（2）保持过程中的复述策略

一是及时复习。及时复习不仅可防止遗忘、加深理解、熟练技能,还可诊断、弥补学习上的知识缺陷,完善自己的知识结构,发展我们的记忆能力和思维能力。德国心理学家艾宾浩斯,对遗忘进行了大量的系统研究,发现遗忘的进程是不均衡的,有先快后慢的特点,并提出了著名的遗忘曲线。艾宾浩斯遗忘曲线表明,学习过后,就立即遗忘,在最初的很短时间内就会发生大量的遗忘。如果过了很长时间,一直等到考试前才复习,就几乎等于重新学习了。根据这一规律,复习最好要及时进行。复习的黄金时间是学习后 10 分钟就进行复习,这时只用 2 分钟复习就能取得良好效果。

二是分散复习和集中复习。分散复习是指在复习过程中把需要复习的资料分散在几个相隔不太长的时间内,每次复习一定的次数,到记熟为止。由于遗忘是随时都在进行的,只进行一次及时复习还远远达不到牢固保持的效果,因此,必须进行多次重复,循环记忆,加深印象,提高复习效率。集中复习就是集中一段时间进行多次的重复学习。

三是尝试背诵。所谓尝试背诵的学习,就是指学生在学习一篇材料时,一边阅读,一边自我提问或自己背诵。这样做的好处是,可以根据自己回答或背诵的情况检查自己的错误和薄弱环节,从而重新分配努力。因此,学习印象深刻,记忆牢固。而反复的阅读,则犹如小和尚念经有口无心,只是空虚的口头功夫,学习效率难以提高。

四是过度学习。一般在第一遍恰能准确背诵某一材料的学习称适度学习,在此基础上再进行适当次数或时间的重复学习,这一策略称为过度学习。有人通过实验研究发现,过度学习的次数越多,保持的成绩越好,而且保持的时间也越长。但是,在有些情况下过量的过度学习会降低学习的效果。一般而言,过度学习程度达 150% 效果最好。

2. 精细加工策略

精细加工策略是把新信息与头脑中的旧信息建立联系,以此增加新信息的意义的深层加工学习策略。精细加工策略能帮助学习者将信息存储到长时记忆中去。

精细加工的要旨在于建立信息间的联系。联系越多,能回忆出信息的原貌的途径就越多,提取的线索就越多。精细加工越深入细致,回忆就越容易。对于意义性不强的学习材料可以采用人为的联系,但对于意义性较强的学习材料,就应该运用更深水平的加工策略,以便知识能在长时记忆中获得保存。下面就是一些常用的精细加工策略。

（1）创造类比

类比是一种比较,这种比较是在本无相似之处的事物之间的抽象意义上发现其间的相似之处,从而开展比较。例如生理课上学到血液循环系统时,老师可能会做这样的类比:"我们的血液循环系统就像抽水系统一样将血液达到周身"。这个例子中,将血液循环系统这一新信息与人们所熟悉的抽水系统进行了类比,这种类比在具体意义上没有相似之处(血管当然不是水管),但在其抽象意义上是相似的(血管和水管都有输送液体的功能)。这样的类比就使学生容易识记并理解血液循环系统的组成部分及其功能。

(2) 记忆术

记忆术是种通过给识记材料安排一定的联系以帮助记忆,并提高记忆效果的方法。记忆术是一种有用的精细加工技术,它的基础是利用视觉表象或寻找语意之间的联系,对材料本身人为地赋予它的意义,将新信息与已有知识建立联系。下面,就介绍几种比较常见且行之有效的记忆术。

① 位置记忆法:是一种传统的记忆术。这种技术在古代不同的讲演中曾被广泛使用,而且沿用至今。位置记忆法就是学习者在头脑中创建幅熟悉的场景,在这个场景中确定一条明确的路线,在这条路线上确定一些特定的点;然后将所要记的项目全都视觉化,并按顺序把这条路线上的各个点联系起来;回忆时,按这条路线上的各个点提取所记的项目。简单地说,它是通过与你熟悉的地点顺序相联系来记忆一些名称或客体顺序的方法。

② 缩简法:就是将识记材料的每条内容简化成一个关键性的字,然后变成自己所熟悉的事物,从而将材料与过去经验联系起来。有时,可以将材料缩简成歌诀,歌诀韵律和谐,抑扬顿挫,非常有助于记忆。可以用一系列词的一个字描述某个过程的每个步骤作为记忆的支撑点。例如,《辛丑条约》的内容可用"钱禁兵馆"(谐音"前进宾馆")帮助记忆:要清政府赔款(钱);要清政府保证禁止人民反抗(禁);允许外国在中国驻兵(兵);划分租界,建领事馆(馆)。也可以是首字连词,利用每个词句的第一个字形成缩写。例如,计算机 BASIC 语言程序就是 Beginner's All-Purpose Symbolic Instruction Code (初学者通用符号指令代码)各词首字母的联词。

③ 谐音联想法:在学习一种新材料时,假借意义,对记忆也很有帮助,这种方法被称为谐音联想法。记忆历史年代和常数时,这种方法行之有效。例如,有人记忆马克思的生日"1818 年 5 月 5 日"时,联想为"马克思一巴掌一巴掌打得资产阶级呜呜地哭"。化学学习中,金属元素的活动顺序是:钾、钙、钠、镁、铝、锌、铁、锡、铅、铜、汞、银、铂、金,有人把它们编成"加个那美丽新的锡铅,统共一百斤"。还有的人将圆周率编成顺口溜:"山巅一寺一壶酒(3.14159),尔乐苦煞吾(26535),把酒吃酒杀尔(897932),杀不死乐尔乐(384626)"。

④ 关键词法:即选择一个熟悉的有意义的词作为关键词,该词的发音要与新词的发音相似,将新词或概念与相似的声索线词,通过视觉表象联系起来。关键词法在教外语词汇时非常有用,也适用于其他信息的学习。比如,在英语单词的学习中,"Tiger"可联想为泰山上的一只虎;"Battle"即"班头"带我们去战斗。运用这一方法时应注意,关键的谐音词只起"检索"的作用,它不能代替知识本身的精确感知。例如记外语单词

时,不能用谐音当作准确的读音,它只是帮助我们在准确发音和表达中文意义之间建立人为联系。

⑤ 视觉联想:就是通过心理想象来帮助人们记忆。人脑的想象力是无穷无尽的,充分发挥自己的想象力是开发右脑潜能提高记忆力的最佳方法,通过联想使其与具体形象、具体场景联系起来,使之成为一个小故事。联想时,想象越奇特而合理,记忆就越牢。例如,使用视觉联想的方法记住大风、电视、老鼠、石头、酸奶、鲁迅、穷人、小说、画布、奔跑这十个词语,则可以使用这一方法联想出一个故事。具体而言,一个穷人画家在他的石头房子里看电视,电视里正在播放鲁迅出版小说的新闻。突然,大风吹开了房门,一只老鼠奔跑着进来,穿过画布,来偷吃他的酸奶。

⑥ 语义联想:是通过联想,将新材料和头脑中的旧知识联系在一起,赋予新材料以更多的意义的一种记忆方法。实际上,就是要在理解的基础上,设法找出新旧材料之间的内在逻辑联系。

（3）做笔记

做笔记是阅读和听讲时常用的一种精细加工策略,有人专门为此做过实验。在实验中,全班学生聆听一堂课,有的做笔记,有的不做。几个星期后给他们做一次测验,发现课上做笔记的学生平均得分是 65。而没有做笔记的只得 25。教学中教师应用各种方法促进学生做笔记和复习笔记。使用做笔记策略时,应注意:首先,要简单清楚。这样可迫使自己的思路集中在重点之上,用自己的话将老师的讲解概括记下,而且使笔记更加简洁。其次,抓住关键词、表。注意让学生抄下老师在黑板或幻灯片上所示的图表以及图形。再者,灵活处理,记法多样。听讲中,如若出现漏听情况,或对某点有疑问,不要停下来东问西问,而应先留出空白,或打上问号,等会儿再问,再将所得的解释及时补上。最后,留下空间,抓紧时间。准备足够的笔记本,每页上下左右留有恰当的空间,以便温习时加上自己的心得、疑问或其他补充材料;论点与论点之间要有足够空位;趁自己对课堂所学的内容没有完全忘记时,赶快温习笔记。

（4）提问

如果阅读时教学生提问"谁""什么""哪""如何"以及"为什么"的问题,他们会领会得很好。例如,可先将标题转化为问题。标题是"郑和下西洋的原因",可写成问题"郑和为什么要下西洋?"心中有问题,就会想知道答案,这便驱使他们集中精神阅读有关部分,以便找出该问题的答案。阅读前提问会使学习者明确阅读的目的,知道要寻找什么资料。而且,由于问题是由标题转化而成的,能回答此问题就可以和书的作者思路一致,帮助自己了解作者的推理手法及表达技巧。再者,先提问后阅读和没有提问题就进行阅读相比,理解好,记忆也比较持久。可以让学生反问自己以下问题:这些知识有什么意义? 知识背后的原理是什么? 这些知识可应用在什么地方? 当学生如此反复思考时,便将所学的东西编进原有的知识结构里,从而扩大了自己的知识结构。

3. 组织策略

组织(organization)就是对相关信息进行归类整理的过程。在信息加工理论的研究中发现,学习者是以命题网络的形式将陈述性记忆存储在头脑中的。命题网络最重要的特征就是对信息进行了组织,于是学习者所记的就不再是互不相联的信息,而是将这些信息组织成学生可以理解其内在意义的形式,这种学习的效果很好。许多试验研究证实了组织策略对于提高学习效果的重要作用。

组织策略包括列提纲、利用图形、利用表格、群集法等。

(1) 列提纲

列提纲是掌握学习材料的纲目要点以促进对材料学握的一种学习策略。列提纲有助于细节的回忆,能达到纲举目张的效果,有助于解决问题能力的提高。

列提纲的使用可以按照下列步骤进行:首先,学习研究材料,理解其基本思想,并确定自己的学习目标。其次,根据学习目标,勾画或摘录教材的要点或重点部分。再者,考虑材料之间的关系,确定纲要。最后,复述提纲,使用纲要解答问题。

(2) 利用图形

图形可分为下述六种。第一,系统结构图,即学完一科知识,对学习材料进行归类整理,将主要信息归成不同水平或不同的部分,然后形成一个系统结构图。第二,流程图,它可用来表现步骤、事件和阶段的顺序。流程图一般是从左往右展开,用箭头连接各部。第三,模式或模型图,就是利用图解的方式来说明某个过程中各元素之间是如何相互联系的。模型图是用简图表示事物的位置,以及各部分的操作过程。第四,概念图,即一种由各概念单元(通常用圆圈圈起来)及它们之间的相互关系(通常用线和单词或短语表示)所构成的图解。如果在某节课中,学生遇到了许多新概念,这些概念间又存在着各种各样的关系,就可以利用概念图的方式对这些信息进行组织来促进记忆和理解。第五,比较图表,是一种用来对材料进行比较和分类以促进学习效果的方法。它可以帮助学习者将繁杂的信息放入一个使之变得有内在联系的模式中,从而使学习变得有条理。这种图表在地理、历史等记忆性较强的学科中经常被用到。第六,示意图,就是把要记忆的材料图形化的方法。绘制示意图的过程中必然要对材料进行分析和理解,有利于记忆效果的提高。比如,在学习天体运行规律的时候,把太阳、月亮和地球之间的关系做成示意图,就对理解并记忆其间的关系有极大帮助。

(3) 利用表格

表格包括一览表和双向表。前者是指首先对材料进行全面的综合分析,然后抽取主要信息,并从某一角度出发,将这些信息全部陈列出来,力求反映材料的整体面貌。后者是从纵横两个维度罗列材料中的主要信息。系统结构图和流程图都可以演变成双向表。

（4）群集法

群集法是对学习材料进行归类组织、以使之便于记忆的方法,它又叫归类法,主要用于自由回忆之类的学习任务。自由回忆类的任务就是指把所学内容回忆出来即可,不限顺序的任务。如默写中国所有行政区的名称时,既能以华南、华北、华东等区域为类别标准进行默写,也可以不用任何标准而随机默写。群集法可分为四类:以音韵归类、以句法归类、以类别归类和随机归类。例如,将"笑"(xiao)和"叫"(jiao)归为一类的就属按音韵归类,这种归类方法2岁左右的幼儿就可以掌握;将男人与工作放到一类记忆的,属于按句法进行的归类,常出现在3岁儿童中;将男人与男孩归为一类的属于按类别归类,常出现在5岁以后。如此,中小学生对这些方法均有能力掌握。

（二）认知策略在实际教学活动中的应用

1. 认知策略在实际教学活动中的应用步骤

在实际教学活动中,教师可以采取一系列措施来使用认知策略,以促进学生的自我调节学习。以下是具体的步骤:

（1）教授认知策略

① 明确介绍:首先,教师需要明确地介绍各种认知策略,如复述、组织、精细加工等,并解释它们在学习过程中的作用。

② 示范应用:通过示范,教师可以展示如何在实际学习活动中应用这些策略,比如通过思维导图展示如何组织信息,或者通过具体例子演示如何利用类比加深理解。

（2）创建应用机会

① 分组讨论:组织学生进行分组讨论,让他们在小组内分享如何在不同的学习任务中应用这些策略。

② 案例分析:提供具体的学习案例,让学生分析并讨论在这些案例中可以应用哪些认知策略以及如何应用。

（3）练习与反馈

① 策略练习:安排专门的练习活动,让学生在实际的学习任务中尝试使用不同的认知策略。

② 提供反馈:在学生尝试应用这些策略后,教师提供具体、及时的反馈,帮助学生了解策略使用的效果,并指导他们如何改进。

（4）鼓励自我监控

① 教授自我监控技巧:教授学生如何监控自己的学习过程,包括设定学习目标、评估自己的学习策略使用情况以及调整学习计划。

② 日志记录:鼓励学生通过学习日志记录自己的学习过程和策略使用情况,以促进自我反思。

（5）强化学习动机

① 目标设定：帮助学生设定具体、可达成的学习目标，以增强他们的学习动机和目标导向性。

② 庆祝进步：即使是小的进步，也应当被认可和庆祝，以增强学生的自信和持续学习的动力。

2. 认知策略在实际教学活动中的应用原则

选择适合学习任务特点和个人学习风格的认知策略是自我调节学习过程中的一个关键环节。不同的学习任务和个体差异要求学习者采取不同的方法来处理信息和解决问题。包括以下几点：

（1）识别学习任务的特点

① 任务的复杂性：复杂任务可能需要更多的组织策略，如制作思维导图或概念图来整理信息。

② 任务的性质：理解性任务（如阅读理解）可能更适合精细加工策略，比如通过建立类比或连接已知知识来加深理解；而记忆性任务（如记忆单词）可能更依赖于重复和复述策略。

（2）了解个人学习风格

① 视觉学习者：可能更倾向于使用图形和颜色编码等视觉策略来组织和记忆信息。

② 听觉学习者：可能从听力讲解和讨论中受益最大，因此复述和听力相关的策略对他们来说更为有效。

③ 动手操作学习者：通过实践操作和实验学习最有效，可以尝试通过实际操作来理解和记忆概念。

（3）策略选择与组合

① 策略组合：针对具体的学习任务和个人偏好，组合不同的认知策略可能会产生更好的学习效果。例如，视觉学习者在学习历史事件时，可以先通过阅读（精细加工策略）来获取信息，然后制作时间线（组织策略）来帮助记忆。

② 策略灵活性：学习者应该保持策略的灵活性，根据学习进展和反馈调整策略的使用。例如，如果发现某一策略在当前任务中不够有效，应该尝试切换到另一种策略。

（4）实践和反思

① 策略实践：通过实际应用不同的认知策略来评估它们在特定任务上的有效性，实践是找到最合适策略的关键。

② 策略反思：定期反思所使用的策略对学习效果的影响，考虑是否需要调整策略或尝试新的策略来应对不同的学习挑战。

四、元认知策略在自我调节中的应用

(一) 元认知策略的概述

元认知(meta-cognition)也称反省认知,就是个人关于自己的认知过程的知识和调节这些过程的能力。它包括两个相对独立的成分:元认知知识,包括有关个人、任务以及策略的知识;元认知控制,包括计划、监控和调节。在学生的学习过程中,所谓的元认知策略,就是自觉计划、监控、调节自己认知活动的具体方式和方法。

1. 计划策略

计划策略指根据认知活动的特定目标,在一项认知活动之前计划各种活动,预计结果、选择策略,想出各种解决问题的方法,并预估其有效性。包括设置学习、浏览学习材料、产生待回答的问题以及分析如何完成学习任务等。给学习制定计划是一个积极的学习者在完成学习任务之前必须要做的事情,没有计划的学习活动是盲目的。计划可以写在纸上,也可以因为做到了心中有数而不写出来。

在制定学习计划时,学生首先得对与学习任务相关的学习情况进行具体分析。如对学习材料、学习时间、学习环境和学习目标等进行分析和思考,对自己的学习特点进行分析,在此基础上回答有关学什么、何时学、在哪里学、为什么学和怎么学的问题。这些将是制定学习计划的基础。

在完成了分析学习情境的任务之后,学生就可制定出学习计划。即,确定学习的步骤,安排学习时间表,列出可供选择使用的学习策略等。在选择具体的学习策略时,学生应该综合考虑学习情境的相关因素与所选学习策略的关系。

2. 监控策略

监控策略是在认知活动的实际过程中,根据认知目标及时评价、反馈自己认知活动的结果与不足,正确估计自己达到认知目标的程度、水平并且根据有效性标准评价各种认知行动、策略的效果,包括阅读是对注意加以跟踪、对材料进行自我提问,考试时监控自己的速度和时间。

这些策略使学生警觉自己在注意和理解方面可能出现的问题,以便找出来,加以修改。例如,当你在为了应考而学习时,你会想自己提出问题,并且会意识到某些章节你并不懂、你的阅读和记笔记的方法对这些章节行不通,这时候你就要尝试其他学习策略。

3. 调节策略

调节策略是根据对认知活动的结果的检查,如果发现问题,则采取相应的补救措施;根据对认知策略的效果的检查,及时修正、调整认知策略。调节策略与监控策略有关。例如,当学习者意识到他不理解某个部分时,他们就会退回去重读困难的段落,在阅读困难或者不熟的材料时放慢速度,复习他们不懂的课程材料。

元认知策略的三个方面总是相互联系在一起而工作的。一般是学习者先认识自己当前的任务,然后使用一些标准来评价自己的理解、预计学习时间、选择有效计划或解决当前的问题,接着监控自己的进展情况,最后根据监控的结果采取补救措施。对成功的学习者而言,元认知策略总是和认知策略结合得很好。认知策略帮助他将新信息与已知信息整合在一起,并存储于长时记忆中;元认知策略帮助他决定在某种情况下使用哪种策略。

(二)元认知策略在实际教学活动中的应用

1. 元认知策略在实际教学活动中的应用步骤

元认知策略在实际教学活动中的应用是提升学生学习效率和提高自主学习能力的关键。通过教授学生如何有效地运用计划、监控和调节这三个元认知策略,教育者可以帮助学生更好地掌握学习过程,提升他们的学习成果。以下是一些具体的应用步骤:

(1)教授元认知策略

① 明确介绍元认知策略:通过具体实例和模拟活动向学生介绍元认知策略的概念,包括计划、监控和调节的重要性及其在学习过程中的应用。

② 培养策略意识:帮助学生意识到他们在学习过程中已经自然使用的元认知策略,并鼓励他们更有意识地应用这些策略。

(2)实践元认知策略

① 策略练习:通过设计具体的学习任务,如项目研究、案例分析等,让学生在实践中应用计划、监控和调节策略。例如,让学生在开始研究项目前制定详细的学习计划,其间自我监控学习进度和效率,最后调整学习方法以应对遇到的困难。

② 模拟教学:在模拟教学环节中,让学生扮演教师角色,设计和执行一节课,包括如何在课堂教学中应用元认知策略指导学习。

(3)反馈与评估

① 互动反馈:在学生应用元认知策略后,提供具体、及时的反馈。可以是同伴之间的评价,也可以是教师的指导意见,帮助学生认识到哪些策略运用得好,哪些需要改进。

② 自我评估:鼓励学生进行自我评估,反思自己的学习计划是否合理,监控过程是否有效,以及调节策略是否适时。

2. 元认知策略在实际教学活动中的应用原则

元认知策略在实际教学活动中的应用原则,可以帮助教育工作者更有效地引导学生认识和调控自己的学习过程。以下原则是在设计和实施元认知策略时应考虑的关键因素:

（1）个性化原则

每个学生的学习方式、能力和需求都不尽相同。教学活动应鼓励学生根据自己的特点选择和调整元认知策略，教师应提供个性化的指导和反馈。

（2）渐进性原则

元认知策略的教授和应用应遵循由简到难、由浅入深的原则。初期应重点在于策略的基本认识和简单应用，逐步引导学生掌握更复杂的策略运用。

（3）反思性原则

教学活动应设计机会，促进学生对自己使用元认知策略的过程和结果进行反思，如通过日志、讨论或个人反馈等形式。

（4）互动性原则

应鼓励学生之间就元认知策略的使用进行互动和交流，通过同伴学习和合作学习，共同探索和解决问题。

（5）实践性原则

元认知策略的学习不应仅停留在理论上，而应通过实际的学习任务和项目让学生有机会应用这些策略，通过"做中学"加深理解和掌握。

五、资源管理策略在自我调节中的应用

（一）资源管理策略的概述

资源管理策略（resources management strategies）是辅助学生在学习活动开始之前和进行之中，如何支配和管理可供他们选择和利用的资源。有关学生对自己学习时间的安排、对自身学习环境的有意布置、愿意并能够努力以及如何开展合作学习，都是资源管理策略的内容。主要包括时间管理策略、学习环境管理策略、努力管理策略和寻求支持策略。

时间管理策略就是通过一定的方法合理安排时间，有效地利用学习资源。有下面几种方法，统筹安排学习时间，在制定学习计划时，要列出一张活动优先表来，对事件做出总体的安排，并根据时间表来落实；高效利用最佳时间，确保在状态最佳时学到最重要的内容；灵活利用零碎时间，做一些较为简单的事情。

学习环境管理策略主要是善于选择安静、干扰较小的学习地点，充分利用学习情境的相似性等。

努力管理策略主要指掌握一些方法来排除学习干扰，使自己的精力有效地集中在学习任务上。

寻求支持策略，即指学习不是一个人的事情，必须与他人进行有效的合作，在遇到自己解决不了的问题时，更需要向他人寻求帮助。不仅是向人求助，一些其他的工具也可以利用，比如参考资料、工具书、图书馆、广播电视以及电脑和网络等。

（二）资源管理策略在实际教学活动中的应用

1. 资源管理策略在实际教学活动中的应用步骤

有效的资源管理策略对于提高学生的学习效率至关重要。在实际教学中，将这些策略转化为具体的应用步骤，可以帮助学生更好地规划和利用可用的学习资源。通过这些步骤，学生不仅能够优化他们的学习时间和环境，还能学会如何合理利用教材和技术工具，最终达到提升学习成果的目的。

（1）识别和评估可用资源

① 识别：帮助学生识别可用于学习的所有资源，包括时间、学习空间、教材、技术工具等。

② 评估：指导学生评估各种资源的有效性和适用性，以及如何将这些资源整合到学习计划中。

（2）设计资源管理计划

① 时间管理：教授学生如何创建和维护一个有效的学习时间表，包括确定学习优先级、设定具体学习目标和休息时间。

② 学习环境布置：指导学生如何创建一个有利于学习的环境，减少干扰，提升专注力。

（3）实施与调整

① 实践：鼓励学生按照计划实施，积极使用各种学习资源。

② 监控与调整：定期检查资源使用情况，根据实际学习效果调整资源管理策略。

（4）反馈和评价

① 自我反馈：鼓励学生自我监控和评价资源管理的效果。

② 教师反馈：提供反馈和建议，帮助学生优化资源管理计划。

2. 资源管理策略在实际教学活动中的应用原则

资源管理策略在实际教学活动中的成功应用，还需要遵循一系列具体的原则。这些原则涉及个性化、动态调整、整合性、可持续性以及合作共享等方面，它们指导教育者和学生如何根据学习任务的特性和学生的个人需求，灵活而有效地管理学习资源。

（1）个性化原则

考虑每个学生的具体需求和偏好，个性化资源管理策略，确保每个学生都能找到适合自己的方法。

（2）动态调整原则

随着学习任务的变化和学习进度的发展，资源管理计划应保持灵活，能够进行必要的调整。

（3）整合性原则

资源管理策略不应孤立使用，而是需要与其他学习策略（如认知策略和元认知策略）整合，形成一个综合的学习策略体系。

（4）合作共享原则

鼓励学生在资源管理中寻求合作和支持，包括与同伴共享学习资源，利用教师和家长的帮助。

第三节　中学生学习策略的教学与训练

一、学习策略教学与训练的原则

学习策略的教学可以采用多种多样的教学方式，如发现法、观察法、专门授课法、讨论法、合作学习法和日常教学渗透。无论采用何种教学方法，都应遵循研究者们普遍认可的以下几点原则：

（1）必须能激发学习策略的认识需要。

（2）选择有效的策略，这些策略可能是相当容易的，也可能是比较困难的，但它们必须是有价值的和有效的。

（3）能提供学习策略的具体详尽步骤。

（4）要依据每种策略选择较多的恰当事例说明其应用的多种可能性，使学生形成概括性的认识。

（5）使学习者明确策略的使用条件，能根据具体任务与情景，选用恰当的策略。

（6）要求学习者评价策略的有效性，使学习者明确策略为什么有用，为什么使用策略比不使用策略更有效，以激发学习者自觉使用策略的积极性。

以上原则，对于我们进行具体的学习策略教学与训练很有启发和帮助。它告诉我们，学习策略的教学同其他内容的教学一样：需要对学生的准备情况（如年龄阶段、已掌握的策略等）做认真了解；需要明确策略的有关情况（适用性等）；需要明确结合具体内容让学生反复练习，及时反馈，直到达到熟练程度，不能纸上谈兵，只说不练。

二、学习策略教学与训练的影响因素

影响学习策略教学与训练的因素很多，这里从两个方面分析。一是学习策略本身的因素——学习策略的适用性对策略教学与训练的影响；二是来自学习者自身的因素——学习策略发展的年龄差异和自我效能水平对策略教学与训练的影响。

（一）学习策略的适用性

每种学习策略都有自己的适用范围，超出学习策略的有效范围去使用，对学习就起不到促进作用，甚至还会起反作用。

（二）学习策略发展的年龄差异

不同年龄阶段的学生，各种学习策略的发展水平是不同的。在进行策略教学时，要注意某种策略是否符合学生的发展阶段。若所训练的策略水平超出了学生的发展阶段，就很难有效。

（三）个体的自我效能水平

许多研究证明，自我效能水平影响个体对学习策略的习得。一般来说，高自我效能会促进人们对学习策略的掌握。因而，在进行策略教学与训练的同时，若能做一些提高个体自我效能水平的训练，对策略的教学与训练会起到促进作用。

（四）学习者的个别差异

随着心理健康教育和学习方法指导课在中学的推广，教师和学生对于一般性的学习策略知识已经不再陌生，但是学习方法指导的最终目的是使每个学生获得最高的学习效率，而不是了解几个学习策略的概念，也不是简单、低效的策略运用。为什么有的学生按照老师讲授的学习策略进行一段时间的学习后不见学习效果的提高呢？这跟对学习策略的生搬硬套，没有充分关注策略对不同特点的学生有着不同的适用性有关；跟学习策略教学中过多讲述一般性的策略，没有关注因学生特点不同而产生的策略使用的特殊性有关。要想在目前学法指导的基础上使学习策略的有效性得到最大限度发挥，必须关注作为学习主体的学生的个别差异性与学习策略使用效果的相互作用关系。这种对于个别差异性的关注，是提高学习策略教学效果的关键。

1. 认知风格的个别差异性

认知风格就是指个体对信息进行加工的方式，也称认知方式。学生的认知风格存在个别差异，从学习过程受环境影响的程度来分，可以分为场独立型和场依存型两种。场独立型的学生对事物的知觉和判断不易受外来因素的干扰，常根据自己的内部参照，独立进行分析判断。这类学生不容易受外界环境的干扰，在思考时不容易出现分心，对学习环境的要求较低。在进行学习策略教学中，涉及资源管理策略的时候，就应该将时间管理、环境管理策略同这类学生的认知风格类型结合起来，明确其在学习时间和学习环境选择上的特点，指出这正是他们在学习资源方面的优势，应该充分发挥，可以将零星时间运用起来，随时随地进行学习和复习，而不必如传统提法那样一定要找安静的环境才能学习。场依存型的学生同场独立型的学生恰恰相反，他们在学习时容易受外界环境信息的干扰而降低学习效率。例如周围同学的讨论和房间里的电视等声音都很容易使他出现注意的分心。对于这类学生，在对自己的学习资源进行管理和分配时就应该使用相应的选择策略，将需记忆的内容和需要深入思考的内容的学习场所选择在没有干扰的时间和地点进行。如果不能将这一个别差异在资源管理策略使用上的不同给学生分析出来，只是进行一般性的资源管理策略的介绍，就不能使该策略的有效性得到充分发挥，所以在学习策略或学法指导中讲出每种策略使用的个别差异，才会提高学生的实际运用效果。

2. 认知能力的个别差异性

认知过程主要指感觉、知觉、注意、记忆、思维、想象等，认知能力主要是指在这些过程中表现出来的能力。这里主要探讨注意和记忆上的个别差异对学习策略使用的影响。

注意是指心理活动指向并集中于某一事物。注意的品质中涉及计划策略的主要有注意的分配能力、注意的转移能力和注意的稳定性三个方面。注意的个别差异就表现在上述品质的不同组合上。对于稳定性、转移能力、分配能力都很好的学生，在做学习计划时，应该鼓励他们将文、理学科穿插进行复习，由于大脑优势半球的存在，这种用脑方式可以在提高效率的同时使大脑得到科学的休息。而且由于其注意分配能力较好，在学习的同时可以适当有背景音乐。但是这样的计划对注意稳定性较差、转移能力较差的学生并不适用，他们不能较快将注意从一个集中点转移到另一个集中点，交叉学科式的复习常常使他们瞻前顾后，不能达到深入学习的效果。对于这种注意品质的学生适合于在一段相对较长时间内对同一学科进行复习，效果相对较好。而且这类学生由于注意分配能力较差，在学习的同时不适合放背景音乐。

学生的记忆特点也存在个别差异性。有的学生记得快忘得快，有的记得慢忘得快，还有的记得慢忘得慢，最好的记忆品质是记得快忘得慢，但并不是人人都能具有。针对记忆的上述差异，在讲学习策略中的记忆策略部分，就要重点讲出及时复习策略使用上的个别差异性。何时开始复习才算及时？根据记忆特点的不同，及时复习的开始时间也应该不同，所以规定在同一时间全班同学必须复习同一内容的方式并不是对个别差异的尊重，也不能获得及时复习策略使用的最佳效果。有的学生会跟着班级学习好的同学的脚步走，人家看什么他也看什么，这也并不是一种好的方法。

3. 生物钟的个别差异性

根据前摄抑制、倒摄抑制和系列位置效应，心理学专家常常建议学生将需要记忆的知识安排在早晨和晚上进行，因为早晨没有前摄抑制影响，晚上没有倒摄抑制影响，记忆效率相对一天中的其他时间高。

可是对于这种规律的使用，也要考虑到学生生物钟的个别差异性，并不是所有学生在早晚的记忆效率都会高。有的学生是"百灵鸟型"，早晨的思维清晰记得快，但一到晚上大脑就很疲劳,记忆效率就下降。有的学生是"猫头鹰型",早晨常常处于迷糊状态,晚上才感觉神清气爽,记忆效率极高,甚至有过目不忘的状态。可见,记忆的一般规律用到个体身上就要充分考虑到与个体生物钟差异的相互作用性,如果要求所有学生早自习都来进行对相关知识的记忆,就是对这种个别差异的不尊重,有些学生可能不但没有记住相关知识点,还由于不能达到理想的记忆效果产生烦躁的情绪,影响一天的学习,这样就不能达到使每个学生都高效运用自习时间的目的。可见,学习策略的教学和学习方法的指导除了将一般性的策略知识和规律告诉学生以外,将个别差异同学习策略的关系用实例的方式讲清楚,创造条件,鼓励学生根据自己的特点进行学习策略的自主选择和运用也是非常重要的。

4. 学习进程的个别差异性

学习是一个动态的过程,即使是起点一致的学生,由于对各个科目的兴趣不同,付出努力的比例不同,在学习了一段时间之后,也会出现各科学习效果上的不同变化。这也就是说,学习处于一种动态和变化的过程之中,这种动态的变化每个学生都不相同,具有个别差异性。因此,在对学生的学习计划进行监督和检查的过程中,就应该为这种变化留出弹性空间。

有这样一个实例可以考验教师和学生是否理解了计划策略的真正含义:某一高三班主任在开学初为了提高学生学习的计划性,要求同学们制订自己的学习计划,并且交给老师一份。一个月后的一次晚自习,老师拿着同学们开学初制订的学习计划悄悄进行检查,发现有一位班上成绩很好的学生没有按照计划上的安排复习化学,而是在背文学常识。老师很严肃地对他提出了批评,但是这位同学为自己辩解,因为这段时间化学没有留下什么疑难,而且学得很好,而由于在语文上安排的自习时间太少,已经有许多知识点没记住了,所以自己才改变了学习计划,晚自习背起了文学常识。对学生的学习进行适当的督促是对的,但是如果采用这位老师的做法检查学习计划,就说明对学习计划的本意没有真正理解,学习计划是学生根据自己的学习情况而制订的,它是为了科学合理地安排自己的学习资源从而达到最优学习效果的一种自我调控策略。由于学习情况的变化,适时进行计划的调整正是自我调节能力强的体现。

那么,为什么有的学生能够始终按着原计划去做呢? 这一是因为学习进程的个别差异性,他们的学习同计划合拍,计划还适用;另外一种原因可能他们的学习现状同计划已经不适应了,但由于对计划的错误理解,认为计划了就不能改变,或者因为在动态的学习过程中自我调控能力较差,做不出有效的改变。改变了的计划是一种动态并不断更新的计划,具体的时间安排可能变化了,但不变的是对最优学习效果的追求,这才是真正理解了计划作为学习策略的实质。

实际上,学生的个别差异还会体现在其他诸多方面,它们都可能对学习策略的使用有重要影响,如学生的性格差异、情绪特征等,教师可以在教学实践中进行深入细致的探索。

三、学习策略教学与训练的过程

1. 趣味引入阶段

它主要指通过对话或有趣的事例引入学习策略，同样，也可先让学生自发地完成某个学习任务，待其产生困惑或无力解决时，再呈现新策略。总之，以不同的方式、多样化的手法激发学生学习策略的欲望与动机，使学生处于一种渴求知道的积极情感状态。这样，教师的外在指导才能有效地转化为学生自己的内在需要。

2. 策略剖析阶段

此阶段教师应深入浅出地说明策略的实质（根据不同年龄对象，采用不同方法。一般来说，年龄小的宜采用归纳法；年龄大的，宜运用演绎法），详细揭示策略的运用过程，选择较多的恰当事例说明其应用的多种可能性。选择的实例应利于学生接受，特别是学科学习策略的阐述离不开具体的知识，因此，阐述策略的知识点应在学生已有的知识背景中选择，应符合学生的接受能力。否则，由于知识的陌生或难度过高，就会影响其对策略本身的理解。此外，通过实例说明策略运用的过程，要尽可能详尽展示内隐的思维过程，步骤要具体，从而使学生充分体会到策略运用的过程与有效性，处于跃跃欲试、欲罢不能的状态。如果能做到这一点，教师的策略剖析就成功了。

3. 策略运用阶段

让学习者了解自己所学习的策略，必须提供练习这些策略的机会，才能深刻体验到自己运用策略的过程，才可能真正学会这些策略。在策略的运用阶段，教师应设计或精选能运用该策略的典型习题，呈现的材料应尽可能丰富化、多样化，从不同角度进行尝试。通过本阶段的练习，学生能切实掌握，运用于日常的学习中。

4. 策略反思阶段

策略反思是策略教学必不可少的阶段。包括策略运用过程的回顾、策略运用的关键地方、策略运用的有效性评价（激发运用策略的积极情感体验）、策略的迁移（即还可运用的类似地方）。教师在策略辅导过程中，开始时须明确提供具体指导，然后逐渐减少对学生的提示。这样一来学生就开始自己承担学习任务并且调整学习方法。开始时每一个学生都或多或少地需要明确的策略指导，随着学生策略意识的增强和运用策略的增加，当达到在没有指导的状态下也能独立运用自己的学习策略时，教师的指导就可以减到最低程度甚至停止。因此这就要求教师要具备洞察和评价学生独立运用策略及策略迁移的能力。当学生在没有任何提示的情况下能使用所学的策略时，他们就能够独立探索新的策略、新的运用和新的自我调节方式。

学习策略的教学与训练，不仅仅在于掌握策略本身，同时也可帮助学生提高策略意识，通过自我总结和反思，最终生成属于他自己并适用于他自己的新的学习策略。

复习思考题

一、选择题

1. 地理老师教学生记忆"乞力马扎罗山"时，为方便学生记忆，将之戏称为"骑着马打着锣"。这种学习策略属于(　　)。

　A. 复述策略　　　　　　　　　　B. 精细加工策略

　C. 组织策略　　　　　　　　　　D. 元认知策略

2. 在老师的指导下学生采用画图示意的方式对知识进行归纳整理，以促进自己对所学知识的掌握。学生采用的这种学习策略是(　　)。

　A. 复述策略　　　　　　　　　　B. 精细加工策略

　C. 监控策略　　　　　　　　　　D. 组织加工策略

3. 小杰在阅读课文时，常常自我提问"我对语文表达的内容清楚了吗？我抓住课文的重点了吗？"这种学习策略属于(　　)。

　A. 复述策略　　　　　　　　　　B. 组织策略

　C. 计划策略　　　　　　　　　　D. 监控策略

4. 小丽在学习时为了记住数字、年代等枯燥无味的知识，常对其赋予意义，使记忆过程生动有趣。小丽使用的学习策略是(　　)。

　A. 复述策略　　　　　　　　　　B. 精加工策略

　C. 组织策略　　　　　　　　　　D. 计划策略

5. 刘庆复习历史科目时，按古代史、近代史、现代史的时间顺序构建了历史知识的框架图。她的学习策略主要属于(　　)。

　A. 复述策略　　　　　　　　　　B. 调节策略

　C. 监控策略　　　　　　　　　　D. 资源管理策略

二、名词解释

学习策略　　元认知　　认识策略　　自我调节　　认知风格

三、简答题

1. 请简述元认知策略的种类。

2. 请简述资源管理策略的概念及分类。

3. 请简述学习策略具有哪些特点。

4. 请简述学习策略的影响因素。

5. 请简述学习者的个别差异。

四、论述题

1. 试论述认知策略在自我调节中的应用。

2. 试论述资源管理策略在实际教学活动中的应用。

五、案例分析题

明明,男,初一,智力发育正常,小学时学习成绩在班级中名列前茅。他还是班里的卫生委员,团结同学,热爱劳动。然而,小升初之后,尽管明明学习很认真,但成绩不尽理想。任课教师反映他上课认真听讲,但很少举手回答问题,家庭作业正确率不高。父母反映他在家学习时也很用功,期中期末考试前还会开夜车,但考试成绩却下滑到班级三十多名。明明的情况在初一学生中具有一定代表性:小升初后,平时学习看起来也挺努力,但成绩就是不高。请结合本章知识,试分析明明遇到的问题及解决办法。

第10章　品德学习

内容摘要

　　培养学生良好的品德是学校教育的核心使命之一，它对学生的发展起着促进和导向的作用。我国教育界通常将情感领域的学习称为品德学习，而学习心理学中称之为态度学习，它是与认知学习、技能学习并称的三大学习任务之一。本章将从教育心理学的视角，深入探讨品德的本质，尤其关注中学生在品德形成过程中的不同阶段特征，并探讨如何有效地培养他们的品德。

重点难点

1. 了解品德的结构，理解中学生品德发展的特点。
2. 了解品德的习得过程，把握培养良好品德的策略。
3. 能够根据品德发展的特点实施有针对性的品德教育。
4. 掌握不良品德的转化方法，促进学生不良行为的正向转变。

本章结构

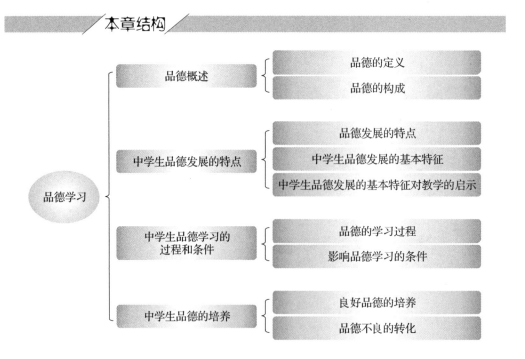

第一节　品德概述

一、品德的定义

品德是道德品质的简称,即个人的道德面貌,是与道德有关的概念。通常我们把它表述为:个体依据一定的社会道德和道德行为准则,在行动时所形成和表现出来的某些稳定的特征。

品德的形成与发展有赖于社会道德,道德是一种社会现象,是行为规范的总和。道德的效用在于和平地解决人际冲突,促进人际理想的良好的关系的建立。当个体的行为与社会行为规范和人际公认的契约相符时,这样的行为被认定为善良的、道德的;相反,如果违背这些规范和契约,行为则被视为恶劣的、不道德的。道德的性质、发展等问题是伦理学研究的对象。品德是社会道德在个人身上的反映,是个人依据一定的社会道德行为规范,行动时表现出来的较稳定的特征,其形成和改变是教育心理学的研究对象。

品德不是先天就有的,而是在一定的社会与教育环境中习得的,经历着外在准则规范不断内化和内在观念外显的复杂过程,这一过程也是个体性格形成的社会定向过程。个人的品德是性格的一个方面,是性格中具有道德评价意义的核心。

个人的品德体现在他的一系列行为中,体现在当个体的行为可能影响他人的利益时个体所做的行为选择中。随着品德的发展,个体可能学会体谅别人、自制和利他。良好的行为是与个人的道德认识、道德情感联系在一起的。

二、品德的构成

一般认为品德的成分也是由认知、情感、行为三个方面构成的,即道德认识、道德情感、道德行为。

(一) 道德认识

道德认识亦称道德观念。道德认识是指对道德行为准则及其执行意义的认识,其中包括道德的概念、命题、规则等。道德认识的产物是个人的道德价值观念的发展,道德价值观念作为认知结构中的一种成分,又会进一步影响道德认识。

道德价值观念是对各种涉及他人利益的行为的价值的概括化。在一定的道德价值观念中,某些行为的价值高于另一些行为的价值。道德价值观念是一种标准观,个人按照自己的道德价值观念,判断自己或他人行为的是非、善恶和好坏。道德价值观念是道德价值的内容,道德价值的内容直接受不同文化背景的影响。我国专家的近期研究发现,道德价值主要包括集体、真实、尊老、律己、报答、责任、利他、平等这八项独立的内容。

在道德事件中,个人的道德认识往往是极为重要的。就某一个个体而言,怎样才称得上"道德",涉及道德的实质——"意向"和"理由",离开这个实质,便无从谈论道德。也就是说,如果一个人无意中做了好事(没有"意向"或"理由"),其行为称不上道德。

(二) 道德情感

道德情感是人的道德需要是否得到满足而引起的一种内在体验,它伴随着道德观念并渗透到道德行为中。当个人在对自身的行为和他人的行为做出道德判断时,将会产生与这些判断有关的情感。苏霍姆林斯基说过:"道德情感——这是道德信念、原则性、精神力量的血肉和心脏。没有情感的道德就变成了干枯、苍白的语句,这语句只能培养出伪君子。"道德情感在品德中的重要性已受到心理学家的重视,但有关的研究材料仍十分贫乏。20世纪90年代初,我国有人研究心境对助人行为的影响,发现积极、愉快的心境能够促进助人行为。当与道德观念相伴随的道德情感成为推动个人产生道德行为的内部动力时,就成了道德动机。

(三) 道德行为

道德行为是实现道德动机的行为意向及外部表现。道德行为是研究者十分关注的品德成分。这不仅因为道德行为是社会、教育者要求个人达到的目标,更因为道德行为体现了人类行为的高度复杂性。

道德行为是衡量品德的重要标志。在评判一个学生的品德时,我们不仅关注他认识到了什么,更看重他是否言行一致。一个欲望强烈而缺乏自制的人,其行为可能与他的是非观念相矛盾,这种现象在品德不良的个体中较为常见。所以,在评定一个人的品德时,我们更多地是依据其道德行为的表现。基于这样的认识,教育部门制定了一系列的中小学生行为条例和规范,作为学校教育中的德育目标。品德并非仅是道德认识、道德情感和道德行为的简单叠加,而是三者之间的相互联系、相互制约,在培养学生的优良品德时,三者缺一不可。

第二节　中学生品德发展的特点

中国共产党第二十次全国代表大会的报告指出,要实施公民道德建设工程,弘扬中华传统美德,加强和改进未成年人思想道德建设。在这一背景下,培养学生高尚的品德,使他们成为有社会主义觉悟的新一代,是提高全社会文明程度的要求之一。这同时也是教育者不可推卸的责任,这要求他们必须了解学生品德发展的特点、条件、途径等。品德发展的特点是什么? 一些研究集中于儿童道德判断的发展,以此推论品德发展的特点。在心理学领域,有关的理论被称为道德的认知发展理论。这一理论最早是由皮亚杰(J. Piaget)在1932年提出,并在1969年由柯尔伯格(L. Kohlberg)进一步发展深化。

一、品德发展的特点

(一)皮亚杰的道德发展阶段论

皮亚杰的理论受康德(I. Kant)哲学的影响,从而产生了道德发展阶段论。根据皮亚杰的观点,儿童道德判断的发展有一个有序列、合逻辑的模式。

皮亚杰在他的《儿童的道德判断》一书中,根据他的理论和大量临床研究的事实,分析了儿童对游戏规则的理解及遵守过程,并通过"对偶故事法"的观察实验,把儿童的品德发展划分为四个阶段。

(1)自我中心阶段(2岁～5岁)。这一阶段儿童还不能把自己同外在环境区别开来,而是把外在环境看作他自身的延伸。规则对他来说,还不具有约束力。

(2)权威阶段(6岁～8岁)。这一阶段的儿童绝对地尊敬和顺从外在权威。他们把人们规定的准则看作固定的、不可变更的。

(3)可逆性阶段(8岁～10岁)。这一阶段的儿童已不把准则看成是不可改变的,而把它看作同伴间共同约定的。儿童一般都形成了这样的概念:如果所有的人都同意的话,规则是可以改变的。儿童已经意识到一种同伴间的社会关系,且应相互尊重。准则对他们来说已具有一种保证他们相互行动、互惠的可逆特征。同伴间可逆关系的出现,标志着品德由他律开始进入自律阶段。

(4)公正阶段(11岁～12岁)。这一阶段儿童的公正观念是从可逆的道德认识脱胎而来的。他们开始倾向于主持公正、平等。公正的奖惩不能是千篇一律的,应根据各人的具体情况进行。

皮亚杰认为,品德发展的阶段不是绝对孤立的,而是连续发展的。儿童品德的发展是一个连续的统一体,应用时加以界说只是为了研究的方便,并不表明发展的连续统一体的中断。

(二)柯尔伯格的道德发展阶段论

像皮亚杰一样,柯尔伯格(1969)描述了个人在不同的生命阶段是如何进行道德问题的推理的。他主张品德发展具有固定顺序的六个阶段,儿童和青少年逐渐地由一个阶段进入另一个阶段,要达到任何阶段都需要通过前面几个阶段,而且后续阶段高于前面的阶段。

由低级阶段进入高级阶段,并不表现出文化价值知识方面的增长,只是包含了道德判断早期形式的重组和转换。因而,道德发展不是通过直接的生物成熟,也不是通过直接的学习经验,而是通过机体与环境相互作用的心理结构的重新组织这个发展过程出现的。

虽然个体可能停留在这个固定顺序的某个阶段,但是教育能够促使他向上进步。因此,柯尔伯格断言,教育的基本目的是促进这些阶段的发展。

柯尔伯格是通过询问儿童一些"两难故事"来收集资料的。其中一个经典的道德困境故事是"海因茨偷药救妻":

"在欧洲,一位患有癌症的妇女快要死了,医生认为有一种药可以挽救她,它是同一城市一位药剂师最近发明的一种镭制剂。该药售价昂贵,药剂师又索取比造价贵 10 倍之多的药价。病妇的丈夫海因茨向他的每一个熟人借钱才够要价的一半。他对药剂师说,他的妻子要死了,能不能把药廉价卖给他,或是让他延期付款。但药剂师说:'不行,我研制了这种药,我将用它赚钱。'海因茨走投无路,于是夜间钻进了药店,为他的妻子偷窃了药物。这个丈夫应该那样干吗?"

基于儿童和成人对这类道德困境的反应,柯尔伯格认为道德认知发展分为三种水平、六个阶段。

水平一:前习俗水平,它根据行为的具体结果及其与自身的利害关系判断好坏是非,认为道德的价值不是取决于人或准则,而是取决于外在的要求。

第一阶段:惩罚服从取向阶段。衡量是非的标准是由惩罚决定的。认为只要受到惩罚,不管其理由是什么,那一定是错的。对成人或准则采取服从的态度,缺乏是非善恶的观念,判断好坏只注意行为的结果,而不注意动机。

第二阶段:相对功利取向阶段。这是一种朴素的利己主义。判定某一行为的好坏,主要看是否符合自己的要求和利益,具有较强的自我中心性,认为符合自己需要的行为就是正确的。

水平二:习俗水平,它是着眼于社会的希望和要求,从社会成员的角度思考道德问题。开始意识到个体的行为必须符合社会的准则。能够了解和认识社会规范,并遵守和执行社会规范。

第三阶段:寻求认可取向阶段。认为凡是社会大众认可的,就是对的,反之是错的。顺从传统的要求,谋求他人的赞赏。判断行为的好坏主要依据动机,认为有利他动机的就是好的,有利己动机的就是坏的。此阶段的儿童主要是考虑社会或成人对"好孩子"的期望与要求,并力求达到这一标准。

第四阶段:遵守法规取向阶段。服从权威,遵守公共秩序,接受社会习俗,尊重法律权威,有责任感和义务感。认为只要行为违反了规则,并给他人带来伤害,不论何种动机,都是不道德的。相反,凡是维护权威和社会准则的行为,就是好的、正确的。

水平三:后习俗水平,即以普遍的道德原则作为自己行为的基本准则,能从人类正义、良心、尊严等角度判断行为的对错,并不完全受外在的法律和权威的约束,而是力图寻求更恰当的社会规范。

第五阶段:社会契约取向阶段。认识到法律或习俗的道德规范是一种社会契约,大家可以相互承担义务和享有权利,利用法律可以维持公正。同时也认识到,契约可以根据需要而改变,使之更符合社会大众的权益。

第六阶段:普遍伦理取向阶段。根据自己的人生观、价值观去判断是非善恶,超越现实规范的约束。即以良心、正义、公平、尊严、人权等最一般的原则为标准去进行道德判断,行为完全自律。当根据自己所确立的原则活动时,个体就会觉得心情愉快。相反,当行为背离了自己的道德标准时,就会产生内疚感和自我谴责感。

大多数 9 岁以下的儿童以及少数青少年处于前习俗道德水平。大部分青年和成人都处于习俗水平,后习俗水平一般要到 20 岁以后才能出现,而且只有少数人能达到。

根据我国心理学家韩进之(1986)的观点,柯尔伯格与皮亚杰在儿童道德判断发展问题上的主要差别在于,前者认为儿童道德判断的发展比较迟缓,后者认为发展比较早。这也许是由于两位研究者调查儿童道德判断的课题不一样。皮亚杰主要是通过儿童的现实课题对品德发展阶段做了考查,而柯尔伯格完全是通过两难故事法进行考查。

皮亚杰和柯尔伯格的卓越研究已使众多研究者接受了品德发展阶段说。早在 1978 年,我国心理学家李伯黍等人便开始对皮亚杰和柯尔伯格的理论进行系统的验证性研究与客观性评价,发现我国儿童和青少年的道德判断同样经历着他律到自律,以及由低阶段、低水平向高阶段、高水平的发展过程。而这两个理论提出的七八十年后,仍有新的理论和研究立足之上。例如,基普(Keup)和穆洛特(Mulote,2014)尝试在道德发展阶段说的基础上,通过故事书帮助儿童发展早期道德,维斯马利亚(Wismaliya,2018)等人在小学教育中运用图画故事学习模型来促进认知道德发展。我国研究者郭鑫超(2014)在探讨心理学道德发展理论对德育工作的启示时,也强调了品德发展阶段说在教育工作中的重要作用。这些研究不仅验证了皮亚杰和柯尔伯格理论的普适性,还为其在当代教育实践中的应用提供了新的视角和方法。

二、中学生品德发展的基本特征

(一) 伦理道德发展具有自律性,言行一致

在整个中学阶段,学生的品德迅速发展,处于伦理形成时期。伦理是人与人之间的关系中必须遵守的行为准则,它是道德关系的概括。

(1) 形成道德信念与道德理想。中学阶段是道德信念和道德理想形成并以此指导

行动的时期。中学生逐渐掌握伦理道德,并服从它,表现为独立自觉地依据道德信念、价值标准等去行动,使学生的道德行为更有原则性、自觉性。

(2)自我意识增强。在品德发展的过程中,中学生更加关注自我道德修养,并努力加以提高。

(3)道德行为习惯逐步巩固。由于不断地实践、练习,加之较为稳定的道德信念的指导,中学生逐渐形成了与道德伦理相一致的、较为定型的道德行为习惯。

(4)品德结构更为完善。中学生的道德认识、道德情感与道德行为三者相互协调,形成一个较为完善的动态结构,他们不仅按照自己的道德准则去行动,而且也逐渐成为稳定的个性心理结构的一部分。

(二)品德发展由动荡向成熟过渡

1. 初中阶段品德发展具有动荡性

从总体上看,初中即少年期的品德虽然具有伦理道德的特性,但仍旧不成熟、不稳定,具有动荡性,表现在道德观念的原则性、概括性不断增强,但还带有一定程度的具体经验特点;道德情感表现丰富、强烈,但又好冲动;道德行为有一定的目的性。渴望独立自主行动,但愿望与行动经常有距离。例如一位初中生在课间时目睹同学欺负弱势同学的情况。他的道德观念清楚地明白欺凌是不对的,甚至会感受到强烈的愤怒和不满。但由于缺乏处理该情况的具体经验,没有成熟的判断力和行动计划。最终这位初中生可能只是旁观或者过于激动地参与,行动结果并不符合为弱势同学提供真正帮助的愿望。

初中阶段既是人生观开始形成的时期,也是品德发展两极分化现象出现的时期。这一阶段的学生,由于心智尚未发育成熟,更容易受到外界影响,从而导致品德不良甚至违法犯罪的行为增多。研究指出,初二年级是品德发展的关键期。

2. 高中阶段品德发展趋向成熟

高中阶段或青年初期的品德发展进入了以自律为主要形式、应用道德信念来调节道德行为的成熟时期。具体表现为能自觉地应用一定的道德观点、信念来调节行为,并初步形成人生观和世界观。

三、中学生品德发展的基本特征对教学的启示

(一)教学目标设置:遵循道德水平发展规律,注重道德判断能力提升

道德是发展性的,道德教育要做的并不是加快发展速度,造就道德上超前发展的学生,而是保证学生有适宜的发展水平,保证学生能够达到思维和行动的某种成熟。因此,发展性道德教育的目的就是在学生固定在某个低级阶段之前,创造条件刺激他们向

更高的阶段发展。所以,我们的教育目标设置应根据不同年级学生的道德发展水平,"螺旋阶梯式"地设置具体的教育目标。同时,儿童道德成熟的标志是他做出道德判断和提出自己的道德原则的能力,而不是遵从他周围成人的道德判断。因此,教育目标的重点应当促进学生道德判断力的发展,注重道德理性对道德判断和行为的指导作用,使学生借助理性的力量,以社会主义核心价值观为基础,形成自己的价值观、道德观,面对具体的道德情境,进行理性的道德推理,体验相应的道德情感,做出正确的道德行为,进而不断促进其道德认知、道德情感和道德行为的发展。

(二) 教学内容选择:树立良好的道德榜样

初中阶段是人生观形成的关键时期,同时也是品德发展的重要阶段。在选择道德教育内容时,教学应遵循学生的心理发展规律,重点关注社会主义核心价值观、公民意识、文明礼仪、心理健康、生命教育以及媒介素养等方面。

中学生的道德发展正处于由动荡向成熟转变的阶段,树立正面且积极的道德模范,能够为他们提供道德成长的示范和方向。榜样在教育中扮演着引导角色,鼓励学生模仿品德高尚者的道德认识、情感和意志。在德育课堂上,老师可以介绍品德高尚的人物作为道德榜样,引导中学生学习和模仿,从而使他们的品德逐渐接近榜样。我们常说,榜样的力量是无穷的。在宣传典型、树立榜样的过程中,教师与学生朝夕相处,自然成为学生日常生活中的模仿对象。因此,教师应当言传身教、以身作则,保持言行一致,发挥道德示范的引领作用。

(三) 教学方法优化:指导中学生不良品德行为

中学生或多或少会养成一些不良品德习惯或犯下过错,如对荣辱、美丑、公私、诚实与撒谎的界限模糊,是非观念颠倒,导致最终表现出过激行为。即使有些学生已经认识到正确的道德标准,他们仍可能处于矛盾状态,并与自己的坏习惯做斗争。在这种情况下,教师需要及时提供引导,给予学生心理上的鼓励和榜样的力量,鼓励他们下定决心改正不良习惯,培养优良品德。

在对学生进行心理指导和方法示范时,教师应保持真诚的态度,友善对待学生,保护他们的自尊心,尊重他们的人格,并循序渐进。长期重复某种行为会使其逐渐自动化并形成习惯。因此,应在适当的时间和空间内,给予中学生重复练习优良品德行为的机会。中学生正处于自我意识形成的关键时期,只有通过日常的重复练习和亲身体验,他们才能内化品德,形成良性的道德习惯和行为。

第三节　中学生品德学习的过程和条件

一、品德学习的过程

美国凯尔曼（H. C. Kelmen，1961）认为品德的学习经历顺从、认同和同化三个阶段。

第一阶段，顺从。顺从表现为接受他人的意见或观点，在外显行为方面与他人相一致，而在认识与情感上与他人并不一致。在这种情况下，个人的态度受外部奖励与惩罚的影响，因为顺从可以得到奖励，不顺从则受到惩罚。这种态度是由外在压力形成的，如果外在情境发生变化，态度也会随之变化。

第二阶段，认同。认同是在思想、情感和态度上主动接受他人的影响，比顺从深入一层。如当某青年经过团组织教育，参加过一些团组织的活动以后，自愿承认团章，遵守团纪，希望成为团组织的一员时，他对成为一名团员青年的价值的内化程度已达到认同水平。因此，认同不受外在压力的影响，而是主动接受他人或集体的影响。模仿的榜样是具体的，认同的榜样可以是抽象的。

第三阶段，内化。内化指在思想观点上与他人的思想观点一致，将自己所认同的思想和自己原有的观点、信念融为一体，构成一个完整的价值体系。由于在内化过程中解决了各种价值的矛盾和冲突，当个人按自己内化了的价值行动时，会感到愉快和满意；而当出现与自己的价值标准相反的行动时，会感到内疚、不愉快。这时，稳定的态度和品德便形成了。也有些心理学家在研究品德的形成过程时，采用分别研究的方法，对其中的认知、情感和行为习惯的形成过程分别进行描述。这样的描述有助于揭示品德的三个成分各自的学习规律，有助于指导教育实践。

二、影响品德学习的条件

（一）外部条件

外部条件指学生自身以外的一切条件，包括家庭、社会、学校、班集体和同伴小集体等因素。教学实践和心理学研究表明，这些外部因素对学生的品德有重要影响。

1. 家庭教育方式

20 世纪 60 年代前后，美国心理学家佩克（R. Peck）、哈维格斯特（R. J. Havighurst）采用测验法、评定法与谈话法对青少年品德进行的较大规模研究发现，学生的品德特征与家庭的作风关系甚为密切。家长对待子女的态度过分严格或过分放任,都极不适宜,只有采取民主作风,对儿童的品德发展才有良好影响。例如科查斯卡(G. Kochanska,2000)研究发现,生活在温暖和支持性的家庭环境中,孩子的内在道德动机和自我控制能力会更强,从而形成更完善的道德行为。党的第二十次全国代表大会同样指出,加强家庭家教家风建设是提高全社会文明程度的重要举措之一。

2. 社会风气

如果说年幼儿童的品德主要受家庭教育的影响,那么随着儿童进入青少年时期,社会风气对他们的影响越来越大。

社会风气是由社会舆论、大众媒介传播的信息、成年人(尤其是党政部门的领导人)的榜样作用等构成的。党的第二十次全国代表大会着重强调,在榜样作用方面应发挥党和国家功勋荣誉表彰的精神引领、典型示范作用,推动全社会见贤思齐、崇尚英雄、争做先锋。

学校的青少年不可能与社会隔绝,他们的道德信念和道德价值观正处于形成过程中。他们既容易接受良好社会风气的影响,也容易接受不良社会风气的影响。根据美国的帕克(R. Parke)等人的研究,在其他生活条件相似的情况下,观看暴力电影的学生比其他学生有更多的攻击性行为出现。彼得逊(J. Peterson)等人对美国 7～11 岁的学生的一次全国性调查显示,常看暴力电视节目的学生有更多的恐惧感,担心一个人在外玩的时候被人杀害,有的甚至对社会失去信心。我国现在实行的改革开放政策,有助于学生从多方面获得信息。但是青少年不善于做出选择,而且易受不良社会风气的影响,因此从某种意义上给品德教育工作增加了新的难度。

3. 同伴集体的影响

青少年的道德行为在很大程度上是由他们的同伴集体的行为准则和风气决定的。社会心理学称这种现象为从众现象。所谓从众,是指个人的意见、态度和行动,因受多数人的意见、态度和行为的影响而改变。

青少年的同伴集体有正式的班集体和由学校或班级组织的各种小组。一个良好的班集体,对学生优良品德的形成和不良品德的改变有极为重要的作用。倘若一个班集体有共同的目标、严明的纪律约束,学生之间和师生之间关系和谐、融洽,集体成员奋发向上,那么个别品德不良的学生由于受到良好的集体气氛的感染,会很快变好,或者至少不敢调皮捣乱,因为他这种行为极其孤立,得不到别人的附和(即强化),久而久之,便会消退。

青少年中往往会出现一些非正式的小集体。随着年龄的增长,青少年逐渐与父母疏远。他们喜欢和同伴交往,希望得到同伴小集体的认可和接纳。倘若父母和教师的价值标准不符合他们同伴小集体的标准,他们宁愿冒犯教师和父母而不愿得罪"朋友"。青少年中的非正式团体,在初中和小学阶段多是男生与女生分开的团体。

到了高中,由于生理上的成熟,当他们产生了异性爱的时候,就出现了男女混合团体。这些非正式的小团体,不论是思想健康的或不健康的,都对青少年的品德形成与改变有重要影响。

知 识 链 接

　　一项研究通过孩子游戏(Chicken Game)的实验,证明了同伴的行为和特点是如何影响个体在合作中的决定的。实验发现,当游戏伙伴有不同的行为方式时,个体的合作态度也会发生变化。比如,如果伙伴更注重利益而不是道义,那么个体在游戏中的选择会受到他们之前行为的影响。如果上次同伴一起选择了和平解决问题,这次群体可能更愿意继续合作。相反,如果同伴上次选择了对抗,个体可能也会变得更有竞争性。总而言之,同伴的特点和行为对个体的决策起着重要作用。[1]

(二) 内部条件

影响品德学习的内部条件是指学生自身的各种因素,如智力水平、年龄、性别、教育程度以及其他各种心理因素。在各种内部条件中,心理因素是最重要的。以下我们分析影响品德学习最主要的心理因素:

1. 智力水平

心理学研究表明,智力水平与品德的关系是复杂的。例如,有人对500名有法庭记录的青少年犯的智商进行测量,结果发现他们的智商分布与随机抽样的儿童的智商分布相似,但他们的平均智商低8～10分。心理学家认为,智商低且成绩不良的学生,由于失败的经验导致他们企图通过欺骗来提高自己的成绩。但聪明与道德不是同一回事,当测验涉及非知识性问题时,智商与欺骗行为的上述关系便会消失或下降,聪明用得不当,只能使欺骗行为更狡诈。

2. 教育程度

前面已经提到,品德行为是价值内化的结果。青少年的道德认识与道德判断,不仅与智能有关,也随着年级升高、教育水平的提高而进步。低年级学生或文化水平不高的成人,常常因道德观念水平低,为细小的事感情冲动,发生不道德的行为。

---

① 王晓慧,张李彬,彭明.同伴特点如何影响人们的合作与冲突行为[J].心理科学,2021,44(1).

第四节　中学生品德的培养

一、良好品德的培养

根据品德的特点、学习过程以及影响因素,培养良好的品德要注意以下几点:

(一)说服

教师经常通过言语说服学生改变态度。在说服过程中,教师向学生提供对其原有态度的支持性和非支持性的论据,使学生获得与教师要求、态度有关的事实和信息,以改变他们原有的态度。有效的说服技巧主要有:

1. 提供单面论据与双面论据

根据美国的霍夫兰德(C. L. Hovland)等人在第二次世界大战末期的研究发现:对于受教育程度较高的士兵来说,提供正反两方面的论据比较容易改变态度,而只提供正面论据更有助于受教育程度较低的士兵改变态度。这可能是因为受教育程度较低的士兵理解能力较差,分不清楚正反两方面论据中,哪些是正确的,哪些是不正确的,因此,他对正反两方面的论据感到无所适从,较难改变态度。而受教育程度较高的士兵,理解能力较强,能对相反的论据进行客观分析,而且还会对说服者产生公正感,从感情上倾向于说服者,因而较易改变态度。所以,教师说服低年级学生,应主要提供正面论据,而说服高年级学生,则可以考虑提供正反两方面的论据。

另有研究表明,如果教师提出自己的观点之后,学生不产生相反的观点,则教师只提出正面的观点和材料有助于学生形成肯定的态度。如果在这种情况下再提出反面的观点和材料,则会引起学生对反面材料的兴趣,进而怀疑正面的观点和材料,不利于形成积极的态度。如果学生本来就有反面的观点,就应主动提出正反两方面的观点和材料,并用充分的论据证明反面的观点和材料是错误的。这会使学生感到教师是公正的,容易改变态度,并增强对错误观点的免疫力。

此外,是提供正面论据还是提供正反两方面的论据,还取决于说服的任务。若说服的任务是解决当务之急,只提出正面的观点和材料比较有效。这时提出反面的观点和材料,会延长学生做出正确反应的时间。若说服的任务是培养学生长期稳定的态度,提出正反两方面的观点和材料比较有利。

2. 以理服人和以情动人

教师的说服,有些主要是以理服人,有些则主要是以情动人。20 世纪 50 年代,美国的哈特曼(S. Hartman)研究了三种说服选民的竞选宣传方式的效果。第一种是散布有强烈情绪色彩的传单,第二种是散发条理清楚、说理充分的传单,第三种是没有散发传单。结果发现,接受第一种说服的选民投赞成票的最多,可是两个月以后的调查发现,这些选民大多不记得传单的内容了。而接受第二种说服的选民仍然对传单的内容记忆犹新。可见,说服内容的情感因素对态度的改变容易收到立竿见影的效果,但这种影响往往不能持久,而说服内容的理智因素则容易产生长期的说服效果。

说服的情感因素与理智因素对态度改变的影响还受学生成熟度的制约。如果教师期望低年级学生改变态度,富于情感色彩和引人入胜的说服内容容易产生影响。而期望高年级学生改变态度,则充分说理、逻辑性强的说服内容有更大影响力。对于一般的学生来说,说服开始时,加强情感感染有助于引起学生的兴趣,然后再用充分的材料进行说理论证,会产生长期的说服效果。

教师的说服内容与学生一定的需要发生联系时,会引起各种情绪反应。如果教师的说服引起了学生的恐惧情绪,心理学家们则称其为恐惧唤起。平时,我们经常看到,母亲告诫横穿马路的孩子要注意来往的车辆,否则会被汽车压成肉饼,有助于孩子形成遵守交通规则的态度。这说明能唤起恐惧情绪的说服有助于学生改变考试作弊、吸烟酗酒、抄袭作业等比较简单的态度,但不利于改变比较复杂的态度。如果能将恐惧唤起与明确的指导结合起来,就能最有效地改变学生的态度。

3. 逐步提高要求

学生原有态度与说服者态度之间的距离是影响态度改变的一个重要因素。如果个体原先的态度与说服者的差距小,容易发生同化判断,即具有不自觉地缩小自己与说服者之间态度差异的倾向,其态度容易改变。若个体原先的态度与说服者态度之间的差距大,则个体具有不自觉地扩大自己与说服者之间态度差异的倾向,即容易产生异化判断,而使态度改变发生困难。

> **知识链接**
>
> 历史传说,秦始皇曾问自己忠诚的臣子张良,如何能说服人们支持一场战争。张良讲述了一个农夫救蛇但蛇偷吃粮食的寓言给秦始皇听。张良以此故事向秦始皇解释,人们的态度和行为往往受天性和环境的影响,正如蛇感激农夫的救命之恩,却本性难移一样。他建议秦始皇通过仁政、善治来感化人民,使他们自愿支持国家的战争,而不是强行征召和压迫。秦始皇深思良久,最终接受了张良的建议,放弃强硬的政策,转而实行更为温和的政治措施。以此可见,说服别人改变态度并形成良好品德,并不是通过强制或威胁,而是通过理性的讲述和行为的示范,让对方自觉接受和改变。

（二）树立良好的榜样

态度的形成过程实质上是学生社会化的过程，主要通过社会学习来完成。20 世纪 60 年代，美国斯坦福大学的班杜拉（A. Bandura）提出著名的社会学习理论，认为个体是通过观察和模仿进行学习的。观察学习是指个体以旁观者的身份观察他人的行为表现，以形成态度和行为方式。观察学习只是从他人的经验而学到新的经验，不需要经过亲身的刺激—反应的联结，班杜拉称之为"无须练习的学习"。而模仿是仿照别人的态度和行为举止而行动，使自己的态度和行为方式与被模仿者相同，被模仿者就称之为榜样。对榜样的模仿包括四种类型。一是直接模仿，学生通过榜样的行为直接学到一定的态度。二是象征模仿，学生通过广播、电视、电影和小说等象征性媒介物所显示的榜样态度来学习。三是创造模仿，学生将各种榜样的态度和行为方式综合成全新的态度体系来模仿。四是延迟模仿，学习观察榜样一段时间之后才出现模仿。

尽管班杜拉否认强化为态度学习的必要条件，但他还是强调了强化的作用，因为强化为个体对环境的认知提供了信息。他认为在社会学习中存在三类强化。一是直接强化，当个体出现合乎要求的行为后所导致的学习结果的知悉，或实物、金钱、表扬及其他象征物的获得，有可能加强该态度和行为。二是替代强化，个体因观察他人的某种行为受到强化而增强自己该种行为的出现频率或强度。班杜拉特别重视替代强化的作用，因为观察他人的行为得到强化，会给观察者产生信息作用和情感作用，从而促使其学习与保持那些他人受到强化的态度与行为。三是自我强化，个体的态度会因是否达到自己设置的目标而自我肯定或自我否定。榜样示范是中学生态度与品德形成的一种形象具体又生动感人的教育方法。这是因为，榜样本身的典型性、完美性和形象性，往往是熔理想与实践、言传与身教于一炉，为学生的思想行为规范提供了看得见、摸得着的具体形象，具有极大的震撼力和吸引力。另外，榜样也符合少年儿童的思维特点和行为的可塑性、模仿性的特点，能使学生在榜样的具体形象中感受到美好的人和事，激发其模仿行为，促进其良好思想品德和行为习惯的形成。

（三）利用群体规定

心理学的研究发现，经集体成员共同讨论决定的规则、协定，对其成员有一定的约束力，使成员承担执行的责任。一旦某成员出现越轨或违反约定的行为，则会受到其他成员的有形或无形的压力，迫使其改变态度。因此，教师可以利用集体讨论后做出集体约定的方法，来改变学生的态度。具体操作程序如下：

（1）清晰而客观地介绍问题的性质。

（2）唤起集体对问题的意识，使他们明白只有改变态度才能更令人满意。

（3）清楚而客观地说明要形成的新态度。

（4）引导集体讨论改变态度的具体方法。

（5）使全体学生一致同意把计划付诸实施，每位学生都承担执行计划的任务。

（6）学生在执行计划的过程中改变态度。

（7）引导大家对改变的态度进行评价，使态度进一步概括化和稳定化。

（四）角色扮演

角色扮演（Role Playing）指人依照他自己的角色来行事，如为师者，传道、授业、解惑，便是在扮演他自己的角色；也是指模仿别人的角色来行事，如老师不在，学生干部代替教师管理班级，也是一种角色扮演。儿童游戏中扮演各种不同的角色，有助于其将来学习不同社会角色。

在一个有关角色扮演的经典性研究中，研究者先测量被试对某一事物的态度，然后要求几个被试扮演演说家的角色，按照既定的要求做一次发言，每次发言所表达的是一种比被试本人原有态度更为极端的态度，其他被试则仅仅是这几位发言者的听众。角色扮演后，实验者对被试的态度重新做了测量。结果发现，扮演演说家角色的被试态度沿着发言时所表现的态度方向，发生了重大的改变，而听众的态度却很少受影响。还有一些研究进一步揭示，在角色扮演中所花费的力气愈大，改变态度的效果就愈好。他们让被试做一次与他们原有态度不一致的讲话，并且让他们同时通过耳机听自己讲演的声音。为提高任务的难度，说话的声音延迟几分钟后才通过耳机传入其耳朵。这时，被试既要讲话，又要听自己刚刚讲过的话，相当困难。结果显示，"延期听反馈"的被试有双倍的可能被他们自己的言论所说服，这是因为为自己不相信的某件事花费巨大的力量，要比只花费轻微力量能够引起更大的不协调，更有可能改变态度。

在实际的教育情况里，角色扮演也常常产生神奇的力量，一位对外语不感兴趣，学习外语消极被动的学生，一旦扮演外语课代表的角色，很快就会产生与外语课代表身份相符的行为模式，学习外语的态度，就会显得格外认真和努力，甚至学习外语的成绩会显著进步。

（五）价值辨析

近年来许多心理学的研究表明，青少年的问题行为多半是缺乏清晰的价值观，难以对自身行为进行指导造成的。因此，要培养青少年良好的品德，必须加强价值观的教育。

价值辨析包括三个部分、七个子过程：

1. 选择

（1）自由选择。让学生思考"你认为你是从什么时候第一次产生这一想法的？"

（2）从可选择的范围内选择。让学生思考"在你产生这一想法之前,你常考虑其他什么事情?"

（3）对每一可选择途径的后果加以充分考虑后的选择。让学生考虑"每一可选择途径(想法)的后果将会怎样?"

2. 赞赏

（4）喜欢这一选择并感到满足。让学生考虑"你为这一选择感到高兴吗?"

（5）愿意公开承认这一选择。让学生回答"你会把你知道的选择途径告诉你的同学吗?"

3. 行动

（6）按这一选择行事。教师对学生说"我知道你赞成什么了。现在你能为它做些什么吗? 要我帮忙吗?"

（7）作为一种生活方式加以重复。教师问学生"你知道这一途径已经有一段时间了吗?"

从价值辨析的七个环节来看,教师首先必须诱发学生的态度和价值陈述。其次,教师必须无批评和无判断地接受学生的思想、情感、信念和观念。最后,教师必须向学生提出问题以帮助学生思考自己的价值观念。

总之,价值辨析采用诱导性的品德教育方式,反对呆板的说教和强硬的灌输式教育,教师易于掌握,学生乐于接受,有助于提高自我认识,直接导致道德行为发生积极的变化。但是对学生的价值观念不辨好坏,一概予以承认的态度是不可取的。

（六）小组道德讨论

小组道德讨论是美国柯尔伯格的合作者布莱特(M. Blatt)于 1973 年设计并实施的道德教育模式。他们认为,儿童通过对假设性两难道德问题的讨论,能够理解和同化高于自己一个阶段的同伴的道德推理,拒斥低于自己道德阶段的同伴的推理。后来柯尔伯格又与劳顿合作,在 20 所学校中再次证实了"布莱特效应"。小组道德讨论涉及三个要素:一是课程要素。道德讨论的内容必须有一些能引起学生认知冲突的道德两难故事。二是班组要素。道德讨论的班组必须由处于不同阶段的学生混合而成,使学生有机会接触到高于他们推理水平的道德判断,触动其原有的道德经验结构,产生不满足感,以达到改变自己原有道德经验结构的目的。三是教师行为要素。教师应具备儿童道德发展的理论知识,并根据儿童道德发展的阶段特点,启发学生在小组讨论中积极思考,主动交流或辩论,做出判断,寻找自己认为正确的答案。教师还要鼓励学生在讨论中考虑他人的观点或意见,协调与他人的分歧。所以,柯尔伯格认为小组道德讨论是符合苏格拉底的助产术精神的,并称之为"新苏格拉底模式"。

（七）适当的奖励与惩罚

奖励是指施于行为之后以增加该行为再次出现可能性的事物,它包括外部奖励和内部奖励。当学生缺乏遵照社会道德规范行动的自觉性时,教师通过物质的或精神的外在手段(如奖品、荣誉)来促使他们形成良好的道德品质,这些外在手段就等于外部奖励,也就是强化。如果学生在遵照社会道德规范行动后得到满足感,从而进一步激励学生继续发生道德行为,则属于内部奖励。外部奖励和内部奖励都能够满足学生的某种需要,因而在以后类似的情境或刺激下,道德行为出现的概率就会升高。

奖励的运用,首先要正确选择道德行为,奖励的应该是乐于助人、拾金不昧、尊老爱幼等具体的道德行为,而不是概括性的行为。其次,要正确选择奖励,奖励可以多用,但不要让学生轻易达到满足,而且不必时时运用物质奖励。在不少场合,向学生微笑,表示亲昵或口头赞扬,同样能产生良好的强化作用。再次,在教师期望的良好行为出现后,就要立即给予奖励,不要延搁太长的时间。最后,随着学生年龄的增长,应引导学生更多地利用内部奖励,让学生对自己的道德行为本身获得满足,感到愉快,以增强学生的道德行为。

惩罚是指减少或消除某种不良行为再次出现的可能性和在此行为发生后所跟随的不愉快事件。关于惩罚的教育效果,心理学家们有过许多争论。著名心理学家桑代克认为,奖励能加强行为,惩罚则能减弱行为,两者的作用似乎是对应的。后来他又认为,奖励比惩罚更为有效。而斯金纳则反对在教育中运用惩罚,主张强化期待的行为,对不符合要求的行为不予理睬,以消退不良行为。班杜拉更进一步反对惩罚,认为教师经常采用体罚或变相体罚,是为学生的侵犯行为提供了示范,使学生从教师处学到了侵犯行为。我们认为,尽管惩罚不一定能保证学生发生道德行为,但它毕竟能够抑制不良行为,所以在品德培养中,适当运用惩罚还是必要的,正如奥苏贝尔所指出的:承认错误与接受惩罚是学习道德责任心和发展健全良心的主要部分。很少有孩子这么脆弱,以致他们不能顺利地接受应得的责备和惩罚。

一般说来,教师可以运用两类惩罚。第一类惩罚是在违反纪律的行为发生后施加某种痛苦或厌恶的刺激,以减少受罚行为再次发生的可能性,如批评、警告、记过,直到开除学籍等处分。第二类惩罚是在不良行为发生后,取消学生喜爱的某种事物,以减少受罚行为再次发生的可能性。例如,扣除行为得分,暂时收回某种奖励或暂时取消参加某种娱乐活动的权利,等等。不过,主张运用惩罚,并不等于提倡体罚与变相体罚。这是每一个教育工作者务必加以注意之处。因为体罚或变相体罚容易严重伤害学生的自尊心,引起过度焦虑,也容易导致意外伤害学生身体的事故,从而使学生对教师产生敌意。同时体罚或变相体罚也容易为学生模仿,使常受体罚的学生更容易表现出攻击性。这里介绍正确运用惩罚的七条原则:

第一,避免不适当的惩罚,对违反课堂纪律的行为施以体罚或罚款是不适当的。

第二，惩罚应与学生的不良行为相对应。批评学生在课堂里随便讲话，不应同时指责过去曾在上课时吃东西。

第三，至少需要有一种不相容的反应，学生在课堂里随地吐痰的不相容反应是擦掉痰迹。

第四，惩罚应尽可能及时，若惩罚延后，不良行为不容易消除。

第五，在施行延迟惩罚时，应力求使受罚者想到原先的过失情境。

第六，力戒惩罚后又立即出现奖励。

第七，向学生指出合适的行为以代替被惩罚的行为。

二、品德不良的转化

品德不良是指个体所表现出的与道德规范不符的品质，这种行为或态度常常违反道德准则，导致道德过失。在我国的学校环境中，虽然存在品德不良的学生只是少数，但我们必须认真对待并妥善处理这一问题。如果处理不当，不仅会影响这些学生的个人成长，还可能干扰班级和学校的秩序，甚至对社会稳定构成威胁。品德不良可能是道德认识方面的，也可能是道德意志或道德行为习惯方面的。家庭成员本身的恶习或家庭结构的剧变，社会上不当的舆论导向或某些不正之风，教师忽视思想品德教育，外界客体的诱惑，社会上有关方面的姑息等等，都会导致个体产生不良行为，从而形成不良品德。再者，一个人往往面对着与道德原则相反的倾向来学习道德原则，比如，当面对他人的自私时，个人却被要求表现出利他精神以及成人榜样中有口是心非、言行不一的现象，这些现象都表明了确立正确的道德观念并不是一件轻而易举的事情。但是，社会的主要力量是表彰道德行为、谴责不道德行为的。因此，在这种压力下，大多数道德品质不良的人是可以改变的。

我国心理学工作者根据品德教育的实践经验，概括出改变品德不良行为需要经历的三个阶段：醒悟、转变和自新。

（一）醒悟阶段

品德不良的人仍然是社会事件中的主体，社会实践中的某些结果有时会使他们认识到自己的某些行为是违背社会道德规范的。品德不良的个体一旦具有这样的认识，他就处于醒悟阶段了。

引起醒悟有两种方法：

（1）消除疑惧。品德不良的人也有被社会承认的需求，但是，他们得到的常常是谴责，因此，对于他人往往抱有一种可能受到其谴责的态度定势。一旦教育者适时地给予适当的表扬而不是谴责，就可以渐渐地消除他们的疑惧，为进一步的道德教育提供互相信任的基础。如，有些学生上课不遵守纪律，听课不专心，有时会发出叫声，故意破坏纪律。但同时这些同学可能具有性格直率、勇于承担任务、体育成绩好等优点。教育者应多关注品德不良学生的优点,从而与学生建立起信任关系。

(2)引发其他需要。许多品德不良的人往往意识不到自己的行为会给与自己有切身利益的人或事物带来什么后果,教育者如果能够抓住时机适时引导,就可以引发这些人的其他需要,从而导致他们醒悟。如,有些品德不良并犯有较严重道德错误的人,当发觉教师为此痛哭、父母因而气病等实情时,会引起他们的内疚和悔恨,从而产生爱与归属的需要。

在利用上述两种方法时,教育者应注意到,这两种方法针对感恩心理,也针对个人的切身利益。处于醒悟阶段的个体,虽然有了这两种心理状态,但还不能确保他们没有反复,不能确保他们有坚定的改错意向。

(二)转变阶段

当品德不良的个体产生了改过自新的意向,并且对自己的错误初步有所认识之后,在行为上会产生一定的转变。教育者必须清醒地看到这仅仅是开始,在整个转变阶段必然要经过不断的矛盾运动才能最终成为一个新人。

在转变阶段,品德不良的个体常有反复的现象。出现反复的情况有两种:一是前进中的暂时后退;二是教育失败出现的大倒退。应该看到,品德不良是长期形成的,恶习深的个体往往上进心弱,有时抵制不了诱惑,并抱有侥幸心理。

避免反复的方法有两种:

(1)回避或逃避原先的旧刺激,以免近墨者黑。

(2)避开旧刺激并不是积极的办法,这些人最终仍会遇上这类刺激。因此积极的做法是让他们在旧的、原先的刺激条件下接受考验。马卡连柯的许多报告都谈到了这方面的成功事例,在考验的同时,教育者应向这些个体提供正误范例,提高他们的是非感。

(三)自新阶段

品德不良的个体转变之后,如果长时期不再出现反复,或很少出现反复,就逐步进入自新阶段。进入这一阶段的个体,完全以崭新的面貌出现在社会生活中。

对待这些个体,教育者要注意:避免歧视和翻旧账,给予信任和尊重,加倍关心他们的成长;更为积极的是使他们形成完整的自我观念。一个具有完整的、健康的自我观念的个体,能充分意识到自己过去的行为、今天的行为、明天的行为是自己生活史上的一个个篇章,无论过去的行为如何,都确实是自己的价值观念、信仰的表现,错的就是错的,对的就是对的。一个具有完整的、健康的自我观念的个体,敢于对自己的行为负责,并具有向上发展的意向,而不为别人的歧视所动。

一、选择题

1. 郑老师通过让全班同学观看"某中学生为了减轻妈妈的辛劳,时常为加班晚归的妈妈做好饭"的视频,让学生学会孝敬长辈,这种品德修养方法属于（   ）。

    A. 树立榜样   B. 有效说服   C. 群体约定   D. 价值辨析

2. 孙琳认为自己应该热爱集体、团结同学、帮助同学、尊师爱幼。这反映了品德心理结构的哪一方面?（   ）

    A. 道德情感   B. 道德认识   C. 道德意志   D. 道德行为

3. "其身正不令而行,其身不正虽令不从"这体现的德育方法是（   ）。

    A. 实际锻炼法   B. 个人修养法   C. 榜样示范法   D. 品德评价法

4. 欣怡能用规则来约束自己的行为,认为规则是绝对的,不可变更的,并表现出对规则的服从。根据皮亚杰的道德认知发展理论,欣怡的道德发展水平处于（   ）。

    A. 自我中心阶段   B. 权威阶段   C. 可逆阶段   D. 公正阶段

5. 国强认为欺负弱小是不可取的、不道德的,因此他在生活中总是能自觉杜绝这样的行为,这说明其品德发展处于（   ）。

    A. 依从阶段   B. 内化阶段   C. 自主阶段   D. 外化阶段

6. 晓旭认为服从、听话的孩子就是好孩子,于是她对老师和家长绝对遵从,期望得到他们的赞许。依据柯尔伯格的道德发展理论,她的道德发展处于（   ）。

    A. 社会契约取向阶段   B. 相对功利取向阶段

    C. 寻求认可取向阶段   D. 遵守法规取向阶段

7. 上学路上,徐燕看到一个同学正艰难地推着位坐轮椅的老人上斜坡路,她非常感动。这种道德情感属于（   ）。

    A. 动作性道德情感体验   B. 形象性道德情感体验

    C. 想象性道德情感体验   D. 伦理性道德情感体验

8. 张校长特别重视学校文化建设,提出"让学校的每一面墙都开口说话",以此来促进学生品德的发展。张校长强调的德育方法是（   ）。

    A. 陶冶法   B. 示范法   C. 锻炼法   D. 说服法

二、判断题

1. 学生进行思想品德教育只是思想品德课老师的工作。

2. 品德形成受情感的影响。

3. 德育的起点是提高道德认识。

4. 根据柯尔伯格的观点,道德发展的阶段性是固定的,相同年龄阶段的人都能达到同样的发展水平。

三、简答题

1. 简述品德的心理结构。

2. 简述品德形成的三阶段及其主要内容。

四、案例分析题

上学期初,我们班转来个学生叫王伟,他沉迷于网络游戏,导致学习不认真,对班级活动漠不关心,还常常旷课。我对王伟定期家访,在家访中了解到,早在王伟读小学的时候,父母为了不让他到处乱跑,便常给他零花钱去玩电子游戏,以至于形成了网瘾。鉴于此,我建议王伟的父母多抽些时间来与他交流、沟通,并控制好他的零花钱,尽可能地限制他玩网络游戏。同时,我发动了全班同学利用各种报刊、网络收集资料,并召开了一次题为"网络游戏给我们带来什么"的主题班会。通过激烈辩论,最终同学们得出的结论是:中学生玩网络游戏的弊远远大于利,我们不能沉迷于网络游戏。王伟在班会课后感中写道:"通过主题班会,我才真正意识到经常旷课上网是多么愚蠢。过去我对学习一直不感兴趣,上课听不懂,整天无所事事,为了消磨时间,我就常常逃课去上网……"针对王伟的情况,我语重心长地与他谈心,并为他采取了一项措施:他每坚持一天不上网,就会有一位同学给他写上一句祝福或鼓励的话。我们班共有50个同学,有四十九颗火热的心愿意帮助他。我希望他不要辜负同学们的期望,王伟爽快地说:"没问题。"此外,为了培养王伟对班集体的责任心,我与班委协商,让他担任学校清洁区卫生评分员,他也非常乐意地接受了。同时,同学们充分发掘王伟的特长,在每次出黑板报时,就把画报头和插图的任务交给他。班干部们也非常热心,主动担任王伟各科学习的辅导员,常常辅导他做作业。一学期过去了,他不再沉迷于网络游戏,学习成绩比以前明显提高,思想也有了很大进步。

问题:结合材料分析,王伟的不良行为转化经历了哪几个阶段,具体表现是什么?

第11章　教师心理

内容摘要

在影响教学工作的顺利实施和学生健全发展的众多因素中,教师是相当积极、颇为活跃的因素,起主导作用。教师的心理特征、教师的职业心理素质及其构成、教师的心理健康、教师的成长与培养等,这些教师在职业生涯中的心理活动及其规律的研究,已成为教育心理学的重要内容。

重点难点

1. 了解教师的心理特质以及教师心理研究概况。
2. 了解教师的职业心理素质及职业心理特征。
3. 明确教师的心理健康标准以及教师职业倦怠现象。
4. 熟悉教师成长与发展的基本路径。

本章结构

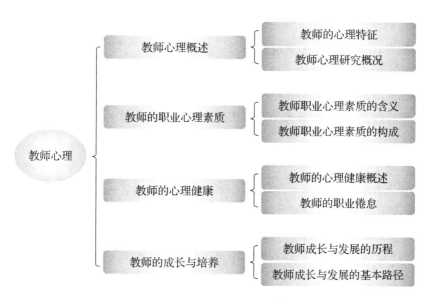

第一节　教师心理概述

一、教师的心理特征

教师心理特征是指教师在教育教学过程中表现出来的心理特征,包括认知、情感、人格、社会型等方面的特征。下面从教师心理特征对教学效果影响角度,详述教师的认知特征、人格特质和效能感。

(一) 教师的认知特征

1. 教师的一般认知能力

研究表明,知觉、记忆、思维和想象这些认知能力因素与教师的教学效果并没有显著的相关。这与我们的经验相反的原因是,教师的教学效果主要是依据学生的成绩优劣和管理者的评价高低决定。但这并不意味着对教师的认知能力没有基本的要求,从业仍然要具备较高的认知能力水平,因为教师的工作既烦琐复杂,又具有一定的专业技术含量,是一种对教育智慧要求较高的脑力劳动。只要教师的认知能力条件达到职业要求的水准,它对教学效果的影响就不再明显,这时,教师的人格等其他心理特征更能起决定性作用。

2. 教师的特殊认知能力

教师从事教育职业这种专门的活动应具备的智慧能力即教师的特殊认知能力,主要有思维的条理性、逻辑性、口语表达能力以及教学活动组织能力。研究表明,教师的言语表达能力、诊断学生学习状况的能力、组织教学活动的能力以及思维的系统性、条理性、缜密性、深刻性、合理性,与其教学效果之间有较为显著的正相关。也就是说,在其他条件相同的前提下,教师在这些方面的能力越强,学生的学业成绩越好,相反,学生的学业成绩会越差。并且,教师的这些认知能力特点对小学生的影响更大。

(二) 教师的人格特征

在教师的人格对教学效果的影响上,学生的身心发展状况是重要的判定依据,也就是说,教师教学效果的好坏,要看学生的身心发展状态。影响学生身心发展的诸多因素中,教师的人格是无法替代的一种教育力量。苏联教育家乌申斯基就说过:"教师的人格对于年轻的心灵来说,是任何东西都不可取代的,教师的人格是教育事业的一切,只有人格才能影响人格的发展和形成。"一方面,教师的人格影响着学生个性的健全发展。具有良好人格的教师,不仅会受到学生的喜爱和信服,而且会成为学生发展的楷模。另一方面,教师的人格也影响着学生的智力发展和学业成就。在教学活动过程中,教师良好的人格特征有利于创设欢快活泼的课堂心理气氛,直接影响教学活动的展开和行进,以及师生间交互作用的及时性和有效性。

研究表明,教师有两个重要的良好人格特征对教育效果会产生显著影响。一是教师的热情和同情心。教师对学生的良好期待所产生的皮革马利翁效应已经被罗森塔尔的教育实验所证实,还有研究发现,教师在教学中对学生思想的认可和欣赏与课堂成绩呈正相关。二是教师富于激励和想象的倾向性。在教师的激励下,学生的学习行为更富有建设性和创造性。教师的责备和否定,则与学生的成绩存在负相关,尤其对自信心不足和年龄较小的学生,教师的这种人格特征的影响更为显著。

(三) 教师的自我效能感

效能感(Efficacy)是个人对自己进行某一活动能力的主观判断。这一概念来源于美国心理学家班杜拉的自我效能理论。班杜拉认为,人的动机受自我效能感的影响,效能感的高低会影响一个人的认知和行为,一个人的效能感越强烈,所采用的行为就越积极,努力程度就越大越持久,同时情绪也越饱满。教师效能感水平的高低,会影响教师对学生的期望、对学生的指导等行为,从而影响教师的工作效率。例如,面对一个成绩差、品行不良的落后生,有的教师觉得自己有能力转化他,他就会采取积极的态度,努力运用各种方法来帮助该生;而有的教师觉得自己没有能力转化这位学生,他就会对这个学生被动应付,或听之任之,不做努力。教师的效能感是解释教师动机的关键因素,它影响着教师对教育工作的积极性,也影响着教师对教学工作的努力程度以及遭遇困难时的坚持程度。

教师的自我效能感,表现为教师对自己是否有能力对学生的学习产生积极影响所做的主观判断。它一般分为一般教育效能感和个人教学效能感两个方面。一般教育效能感,指教师对教育在学生发展中的作用等问题的一般看法与判断,即教师是否相信教育能够克服社会、家庭及学生本身的素质对学生的消极影响,有效地促进学生的健康发展。教师的个人教学效能感,指教师认为自己能够有效地指导学生,相信自己有教好学生的能力。

教师的效能感是通过影响教师行为而对学生的自我效能及学习能力与成绩起作用的。教师效能感会对教师的心理行为产生以下几方面的影响。第一,影响教师在工作中的努力程度。效能感高的教师相信自己的教学活动能使学生成才,会在工作中投入很大的精力。在教学中遇到困难时,他们也能够坚持不懈,勇于向困难挑战。效能感低的教师则认为家庭和社会对学生的影响很大,学生的努力是根本的,自己的影响则很小,不管自己如何努力,收效也不会大,因而常放弃自己的努力。第二,影响教师在工作中的经验总结和进一步的学习。效能感高的教师为了提高自己的教学效果,会注意总结各方面的经验,不断学习有关的知识,进而提高自己的教学能力。而效能感低的教师由于不相信自己在工作中也会取得成绩,便难以做到在教学中不断总结、积累和提高。第三,影响教师在工作中的情绪。效能感高的教师在工作后精神饱满、热情洋溢、心情愉快,因而工作效率高,教育效果好;效能感低的老师感到不能胜任工作,常感到焦虑和紧张。

二、教师心理研究概况

(一) 教学能力的内涵及其结构因素的分析

关于教师的教学能力,国外自20世纪60年代起就进行了大量研究。主要从两个方面入手。一是从教育评价角度,研究教师课堂教学能力的结构维度,并以此区分一般教师和优秀教师的差别。二是从对学生发展影响的角度,研究教师课堂教学能力。研究者们提炼出了一些影响学生发展的重要因素,如课堂管理能力、教学指导能力、课堂提问能力和教学反馈能力等。新近研究进一步扩展,提出教师的教学能力要素还应该包括人际协调与沟通能力、自我教育和发展能力、教学研究能力等。国内对教师教学能力的研究起步较晚,对教学活动的认识和对教学活动所做的微观考察程度不尽相同,因此所提出的能力构成也有所不同。申继亮等学者还从认知心理学的角度对教学能力做了全面、深入的分析,认为教学能力是一种特殊能力,是由多种成分构成的一种综合体。各式各样的教学活动都涉及三种能力,即教学监控能力、教学认知能力和教学操作能力。纵观我国学者对教师教学能力的定义和结构分析,都认为教学能力是在具体教学实践活动中表现出来的直接影响教学效果的多种能力的综合体,是一般能力与特殊能力的结合,具有动态性。

(二) 教学能力训练的多元化、综合化和数字化取向

教学能力训练早期受行为主义心理学影响,侧重教学外在操作行为的序列训练,采用单一途径——微格教学。微格教学是20世纪60年代首创于美国斯坦福大学的一种旨在训练师范生和在职教师掌握教学技能的一种技术。其基本程序是确定训练目标—学习理论—见习范例—教学实践—反馈—重教—评价。它的训练程序及其操作具体具有示范性,能定量评价,具有有效性。但由于过分关注教学行为操作而忽视教学内在认知加工活动和教学信念等动力系统对教学的调节作用而受到批评,认为它可以培养"教书匠",但难以培养"教育家"。随着微格教学弊端的暴露,一种着眼于在职教师内在观念和专业发展的培训技术——行动研究(Action Research)开始出现。

行动研究起源于二十世纪三四十年代美国的社会学研究领域。在教育领域,行动研究概念大约出现于20世纪50年代。60年代中期始,英国中小学掀起了由教师所发动的旨在解决课堂和学校实际问题的教育改革运动,即"教师即研究者"(Teacher as Researcher)运动。斯腾豪斯(L. Stenhouse,1926—1982)是这场以课程为重点的教育改革

运动的主要代表人物。目前世界各国教师的"以学校为中心"的在职培训模式体现了行动研究的思想。"以学校为中心"的在职培训模式认为,要提高教师的教学质量,只有到学校教学现场和教室中去观察分析、了解掌握具体教学问题,并根据学校和教师的实际需求,采用理论与实践相结合的原则展开培训,才能提高教师的教学技能,如"新教师带引式培训""新教师研修式培训"。此外,在行动研究的启示下,出现了教师培训的实践反思模式。近年来,无论是对我国优秀教师成长道路的探析还是与此相关的国际比较,均已清楚地表明实践反思模式是面向未来的教师教育的基本模式,即"实践＋反思＝教师成长"。

后来的研究者认为,仅仅分析可见的教学行为不足以解释教学过程,因为最终决定教学行为的是教师的思想,是教师的认知过程;在信息加工理论看来,教师在教学过程中面临许多复杂多变的信息,教师如何理解这些信息并做出相应的教学决策决定着课堂中所发生的一切。随着认知心理学在教学心理学研究领域运用的深入,20 世纪 70年代以后,研究者开始从教师认知过程入手来研究教师教学的认知加工活动。20 世纪90 年代以来,教学思维和教学认知研究已经逐渐成为教学研究和教学心理学关于教师心理研究的重要领域之一。研究内容主要是从横向描述教师思维及知识结构逐步扩大到纵向描述、解释甚至"干预"教师思维的形成和发展过程,揭示教学思维的内在信息加工过程。近期的教师思维研究强调质性研究,多采用认知心理学的研究技术。具体研究内容包括教学思维的品质、类型,认知加工过程的研究等。

随着信息技术和教学技术的发展,智慧教学应运而生。智慧教学是在传统课堂教学的基础上,通过引入现代信息技术手段,实现教学内容、教学方法和教学管理的智能化、个性化和高效化。智慧课堂鼓励教师创新教学内容,利用多媒体和互动技术使教学内容更加生动,能够根据学生的学习习惯、能力和兴趣提供个性化的学习资源和学习路径,通过在线讨论、实时反馈等技术提高学生的参与度和互动性,还能够对学生的学习行为和成果进行分析,以优化教学策略。近年来,国家出台了系列政策文件旨在提升教师的智慧教学能力,例如《教育信息化十年发展规划(2011—2020 年)》提出了教育信息化的总体目标和战略任务,加强教师信息技术能力培训;《教育信息化"十三五"规划》明确了"十三五"期间教育信息化的发展目标,强调了提升教师的信息素养和智慧教学能力;《关于实施全国中小学教师信息技术应用能力提升工程的意见》旨在通过系统培训,提高中小学教师的信息技术应用能力;《教育部关于加强新时代教育信息化工作的指导意见》提出了加强教育信息化工作的具体措施,包括提升教师的信息化教学能力,等等。

由此可见,微格教学、行动研究及教学思维研究(教学信息加工)的多元化,使教学能力训练从注重外在行为特征分析向注重内在认知过程分析转变;同时,随着教育信息技术的发展,教师培训的数字化能力趋向也更加明显。

(三) 注重教师人格的研究与培养

如果说教师的教学能力主要决定教师教学成效的话,那么,教师的人格特征在很大程度上决定着能否激发学生积极的学习体验,调动学习的主动性和积极性,有效促进学生人格的健康发展。教师的人格特征对教学的影响很早就受到教育心理学研究者的重视。早期的研究注重把人格特质理论引入教师人格研究,以期发现教师人格特质对学生心理发展和学习成绩的影响,并借此从人格特质上区分有效教师和无效教师。后来研究发现,并不是所有的人格特质都能有效地预测学生的发展与学习效果。20 世纪 70 年代后,有关教师人格特质的研究逐渐集中到教师自我概念的发展与其教学能力、学生发展的关系上。国外教师心理研究发现,在达到一定的智力和知识水平之后,知识和智力就不再是影响教学效果的重要因素,教师的专业教育能力(思维的条理性、逻辑性,口头表达能力、组织能力等)将对教学效果有重要影响。而教师达到必要的智力与知识水平,具备了专业教育能力之后,教师自身的人格品质就是影响学生学习和成长的重要因素。我国的研究主要集中在教师的个性特征上。从 20 世纪 80 年代开始,对优秀教师的个性特质进行了研究,提出了优秀教师所具有的典型人格特征,到 90 年代开始涉及教师自我概念的研究。这些研究揭示出:教师的人格特征对学生的发展和教学的有效性有重要意义,它往往成为影响教学效果和学生发展的重要隐形因素。因此,提高教学效率,必须高度重视教师人格的培养和塑造。

(四)强调教学行为操作技能与教学信念同步发展

教学的行为操作只能解决外部技术问题,难以转变教师的思想观念。而教学外在行为往往是受内在思维观念和教学信念支配的。因此,在反思教师教学行为研究的经验教训之后,教学心理学把研究的视角转向于教学信念这一内部心理因素上。为此,对教学控制点、教学归因,尤其是教学效能感进行了广泛的研究。当前,在教师培养和发展问题上,强调教学行为操作技能训练和教学信念构建的同步发展。关于教学信念的研究主要集中在教学归因和教师效能感这两个问题上。然而对教学归因的研究多限于对学生学习行为和学业成就的研究,对教学归因与教师教学之间关系的研究较少。对教学效能感的研究则主要集中在教学效能感的内涵及其结构分析、教学效能感的测量工具和教学效能感对师生发展的影响这三个主要问题上。

(五)重视教师专业知识及其合理结构的研究

教师的知识研究始于 20 世纪 70 年代,其时,认知心理学运用于教师思维研究之中。教师的知识作为教学认知活动的一个基础因素,对教学认知加工过程有重要影响。研究方法主要采用调查法、专家—新手比较研究法。研究发现,教学的有效性并不与教师知识的丰富程度呈线性相关。究其原因,与知识结构有关。教师完善的知识结构理应包含以下几类知识:实践性知识(教学的程序性知识——如何传授知识的方法性知识)、学科知识(教学的陈述性知识——传授给学生的内容性知识)、从事教育教学研究的方法类知识等。我国 20 世纪 90 年代末的调查发现,中小学教师最需要的知识依次是现代教育技术方面的知识、学科教学与研究的知识、教育理论和教育心理学的知识、新的专业知识。其中，前三项均属于教师知识结构中的实践性知识。但是，我国教师培训实践并未充分重视教育心理学研究的这些结论，本体性知识（专业知识、学科知识）传授在师资培训工作中一直占有十分重要的地位，甚至成为我国师资培训的主要和中心任务。然而实践证明，具有丰富的本体性知识并不是个体成为好教师的决定条件。研究表明，教师的本体性知识和学生的成绩之间几乎不存在统计上的关系。由此可见，教师继续教育要特别重视实践性知识，因为教育教学实践经验对教师的成长、教学效果的提高有着非同寻常的影响。

（六）关注教师专业成长与发展的研究

教师专业性发展阶段研究始于教师职业发展阶段研究。自 20 世纪 60 年代以来，国内外研究者对教师的专业性发展阶段的划分实质上是从两个角度进行分析的。第一个角度是注重与教师年龄有关的职业生涯的发展，如格鲁等人认为，教师职业发展大致经历了关注自我生存、关注学科内容和情境、关注学生及其差异三个阶段。第二个角度是注重与教师认知发展阶段有关的情感、行为及人格等方面的发展，如斯德菲（J. S. Stafford）依据人文心理学派的自我实现理论，提出教师职业发展的五阶段，即预备生涯阶段、专家生涯阶段、退缩生涯阶段、更新生涯阶段、退出生涯阶段；蔡清田等学者提出教师成长的四阶段，即自我更新取向、同伴专业互享取向、师生互动取向、亲师互动取向。这些研究通过大量的理论探索和实证考察，确定教师专业发展具有阶段性。教师成长与发展阶段研究给我们的启示是，教师培养要注重分阶段培养。此外，近些年来，国内外学者对教师专业性成长与发展的研究开始关注职业心理的影响，特别是职业倦怠（Job Burnout）和职业承诺（Career Commitment）的问题。对教师职业承诺和职业倦怠的研究可以了解不同类型的教师在职业情感和处理职业压力上存在的差异。

第二节　教师的职业心理素质

一、教师职业心理素质的含义

教师的职业心理素质是其心理素质的重要组成部分，也是教师职业专业化所要求教师必备的素质内容。界定教师职业心理素质有两条途径：一是从心理素质的角度出发，把教师职业心理素质作为教师心理素质的有机组成部分；二是从教师职业素质的角度，把教师职业心理素质作为教师职业素质的一个有机组成部分。把这两种观点结合起来看，教师职业心理素质可以界定为与教师的职业有关的心理素质的总和，它包含两个方面的含义：一是指教师职业对其从业者所需心理素质要求的总和，这是一种外在的标准，也是教师职业活动得以顺利、高效完成的必要保证；二是指个体已经具备的与教师职业有关的心理素质的总和，这是一种静态的状态，也是评价从业者能否顺利完成相应职业活动的基础。由此，教师职业心理素质指教师稳定的职业心理品质。它是以人的先天禀赋为基础，通过师资训练和自我提高而形成的身心特征与职业修养。它主要体现在教育观念、个性修养、职业道德、知识水平、教学经验、组织能力和行为效能等方面。

二、教师职业心理素质的构成

中国共产党第二十次全国代表大会报告中指出，加强师德师风建设，培养高素质教师队伍，弘扬尊师重教社会风尚。下面将从教师的教育观念、个性品质、职业道德、知识基础、教学能力和教育行为六个方面介绍教师职业心理素质的构成。

（一）正确的教育观念

1. 正确的教师观

当代教师必须努力成为学生学习的激发者、辅导者与组织者，促进学生学习能力和个性的健全发展，关注学生的学习态度、学习方法、身心素质的全面发展。

2. 正确的学生观

正确的学生观是指对学生有一个科学而客观的看法。主要表现在以下三个方面：① 正确认识学生的向师性和独立性。既要珍惜学生的向师性，又要尊重学生的独立性。在此基础上，建立教学相长、尊师爱生的师生关系。② 正确认识学生的能动性和可塑性。要用发展的眼光看待学生，这是激励学生成长进步的根本动力，是教师留给学生的宝贵精神财富，是教师正确学生观的核心内容。③ 正确认识学生的个别差异和发展潜力。要侧重从因材施教的角度看待个别差异，从提高基本素质的角度为学生创造全面发展的机会，使学生的自身潜能得到有效挖掘。

（二）良好的个性品质

1. 对教育工作怀有浓厚的兴趣

兴趣是指一个人经常倾向于认识掌握某种事物并力求参与该活动的心理倾向。教师对教育工作的兴趣是其创造性地完成教育和教学工作的重要心理素质之一。

2. 牢固确立先进价值观的主导地位

价值观或价值取向是个性品质中极为重要的内容，它决定着一个人对事物、对社会的基本态度，决定着一个人的行为方向。优化教师的价值取向，牢固确立以集体主义为特征的先进价值观的主导地位，这是确保教师良好素质的根本要求，也是积极推进素质教育的可靠保证。

3. 良好的性格特征

教师理想的性格主要有：平易近人，没有偏心，关心同学，态度认真，要求严格，颇有耐心，言行一致，朴素大方，开朗活泼，品德高尚。

（三）高尚的职业道德

职业道德是指从事某种职业的人，在其所从事的工作中必须遵循的具有社会道德意义的行为规范。教师的职业道德主要表现为对教育事业的忠诚（核心）、对学生的热爱以及与同事之间的友好协作。

（四）深厚的知识基础

知识是教师生存的基石。没有深厚扎实的知识基础，就无法胜任教育教学的各项工作。以下四个方面的知识基础是提高教师素质所必需的：精深的专业知识；广博的知识领域；必备的教育科学理论；丰富的个体实践知识。

（五）较强的教学能力

教师较强的教学能力主要体现在以下五个方面：敏锐的观察能力；较强的言语表达能力；灵活的组织教学能力；把握时机进行教育的能力；一定的知识创新能力。

（六）适宜的教育行为

教育行为是教师素质的外化形式。教师应十分注意自己教育行为的适宜性和示范性。教师适宜的教育行为主要包括三个方面：

1. 形成民主的管理风格

教师的管理风格直接关系到学生集体的风气。在教师的管理风格中，经常出现干涉型、放纵型两种弊端。民主型管理风格的核心是尊重学生和信任学生，在教师的指导下充分调动学生参与班级管理的积极性与创造性，使学生的才能得到充分发挥。

2. 合理地运用规则与惩罚

在班级管理中，规则是必不可少的，应该由师生共同遵守，允许学生参与制定和监督执行过程。规则或纪律具有强制性，但这种强制也必须建立在对人的尊严和人格尊重的基础上。

3. 充分发挥教育机智的作用

教育机智是指教育者根据教育实践中遇到的新情况、新问题，特别是突发事件，迅速做出判断、果断处置并取得良好教育效果的教育行为。它是教师工作具有创造性的生动体现，是教师良好素质的综合反映，是教师高尚的职业道德、精湛的教育技能及良好的人格修养共同作用的结果。研究表明，教育机智随年龄增长呈上升趋势。

第三节 教师的心理健康

一、教师的心理健康概述

(一) 教师心理健康的标准

教师的心理健康不仅仅指向教师自身的心理状态,也会或多或少地影响学生的学习心理。第三届国际心理卫生大会对心理健康进行了界定,具体包括:① 身体、智力、情绪十分协调;② 适应环境,在人际交往中能彼此谦让;③ 有幸福感;④ 在工作和职业中能充分发挥自己的能力,过有效率的生活。我国学者俞国良和曾盼盼(2001)指出,教师的心理健康标准应该至少包括以下几点[①]:

(1) 对教师角色认同,勤于教育工作,热爱教育工作;

(2) 有良好和谐的人际关系,师生关系融洽,有威信,能够理解并乐于帮助学生;

(3) 能正确地了解自我、体验自我和控制自我;

(4) 具有教育独创性,在教学活动中不断学习,不断进步,不断创造;

(5) 在教育活动和日常生活中均能真实地感受情绪并恰如其分地控制情绪。

(二) 教师心理健康问题

从 20 世纪 90 年代起,教师心理健康就是教育研究的热点话题。学者张积家对教师心理健康现状现有研究进行元分析,结果显示进入 21 世纪后,教师心理不健康检出率非常高,约为 52%。[②] 从一般性标准看,教师群体的强迫、抑郁、焦虑、偏执症状均比一般人群更加显著。[③] 黄潇潇、靳娟娟、俞国良[④](2024)的研究报告中显示教师心理健康存在焦虑、抑郁、躯体化、强迫、偏执以及敌对等问题,其中强迫问题居于首位,躯体化问题波动幅度较大。从时间上看,在 1998—2020 年间,教师心理问题仍有缓慢升高的走向特点,在 2019 年达到峰值。由此可见,教师仍然存在较大的亟待解决的心理问题。

教师的心理问题表现多样,可以归纳为以下六个方面:

(1) 适应不良,这主要表现在嫉妒、妄想、自卑、抑郁等不良情绪以及反应迟钝、思维不灵活、记忆力衰退等心理机能失调的状况。

---

① 俞国良,曾盼盼.论教师心理健康及其促进[J].北京师范大学学报(人文社会科学版),2001,2(1):21-26.

② 张积家,陆爱桃.十年来教师心理健康研究的回顾和展望[J].教育研究,2008,4(1):48-55.

③ 吴思孝.教师心理健康现状分析及调整策略[J].教育探索,2003,3(5):82-84.

④ 黄潇潇,靳娟娟,俞国良.我国教师群体心理健康问题的特点、影响因素与发展趋势[J/OL].中国人民大学教育学刊,2024(3).

（2）职业行为问题，例如教师对教学失去热情，厌恶、恐惧教育工作，对同事尖酸刻薄、恶语伤人，对学生施以体罚、傲慢、盛气凌人，挑拨是非、恶意中伤等，严重损害教师形象。

（3）人际交往问题，例如封闭、自傲、自卑、嫉妒、孤僻、猜疑等，还可能出现以自我为中心、目中无人、自私自利、钩心斗角、虚荣心强，导致人际关系恶劣，自身心理与行为异常。

（4）人格障碍，例如分裂型人格、反社会型人格、自恋型人格、偏执型人格、癔症型人格、依赖型人格和强迫型人格等。

（5）心身问题，即心理问题常伴随一些身体上的症状，如失眠、食欲缺乏、咽喉肿痛、恶心、心动过速、呼吸困难、头疼、眩晕等，严重者还会有原发性高血压、偏头疼、心绞痛、消化性溃疡等，以及神经衰弱、焦症、恐惧症、抑郁症、癔症等神经官能症。

（6）职业倦怠，例如疲劳、烦躁、易怒、过敏、情绪紧张，不愿与学生沟通，出现人格丧失、成就感降低等。

知 识 链 接

陈紫薇、于晓琪和俞国良（2024）筛选了与中学教师心理健康问题相关的100项研究，样本量为30 729。以样本量为权重，计算纳入研究中不同年份焦虑、抑郁、躯体化问题、敌对问题、强迫问题、偏执问题得分的加权平均数，作为1998—2020年间每年各个心理健康问题指标的总均值，以折线图的方式展现1998—2020年中学教师心理健康问题变化轨迹，结果如图11-1所示[1]。

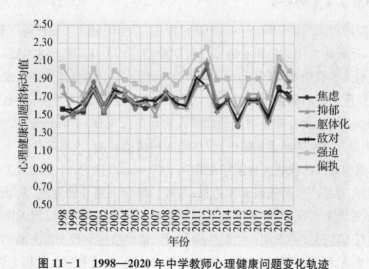

图 11-1　1998—2020年中学教师心理健康问题变化轨迹

① 陈紫薇，于晓琪，俞国良.中学教师心理健康问题的特点、影响因素与发展趋势[J/OL].中国人民大学教育学刊，2024(3)：26-27.

1998—2020 年中学教师心理健康问题整体呈上升趋势,2012 年前后中学教师心理健康问题变化趋势存在差异。以 2012 年为界,2012 年前中学教师心理健康问题上升,2012 年后开始下降。根据年代与标准差相关分析结果,仅在 1998—2012 年间,焦虑的标准差与年代呈显著正相关,效应量解释率为 5.3%,说明 2012 年以前,中学教师心理健康问题离散程度增加,教师心理健康问题的个体差异不断增加。此外,与其他心理健康问题相比,中学教师的焦虑和躯体化问题表现出更为明显的恶化趋势,值得更多关注。

二、教师的职业倦怠

教师职业倦怠是教师成长与发展过程中的危机现象,已是国内外尤其是我国教育领域较为严峻的现象。教师职业倦怠现象的存在,不仅会危及教师的身心健康和学生的健全发展,而且会危及教师的职业理想与信念,影响教师的教育教学效果,阻抑教师的成长与发展。

(一) 教师职业倦怠及其内在机制

1. 教师职业倦怠的含义

职业倦怠的英文是 Job Burnout,中文可译为"工作倦怠""工作耗竭""职业枯竭"和"职业倦怠",但普遍使用的是职业倦怠。对职业倦怠的界说,有下述主要观点:临床观点的代表人物弗鲁登伯格(H.J. Freudenberger)认为,职业倦怠是工作强度过高并且无视自己的需要所引起的疲惫不堪的状态,是"过分努力去达到一些个人或社会的不切实际的期望"的结果;社会心理学观点的代表人物马斯拉奇(C. Maslach)认为,职业倦怠是"在以人为服务对象的职业领域中,个体的一种情感耗竭、人格解体和个人成就感降低的症状";组织观点的代表人物凯尔尼斯(C. Cherniss)认为,许多人对工作的期望是不现实的,因此容易产生幻想破灭和倦怠;等等。综合上述几种观点,从职业倦怠产生的主要范围、根源和表征看,职业倦怠主要是指助人行业中的个体,因无法应付外界对个人能量和资源的过度要求而产生的生理、心智、情绪情感和行为等方面的身心衰弱状态。以此为基础,所谓教师职业倦怠,是指教师在长期、连续和过度的压力影响下,又缺乏足够的缓冲资源,而产生的教师职业的理想和信念迷失、教书育人的价值感与满足感匮乏、师生教学交往的热情和兴趣枯竭,以及教育教学手段和方法的简单粗暴等一系列不良反应。

2. 教师职业倦怠产生的内在机制

关于教师职业倦怠产生的内在机制,主要有以下几种理论:

一是弗鲁登伯格的付出—回报不对称理论。弗鲁登伯格将倦怠定义为,一种迫不得已的生存方式调整的结果,即在现实不能吻合所期待的"付出—回报"逻辑时导致的一种心理疲劳和挫折状态。教育工作的付出与回报之间不成比例。教育工作的性质决定了教师接受来自知识的、智慧的和意志力的经常性挑战,还要无条件地扮演人生导师、智慧化身和心理支持者的角色,为此消耗的个人资源十分严重,许多工作是台前幕后,燃烧自己、照亮别人的无法计量的牺牲,以致出现"付出那么多,所得如此少"的局面。

二是比尤凯格(Beaucage,1977)的四阶段论。比尤凯格将倦怠视为个体从事一项活动的进程性结局。就其自然趋势而言,具有必然性,当然,这一进程不是不可干预的。该进程通常有以下四个阶段:① 理想狂热期。个体在从事一项活动之初,往往会表现得雄心勃勃、忘我投入、精力充沛、不知疲倦,坚信自己的选择,心中充满了陶醉感。此时往往不在乎为了达到目标所需付出的时间和努力。即使遭受挫折,也不言败、不悲观、不退却。初登教坛的青年教师大都有一段理想狂热期。② 徘徊停滞期。个体开始感到做事缺乏效率、焦虑、工作满意度下降,觉得实现当初确立的目标越来越困难。某些躯体问题(难以消解的疲劳、无法入眠的痛苦)开始出现,但往往无视躯体警戒信号,一味以加倍努力来回避问题。当一个人力图做出更多努力,而不是调整不现实的期望时,枯竭就真正开始了。教师表现出的与年龄不相称的衰老是工作压力大、自我效能感低的心理负重在生理上的表现。③ 迷惘挫败期。在这一阶段,个体承受着无所不在的慢性病理症状。虽然还是力图否认问题,但已经被身心疲惫所控制,明确而强烈地体验着牛陷枯井、无力脱身之感。当初的选择开始动摇,工作效率降至自己都难以置信的低谷,怀疑自己是否已经江郎才尽。在精神颓废的心态之下,个体会通过物质滥用(酗酒等)、放纵情感(玩世不恭、不当性行为)以寻求麻醉和解脱。我们无意为见诸报刊、电视等新闻媒体的各种教师渎职乃至犯罪行为开脱,但是,考察教师职业心理演变轨迹对于解析他们的沉沦根源是有启发意义的。④ 冷漠抑郁期。彻底放弃乃至嘲弄自己当初追求的理想目标,在无所用心、不负责任的精神状态下生活,不再在乎自己的公众形象和未来前途。至此,个体的枯竭已经达到最低限度,身心健康严重受损。处于这一阶段的教师难以对教育工作发挥应有作用。

三是劳伦斯(Laolonse,2002)的共变模型。劳伦斯认为,在人一生中的各阶段都可能会出现倦怠现象。个体特征、职业特征、组织结构及社会支持系统四个方面的因素相互作用,共同决定了个体一个时期内的发展轨迹曲线。这一曲线的高峰跃迁期是个体充满活力、富有效能的阶段,学习的进步、事业的发展所能达到的高度都是在高峰跃迁期完成的。倦怠是个体发展轨迹曲线的低谷震荡期。对活动的价值和意义失去了起码的认同,效率严重下降,任事态日益恶化而不谋求逆转。如果没有新的干预因素介入,倦怠就是这一阶段存在意义消失的标志信号。

（二）教师职业倦怠的表现及危害

1. 教师职业倦怠的表现

关于教师职业倦怠的表现维度，尽管目前有单维和多维之争，但教师职业倦怠的三维观已得到广泛认同。美国学者马斯拉奇等人认为，教师职业倦怠的三维度分别是情绪衰竭（Emotional Exhaustion），表现为情绪情感极度疲劳、对工作缺乏热情与活力；去人性化（Depersonalization），表现为对工作对象疏离和冷漠、缺乏耐心和爱心；低个人成就感（Reduced Personal Accomplishment），表现为职业效能感降低甚至丧失、对自我消极评价增长。国内学者新近进行的本土化研究成果也强化了教师职业倦怠的三维表现，但在维度名称和表述上有所不同。他们认为，教师职业倦怠通常有三方面表现：热情枯竭，反映个体对工作和对象的态度与热情度的变化，即一个充满工作热情、对学生很关心、在工作上有许多理想的人，慢慢地变得冷漠、疏远和得过且过；精力枯竭，反映个体在长期的工作和情绪压力下自身能量方面的变化，即在身体和精神上都充满活力的个体慢慢地耗尽了自己的能量，持续地感到疲劳；职业成就感丧失，反映个体对自己的评价和态度的变化，即原本充满自信和自我肯定的个体，逐渐耗尽了自信心和对自己的认可。

2. 教师职业倦怠的危害

教师职业倦怠会危害教师身心健康，也会影响工作士气和工作能力，甚至还会使教师厌教，最终会对教师自己、学生及学校产生许多消极影响，危害极大。对教师个人的自身伤害表现为，身体能量的耗竭感，持续的精力不济，极度疲乏、虚弱，身体对疾病的抵抗力下降，伴有失眠、头痛、背痛和肠胃不适等生理方面的不良症状和心理枯竭，会使教师虐待自己、配偶和孩子，进而带来婚姻和家庭问题；也会导致失眠、酗酒、药物依赖和自杀。心理枯竭还会使他们工作意志消沉，动力不足，不再追求工作上的成就和进步，影响自身的专业发展。对学生身心发展的危害表现在，教师出现职业倦怠后，易对学生的行为做消极解释，为学生提供的服务和关怀的质量会降低，学生无法从老师身上获取关注和爱，甚至还会被老师以恶劣态度和行为对待，这对学生的身心是一种伤害，不利于他们的健康成长。对教育工作的消极影响在于体验到枯竭的教师会士气低落，时常抱怨，工作效率下降，与同事的关系恶化，甚至会发生缺勤和离职的情况，进而严重影响组织的稳定性和工作绩效。

（三）教师职业倦怠的自我预防和调节

1. 加强职业道德修养，提升思想品德素质

首先，加强理论学习，更新教育观念，提高师德认识。要想使自己的思想适应社会需要，就要有知识，这就要学习。同时，人们的观念需要更新，提高自己的道德水平，更

要学习。加强理论学习,是提升教师职业道德修养的必要方法。教师要认真学习政治理论,树立正确的人生观。不学习理论,就不可能科学、全面和深刻地认识社会,认识人与人之间的正确关系,因而就不可能形成正确科学的人生观和世界观;也不能矢志教育,义无反顾,以坚忍不拔的精神,战胜前进道路上的一切困难,为人民教育事业而努力奋斗。教师要学习教育科学理论,丰富科学文化知识,掌握教书育人的本领。教师学习教育理论,掌握教育规律,按教育规律办事,才能更好地完成教书育人的职责,这本身就是教师职业道德规范的要求。同时,通过学习教育理论,教师能进一步明确自己在教育教学中的主导地位,对学生的身心发展起重要作用,这就更能使教师进一步严格要求自己,加强职业道德修养。教师还应学习丰富的科学文化知识,只有广泛学习有关自然科学和社会科学知识,才能使教师从各种关系和联系中明确改造世界的任务,认识社会和人生。只有这样,才能真正做到在教书过程中育人。

其次,调整职业价值观念冲突。价值观作为人们对价值的观点和看法,导引人们的思想和行为。教师的职业价值观念对教师职业生活具有重要影响。教师职业生活中几乎所有的欢乐与痛苦、希望与失望、幸福与不幸等都与教师职业价值观念有密切联系。据社会学家韦伯解析人类行动的方法,教师的职业价值观念冲突则是教师过分关注工具理性而忽视价值理性所致。工具理性是指以能够计算和预测后果为条件来实现目的。价值理性则指对真、美或正义之类较高等级价值的认同,而不顾后果如何与条件怎样都要完成。因此对教师进行职业价值干预,需要注重引导教师正确认识和处理工具理性和价值理性的关系。肯定教师工具理性存在的合理性和价值。工具理性有助于实现个体目标,满足个体物质需求,提高生产和工作效率。教育引导教师追求价值理性。教师不应仅仅满足于金钱的追逐和物质的享受,更应追求较高层次的职业理想和价值,守住知识分子的人格魅力和精神家园。这样的教师会少些物质利益层面上的不公平感,更不会因之诱发职业倦怠。在许多地方,教师的经济地位并不高,但仍然有许多教师兢兢业业、满怀热情地投身于教师职业,这正是因为清贫的物质生活没有冲淡其教书育人的使命。

再次,根据自身实际,适当定位修养目标,不断超越。教师职业道德修养同人们认识和改造世界的一切活动一样,不是无目的、无计划的,而必须有明确的目标作为指导。在教师职业道德修养中指导整个修养过程的总目标是崇高的教师职业道德理想,它作为一面旗帜,为教师如何做人,如何胜任教书育人的责任指明了前进的方向和奋斗目标,并成为教师生活的重要精神支柱,推动和激励教师朝着更高的道德境界奋进。但是,由于教师的职业道德修养过程是构成师德的各种要素相互制约、相互影响、相互作用的过程,个人原有的道德水平与社会道德要求之间的矛盾和不平衡性,使得教师道德修养的目标有层次之分,每个教师应从自身实际情况出发,确立可行目标,努力使自身师德从无到有,从现有层次向更高层次攀升。师德修养实际上是教师道德认识、情感、意志、信念、行为和习惯诸要素从无到有、从低到高、从旧到新的矛盾运动过程,因此也就决定它是一个长期的艰苦过程,这就必然要求教师坚持不懈地努力。不管是师德认识的提高、师德情感的陶冶、师德意志的磨炼、师德信念的确立,还是师德行为和习惯的培养,都不可能是短时期的、一蹴而就的,教师要在教育实践中不断选择自己的行为。伴随教育实践活动的深入和发展,会提出许多新的问题,教师总是面临新的选择考验,教师道德修养也就不能停留在一个水平上,而是要求越来越高,永无止境。所以每个教师都要不断磨炼,坚持不懈,才能使思想品质修养不断超越,达到更高境界水平,适应教育和社会发展的需要。

2. 学会自我心理调适,增强心理素质

自我心理调适是指个体根据自己的需要、兴趣、能力、气质和性格选用适合自身压力情况的有效调节方法,使生理和心理功能处于良好状态,以寻求与社会、组织及职业的协调和适应。"调"是手段,意指自我把握,包括调整、调节、调度、调和、调剂等;"适"是目的,意指实现平衡,包括适宜、适合、适度、适量、适当、适中等。系统论认为,系统整体的性质与功能取决于系统内部的结构和联系。所谓系统的结构,是指构成系统元素的性质、数量、比例、空间排列及时序组合。所谓系统的联系,是指系统间发生的物质、能量和信息的传递与交流。不同的结构和不同的联系导致系统不同的性质和功能。故此,教师主体的结构与联系决定职业倦怠的性质和影响状况。尤其是当教师职业倦怠的诱因客观存在,指向教师主体外部的干预路径不畅,干预策略难以施行,职业倦怠比较严重并危及心理健康和影响生活质量时,教师自我调适心理,增强心理素质,对于减弱和解除诱因刺激,缓解和排除压力困扰,预防和消解职业倦怠,就具有非常重要的作用。通常,教师应学会以下心理调适方法:

压力调整法,包括直接行动法和间接缓和法。直接行动法就是,教师通过从事那些能缓解和排除压力来源的工作以减轻和消除压力的方法。这要求教师首先理清压力来源,然后执行某种行动,这种行动有助于有效减弱和解除诱因刺激。具体包括更有效地管理或组织自我、发展新的知识技能并养成良好工作习惯、与同事商讨等,以使个体境况被群体改变或处理。间接缓和法就是,不直接处理压力来源问题,而是以减轻和消除压力体验为目标,包括生理与心理两方面的缓和策略。生理缓和策略主要是通过体育锻炼和放松训练解除过度紧张和焦虑。心理缓和策略则主要通过心理训练,如认知训练、公平感训练、归因训练和表象训练等,进行自我心理调适,提高心理素质,以积极而有效的应对方式处理压力和困扰。其中,认知训练可作为教师自我干预职业倦怠的重要心理调适方法。以往的认知训练理论强调用积极思维取代消极思维,经过多年临床实践发现,积极思维并非解决之道。因为这种取代并没有消除消极思维产生的原因或根据。最新认知理论认为,用平衡思维的方法,能够有效缓解和消除由不合理思维带来的紧张或不安。平衡思维的认知训练可分下述几个步骤:第一步,找到那些引起不良情绪的诱因,如,不能按时完成工作任务。第二步,将这些诱因引起的消极思维或想法从头脑中剥离出来,使它明确反映在人的头脑,并用一句话来描述,如,领导认为我没有能力。第三步,找出基于这种想法的情绪,并用一个词来形容,如,悲哀、难过、焦虑等。第四步,找到支持你想法的证据,如确实在规定时间内没完成工作任务,可能自己在某些方面存在问题,或者是因为知识,或者是因为技能,或者是因为能力等。第五步,找出不支持你想法的证据,完成该任务对于你的确太难,或时间太短,或缺乏可借鉴的经验和相关资源等。第六步,把支持和不支持你消极想法的证据用"既……又……"综合起来,使你获得一种平衡思维,这样就可以使你从以偏概全的阴影中解脱出来,心理困扰得到缓解。第七步,重新评估你的情绪。如果你能每天记录下最影响你情绪的诱因或事件,并做这样的练习,相信不到一个月,你就会成为自己情绪的主人,心理调适能力会明显改善。基于此,因角色心理冲突、不公平感、外控型归因和低教学效能感等引发并加重职业倦怠的教师,建议不妨尝试进行上述认知训练。

当然,诱因不同,认知训练的侧重点和内容应有所不同,就角色心理冲突诱发或加重的职业倦怠而言,可侧重进行以下角色认知调整:一要恰当定位自我角色期望。教师是人,会有七情六欲和喜怒哀乐,教师也是凡人,知识能力定有不足,也会有缺点和错误。同时,教师职业的性质和特点决定了教育教学成效具有模糊性与后延性,并且很可能因之弱化教师的价值和地位,所以,就必然在很大程度上使教师充分及时获取工作的价值感、自尊感和成就感受限制。显然,应以对教师自身和教师职业的正确认识为基础,再结合自身实际,合理定位自我角色期望。二要主动降低角色的社会期待。教师可通过正式和非正式渠道,积极与社会、学校、家长和学生展开对话和交流,使其认识教师职业的性质与特点,了解教育教学的困难与复杂以及教师工作的付出与所得,寻求理解并达成共识,以降低过高角色期望及要求。三要果断确定应承担的主要的角色。在多种角色难以调和时,选定并承担最具价值的角色。美国社会心理学家古德(W. J. Goode)在《角色紧张》一书中提出了解决这种角色心理冲突的具体办法,即从各种互为交叉的角色中挣脱出来,把有限的时间和精力用到那些对自己更有价值的角色上。对角色价值的判定依据有:该角色对个体意义如何;不承担某些角色会造成怎样的积极和消极结果;周围的人对你拒绝某些角色的反应如何。通过以上角色认知的调整,可避免不必要的压力和困扰,减少挫折感和失落感,排解内心冲突,并有助于教师保持职业自信,获得应有的职业效能感和满足感,预防和调节职业倦怠。

第四节 教师的成长与培养

一、教师成长与发展的历程

成长与发展,两个词的含义和范畴有很大的重叠。不过一个教师在生命过程中可以自然地成长,而一个教师的发展需要努力去促进和提升。从教师教学专长的成长与发展看,富勒(F. Fuller)和布朗(F. Brown)在二十世纪六七十年代提出了教师关注阶段理论,他们根据教师的需要和关注焦点的不同,将教师的成长与发展历程分为关注生存、关注情境和关注学生三个阶段。伯林纳(D.C. Berliner)则把教师教学专长的成长与发展过程分为新手水平、高级新手水平、胜任水平、熟练水平和专家水平。

(一) 教师成长与发展的三个阶段

1. 关注生存阶段

这是教师成长的第一阶段,一般说来,新教师都会处于这一阶段。主要表现为非常需要被领导、同事、学生认可和肯定。特别关注自己的生存适应性,最担心的问题是:"学生喜欢我吗?""同事们如何看我?""领导是否觉得我干得不错?"等。

2. 关注情境阶段

一般来说,老教师比新教师更关注此阶段。当教师感到自己在工作上已经站稳脚跟,完全能够生存时,便把关注的焦点投向了提高学生的成绩,即进入关注情境阶段。在此阶段教师关心的是如何教好每一堂课,关注教学的课堂气氛、备课材料是否丰富和教学时间是否充分等这些与教学情境有关的问题。

3. 关注学生阶段

这是教师成长与发展的成熟阶段。如果教师顺利适应了前两个阶段,就会关注学生的个别差异,并能够认识到学生的发展水平和年龄阶段的不同,就会有不同的社会性需要,教师在此阶段关心的问题是,如何根据学生的实际情况有针对性地选择有效的教学材料和教学方式。

(二) 教师成长与发展的五种水平

1. 新手水平

刚进入教学领域的教师,一般处于这一水平。教师的任务是学习一些陈述性知识,如教学原理、教学内容和教学方法等,并熟悉课堂教学的基本环节、步骤和各类教学情境,获得初步的执教经验和从业技能。

2. 高级新手水平

有2~3年教龄的教师一般处于该水平。教师已经开始领会到各种教学情境有其共同性,也能够运用一些教学策略调控自己的行为和课堂中的教学事件。但他们的课堂管理和教学活动并未达到有意识的水平,具有偶然性和盲目性。

3. 胜任水平

并不是所有教师都能够达到这一水平。处于胜任水平的教师在教学活动中,既能够有意识地选择该做的事,又能够有效判定课堂教学事件的主次。此水平的教师对教学目标的达成有较强的自信心,不过他们的教学技能仍未达到迅速、流畅与变通的水平。

4. 熟练水平

达到熟练水平的教师,通常具备对课堂教学情境和学生的学习状态的敏锐洞察力,能够准确预测学生的学习反应并有效调控课堂教学活动,从而进一步调整自己的教学计划和教学进程。

5. 专家水平

处于专家水平的教师具备了所谓的"动态中的知识"或"缄默性知识",他们在处理课堂教学事件时,不是以分析和思考的方式有意识地选择和控制自己的注意力与教学活动,而是以直觉的方式即刻做出反应,并轻松、流畅地完成教学任务。

(三)专家型教师与新教师之间的差异

研究专家行为的美国学者麦克内斯里曾对即将从教的学生说:"如果你想让学生沐浴在知识的光辉里,你最好让自己成为一名专家。"新教师怎样才能成长发展为专家,认知心理学家通常采用比较研究法对专家型教师和新教师之间的差异进行研究。研究步骤为:第一,选出某一领域的专家和新手。第二,给专家和新手提出一些任务。第三,比较专家和新手如何完成这些任务。研究结果表明,专家型教师和新教师在运用专业知识的有效性、完成任务的效率以及对解决问题的最优方法的洞察和选择这三个基本方面,都存在明显不同。具体表现在课时计划、课堂教学过程和课后教学评价的差异。新教师只有认识并努力消除这些差异,才能尽快成长和发展为专家型教师。

1. 课时计划的差异

一是课时计划简洁性上的差异。专家型教师的课时计划只突出课的主要步骤和教学内容,并未涉及细节,而新教师在课时计划的一些细节上投入很多时间精力。产生差异的原因在于,专家型教师认为细节由课堂教学活动中的学生行为决定,并能通过观察获得这些教学的细节。二是制订课时计划灵活性上的差异。专家型教师是根据学生的已有知识安排教学进度,制订课时计划,并能灵活机动地调整,新教师则只能依据既定的课时计划,按部就班地去展开和完成,不会随课堂情境的变化进行弹性的处理。三是备课时预见性上的差异。专家在备课时,能在头脑中形成包括教学目标在内的教学表象和心理表征,并可预测课时计划执行过程中将会发生的情况,新教师则更多地仅仅想到自己要做什么,而不知道学生将会做什么,不能预测课时计划执行的情况。

2. 课堂教学过程的差异

一是课堂规则的制定与执行上的差异。专家型教师制定的课堂规则明确并能坚决执行,新教师制定的课堂规则含糊,且不能坚持下去。同时,专家型教师能鉴别学生的行为是否符合情理，能不断暗示学生，从而专注于学生应该做的事，新教师则不会。二是吸引学生注意力上的差异。专家型教师能在课堂上运用声音、表情和动作集中和稳定学生的注意力，新教师则缺乏吸引学生注意力的方法和技巧。三是知识呈现上的差异。专家型教师注重回顾已有的知识，顺利过渡到新知识的讲授，对较难的内容会有适当的铺垫，讲授也有一定梯度，新教师则很难做到。四是教学策略运用上的差异。专家型教师能在各教学环节灵活恰当地运用丰富的教学策略，新教师则不能。五是提问与反馈上的差异。专家型教师提问的水平较高，提问的数量、质量和技巧适当，能根据学生回答问题的情况，选择后续所提的问题。

3. 课后评价的差异

在课后评价时，专家型教师和新教师关注的焦点不同。新教师更多关注课堂中发生的自己对问题的解释情况、板书情况和学生的课堂参与情况等细节方面的问题，专家型教师则多注重学生对新材料的理解和他认为课堂中值得注意的活动，很少谈论课堂管理问题和自己的教学是否成功。

二、教师成长与发展的基本路径

教师的成长与发展主要有两种基本路径：第一，通过师范教育培养新教师，为教师的成长与发展提供最基本的知识和技能训练；第二，通过实践训练提高在职教师的素质，为新手型教师向专家型教师的转变提供所必需的知识和经验。国内外研究显示，有效促进在职教师成长与发展的基本途径主要有以下三种：

（一）观摩和分析优秀教师的教学活动

组织新教师观摩和分析优秀教师的课堂教学活动是提高新手型教师教学能力和水平的一种有效方法，能够帮助新手型教师习得优秀教师在驾驭专业知识、进行教学管理以及调动学生积极性等方面表现出的教育机智和教学能力。观摩的形式有组织化观摩和非组织化观摩两种。

组织化观摩是指有计划、有目的的教学观摩。组织化观摩适用于刚入职的新手型教师和教学经验欠缺的年轻教师，可以采取现场观摩（如组织听课）的形式，也可以采用观看优秀教师的教学录像的方法。在组织教师进行观摩之前，应制订周密的观摩计划，明确观摩的内容、角度及程序，在观摩的过程中应仔细感受和体会，详细记录，观摩之后应进行有针对性的讨论，对观摩过程中的体会进行消化和吸收。有研究表明，组织化观摩能使教师更清楚地理解学生的想法，使教师的课堂行为变得更自然。现在不少学校特别是一些示范学校每学期都有开放周或开放日活动，组织部分教师参加这些活动，观摩外校教师的教学活动，回校后加以评析，这有利于教师在教学方面的成长与发展。由于地区间和校际的差别，外校教师在公开教学活动中，可能有不同于本校教师的教学特色,这样可以开阔视野,促进教师的教学特色多样化。另外,组织观看教学大赛的录像,并认真进行讨论和分析研究,也有助于教师教学专长的提高。

相对于组织化观摩,非组织化观摩是指没有明确目的和计划的观摩。它对观摩者有较高的要求,需要观摩者有相当完备的理论知识和洞察力,否则难以达到观摩学习的目的。

(二) 进行教学能力的多元化训练

一是运用微格教学,培养教师从教所需的外在行为操作能力。通过这种教学技术来训练师范生和新教师掌握教学技能,使他们对自己教学行为的分析更直接和深入,可增强改进教学技能的针对性。二是利用行动研究,改善教师的内在观念和发展状态。开展这种训练,可促进教师有计划有步骤地对教学实践中产生的问题进行提炼和归纳,用教育科学的理论、方法和技术去审视,使教师与研究人员共同合作研究,以便将教育教学经验上升到理论高度,从而指导教师的教育教学实践,提升教师解决教育教学实际问题的能力。三是传授有效教学策略,提高教师教学水平。把有效教学策略教给教师的关键程序是,每天进行回顾;有意义地呈现新材料;有效地指导课堂作业;布置家庭作业;每周每月都进行回顾。这样的教学策略训练,可改进教师对教学的认知,有助于教师根据课堂中所发生的情况选择相应的教学决策,从而提高教学的能力水平。

(三) 反思教学经验

反思是教师以自己的教学活动为思考对象,来对自己所做出的行为、决策以及由此所产生的结果进行审视和分析的过程,是一种通过提高参与者自我觉察水平来促进能力发展的手段。对教学经验的反思,又称反思性实践或反思性教学。教师反思的内容有三种。第一种是认知成分,它是对教师在教学中的加工信息和决策过程进行反思。第二种是批判成分,指教师对教学决策的反思,包括情感体验、信念、价值观和道德等成分,如教育目标是否合理等。第三种是教师的陈述,包括教师所提出的问题,教师在日常工作中的写作、交谈以及他们对课堂教学所做出的解释等。教师对自己的教学进行反思,有助于提高自身教学能力。教师通过"活动中的反思""对于活动的反思"和"为活动反思"这种不断更替的过程,使教学理论和教学实践之间联系更紧密。叶澜就曾指出:"一个教师写一辈子教案不可能成为名师,如果一个教师写三年教学反思,就有可能成为名师。"至于教师如何进行反思,布鲁巴奇等学者提出了四种反思的方法:写反思日记;评析观摩的教学活动;交流教学心得;开展行动研究。还有学者指出,对新教师进行有效反思的支持与合作,离不开乐于提供指导的实践经验丰富的合作教师和理论素养较高的大学教师。

知 识 链 接

畅通教师发展渠道

教育部等十七部门印发的《全面加强和改进新时代学生心理健康工作专项行动计划(2023—2025年)》第15条明确指出:畅通教师发展渠道。组织研制心理健康教育教师专业标准,形成与心理健康教育教师资格制度、教师职称制度相互衔接的教师专业发展制度体系。心理健康教育教师职称评审可纳入思政、德育教师系列或单独评审。面向中小学校班主任和少先队辅导员、高校辅导员、研究生导师等开展个体心理发展、健康教育基本知识和技能全覆盖培训,定期对心理健康教育教师开展职业技能培训。多措并举加强教师心理健康工作,支持社会力量、专业医疗机构参与教师心理健康教育能力提升行动,用好家校社协同心理关爱平台,推进教师心理健康教育学习资源开发和培训,提升教师发现并有效处置心理健康问题的能力。

复习思考题

一、选择题

1. 马卡连柯说"学生可以原谅老师的严厉,刻板,甚至吹毛求疵,但他不能原谅老师的不学无术。"下列选项与这句话强调的内容不相符的是(　　)。

A. 专业知识和专业态度是为师的基础

B. 专业知识和专业能力是为师的基础

C. 专业知识和专业精神是为师的基础

D. 专业知识和专业自主是为师的基础

2. 王老师对自己的教学能力非常自信,认为自己能够取得突出的教学成果。这主要反映了王老师的哪种职业心理素质?(　　)

A. 角色自主感　　　　　　　　　B. 角色期待感

C. 教学效能感　　　　　　　　　D. 教学责任感

3. 杨老师经常担心的问题是:"这些内容是学生们需要的吗?""我这样教,学生能接受吗?"这表明杨老师所处的教师专业发展阶段是(　　)。

A. 虚拟关注阶段　　　　　　　　B. 生存关注阶段

C. 自我更新关注阶段　　　　　　D. 任务关注阶段

4. 入职工作刚满两年的教师在专业发展中需要解决的主要问题是(　　)。

A. 适应教育教学环境　　　　　　B. 熟练掌握教育教学方法

C. 凝练教育教学经验　　　　　　D. 系统学习基础理论知识

5. 每周五,崔老师都会带领老师们研讨并反思学校教学中出现的问题,经常通过电子邮件、电话和登门拜访等形式向大学教授请教,或者与校外名师共同探讨,以找到解决问题的方法。该做法体现的教师专业发展途径是(   )。

A. 校本研修   B. 自主学习   C. 行动研究   D. 专业支援

二、名词解释

教师职业心理素质   教师自我效能感   组织化观摩   反思性教学   教师职业倦怠

三、简答题

1. 教师职业心理素质主要由哪些成分构成?

2. 教师的效能感如何影响教师的职业成就?

3. 教师的成长与发展历程可分为哪几个阶段?

4. 简述专家型教师与新手型教师之间的差异。

5. 教师职业倦怠表现在哪些方面?

四、论述题

1. 如何促进教师的成长与发展?

2. 教师如何预防和消解自身成长与发展过程中的职业倦怠?

五、案例分析题

工作 5 年的小陈老师,几年来虚心向老教师学习教学理念、教学方法和科研方法,积极参加各种教研活动和学校组织的教学观摩和教改实验,并对自己的教学观念和行为不断进行修正和调适,逐渐成长为一名数学骨干教师。请结合以上案例分析教师专业成长的基本路径。

第12章 教学心理

内容摘要

　　教学是教师在学校中最核心的工作。如何提高教学质量和教学效果是教学心理关注的核心问题。首先,教师不仅要有一定的知识和教学技能,还需要能够进行科学的教学设计,选择合适的教学模式。其次,教师需要优化课堂环境,提升班级管理水平。最后,教师还需要对教学效果进行科学的评定,并根据评定结果改善教学活动。

重点难点

1. 掌握教学目标的设置。
2. 了解课堂环境的构成及作用。
3. 掌握课堂纪律管理的内容和策略。
4. 掌握教学评定的方法与技术。

本章结构

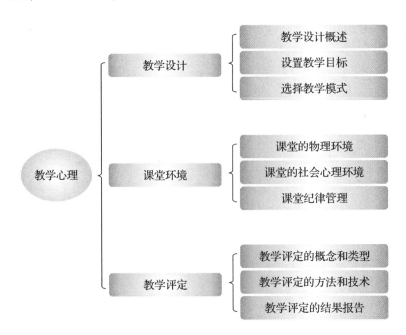

第一节 教学设计

一、教学设计概述

(一) 教学设计的含义

教学设计是指在教育活动中有意识、有计划、有系统地安排教学活动的过程。它涉及课程内容、教学方法、学习资源、评估策略等多个方面的规划。也就是说,为了达到一定的教学目标,对教什么(课程内容)和怎么教(教学组织、教学模式、教学媒体等)进行选择、安排与规划。

教学设计不仅关系到教学质量和学生的学习成效,也是提高教师专业水平和实现教育创新的关键环节。通过有效的教学设计,可以提高教学效率,促进学生的全面发展,帮助学生构建知识体系,培养解决问题的能力和终身学习的能力。

(二) 教学设计的类型

教学设计可以根据不同的分类标准划分为多种类型。教学设计类型划分标准的多样性体现了教学设计的多样性和灵活性,旨在满足不同教学目标和学习需求。

1. 基于目标的教学设计

基于目标的教学设计是一种以预定学习目标为中心的设计策略,强调通过具体、明确的学习目标来指导整个教学过程的设计和实施。其特点是:① 目标明确性:在教学开始之前,明确指出希望学生通过学习达到的知识、技能和态度;② 评估一致性:评估方法直接与学习目标相关联,确保学生的学习成果可以准确衡量;③ 结构性强:教学内容和活动都围绕着预定目标进行组织,以达成这些目标。该教学设计适用于需要严格达成特定学习结果的场景,例如标准化考试准备、专业资格认证等。

2. 基于过程的教学设计

基于过程的教学设计关注学习过程的质量和深度,重视学生在学习过程中的主动参与、探索和反思。其特点是:① 以学生为中心:强调学生的主动参与和自我引导,教师扮演引导者和协助者的角色;② 重视过程评价:不仅评价学习的最终成果,也关注学生学习过程中的表现和进步;③ 灵活性:允许根据学生的反馈和学习进展灵活调整教学策略和内容。该教学设计特别适合于发展学生的批判性思维、创新能力和自主学习能力,如研讨课、工作坊等互动式学习环境。

3. 基于问题的教学设计

基于问题的教学设计以学生对真实世界问题的探究和解决为核心。该教学设计通过学生的探究过程来促进知识的构建和技能的发展。其特点是：① 问题驱动：学习活动由与现实生活相关的复杂问题触发，这些问题没有固定的解决方案；② 学生主导：学生需要自主寻找信息、分析问题和提出解决方案，教师则提供必要的支持；③ 综合性学习：强调跨学科知识的应用和团队合作能力的培养。该教学设计广泛用于医学、法律、工程等教育领域，有助于培养学生的实际问题解决能力和终身学习能力。

4. 基于内容的教学设计

基于内容的教学设计侧重于通过学习特定的学科内容或主题，同时提升学生的语言能力和学科知识。其特点是：① 内容为核心：选取学生感兴趣或实用的内容作为载体，通过内容学习达到语言和学科双重目标；② 融合性：语言和内容的融合是促进自然发展的手段，并且能够促进语言能力与学科知识的整合；③ 跨学科学习：鼓励学生在不同学科领域间建立联系，提高学生的综合应用能力。

5. 综合型教学设计

综合型教学设计融合了多种教学设计理念和方法，根据教学目标、学生特点和具体情境灵活调整教学策略。其特点是：① 灵活多样：结合不同教学方法的优点，按需调整以适应不同教学情境；② 以学生为中心：强调根据学生的需要和兴趣设计教学，提高学习的相关性和吸引力；③ 目标导向：确保教学活动既能激发学生兴趣，又能有效达成学习目标。该教学设计适用于所有教育阶段和多种学科，尤其适合于需要个性化教学和创新教学方法的环境。

6. 翻转课堂教学设计

翻转课堂是一种颠倒传统教学模式的设计。该教学设计要求学生在课外先学习新的教学内容，然后在课堂上进行深入讨论和实践。其特点是：① 课外预习：学生通过视频课程、阅读材料等方式在课前自主学习新知识；② 课内深化：课堂时间用于讨论、问题解决和扩展活动，促进理解和应用；③ 教师角色变化：教师从传统的"知识传递者"转变为"学习引导者"和"问题解决的协助者"。该教学设计适合各级教育和广泛学科，特别是在促进学生自主学习、提高课堂互动质量方面显示出优势。

7. 项目式学习设计

项目式学习是一种学生通过完成实践项目来达成学习目标的教学设计，强调在真实或模拟的情境中解决问题，以项目完成为导向。特点是：① 项目驱动：学习围绕一个核心项目展开，项目设计贴近真实世界的情境；② 综合技能培养：除了学科知识，还强调团队合作、时间管理、研究和呈现技能；③ 成果导向：以可展示的项目成果作为学习成效的主要表现。该教学设计适用于所有学科，尤其适合于技术教育、艺术教育和综合学科项目,能够激发学生的创造力和实践能力。

每种教学设计都有其独特的理论基础和应用价值。选择合适的教学设计需要考虑学科特性、学生特点、教学目标和资源条件等多种因素。

(三) 教学设计的内容

教学目标设计一般分为需求分析和目标设定两个阶段。教师在需求分析阶段需要深入了解学生的背景知识、学习风格、兴趣爱好以及学习需求,同时考虑教学环境的资源和限制。这一步骤是教学设计的基石,它确保教师能够制定出既切合学生实际,又具有挑战性的教学目标。教师在目标设定阶段需要明确教学的终极目标。这些目标应具体、可测量,并能有效引导学生达到预期的学习成就。

教学活动设计需要教师根据设定的教学目标选择合适的教学策略和活动,以确保每一项活动都能有效促进学生的学习和参与。同时,教师要整合并利用各种教学资源,如教材、多媒体材料、在线资源等,以丰富教学内容和提高教学效果。另外,教师还要设计教学的评估与反馈方式。教学评估与反馈不仅帮助教师监控学生的学习进度,还能提供改进教学实践的依据。

反思与改进设计要求教师基于评估结果和个人反思,不断调整和优化教学设计,以提升教学质量和学生的学习体验。这一连贯的过程不仅涉及教学内容和方法的选择,还包括教学资源的有效利用、学生学习过程的持续评估以及教师自我提升的循环反思,旨在构建一个全面、动态、适应学生需求的教学设计框架。

二、设置教学目标

(一) 教学目标的含义

教学目标是预期学生通过教学活动获得的学习效果。教学目标为教学活动提供了明确的方向和目的,确保教育资源得到有效利用,同时指导教师和学生共同努力实现这些预设的目标。

教学目标可以提高教学的指导性、评估性、激励性、透明性等。因此,教学目标不仅是教学设计和实施的基础,也是衡量教学成功与否的关键。教学目标促进了教师教学行为的目的性和系统性,同时也指引学生在学习过程中的自我监控和自我评价。因此,在教育实践中,合理设定和有效实施教学目标,对于提升教学质量和学习效果具有不可估量的价值。

(二) 教学目标的分类

教学往往要同时设置几种不同的目标。布卢姆将教学目标分为 3 种类型:认知领域目标、情感领域目标和动作技能领域目标。下面将分别探讨上述 3 种领域目标的设置以及评价。

1. 认知领域目标

认知领域目标关注于学生的知识获取、领会、运用、分析、综合和评价能力。这些目标从简单的记忆到复杂的创新思维过程，形成一个由低到高的层次结构。

知识：此层次的目标是要求学生记忆和回忆信息，包括特定的事实、术语、细节和元素。教学的重点在于学生对基础知识的掌握和准确回忆，例如能够列出重要的历史日期或定义科学术语。

领会：在领会层次，学生不仅记忆信息，还应能理解信息的含义，包括对事实的解释、将概念用自己的话重新表述以及对指示的理解。

运用：运用层次要求学生将学到的知识应用于新的情境中。这可能涉及解决问题、执行程序或操作，如数学公式的实际运算或语言学习中的对话运用。

分析：分析层次的目标是发展学生分解材料或概念的能力，识别部分和整体之间的关系。学生在此阶段将展示出对材料结构的理解，能够辨识出各部分间的逻辑联系，比如分析文学作品的结构或论述的有效性。

综合：综合层次的目标是鼓励学生将先前学到的不同概念和信息组织成一个新的整体或模式，如设计一个科学实验或撰写一篇将多个观点融合在一起的文章。

评价：评价是认知领域的最高层次，要求学生基于一定的标准和准则对信息进行判断。这包括对事实、数据、项目和理论的批判性评估和验证，如评审一个研究提案的有效性或对一个政策的利弊进行评价。

2. 情感领域目标

情感领域目标涉及学生的态度、价值观、情感和情绪，从简单的接受到复杂的价值体系的内化。

接受：此阶段的目标是让学生愿意接受信息。这可能涉及对知识、情感或其他人的意见的注意和尊重。在这个层次，学生不仅需要显示出注意力，还要表现出开放性，愿意听取和考虑不同的观点。

反应：在此阶段，学生不仅接受信息，并且开始对接受的信息做出某种反应，比如表达兴趣、积极参与或提供反馈。这一层次强调学生的积极参与和情感投入。

形成价值观念：学生开始认识到某些信息或现象对自己的重要性，并赋予它们价值。在此阶段，学生形成偏好和价值判断，这可能会影响他们的选择和行为。

组织价值观念系统：学生在这一阶段将多个价值观念整合成自己的价值体系，并学会如何权衡不同的价值观念。学生开始理解各种价值之间的关系，并将这些价值整合到自己的观念体系中。

价值体系个性化：这是情感领域最高层次的目标，学生的行为和选择表现出一个深入内化和个性化的价值体系。在这个阶段，学生已经将自己的价值观念内化为持久的信念和态度,并在生活中一致地表现出来。

3. 动作技能领域目标

动作技能领域目标关注于物理或动作技能的发展,如使用工具、执行体育动作等,从简单的动作到复杂的技能性能。

知觉:目标是发展学生对通过各种感官(视觉、听觉、触觉等)接收和识别信息的能力。例如,学生能够通过视觉和听觉识别不同的音符和音调。

模仿:在模仿阶段,学生开始学习通过观察和复制他人的动作或行为来学习特定技能,如模仿舞蹈动作。

操作:操作目标要求学生能够独立完成技能,并开始调整和修正动作以提高效率。在此阶段,学生能够不依赖模仿独立完成技能,如自行完成一个体操动作。

准确:准确层次要求学生在执行技能时能够达到一定的精确度和技能水平。例如,学生能在绘画时准确掌握线条和比例。

连贯:连贯目标指学生在重复执行技能时能够保持一致性和稳定性,表现出流畅和精准的动作。例如,学生能够在多次尝试中保持击球的准确度。

习惯化:在习惯化阶段,学生将特定技能彻底内化为自己的行为习惯,动作变得自然和无需过分思考。例如,学生在打字时能够不看键盘并保持一定的速度和准确性。

(三) 教学目标的设计

教学目标的设计是确保教学效率和效果的关键步骤。教学目标设计主要包括两个主要部分:列举学习内容和行为、任务分析。

1. 列举学习内容和行为

当设计教学目标时,首先需要确定学习内容和预期的学生行为。这涉及以下几个步骤:

第一,识别核心概念:明确课程或单元的核心概念和关键知识点。这些是教学目标的基础。

第二,细化学习结果:将每个核心概念细化为学生应该掌握的具体学习结果。这可能包括理解概念、记忆事实、应用方法等。

第三,描述预期行为:用动作性的语言描述学生在掌握这些学习内容后应展示的具体行为,如能够解释、演示、分析、评价或创造。

例如,如果教学目标是学生学习几何图形的属性,预期行为可能包括:

① 学生能够列举出不同几何图形的基本属性。

② 学生能够计算给定几何图形的面积和周长。

③ 学生能够识别和区分平面图形和立体图形。

2. 任务分析

任务分析是将教学目标分解为更小的、可操作的任务或步骤。这有助于确保所有必要的技能都被教授和练习，从而使学生能够达到最终的教学目标。任务分析包括以下步骤：

第一，确定前置技能：确定学生在学习新内容前需要具备的知识和技能。

第二，确定步骤顺序：分析学习任务应该按照哪种顺序来最有效地掌握，确定哪些步骤是初学者必须经历的。

第三，创造实践机会：设计活动和练习，使学生能够在安全的环境中练习每个步骤，逐渐建构复杂的技能。

继续以上的几何图形例子，任务分析可能包括：

① 确定学生已经熟悉基本的数学运算。这是计算面积和周长的前置技能。

② 设计一系列由简到难的活动，让学生先从熟悉单一几何图形开始，逐步过渡到组合图形。

③ 安排实践练习，如用网格纸绘制图形和计算实际物体的几何属性。

通过这两个步骤，教师可以创建一系列清晰、具体、可达成的教学目标，这些目标不仅涵盖知识和理解，还包括应用、分析、创造等更高阶的认知过程。此外，通过细致的任务分析，教师能够为学生的学习提供结构化的路径，使学习过程既系统又高效。

三、选择教学模式

设计好了教学目标，教师下一步需要选择一定的教学模式来实现教学目标。教学模式是以一定的学习和教学理论为基础，为了实现特定的教学目标而采用的在教学资源、教学形式、教学活动过程以及教学评价方面的模式化结构。一般来说，可供选择的教学模式主要有直接教学、探究学习、基于问题的学习、合作学习、个别化教学、接受学习、发现学习等。

(一) 直接教学

直接教学是一种教师主导的教学方法，通常用于知识传授和基本技能的教学。这种模式强调教师的讲解和指导，以及学生的练习和反馈。直接教学模式通常包括演示、强化和评估三个步骤，以确保学生能够有效地理解和掌握教学内容。

(二) 探究学习

探究学习鼓励学生主动探索和发现知识，教师在此过程中充当引导者和促进者的角色。这种模式通常是开放式的，需要学生提出问题、搜集信息、实验并从经验中学习。

探究学习强调学生的批判性思维、解决问题的能力和自主学习能力。

(三) 基于问题的学习

基于问题的学习是一种以学生为中心的教学方法。它以复杂的实际问题为起点，要求学生在寻求问题的解决方案过程中发展和应用知识。基于问题的学习强调的是学生的研究、合作和自我反思能力，以及他们将学习内容应用于真实情境的能力。

(四) 合作学习

合作学习让学生在小组中共同工作，以达成共同的学习目标。这种模式促进了学生间的互助和交流，有助于提升学生的社交技能、团队合作能力和沟通能力。合作学习需要教师设计小组活动，确保每个学生都有参与和贡献的机会。

(五) 个别化教学

个别化教学是根据每个学生的特定需要、兴趣和学习速度进行的教学。这种模式可能涉及个性化的学习计划和任务，允许学生按照自己的节奏学习。个别化教学要求教师对学生的进展进行持续的评估，并相应调整教学策略和内容。

每一种教学模式都有其特定的优势和适用场景，教师应当根据实际情况和教学目标灵活选择或者结合多种教学模式，以最大化学习效果。同时，教学媒体的使用可以增强以上任何教学模式的效果，提供多样化的学习体验，丰富教学内容，并满足不同学生的学习风格。

第二节 课堂环境

人的任何活动都是在一定的环境中进行的。在与环境的相互作用中，人类既受环境的影响，要适应环境，同时还要努力控制和改变环境，使之为自己服务。师生相互作用的教学活动也不例外。自 20 世纪中期开始，教学心理领域日益关注并研究学习环境的影响作用。

课堂环境，也称为教学环境，指的是影响课堂教学活动的各种外部条件的综合。狭义的课堂环境仅指课堂的物理环境。物理环境主要包括教学场所和教学设施，如教室、黑板、投影仪、多媒体设备等。广义的课堂环境还包括学生群体(主要是班级集体)、师生关系(及其派生的教师威信等)，以及课堂气氛等社会心理环境。

一、课堂的物理环境

课堂的物理环境是教室内一切物质条件所构成的整体环境，是课堂活动的物质基础,如课堂活动设施、活动场所以及教室的色彩、光线和温度。课堂的物理环境可以极大地影响课堂心理气氛和教学过程。物理环境由教室的自然环境、课堂活动设施、课堂空间安排三个组成部分组成。教师最能够支配的就是课堂的空间安排,本节将对此进行详细介绍。

(一) 课堂空间安排的原则

空间安排影响教师和学生的行为,也影响任务结构的类型。例如,在一个分层的、圆形剧场式的教室,教学工具放在左前边,这将限制教师向左前方的运动,因而大多数的师生互动就会限制在教室右前方的学生,这样的教室也极不利于全班学生的讨论和小组的合作学习活动。合理的空间安排应该遵循一定的原则。

1. 空间安排与学习活动一致

理想的空间安排取决于教学模式类型和所期望的课堂活动状态。课堂空间安排影响教师向学生传播信息,也影响学生做出教师所期望的行为。教师要根据进行的学习活动,采取最能促进学生学习的空间安排。

2. 可视性

可视性就是学生能清晰、容易地看到所有的学习材料和学习活动,老师能够看到所有的学生。如果学生的视线经常被教室的结构所阻碍,或者被放在不恰当位置的仪器(如投影仪等)所阻挡,这时,教师应当调整座位安排,让每一个学生看到投影仪上的材料。

3. 易接近性

易接近性就是指学生和老师都能接近学习材料,师生之间也能彼此接近。教室的安排应该让学生很容易地在课桌、学习材料、黑板与橱柜之间走动,甚至进出教室。

4. 保持最小的干扰

干扰是指与教师争夺学生注意力的因素。座位安排应该避免干扰学生集中注意力。例如,以老师为中心的安排,座位应当整齐,学生面对老师。

5. 维持最大的活动区

活动区是指教师和学生之间言语相互作用的物理区域,教师最喜欢将自己的注意力指向活动区。研究发现,课堂里的大多数活动都要求全部学生集中注意力,但教师一般用85%的时间站在教室前向全班学生教学,即活动区主要在教室的中前排和中间竖排。不在活动区的学生比在活动区的学生参与更少、成绩更低,这就要求教师扩大活动区。

（二）课堂空间安排的方法

1. 根据领域特点进行分类

有研究者将课堂空间安排分为两类，一类是按区域安排的个人领域，另一类是按功能安排的兴趣领域或工作中心。按区域安排的个人领域是将空间划分成一个个区域，某些区域只属于某个人，直到教师重新改变某人的位置为止，这种安排特别适合面向全班的课；按功能安排的兴趣领域或工作中心，是教师将空间划分为各种兴趣范围或工作中心，每个人都能达到所有的领域，这种安排特别适合小组同时进行不同的活动。这两种组织空间的方法相互补充，许多教师经常组合使用这两种方法，学生的个人领域在中间，兴趣领域在四周或后面。

2. 根据教学模式的分类

第一，教师主导的学习活动的空间安排。在教师主导的学习活动（如讲课、呈现、展示或教师引导的讨论等）中，对学生的空间安排应该有利于可视性以及与教师的相互作用。在这样的活动中，教师一般采用纵横排列方式安排学生的座位。

第二，学生中心取向的空间安排。学生中心取向的学习活动的座位安排要促进学生之间的目光接触和学生的交流，一般为矩形、环形、马蹄形等。这些安排的特点在于，每个学生都和教师一样面对其他人。

第三，灵活的安排。随着教师的教学目标和教学模式的变化，课堂环境的空间安排也需要随之发生变化。然而，频繁的变换座位模式将会占用教学时间，也会使学生分心。因此，学校最好帮助教师形成两三种座位结构，学生能够快速、方便地重组出这些座位结构，进入不同类型的学习活动。有研究者区分了课堂空间安排的基本形式和特殊形式，基本形式是半永久性的空间安排，适于很多学习活动；特殊形式是为了满足特殊课堂或学习活动要求时而做出的一定变化。

（三）课堂空间安排的步骤

1. 考虑学生将要参与什么样的活动

学生们将要学习的课程或将要进行的活动是课堂空间安排的重要依据。例如初中自然科学的教室环境必须包括全组教学、"动手实践的"实验室活动和媒体演示等。在一些课程或活动中还需要考虑特殊的课堂布置，例如艺术和自然科学区域要靠近洗手池、计算机应该靠近电源插座等。

2. 草拟教室地面布置计划

实际搬动桌椅板凳之前，画出几幅地面布置方案，然后选择效果最好的方案。

3. 让学生参与设计教室布局

在课程或活动之前，教师可以完成大部分环境计划工作，并询问学生是否喜欢。如果学生们提出的整改建议有道理,尽量采纳。

4. 实施布置方案并随时进行调整

在课程或活动开展的前期,有必要评价教室布置的有效性。留心课堂空间安排可能产生的问题并随时进行调整。

二、课堂的社会心理环境

(一) 学生群体

1. 班集体

班集体是集体的一种,是基本的教学单位,是德育工作的平台,还是一个以教学为中介和以直接人际交往为特征的共同活动系统。班集体具备三个特征:有共同的行为目标;趋同的价值观念;有明确统一的行为规范。

班集体都有明确的共同目标,包括班级发展的总体目标,也包括学习、纪律、道德和班风等方面的子目标。共同目标要以学生为本,应体现学生的需求。而且这种目标不仅仅是字面上的,只有当学生把社会和学校明文规定的教育目标内化为自己的目标,转化成每位同学的精神需要和责任意识时,才会达到群体成员之间目标定向的统一。

班集体各成员的价值观念虽有差异,但彼此能够求大同、存小异,认可、维护和坚守有利于班集体的价值观念。当然,班集体的价值观,并不限制个人的行动自由和否定个人的兴趣爱好,但班集体崇尚集体主义精神。

班集体行为规范包括成文的规章制度和不成文的集体舆论。它是班级工作协调、有序和顺利进行的有力保证。班集体认为该做的事一经决定就立即去做。同样,班集体不认可的事,一经决定不做就立刻终止。即使个人有不同看法,也会服从。

2. 同伴关系及其作用

同伴关系是在同学之间或心理发展水平相当的个体间进行交往和相互作用的基础上建立起来的心理关系,它是除教师之外班级成员间关系的总和,包括学生个体之间的关系、班级内的学生群体之间的关系以及学生群体和个体之间的关系。同伴关系的作用体现在以下三个方面:

第一,同伴关系是学生发展社会能力的重要背景。同伴关系中的合作与情绪情感共鸣,拓展了学生关于社会的认知视野。在同伴交往中出现的冲突,会促进学生对社会观点采择能力的发展和社会交往所需技能的获得。

第二,同伴关系是满足社交需要、获得社会支持和安全感的重要源泉。同伴关系中的友谊,可使学生获得亲密、抚慰、认同、欣赏、接纳和尊重等社会心理需求的满足,这些体验是学生安全感、归属感和社会支持感的重要源泉。

第三,同伴交往经验有利于儿童自我概念和人格的发展。在家庭、邻居和同伴群体这些最基本的社会情境的相互作用中,个体获得了关于自己怎样被他人所知觉的信息,这样的信息是形成健康的自我概念和健全人格的基础。此外,同伴关系对儿童的社会适应和心理健康也有重要影响。

(二)师生关系

师生关系是指教师与学生在教育教学过程中结成的相互关系,包括彼此所处的地位、作用和相互对待的态度等。教育活动过程中,师生关系是人与人关系中最基本、最重要的关系。

1. 师生关系的类型

依据教师对学生进行管理的过程,通常把师生关系分为民主型、专制型和放任型三种。

第一,民主型师生关系。以平等友爱的方式关心帮助学生,安排学生的活动。在班级活动规则的制订、班级发展规划的设计等班级管理中,能让学生参与决策,充分尊重学生的意见和建议。在这样的师生关系下,学生责任感强、自觉遵守纪律,成员团结一致、互相支持,对学习充满激情和信心。

第二,专制型师生关系。教师对学生学习活动的计划、学习情境的安排、学习方式的规定和学习的行为习惯严加管控和强行约束,学生很难决定和主宰自己的学习活动,只能被动地接受和服从。在这种师生关系下,学生担惊受怕,焦虑烦躁,对教师或阳奉阴违,或逆反对抗,容易导致学生的心理行为异化,会影响人格的健康健全发展。

第三,放任型师生关系。教师不承担任何实际责任,不调控学生的行为,不指导学生的活动,不关心和引领学生的发展,放纵学生的任何行为表现,一切由学生自己做主。在这种师生关系下,班级成员之间态度冷淡,互不关心,人心涣散,班级群体缺乏内聚力。

2. 良好师生关系的建立

第一,信任和期望。教师对学生表达的信任和期望影响着他们对学生的态度与言行举止,当学生感受并理解这些信息后,会自觉不自觉地规范自己的行为,调动自己的潜能,以便与教师的信任和期望保持一致。这是建立良好师生关系的基础。

第二,尊重和爱护。教师必须认识到学生是有独立思想和人格的"人",要以一种平和善意的心态去尊重学生,尊重他们的选择与思考,尊重他们的学业表现。教师还必须主动关心和体贴在生活上、学习上有困难的学生,使他们也有机会享受到老师的呵护与温暖,避免与这部分学生的心理关系疏离和冷漠。

第三,民主和平等。教师民主平等地对待学生,既是学生自我意识发展的需要,也是教育民主化的要求。在师生教学交往中,教师放下身段,淡化权威意识,避免动用手中的行政管理权力去压制学生,放弃使用知识的权威性去泯灭学生独立的批判性思考。

第四，真诚沟通。教师在与学生的交往中，以真情实感示人，不做作不虚伪，不戒备不猜疑，学生才会产生安全感和信任感，也才愿意敞开心扉，让教师走进其心灵深处，畅通无阻地进行深层次的交流。这样建立起来的师生关系才有力度和效力。

第五，提升专业能力。教师专业能力的提升，是教师赢得学生信赖、尊重与认同的前提条件。教师只有通过不断学习，在教育教学中融入全新的理念、知识和能力，教师的教育教学才能跟上时代前进的步伐。这样的教师，才能在师生交往活动中有威信，才能使学生信服，也才能为良好师生关系的建立提供强有力的支撑。

（三）课堂气氛

课堂气氛的概念最初源自国外学者对课堂行为的测量。早期的课堂行为测量侧重于对课堂行为做观察性的描述，后来转向对课堂行为做价值归因分析，进而扩展到考察课堂行为测量与学业成就测量之间的相关性。课堂气氛是指课堂上各种心理学的和社会的气氛，如拘谨的程度、灵活性、结构、焦虑、教师的控制、主动性以及激励作用等。

健康积极的课堂气氛有助于提高学生学习的积极性。反之，则会降低学习效果。因为课堂气氛会通过教师和学生的语言、表情或动作而暗示他人。而且，良好的课堂气氛是实现有效教学的重要条件。课堂气氛会使许多学生追求某种行为方式，从而导致学生间发生连锁性的感染。

1. 课堂气氛的类型

我国学者将课堂气氛分为积极的、消极的和对抗的三种类型。

第一，积极的课堂气氛。积极的课堂气氛是恬静与活跃、热烈与深沉、宽松与严格的有机统一。也就是说，课堂纪律良好，学生注意力高度集中，思维活跃，师生双方都有饱满的热情，课堂发言踊跃。在热烈的课堂气氛下，学生保持冷静的头脑，注意听取同学的发言，并紧张而又深刻地思考。师生关系融洽，配合默契，课堂气氛宽松而不涣散，严谨而不紧张。

第二，消极的课堂气氛。消极的课堂气氛常常以学生的紧张拘谨、心不在焉、反应迟钝为基本特征。在课堂学习过程中，学生情绪压抑、无精打采、注意力分散、小动作多，有的甚至打瞌睡。对教师的要求，学生一般采取应付态度，很少主动发言。有时，学生害怕上课，或提心吊胆地上课。

第三，对抗的课堂气氛。对抗的课堂气氛实质上是一种失控的课堂气氛。教师失去了对课堂的驾驭和控制能力，学生在课堂学习过程中各行其是，教师因此有时不得不停止讲课而维持秩序。

2. 良好课堂气氛的营造策略

良好课堂气氛的营造不仅需要教师能够有效调控和机智应对影响课堂气氛形成的因素，还需要教师掌握基本的营造策略，二者缺一不可。

第一，准确地鉴定、分析课堂气氛。准确地鉴定、分析课堂气氛是营造良好课堂气氛的前提和基础。通过多种方法的综合运用，了解课堂气氛的状况，发现问题，分析问题并寻找到解决问题的有效路径。

第二，时刻保持积极的情绪状态。教师积极的情绪状态能引发学生参与和投入课堂。教学活动不仅仅是教师传授知识的过程，而且是师生双方情感和理智的动态交往的过程。有效利用课堂时间，创设目标明确、高效、有条不紊但没有威胁的氛围，有助于激发学生的兴趣和探究欲望，提升自我效能感。

第三，树立典型，利用榜样示范积极引导学生。在能提供安全的学习环境里，学生的信任、秩序、合作和高涨的士气会占据主导地位。要创建安全的氛围，教师可以根据班级学生的表现，在学生中选择具有说服力的优秀典型，通过榜样示范的作用使其他学生明确应遵守的行为规范和应追求的发展目标。

第四，妥善处理矛盾冲突，建立良好的师生关系和生生关系。师生关系融洽、生生关系友善是课堂气氛的基础与反映。当师生之间、同学之间发生分歧或者矛盾时，教师需要正视并及时有效地处理，尤其是在师生之间发生冲突时，教师应高姿态，主动承担责任，给学生做出好的榜样。

三、课堂纪律管理

在课堂教学中，学生的问题行为会干扰教学活动的正常进行。教师通过营造良好的课堂秩序、减少学生的不当行为可以促进学生的学习。

(一) 课堂纪律

课堂纪律是指为了保障或促进学生的学习而为他们设置的行为标准和施加的控制。课堂纪律有助于维持课堂秩序，减少学习干扰，也有助于学生获得情绪上的安全感。根据形成途径，课堂纪律一般可分为以下四类。

1. 教师促成的纪律

教师促成的纪律指在教师的帮助指导下形成的班级行为规范。这类纪律在不同年龄阶段的学生中所发挥的作用有所不同。刚入学的儿童需要较多的监督和指导，其课堂纪律主要是由教师制定的。随着年龄的增长和自我意识的增强，学生开始反对教师的过多限制，对教师促成的纪律的要求降低。

2. 集体促成的纪律

集体促成的纪律指在集体舆论和集体压力的作用下形成的群体行为规范。从儿童入学开始，同辈人的集体在儿童社会化方面就开始发挥越来越重要的作用。随着学生年龄的增长，同伴群体对学生个体的影响会越来越大。

3. 自我促成的纪律

自我促成的纪律是指在个体自觉努力下由外部纪律内化而成的个体内部约束力。自我促成的纪律是课堂纪律管理的最终目标。

4. 任务促成的纪律

任务促成的纪律指某一具体任务对学生行为提出的具体要求。这类纪律在学生的学习过程中占有重要地位。在日常学习过程中，每项学习任务都有它特定的要求，或者说特定的纪律。学生完成任务的过程，就是接受纪律约束的过程。

(二) 维持课堂纪律的策略

课堂纪律管理是一项日常而又复杂的工作。为了维持良好的课堂纪律，教师可以采用以下策略。

1. 建立积极、有效的课堂规则

课堂规则是课堂成员应该遵守的课堂基本行为规范和要求，它所传递的是教师对学生的期望。课堂规则是每个学生的课堂行为准则，具有规范、指导和约束课堂行为的效力。要管理好课堂纪律，教师必须注意建立制度化的课堂规则，明确规范学生在课堂中的行为。

2. 合理组织课堂教学

教师合理地组织课堂教学结构，维持好学生的学习兴趣，把学生的注意力始终维持在学习活动中，就使学生失去违纪的机会，从而使课堂纪律大大改善。为了维持学生在课堂学习中的注意和兴趣，教师可以从如下几个方面着手：增加学生的课堂参与、保持动量、保持教学的流畅性。

3. 注意做好课堂监控

为了维持良好的课堂纪律，教师还必须注意加强对课堂的实时监控。教师应对课堂情况做好监控，做到明察秋毫，让学生知道自己随时关注课堂中发生的每一件事情。一旦课堂上出现一些纪律问题的苗头，教师可以采用提示的方法加以控制。

4. 培养学生的自律品质

自律是学生纪律性发展的最高阶段，也是课堂学习纪律管理的最终目的。促进学生形成和发展自律品质，是维持课堂纪律的最佳策略之一。学生自律是在他律的基础上形成的，是外部行为规范内化成为自己的行为准则的结果。

第三节 教学评定

一、教学评定的概念和类型

(一) 教学评定的概念

教学评定是指根据教学目标,对学习者在教学活动中所发生的变化进行观察与测量,收集有关资料并做出价值判断的过程。

一方面,教学评定的依据是教学目标。教学之后,学习者在认知、情感和动作技能等方面是否产生了如教学目标所期望的变化? 这是要通过教学评定来回答的。因此,教学评定依据的标准是教学目标。离开了明确具体的教学目标就无法进行教学评定。如果教学评定的标准和教学目标不一致,那么,教学目标将会失去它自身的作用。比如,实际存在的以升学考试的结果为教学评定的标准,用考试标准代替教学目标,使教学在考试指挥棒的控制和摆布下进行,结果造成了教学评定标准的混乱,尤其不利于素质教育目标的实现。

另一方面,教学评定常常通过观察与测量来收集资料。但测量不等于评定,评定是对测量结果进行价值判断的过程;测量是以各种各样的测验或考试对学生在学习和教学过程中所发生的变化加以数量化,给学生的学习结果赋以数值的过程。测量是评定的前提和重要手段,但并不等于评定。另外,虽然测量是评定的重要手段,但并不是唯一的手段。教师还可以通过一些非测量的方法,如观察、谈话、收集学生的学习作品等收集有关资料,以做出更全面的教学评定。

(二) 教学评定的类型

教学评定工作是十分复杂的,根据不同的划分标准可以将教学评定分为不同的类型。

1. 准备性评定、形成性评定和总结性评定

根据实施功能的不同,可将教学评定分为准备性评定、形成性评定和总结性评定

准备性评定是指在教学之前,为了解学生对学习新知识应具备的基本条件的掌握情况而进行的评定。准备性评定通常运用所谓的"摸底测验"的方式来进行。通过准备性评定,教师可以了解学生是否具备学习某种新科目所需要的基本知识或技能,也可以了解在新科目的教学目标中,有哪些知识与技能是学生已经掌握的。因为准备性评定具有诊断功能,所以它又被称为诊断性评定。

形成性评定是指在教学过程中为了解学生的学习情况,及时发现教和学中的问题而进行的评定。形成性评定常采用非正式考试或单元测验的形式来进行。测验的编制必须考虑单元教学中所有重要目标。通过形成性评定,教师可以随时了解学生在学习上的进展情况,获得教学过程中的连续反馈,为教师随时调整教学计划、改进教学方法提供参考。

总结性评定是指在教学结束后为全面了解教学目标的实现情况所进行的评定。总结性评定常用期末考试的方式进行。通过总结性评定,教师可以检验本学期教学目标的实现程度,从而判断教学效果的好坏,是否需要对教学做进一步的改进,以及为制定新的教学目标提供参考。通过总结性评定,可以对学生一个学期的学业成就做一个综合的评定,并将评定的结果反馈给学生家长。总结性评定是在一个大的学习阶段、一个学期或一门课程结束时对学生学习结果的评定,也被称为终结性评定。

2. 常模参照评定与标准参照评定

根据对教学评定资料的处理方式,可以将教学评定分为常模参照评定和标准参照评定。

常模参照评定是以学生团体测验的平均成绩(即常模)为参照点,比较分析某一学生的学业成绩在团体中的相对位置。常模参照评定对学生学习成就的解释采用了相对的观点,着重于学生之间的比较,主要用于选拔(如升学考试)或编组、编班。

标准参照评定是以教学目标所确定的作业标准为依据,根据学生在试卷上答对题目的多少来评定学生的学业成就。标准参照评定对学生学习成就的解释采用的是绝对标准,即学生是否达到了教学目标所规定的学习标准,以及达标的程度如何,而不是比较学生个人之间的差异。具体实施时,常以考试分数为标准,如 100 分代表着学生的学习已完全符合教学目标的要求,而 60 分代表着及格,是对学习的最低要求。

3. 量化的教学评定与质性的教学评定

量化的教学评定是指在评定过程中采用测验的方式去收集学生的实际表现或所取得进步的资料,并在对所获得的资料进行数量化分析后,对教学效果做出评定。运用常模参照评定与标准参照评定以及标准化学业测验和教师自编测验所进行的评定,均属量化的教学评定。这种评定方式更多地用于对教师的教学和学生的学习结果而不是过程进行评定,在传统教学中使用较多。

质性的教学评定是指在评定过程中采用观察记录、建立档案等非测验的方式去收集学生实际表现或所取得进步的资料,并在对所获得的资料进行定性分析后,对教学效果做出评定。这种评定方式更多地用于对教师的教学和学生的学习过程进行评定,在当前学校教育、教学改革中使用较多。

二、教学评定的方法和技术

（一）量化教学评定的方法和技术

学校教学评定中使用最多的量化教学评定方式是教师自编测验。教师自编测验属于量化的教学评定方式。为了保证教师自编测验的信度和效度，在课堂测验的编制、准备、实施及分数解释等方面必须遵循一定的方法和原则。传统的课堂测验通常采用纸笔考试的形式来测量学生对课程内容的掌握情况。典型的纸笔测验题包括论文式问题、选择题、匹配题、是非题和填空题。

1. 论文式问题

论文式问题是指要求学生用文字论述方式回答的题目，其目的在于评定学生的表达能力、组织能力以及对各种不同领域的知识的综合能力。论文式问题的优点包括：

① 提出问题很容易而且很迅速，不像客观测验题需要很长时间去考虑和设计。

② 可以使教师将评定的重点放在学生对所学知识的组织和分析、综合、评定等较高级的认知能力上，而不仅仅是对知识的简单记忆上。

论文式问题的缺点主要包括：

① 评分困难，费时太多。

② 主观性较强，信度较差。

③ 取样范围较窄，只能涵盖教学内容中较小的百分比。

为了克服论文式问题的不足之处，必须在命题技术上加以改进。下面是教育心理学专家们对如何编制论文式问题的建议：

① 论文式问题的用语必须简单、清楚、明确。

② 论文式问题的设计要尽量涵盖相对多的知识点。

③ 标出每一问题的分值和限定回答的时间。

④ 事先拟出每题的答案要点和评分标准。

⑤ 对同一试题的评分一次性集中完成。

⑥ 评分时不看学生的姓名。

2. 选择题

选择题是指针对某一问题，让学生从多个可能的答案中选择一个正确答案作为回答的试题形式。

选择题由题干和选项两个部分组成。题干是要求学生回答的问题，通常用一般疑问句或不完整陈述句来表达。选项包括一个正确答案和几个干扰项（错误答案）。干扰项一般为3—5个。干扰项越多，学生猜测出正确答案的概率越小。一般认为选择题只能让学生完成一些较低水平的认知任务，问题通常要求学生再认在课堂上或书本中学过的概念或定义。

选择题的优点包括：

① 评分客观、可靠。

② 试题取样范围广，能够涵盖课程的主要内容，保证测验的有效性。

③ 答题和问卷均较方便、高效。

选择题的缺点包括：

① 编写困难、费时。

② 难以排除学生猜测的成分。

③ 由于选择题的答案是固定的，因而不易测量学生的创造力、组织力和综合能力。

如何编写出既容易理解又实用的选择题呢？下面是一些心理学家提出的建议：

① 语言的运用要尽可能简单、明确。选项要简短，将选项中相同的用词置于题干中。

② 避免在题干中出现否定性陈述。如果不可避免，对于题干中的否定部分要用加黑的字体或下面画线等方式醒目地标示出，以引起学生的注意。

③ 使干扰项看起来似乎是正确的。有效的干扰项常常是人们经常出现的错误或误解。

④ 不用或少用"以上几项都不是"作为选择项。

⑤ 确保各选项与题干在语法关系上是正确的。

⑥ 使各选项尽可能相似，长度大体相同。

⑦ 选项中正确答案的位置应随机安排，避免使答题者找到规律。

⑧ 确保每一个问题都是独立的，一次只能陈述单一问题，避免出现歧义。

⑨ 避免一个问题包含着另一个问题的答案。

3. 匹配题

匹配题是选择题的一种变式，让学生将一栏前提项（通常是左侧的一栏单词或短语）与一栏反应项（右侧的一栏单词或短语）相互匹配。匹配题是评定某种类型的事实性知识（例如，人物与他们的业绩、日期和历史事件、范畴和实例等）的一种可靠的、客观的、有效的方式。

匹配题的优点包括：

① 容易编制。

② 可以在短时间内测量大量相关联的材料，覆盖面较广。

匹配题的缺点包括：

① 它一般只能测量简单记忆的事实材料或概念关系，并且要求编制的选项必须是同质的。

② 答题需要的时间比较长。

③ 学生可能猜测答案。

编制匹配题时，既要注意减少学生寻找的时间，提高答题效率，又要注意降低学生猜测的可能性，因此要运用适当的命题技术。编制匹配题的技术要点如下：

① 在前提项与反应项中均需采用同类资料，如用人名时都用人名，用书名时都用书名。

② 在项目的数目上，提供的反应项目要多于前提项目。

③ 题干必须清楚明确，并对匹配的方法做出适当的说明。

④ 要讲清每一选项可用一次还是可用多次。

⑤ 前提项或反应项的数量一般不应超过 10 个或 12 个。

⑥ 题干与前提项和反应项的文字必须出现在同一页上。

4. 是非题

是非题是要求学生对一则陈述的命题给予是非（正误）判断的一种试题形式，也叫正误题或判断题。

是非题的优点包括：

① 容易编制。

② 回答和评分都很方便。

③ 取样范围较广，可以有效地测量学生对一些知识点的掌握情况。

是非题的缺点包括：

① 是非题测量的常常是一些较低水平的细节性的知识点，而不易测量一般原理或对知识的应用、分析、综合、评定等。

② 是非题猜测正确的概率是 50%，因此，它的可靠性较差。有时教师要求学生将判断为错误的题改正过来，但这样做使是非题答起来更加困难而且评分也更费时间。

如何更好地编制是非题呢？心理学家提出了如下一些具体建议：

① 语言陈述要简单，明确。

② 每一个问题中只包含一个论点，避免有两个以上的论点在同一题中出现，而造成题目本身出现歧义或似是而非。

③ 在题目数量上，使属于"非"的题目稍多于属于"是"的题目。因为学生猜测时倾向于选"是"的机会较多。

④ 尽量采用正面的肯定的陈述，避免采用否定性陈述。

⑤ 使属于"是"的题目与属于"非"的题目随机排列。

⑥ 题目的文字避免直接抄录教材内容，因为抄录教材上的原话，学生可能会出现再认正确但不理解其含义的情况。

⑦ 避免使用一些具有暗示性的特殊用词，如"总是""从不""每一个""全部""所有"等。

5. 填空题

填空题是要求学生在一个留有空白的未完成句子中填上适当的词或短语以构成一个完整的句子的答题形式。

填空题的优点包括：

① 比选择题容易编写。

② 凭猜测作答的机会也较少。

③ 答案规范、简短,使得评分可靠而容易。

填空题的缺点与是非题一样,测量的是较低水平的对知识的记忆,不易测量较高水平的认知能力。

编制填空题时要注意以下几点：

① 填空题让学生填的应该是一些关键字句,并与上下文有密切的关系。

② 在一个题内不要留有过多的空白,否则会失去意义上的连贯性,使学生无法理解题意。一般留有一个或两个空白为宜。

③ 各题留出的空白的长度应相符,而不要有长有短,以免空白的长度对正确答案的字数产生暗示作用。

④ 避免直接引用教科书中的原句。

⑤ 为每题准备一个正确答案和可接受的变式标准,并具体规定是否答案部分正确也可适当给分。

(二) 质性教学评定的方法和技术

质性教学评定与量化教学评定一样,也要遵循科学的方法和步骤。下面就质性教学评定的有关方法和技术做具体分析。

1. 观察评定

观察评定是指教师在教学过程中对学生的学习表现和学习行为进行自然观察,并对所观察到的现象做客观和详细的记录,然后根据这些观察和记录对教学效果做出评定。观察评定常采用行为检查单和轶事记录等方式进行。

行为检查单一般是根据教学目标和对学生日常的学习、劳动和纪律等方面的行为要求而设计的。它的主要目的是对学生的行为进行观察并随时加以记录。

轶事记录是指教师客观地观察和记录在学校和课堂中所发生的一些与学习和教学有关事件的详细经过和结果。但在记录过程中教师应不做评论,尽可能不掺杂个人意见和观点。

2. 档案评定

档案评定,又称文件夹评定或成长记录袋评定,最初兴起于 20 世纪 80 年代后期的美国,是为了取代传统的标准化考试评定,以体现学生实际学习水平的评定方法。

档案评定是依据档案袋收集的信息对评定对象进行的客观的、综合的评定。档案袋是档案评定的重要依据。档案袋或成长记录袋是收集有关学习信息的工具,它能够为档案评定提供信息源。因此,要想客观、准确地评定学生,作为评定工具的档案袋,应该具备如下特点:第一,档案袋的基本构成成分是学生的作品,另外还包括了解学生情况的家长、教师、伙伴等的信息。第二,学生的作品数量众多且形式多样,包括诸如作文、绘画、录音、摄影等各种形式的信息。第三,这些信息是在一个学期的学习过程中逐渐积累起来的。

档案评定作为一种综合的、质性的评定方式,与传统的以分数为手段的标准化考试具有明显的差别。第一,档案评定是促进学生成长的手段,它与教师的指导和学生的学习是一体化的过程,不像传统的考试仅仅将评定作为教学过程的一个环节。第二,档案评定不仅重视作为学习结果的完成品,而且更重视对日常学习过程的记录和积累,更多地体现了对学习过程的评定,而不是像传统评定方式那样只重视对学习结果的评定。第三,档案评定是一种民主参与、协商和交往的过程,重视学生、家长和社区人员的共同参与,体现了评定主体的多元性和综合性,而不像传统的量化评定只重视教师这一单一性的评定主体。

档案评定的实施过程分为组织计划、资料收集和成果展示三个阶段。

组织计划阶段是档案评定的最初阶段,也是最重要的阶段。在这个阶段,教师需做周密的准备,为此需要做好如下工作:一是明确教学目标。目标能够为学生有效收集信息资料提供方向,为此,教师要明确教学目标是什么、学生要学习哪些内容和形成哪些技能等。二是要确定评定的具体对象,包括年级和学科以及学生的人数(全体学生或是部分学生)。三是确定要收集的信息形式与内容。四是信息收集的次数与频率。五是要向学生进行必要的解释,包括向学生解释档案评定的内涵、档案评定对个人学习过程中的重要作用等,以便使学生在心理上认同自己的成长,在档案袋中展示自己学习的实际状况。

资料收集阶段是根据前一个阶段所确定的计划和方案在学习和教学过程中具体收集学生的有关信息和作品的阶段。

成果展示阶段是档案评定的最后阶段。学生在该阶段把自己的学习成果——作业、日记、小论文、手工制品、解决问题的方案等,以板报、橱窗、家长汇报会等形式展示出来,教师根据学生的展示,给学生以学期性的、总结性的评定。

三、教学评定的结果报告

(一)相对评分与绝对评分

通过测验所获得的结果必须按照某种评分标准予以解释和处理。一般来讲,学校教育中对学生学业成就的评分标准包括相对评分和绝对评分两种。

相对评分就是以其他学生的成绩为依据,相当于我们平常所说的"等第制",并与常模参照评定的原则相对应。相对评分是按照统计学上的常态分布原理,将学生分数的高低,按比例分配为五个等级。例如,各等级所占的百分比分别是:优 7%、良 24%、中 38%、及格 24%、不及格 7%。

相对评分的优点是可以让每个学生从自己所得的等第看出其在班上的相对位置。相对评分的缺点是班上学生的分数未必是常态分布,硬性规定学生中只能有 7% 的人得优秀,而且必须有 7% 的人不及格,显然很不合理。

另一种常见的变通的相对评分法是将学生卷面上的分数按从高到低直接排序(所谓的排榜法)。这种方法不受常态分布原理的制约,只注重学生之间在分数上的比较和相对位置,在激发学生学习的外在动机的同时,也给学生带来很大的竞争压力。

绝对评分是以学生所学的课程内容为依据,学生的分数与其他同学的分数没有关系,相当于我们平常所说的"百分制",并与标准参照评定相对应。绝对评分是以 100 分作为学生达到掌握程度的标准,对每份试卷给予一个分数。在百分制中,一般规定 60 分为及格,代表着应达到的教学目标中的最低学业标准。

在实际使用绝对评分法时,学生的学业成就可直接用卷面分数来表达。绝对评分的优点是简单易懂,只要测验的命题确实能够与教学目标相符,就可以根据学生的分数来评定他对教材的掌握程度。绝对评分的缺点是不易了解某个学生在班级中的相对位置,尤其是当试题过难(学生得分都很低),或过易(学生得分都很高)时,难免因试题缺乏区分度而失去评定意义。

(二) 教学评定结果报告的原则

经过测验并评定分数后,要将学生的学习结果以某种方式报告给学生本人及学生家长。报告学习结果的最常见的方式是成绩报告单。将成绩报告单给学生本人及学生家长的目的是使学生及其家长获得学生在校学习情况的反馈信息,并对今后的学习进行调整和改进。

为了使成绩报告单能起到激发学生的学习动机、促进学生努力学习的积极作用,教师在向学生及其家长报告测验成绩时要注意以下几点:

① 分数报告力求准确、全面。不仅要报告学生期末考试的成绩,而且也要报告学生在经常性的小测验、单元测验中的成绩。

② 要对评分的标准或分数的含义做出适当的解释。仅仅报告一个分数(如 90 分)或等第(如优秀),而不对评分标准做适当的解释说明,常常不能使学生及家长理解该分数或等第的实际含义。

③ 要使学生和家长认识到分数或等第通常不具有绝对的价值,只代表一种相对的意义。

④ 鼓励学生本人参与对测验分数的解释,并用非测验因素如测验时的个人情绪状

态、平时的学习动机与学习态度、学习方法、学习环境等对取得的学习成绩加以补充说明或归因,从而提高学生对成绩的自我认知水平和自我接受程度,增强改变不良成绩的动力。

⑤ 从保护学生及家长的自尊心的角度,成绩报告单不要采取公开的形式,而应采用一对一的形式。尽量不要让其他人知道某个学生成绩的好坏,以免给一些学生造成不必要的精神压力。

知 识 链 接

教育评价是教育教学工作的"指挥棒",是现代教育治理的重要环节。2020年9月22日,习近平总书记在教育文化卫生体育领域专家代表座谈会上强调,要抓好深化新时代教育评价改革总体方案出台和落实落地,构建符合中国实际、具有世界水平的评价体系。为深入贯彻落实习近平总书记关于教育的重要论述和全国教育大会精神,完善立德树人体制机制,提高教育治理能力和水平,加快推进教育现代化,中共中央、国务院印发了《深化新时代教育评价改革总体方案》。①

复习思考题

一、选择题

1. 赵老师在新学期开始,对所教班级学生的化学学习情况进行了摸底测验,弄清了学生化学学科核心素养发展的基本情况,据此对已有的学期教学设计进行了调整。赵老师的这种摸底测验属于( )。

A. 形成性评价　　　B. 诊断性评价　　　C. 总结性评价　　　D. 相对性评价

2. 新课程改革以来,不少中学把"档案袋评价"作为评价学生的方式之一。这种评价属于( )。

A. 诊断性评价　　　B. 形成性评价　　　C. 终结性评价　　　D. 标准性评价

3. 在课堂上,学生能准确识别班级行为准则和个人行为准则,并以这些行为准则约束自己的行为。这种课堂纪律类型属于( )。

A. 教师促成纪律　　　　　　　B. 群体促成纪律

C. 任务促成纪律　　　　　　　D. 自我促成纪律

4. 数学课上,学生由于惧怕教师而出现了紧张、拘谨、反应被动、心不在焉等现象。这种课堂气氛属于( )。

A. 积极型　　　B. 对抗型　　　C. 消极型　　　D. 失控型

---

① 周洪宇:指导深化新时代教育评价改革的纲领性文件——《深化新时代教育评价改革总体方案》解读.

5.梅老师把班里的学生分为若干小组,每个小组中学生能力各异,要把他们以互助的方式开展学习活动,共同完成小组目标。梅老师运用的教学策略属于(　　)。

A. 合作学习　　　　B. 接受学习　　　　C. 替代学习　　　　D. 直接学习

二、简答题

1. 教学设计有哪些类型?

2. 教学目标有哪些类型?

3. 同伴关系对学生的发展有哪些作用?

4. 简述良好课堂气氛的营造策略。

5. 简述教学评定结果报告的原则。

三、案例分析题

某学校的某节课堂里非常吵闹和喧哗。只有几位学生在学习,大部分学生在进行无关的活动。一名女学生在靠着课桌放的大字典后涂指甲,附近一个男孩正在捡掉在课桌下的钢笔,几位同学正在交流最近几天的传闻……请结合本章内容,思考如何改善上述班级的学习环境。

第13章 中学生心理健康

内容摘要

心理健康是现代人健康不可分割的重要方面,人的生理健康是有标准的,心理健康也是有标准的,不过人的心理健康标准不及人的生理健康标准具体与客观。了解与掌握心理健康的定义对于增强和维护人们的健康有很重要的意义。当人们掌握了衡量人的心理健康标准,就可以以此为依据进行心理健康的自我诊断。本章解释了健康、心理健康的含义,鉴定了心理健康的标准和内容,阐述了中学生心理健康的标准,同时描述了中学生常见的心理问题,在此基础上,探讨了中学生心理问题的影响因素及解决途径。

重点难点

1. 了解健康和心理健康的相关知识。
2. 熟悉中学生常见的心理问题。
3. 掌握中学生心理健康的影响因素及解决途径。

本章结构

279

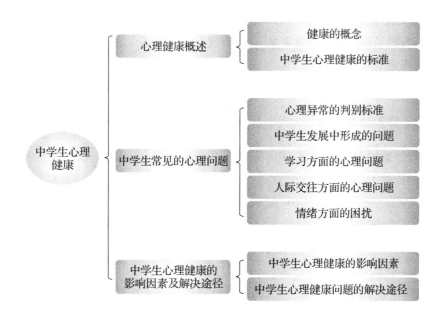

第一节 心理健康概述

一、健康的概念

（一）现代的健康理念

健康理念的演变在人类历史上经历了一个过程，从古代朴素的生命健康理念，到近代机械的生理健康理念，再到现代辩证的生命健康理念，人们对于健康的认识与理解在深度和广度上都有了质的变化，健康的本质已不再是"非病理"的生理状态，也不再局限于个体的身心方面，已经开始关涉整个人类生命的存在价值和尊严。20 世纪 90 年代，世界卫生组织对健康概念的界定就比较明确地反映了现代健康理念的基本精神："只有在身体健康、心理健康、社会适应良好和道德健康四个方面都健全的人，才算是完全健康的人。"

（二）心理健康的内涵

由于不同研究者所处的文化背景、研究角度、所用方法等的不同，关于心理健康的定义一直没有统一的认识。如《简明不列颠百科全书》认为，心理健康是指个体心理在本身及环境许可范围内所能达到的最佳功能状态，但不是指十全十美的绝对状态。第三届国际心理卫生大会(1946)认为，所谓心理健康，是指在身体、智能和情感上与他人的心理健康不相矛盾的范围内，将个人的心境发展成最佳状态。人本主义代表人物马斯洛将理想的心理健康状态称为自我实现，即人的所有潜能的充分实现与人的不断成长。在此，我们采用国内较多学者的观点，认为心理健康是一种良好而持续的心理状态与过程，表现为个人具有生命的活力、积极的内心体验、良好的社会适应，并能有效地发挥个人的身心潜力和积极的社会功能。

（三）心理健康的标准

和心理健康的定义一样，心理健康的标准也是一个有争议的问题。这主要是由于确立标准的依据不同。较有代表性的是：

1946 年第三届国际心理卫生大会指出心理健康的 4 条标准：① 身体、智力、情绪十分协调；② 适应环境，人际关系中能彼此谦让；③ 有幸福感；④ 在工作和职业中，能充分发挥自己的能力，过有效率的生活。

《简明不列颠百科全书》认为，心理健康的标准是：① 认知过程正常，智力正常；② 情绪稳定乐观，心情舒畅；③ 意志坚强，做事有目的；④ 人格健全，性格、能力、价值观等均正常;⑤ 养成健康习惯和行为,无不良行为;⑥ 精力充沛地适应社会,人际关系良好。

马斯洛则根据对世界近代史上 38 位成功的名人如林肯、爱因斯坦等的人生历程的总结,提出充分自我实现的人就是心理健康的人的观点,认为这种人应具备如下特征:① 了解并认识现实,持有较为实际的人生观;② 悦纳自己、别人以及周围的世界;③ 情绪与思想表达比较自然;④ 有较宽广的视野,以问题为中心,而不是以自我为中心;⑤ 有超凡脱俗的本质、静居独处的需要;⑥ 有自主的、独立于环境和文化的倾向性;⑦ 有永不衰退的欣赏力;⑧ 曾有过引起心灵震动的高峰经验、浩瀚澎湃的心理感受;⑨ 热爱人类并认同自己为全人类的一员;⑩ 与为数不多的朋友建立深厚的个人友谊;⑪ 有民主风格,尊重他人意见;⑫ 有崇高的德行,能区别手段与目的,决不为达到目的而不择手段;⑬ 带有哲学气质,有幽默感;⑭ 有创见,不墨守成规。

从 2008 年起,中国心理卫生协会的研究人员将这 14 条标准组成的意见稿,在全国范围内,组织 190 多名在精神卫生领域或心理学领域有着长期深入研究的学者们的意见,将结果进行了保留、合并、删除或修改,最终制订出 6 项中国人心理健康标准和相应的评价要素。所订标准的文字表述简练,易于理解和记忆,实用性强又便于操作。标准的内容既符合大多数人现有的心理健康水平,符合社会现实状况,为大众所适用,同时又注重心理健康水平的层次性和标准之间的独立性,力求做到全面、合理,为进一步研究心理健康测量工具提供了可靠的依据。"中国人心理健康标准"可简要表述为三个层面,即自我和谐(自我意识,生活学习能力,情绪健康);人际和谐(人际关系和谐良好);社会和谐(角色功能,环境适应)。该标准具体内容如下:

1. 认识自我,接纳自我(自我意识)

自我认识:了解自己,恰当地评价自己,有一定的自尊心和自信心;自我接纳:体验自我存在的价值,接受自己。

2. 自我学习,独立生活(生活和学习能力)

学习能力:具有从经验中学习,获得知识和技能的能力;生活能力:能够独立处理日常生活中大部分的衣食住行活动;解决问题能力,或能够利用获得的知识、能力和技能解决常见的问题。

3. 情绪稳定,有安全感(情绪健康)

情绪稳定:能够保持情绪基本稳定;情绪积极:情绪状态能够以积极状态为主导;情绪控制:能够调控自己情绪的变化;安全感:对人身安全、生活稳定等有基本的安全感。

4. 人际关系和谐良好(人际关系)

人际交往能力:具有基本的社会交往能力,能够处理与保持基本的人际交往关系。

5. 角色功能协调一致(角色功能)

角色功能:基本能够履行社会所要求的各种角色;心理与行为符合所处的环境;心

理与行为符合年龄等特征;行为协调:在社会规范许可范围内,实现个人需要的适当满足。

6. 适应环境,应对挫折(环境适应)

保持与现实环境接触;能够面对和接受现实,积极应对现实;能够正确面对并克服困难、挫折。

(四) 心理健康的内容

综合上述心理健康标准,心理健康应该包括以下内容:

(1) 智力正常。智力是一个争论很多的概念,简单地看,可以把智力分为观察力、思维力、注意力、记忆力、想象力五个因素。与非智力因素相比较,智力因素受遗传因素的影响大一些。观察力敏锐、思维灵活、注意力集中、记忆力强、想象力丰富是心理健康的重要组成部分。

(2) 有安全感。心理健康的人可以接纳自己的一切,不受情绪的支配,能承受挫折、恐惧和不幸,不会惶惶不可终日。

(3) 情绪稳定,心情愉快。心理健康的人总是快乐、满意、宁静等积极情绪多于忧伤、痛苦等消极情绪。情绪本身具有波动性等特点,健康的人能够适度调节、控制情绪情感,避免狂喜狂怒,忽悲忽喜,心情多数时间保持乐观、开朗。

(4) 意志健全。心理健康的人有决心、有信心、有恒心、有理想,不怕困难、不怕艰险。自信心是非常重要的心理品质,从事心理咨询、心理治疗,很多时候便是帮助来访者增强自信心。有信心且有恒心,才能克服人生征途上的种种困难。

(5) 对自己有充分的了解,并做出恰当的评价。自我意识是随着年龄的增大而逐渐发展的。心理健康的人,对自己有正确的认识、正确的情感体验、正确的评估。如果摸不清自己的底细,把自己估计得太高或太低,都会出现一些心理问题。估计太低则自卑感强烈;估计过高,可能实现不了自己确定的目标。

(6) 适应能力强。心理健康的人,不怕到新环境中去学习、工作、生活,能够积极主动适应变化了的环境。心理不健康的人,如果面临一个新环境,则会恐慌、束手无策。

(7) 能够面对现实、正视现实,乐于学习、工作、社交。心理健康的人能对现实做出客观的认识和评价,对自己充满信心,能够妥善处理遇到的困难、麻烦。心理不健康的人往往逃避现实,或者用幻想代替现实,不敢接受现实提出的挑战。

(8) 人际关系和谐。心理健康的人乐于帮助人、关心人,相应地得到别人的帮助、关心。与人相处融洽愉快,心中感到安全,讲话有人听、做事有人帮忙。人际关系紧张的人,随时担心别人害自己,心理负担极重,性格外向的人紧张不安,内向者则孤独苦闷。

(9) 睡眠正常。心理健康的人,精神负担轻,不会为一些烦恼纠缠不休,入睡容易,很少辗转反侧、夜不能寐。

（10）生活习惯良好。做到"四要四不"：要吃早饭，要适足睡眠，要运动，要控制体重；不吸烟，不酗酒，不赌博，不吃零食。

（11）心理和行为与年龄相符合。不同的年龄有不同的心理特征，有不同的人生任务。心理健康的人，应该具有与年龄段多数人相同的心理与行为特征。

二、中学生心理健康的标准

（一）与大多数人的心理状况是一致的

一个学生的心理是否健康，首先要看他在一般情况下是否与多数人一致，特别是与同龄人的心理状况是否大致相同。如果一个学生的思想、情感和行为等与多数人大不相同，就可能存在心理健康方面的问题。

（二）了解自己，能正确对待现实

心理健康的学生了解自己的优势与不足，并能据此来制定目标，合理安排自己的生活。他对现实有较清醒的认识，能够面对现实，并能适时调整自己以适应变化多端的现实环境。

（三）情绪积极乐观

心理健康的学生不是没有消极情绪，而是其主导情绪是积极的。他们能及时排除消极情绪的困扰，不断激励自己过有活力的生活。可以说，一个学生的快乐程度越高，其心理健康水平也越高。

（四）具有健康的行为特点

首先，心理健康的学生其行为反应强度与所受刺激的强度是一致的。他们对各种刺激能做出适度反应，与环境保持较好的平衡。其次，心理健康的学生其行为方式与其身份相一致。也就是他们的行为既符合其"中学生"的角色要求，也与其青少年的年龄特征相匹配。再次，心理健康的中学生其行为是一贯和统一的。也就是其行为模式不会随意发生大的改变，体现出他对客观事物相对稳定的态度。

（五）乐于交往，人际关系和谐

心理健康的学生在交往中能够与他人保持正常交往，并通过调整自己的认识、情感和行为，通过充分了解交往对象，使他人接纳自己，自己也悦纳他人，从而保持较好的人际关系。

（六）能坚持进行学习、锻炼和工作

心理健康的学生能在生活中努力培养自己坚强的意志力，耐受挫折，克服困难，并在战胜困难的过程中获得快乐，坚持学习和工作。

在理解和把握心理健康的标准时，主要考虑以下几点：第一，不能生搬硬套，盲目对号入座；第二，心理健康状态是个连续体，没有绝对的健康和不健康，每个人在生命的不同阶段都可能处于这个连续体的不同位置上；第三，心理健康是一种状态，也是一个过程，它不是一成不变的；第四，心理健康与否，在相当程度上是个社会评价问题；第五，也是最重要的，心理健康不是没有心理困扰，而是能否有效解决心理困扰。

第二节　中学生常见的心理问题

一、心理异常的判别标准

就如心理健康并无统一的标准一样，判断个体心理活动是否异常也无公认的统一的标准。人们总是使用各种各样的标准来判断我们自己以及他人的行为是否正常、是否健康、是否异常和是否病态。

（一）判别心理异常与否的途径

综合心理学家和医学家提出的众多判别心理异常的方法，有些是专业人士才能掌握的，而有些是普通教师也可以使用的。

1.统计常模

根据统计学的正态分布曲线，可认为处于总体平均值一定标准范围内者为心理正常，偏离这一范围者就是异常。也就是说，大部分人都具有一般的正常的心理健康水平，少部分人高于或低于一般的心理健康水平，而极少的人属于极端心理健康或严重精神失常。正常与不正常并未截然分开，同时每种水平之间存在着相互联系。这种统计学上的常模比较，也被直接用到心理测量上来判定某一个体的心理健康水平。这种方法比较客观，但必须由受过专业训练的心理测验人员来实施和解释。另外，由于真正适合中国文化背景的心理测量表太少，因此在实际应用上具有较大的局限性。

2.社会规范

以当时社会规范作为衡量心理健康状况的标准，并以此判断一个人的行为和心理是否正常。这一标准是依据人的行为的社会意义并以个人适应程度为出发点的。由于社会规范并非总是非常明确和一致，因而在考虑具体问题时，经常蜕变为以大多数人的

行为为参照标准,其实和统计常模的方式并无本质差别。大多数人的行为并非总是代表着健康的社会行为,以社会准则为依据仍然未能解决这样的问题:有心理障碍者必然偏离社会规范,但偏离社会规范者却未必都有心理问题。

3. 生活适应

以个体是否表现出与生活环境及需要相一致的情感、言语、思维、行为等,作为判断人们心理正常与否的标准。从这一角度看待心理健康,就是看个体能否根据环境条件及其变化,有效地发挥其心理机能,通过适当的行为去适应或改变环境,以满足自己生存发展的需要。这一标准比较直观,易于教师识别出心理异常的学生。该方法的缺点是,具体运用时易受评价者的主观影响,操作的客观性较差。另外,在实际操作时,应注意偶然与长期行为的区分。

4. 临床诊断

以临床是否观察或检测到某些心理疾病的症状和致病因素,来判断人的心理健康状况。这一标准以精神病学研究为基础,为医学界人士所支持,比较客观准确,临床上应用较多。由于诊断总是以疾病的标签出现,而且诊断的方法也很复杂,所以只适合有相应专业资格的医生使用。作为教师,不应对学生的心理问题下诊断性的结论,以免造成不必要的担心,加重学生的心理负担。另外,客观准确也只是相对的,因为心理异常现象是多种因素导致的身心机能的障碍,不是仅凭某一诊断手段就可以完全确定的。

5. 主观经验

以个人的主观经验或感受来判断其心理健康状况,包括当事人的主观体验及他人的观察判断。如日常所说的"觉得不对劲儿",往往是敏感而有效的指标。但是这一判别依据,通常只能作为一种辅助的标准来用。因为真正能感受心理痛苦的人,大都是自我定向完好、情感活动基本正常的人,这些人即使有心理障碍,也多属轻微障碍。有些有严重的心理障碍的人往往不认为自己有问题,如严重的精神分裂症患者、某些人格障碍患者。作为教师,觉得学生不对劲儿,可以更多关注,采取恰当的方式对待,需要时推荐至专业心理健康教师处接受帮助。

(二) 一般心理问题和心理障碍

大多数人居于疾病与健康的连续谱的中间地带,或多或少都有不同的心理问题。而根据问题的严重程度又可以分为一般心理问题和心理障碍。一般心理问题在一定程度上妨碍个人的成长、发展以及人际关系,从而致使个体主观满意度降低,工作效率下降,最终陷入心理困扰和痛苦。但一般的心理问题并不能称之为心理障碍,最普通的例子如自卑。

一般心理问题随着时间的推移,个体通过自己的努力可以自愈,或者找心理辅导老师做较短时间的咨询就可以出现明显的转变。

心理障碍(mental disorder)又可称作精神障碍,是精神病学的临床诊断概念,与精神疾病(mental disease)是同义词,指精神活动的异常成为精神症状,达到一定严重程度,并且达到足够的频度或持续时间,造成主观痛苦和社会功能损害,最终符合现行诊断标准中某类障碍的诊断。现行的《中国精神障碍分类与诊断标准》中的精神障碍有10大类300多种,如神经症、情感障碍、精神病性障碍、人格障碍等。

能被精神科诊断为心理障碍的问题往往比较严重,需要较长时间的治疗,有时还需要配合药物治疗。健康与疾病之间形成连续的灰色地带,一般的心理问题与严重的心理障碍之间,并未有截然分开的界限,而是互相有重叠。面对心理障碍,受训背景不够的学校心理咨询师就不适宜处理这样的问题,应将学生转介到更为专业的心理咨询与治疗机构或者精神科门诊。当然,学校老师如果能以正确的态度面对有心理障碍的学生,对学生的康复也有积极的促进作用。

二、中学生发展中形成的问题

(一) 自我意识发展中常见的问题

中学生自我意识虽然趋于成熟,但也存在明显或不明显的缺陷。主要表现在以下几个方面的问题:

1. 过度敏感

适当关注自我有利于形成清晰的自我形象,建立正确的自我概念,构筑和谐的人际关系。但是,如果过分敏感,再加上过多的思虑,就容易形成多疑的个性。

2. 过度独立

独立性的发展本是孩子长大的必然趋势。然而过度独立就具有消极性甚至危险性,有的甚至会造成终生遗憾。过度独立的基础是过分自信甚至自负、性格上的执拗及认识上的偏差,进一步发展可能形成对抗及反社会心理。

3. 过分自尊

过分自尊的中学生在与人交往时,十分警觉,若感到有损于自尊,立即有强烈的情绪体验,有的在行为上随即做出反应。如果性格是外向的,可能暴跳如雷,会做出危害集体、危害他人的行为;如果性格内向,则可能躲在一边偷偷落泪,甚至做出伤害自己的事情。还有一些学生用过分自尊来掩盖自卑。

4. 过分自责

正常的自责体验有助于消除缺点,改正错误,提高个人修养,但是,过分自责却是消极的。过分自责的基础是认识偏差与思维方式的不科学、不合理。

5. 过分的自我表现

在很多中学生身上常常会出现过分自我表现的现象,他们不讲场合、不分时间、不辨对象地出现表现自我的行为,或者无论何时何地,只要某些人或某人在场,就会情不自禁地表现自我,出现不应该出现的行为。过分自我表现的基础是自我中心与渴望他人对自己的关注。

6. 过分的自我掩饰

中学生常常会对自己的真实想法和体验加以掩饰。但过分的自我掩饰是出于担心别人窥探自己的内心活动,时时事事都想掩饰自己的真实想法和自己实际的行为动机,生怕别人了解自己不愿或尚未暴露的弱点。其本质是缺乏自信与过分自尊。

7. 强烈的无能体验

这类中学生,在问题情境中,出现严重焦虑,还没有认真学习和认真思考,马上做出结论:我不能。他们在新任务面前总是畏首畏尾,唯恐出错,导致与其他同学的差距越来越大,这又导致了他更强烈的无能感,因此形成恶性循环。

良好的自我意识的培养对促进学生人格成长起着重要的作用,因此上述问题应当引起学校和教师的高度重视,有针对性地开展教育和心理辅导。

开展教育时要首先注意帮助学生确立符合客观的自我概念。对于自卑的学生,要引导他们看到自己的长处和潜力,即使无法改变所谓的缺陷,如自己的长相、能力不理想、家庭状况不如别人等,也能够自我悦纳,从而摆脱整天自怨自艾、情绪低落的心理状态;对于过分自负者则应帮助他们看清自身的不足,以找到通往理想的阶梯和与人和睦相处的办法。另外,要指导学生进行合理的自我设计,既不能没有目标,也不要过于理想。最后,与家长一道,共同创设一个有利于学生自我意识健康发展的环境,做到既不严厉、苛求,施加过重的心理压力,也不宠爱、包办,剥夺孩子自然成长的权利。

(二) 中学生性意识与性行为问题

1. 性意识困扰的问题

学生在进入青春期后,伴随着性生理的发育成熟,性意识也开始觉醒。但由于社会文化方面的影响,以及青少年自身人格尚不成熟,自控力较差等,有一些青少年不能较好地认识和对待自己的性意识活动,而出现性意识困扰,进而导致一些不当性行为,主要表现如下:

(1) 性恐慌与性罪恶感。如对自己第二性征的日益明显感到窘迫和不知所措;对月经初潮与遗精现象不理解又羞于启齿问大人,内心充满困惑和不安。

(2) 性梦与梦遗。研究表明,部分中学生睡觉时会产生与异性亲近的梦境,男孩还有梦遗现象,由于不了解梦的原理和青春期生理心理特点,醒来后会深深自责,甚至产生自卑心理。

（3）手淫。也称自慰行为，初次发生一般在 14～17 岁。由于受"手淫有害""手淫是下作的"等观念影响，中学生手淫后常有深深的自责和悔恨，精神紧张，情绪低落，既为自己的行为感到羞耻，又为自己无法自控而自卑。其实现代科学已经证明，适度手淫是无害的，更上升不到道德和罪恶的高度。因此，我们要关注的不是学生手淫这种行为本身，而是他们对手淫的不正确观念所导致的心理负担。通过性生理知识的介绍，学生懂得手淫是青春发育期青少年中普遍发生的现象，使学生卸下精神上不必要的负担。对手淫过度的学生，教师应该配合家长帮助他们制定改进计划，如把注意力从对性的过分关注上转移到其他方面，避免不良的性欲刺激，进行自我控制力的训练，等等。

以上性意识困扰会引起中学生不同程度的心理冲突，使他们出现焦虑、烦躁、厌恶及内心不安、恐怖、自责等不良情绪表现。少数人还会出现失眠、注意力不集中、情绪忧郁、不愿与他人（尤其是异性）交往等症状，从而影响学习和工作，有的甚至导致严重的心理障碍，这些应该引起教育工作者的重视。

2. 中学生异性交往问题

渴望与异性同学或朋友交往，这是人类性心理发展的必然。但是，由于传统观念的影响，一些中学生在异性交往方面难以自如应对，他们有的是感到有压力，不敢与异性交往，导致异性交往经验的缺乏，甚至导致异性交往的害怕或恐惧；有的则因为缺乏异性交往的正确指导，不能把握好异性交往的尺度，而陷入各种异性交往的困扰当中，比如被异性误会、过早谈恋爱、出现性行为等，从而影响学习和生活。

3. 中学生性心理障碍问题

除了上述一般性的性心理问题外，少数中学生可能会表现出较为严重的性心理障碍，往往需要在教育的基础上做有针对性的心理辅导甚至心理治疗。

（1）异性恐惧症。这类学生一方面在异性面前感到异常的紧张和恐惧，另一方面，他们又有与异性接近的强烈愿望，由此带来的心理冲突会使患者产生严重的焦虑情绪，有的甚至出现异性关系妄想等心理症状。异性恐惧症的形成是社会心理因素与个人自身因素相互作用的结果。

（2）性变态。性变态包括性心理方面的变态和性行为方面的异常。凡不采取一般常人与异性接近的方式，违反当时的社会习俗而获得性满足的行为，都称为性变态。青少年中常见的性变态有异装癖、恋物癖等。

三、学习方面的心理问题

（一）厌学情绪

厌学是指学生对学习否定的内在反应倾向，包括厌学情绪、厌学态度和厌学行为，其主要特征是对学习厌恶反感,甚至感到痛苦,因而经常逃学或旷课。有厌学心理的学生,或是对学习的重要性认识不足,或是被家长逼着学习产生了逆反心理,或是由于成绩不良而丧失了学习信心。他们一般认为自己学习能力低下,把自己看成学习的失败者,对学习缺乏兴趣,在学习过程中体验到的是恐惧和厌恶。

(二)考试焦虑

考试焦虑是中学生较为常见的一种心理问题。它是在一定的应试情境激发下,受个体认识评价能力、人格倾向与其他身心因素所制约,以担忧为基本特征,以防御或逃避为行为方式,通过不同程度的情绪性反应所表现出来的一种心理状态。常见现象有:情绪激动、慌张、不能自制。有的伴随手足发冷、心跳加速、肌肉紧张,甚至头昏;感受性降低,甚至把试题要求看错等;注意力集中不起来;记忆障碍,平时熟悉的东西回忆不出,但一出考场又能想起;思维迟钝、混乱,不能正常分析、归纳、判断、推理,本来能做的题也做不出。对此要引导学生认识到适度紧张对于考试有利无害,而过度焦虑需克服。首先要明确考试的目的,其次要设立合理目标,再次要减少对成绩的过分关注,此外还要教给学生一些放松与应考的技巧。

(三)学习障碍

学习障碍也叫学习不能,是指在口头语言与书面语言的理解和使用的基本心理过程中,显示出的一种或多种障碍,表现为听、说、读、写、拼音、算术等能力的习得与应用方面的显著困难。学习不能的学生并不是智力落后,但大多存在注意障碍、记忆障碍、思维障碍、阅读障碍,以及计算、拼写、书写等方面的障碍,从而造成学习上的困难。对于这类学生的辅导要了解其学习不良的表现,分析其原因,根据每个学生的具体情况制定个别化矫正方案。

四、人际交往方面的心理问题

中学生正处于渴望交往又回避交往的矛盾阶段,在交往过程中可能表现出以下问题:

(一)恐惧心理

有些中学生由于以往经历或所受教育等因素的影响,惧怕人际交往,甚至产生社交恐怖。这是中学生群体中常见的人际关系障碍,是指个体对正常的社交活动有一种异乎寻常的强烈恐惧和紧张不安的内心体验,从而出现回避反应的一种人际交往障碍。表现为不敢见人,遇生人面红耳赤,精神处于一种非常紧张的状态。社交恐怖往往会发生泛化,严重者拒绝与任何人发生社交关系,将自己孤立起来,对日常生活和学习造成极大障碍,一般需要心理治疗才能痊愈。

(二) 孤独心理

人际孤独是指在人际交往过程中因交往障碍而带来的孤独体验。在交往中,有的中学生因同伴关系处理不当而产生一些摩擦,因此,为保护自己,增加安全感,干脆将自己封闭起来,回避与人交往,久之可能导致抑郁。

(三) 羞怯心理

在中学生交往中,有人手足无措,面红耳赤,平时想得好好的,一上讲台,语无伦次,这种心理现象叫作羞怯心理。一般来说,羞怯是一种正常的情绪反应。适时适度的羞怯心理所引起的生理反应是短暂的,它无损于身心健康。但是羞怯心理的反复产生与体验,容易引起恶性循环,导致一部分中学生产生交往恐惧。

(四) 嫉妒心理

嫉妒是个体内心对他人的优越地位产生不愉快的情绪体验,人称"红眼病"。它是对别人的优势以心怀不正为特征的一种不悦、怨恨、恼怒、自惭形秽甚至带有破坏性的负面情绪,若不能及时调节,很可能造成损人又害己的后果。

(五) 猜疑心理

有这种心理的学生,往往过于敏感,他们始终以一种怀疑的眼光看人,对人怀有戒备之心。另外,具有猜疑心理的人往往喜欢捕风捉影,传播小道消息,造成班级中人际关系的紧张与不和谐。对于有社交恐怖、羞怯心理而不敢与人交往的学生,教育者应当帮助他们建立自信打消各种不必要的顾虑,并勇敢地跨出主动与人沟通的第一步。教师要意识到自己与学生的交流本身,就是一次人际沟通的极好示范与实践机会,成功运用开放式交流对学生来说,就是一次愉快的体验和成功的激励。这有助于学生乐意将此时此地获得的经验应用到今后的人际交往中去。

对待有孤独心理、不愿与别人交往的学生时,要尽力启发他们对周围人们的信任,并努力使他们领悟"思想经过交流就会变成双份"和"快乐与别人分享,快乐就能加倍;痛苦和别人分担,痛苦就会减半"的道理。同时创设一种温暖、安全的氛围,促进学生的自我开放。

对有猜疑心理、嫉妒心理的学生,教师要运用倾听技术给学生有充分宣泄的机会,然后再通过提问和面质,引导对方看到自己敏感、偏激的一面,学会换位思考,将心比心地理解他人,从而产生必要的自我反省,改变其原来的态度和认识,与同伴建立良好的沟通。

五、情绪方面的困扰

（一）焦虑

焦虑是一种情绪状态，其内心体验是害怕，严重的焦虑症状可能伴有身体不适感的植物神经功能障碍，如出汗、口干、嗓子发堵、胸闷气短、呼吸困难、头痛、心悸、无力等。学生的焦虑主要有两种，一种是分离性焦虑，多见于年龄较小的学生，主要表现为不愿上学、不愿离开家长、担心家长出意外、担心自己走失或被拐走。另外一种是考试焦虑，多见于中学生，主要表现为怀疑自己的能力，缺乏自信；学习认真，却总担心学习不好；害怕考试，考试时过分紧张等。中学生的考试焦虑与升学压力过大和自我认识不足有直接的关系。

（二）易怒

易怒就是容易冲动、急躁、爱发脾气。主要表现为个体的自我控制能力差，为一点小事大哭、大喊，甚至摔东西或袭击别人。易怒情绪在中学生当中表现比较突出，有些学生常因一点需要不能满足或遭遇小小的挫折就大动干戈，难以控制情绪，出现过激行为，甚至造成人身伤害。

（三）恐惧

恐惧是企图摆脱、逃避某种情景而又苦于无能为力的情绪。学生的恐惧心理最突出地反映在学校恐惧和社会恐惧两个方面。前者主要表现为厌学，如果被强迫上学就会引起明显的焦虑和惊恐等。后者就是前文提到的社交恐惧。

（四）烦恼

烦恼是中学生最为常见的负面情绪。主要表现为不明原因的烦躁，感觉孤独寂寞，多愁善感；不知应该以何种姿态出现于公众面前。这些问题常常困扰中学生，致使其心绪烦乱，甚至严重干扰中学生的学习和生活。

（五）忧郁

这是指因情绪受压抑而产生比较持久的、消极的情绪状态。这类学生常表现出心境郁闷、缺乏活力、丧失兴趣、食欲差、失眠、体重下降等症状。长期抑郁会导致心因性抑郁症，若不能及时矫治甚至导致自杀。

（六）压抑

压抑也是中学生当中普遍存在的一种心理状态。压抑是当需要、愿望不能得以满足和实现时产生的一种心理体验。表现为情绪持续低落、垂头丧气、对人对事缺乏热情,严重者还会出现抑郁症状。

(七) 挫败感

挫败感是指个体的意志行为受到无法克服的干扰或阻碍,预定目标不能实现时所产生的一种紧张状态和情绪反应。青少年时期的挫败感比较强,也常常导致负面情绪。有的青少年表现为冷漠态度,对周围的一切都失去信心和兴趣;还有的表现为退化或固执,遇到挫折就像小孩子一样哭泣,失去理智,不能控制自己,固执己见等。一些研究资料表明,当前青少年的耐挫折能力普遍低下,这不能不引起教育者的高度关注。

第三节　中学生心理健康的影响因素及培养途径

一、中学生心理健康的影响因素

研究表明,制约青少年学生心理健康的因素是极其复杂多样的。按照这些因素的功能来分,可以分为本体因素和诱发因素两大类。本体因素是一个人心理健康状况发生变化的内在的主观原因,而诱发因素是产生变化的外在的环境原因。诱发因素通过本体因素而发生作用,它决定着人的心理健康状况变化的现实性。例如,紧张的学习生活,对于心理功能状况良好的学生来说,会激发更高的学习热情,投入更多的学习精力;而对于心理功能状况较差的学生来说,有可能引起过度焦虑,导致其产生心理障碍。

(一) 本体因素

本体因素主要包括个体的生物遗传因素和心理活动因素。

1. 生物遗传因素

第一,遗传因素。先天遗传素质对人的身心健康有一定影响。如母亲怀孕时患急性传染病或情绪激动等因素将影响胎儿的身心健康,导致胎儿神经系统脆弱,容易产生紧张反应。又如,对躁狂抑郁症和精神分裂症患者亲属的患病率的调查数据显示,精神疾病发病的原因确实具有明显的血缘关系,血缘关系越近,患病率越高,而这正是遗传因素的影响作用。

第二,神经系统异常。临床研究证明,中枢神经系统的传染病,如斑疹伤寒、流行性脑炎等,由于病菌、病毒损害神经组织结构而导致器质性心理障碍或精神失常,它可以阻抑心理的发展,造成智力迟滞。

第三,生理缺陷。如五官不正、身材矮小、容貌丑陋、断肢、跛足或肥胖等种种原因,都容易使中学生因"自惭形秽"而产生自卑、怯懦、孤僻等自我否定性体验，形成心理障碍。

第四，生理病变或生理机能障碍。中学生在患有某种生理疾病时一般会出现消极的心理反应。如内分泌机能障碍中，最突出的如甲状腺机能混乱、亢进时，往往出现敏感、暴躁、易怒、情绪冲动、自制力减弱等心理异常表现；肾上腺素分泌过多会引起躁狂症，而肾上腺素分泌不足可能导致抑郁症等。

2. 心理活动因素

第一，认知因素。个体的认知因素包括感觉，知觉、记忆、思维与想象，这些认知因素自身的发展和各认知因素之间的关系可能是协调的，也可能是不协调的。一旦某一认知因素发展不正常或某几种认知因素之间的关系失调，就会产生认知矛盾和冲突。这种矛盾和冲突，会使人感到紧张、烦躁和焦虑，于是想极力减轻或消除。认知因素之间的失调程度越严重，则人们期望减轻或消除失调，维持平衡的动机也就越强烈。如果这种需要和动机长时间得不到满足，不能实现，则可能产生心理偏差或心理障碍。认知的严重失调，还会损坏人格的完整性和协调性，甚至导致人格变态。

第二，情绪因素。情绪是一个人机体生存和社会适应的内在动力，是维持身心健康的重要因素。一般来讲，稳定而积极的情绪状态，使人心情愉快、安定、精力充沛、身体舒适；相反，波动而消极的情绪状态，则往往使人心情压抑、焦虑、精力涣散、身体衰弱。因此，培养积极的情绪，排除消极的情绪，有益于学生的身心健康。

第三，个性因素。个性因素亦可称人格因素，它对一个人的心理健康影响最大。例如，同样的学习挫折对不同个性的学生，其影响程度可能完全不同。有的人无法承受，或消极应付，从此自暴自弃；有的人则可能接受现实，正视挫折，加倍努力，奋发图强。研究表明，特殊人格特征往往是导致相应精神疾病，特别是神经症的发病基础。例如，谨小慎微、求全求美、优柔寡断、墨守成规、敏感多疑、心胸狭窄、苛求自己等强迫性人格特征，很容易导致强迫性神经症；再如易受暗示、沉于幻想、情绪多变、自我中心、自我表现等特殊人格特征，很容易导致癔症。因此，培养中学生健全的人格，是保持其身心健康的关键因素。

（二）诱发因素

诱发因素是直接引起中学生心理问题外在的、客观的因素。主要包括家庭因素、学校因素、生态环境因素和社会因素。

1. 家庭因素

对于中学生的身心健康而言，家庭的影响很大。国内外大量研究表明，不良家庭环境容易造成家庭成员的心理行为异常。这些因素主要有家庭结构突变，如父母死亡、父母离异、父母再婚等；家庭气氛紧张，如家庭成员之间情感冷漠、矛盾冲突频繁、父母关系紧张等；家庭教养方式不当，如专制粗暴、强迫压服，溺爱娇惯、放任自流；家长的期望值太高等。

2. 学校因素

学校是学生学习、生活的主要场所，学生的大部分时间是在学校中度过的。因此，学校生活对学生的身心健康影响也很大。学校因素主要有学校教育条件、生活条件，教师的素质与教育教学水平，班风、师生关系、同伴关系等。这些条件和关系如果处理不当，则会影响学生的身心健康发展。例如，校风学风不良、学习负担过重、教育方法不当、师生情感对立、同学关系不和谐等，都会使学生的心理压抑、精神紧张、焦虑，如不及时调适，就会造成心理失调，导致心理障碍。

3. 生态环境因素

生态环境是人类与环境相互作用、共同建构的综合系统，它对于人的心理健康影响极大。生态环境包括气象与地理，天然色彩与自然景观，阳光、空气与水，音乐与噪声，拥挤与环境污染等。例如，阴沉沉的雨天、噪声、教室过分拥挤、空气污染等，都可能造成学生心神不宁、焦躁不安、压抑沉闷、注意力涣散等问题。

4. 社会因素

社会因素主要包括政治、经济、社会制度、社会文化、社会关系、社区状况等，这些因素对一个人的生存和发展起着决定作用。特别是在当前，人与人之间的交往日益复杂，各种社会传媒的作用越来越大，生活紧张事件增多，矛盾、冲突、竞争加剧，价值观呈现多元化，学生升学、就业困难，所有这些现象都会加重学生的心理负担和内心矛盾，影响其身心健康发展。

总之，影响中学生心理健康的因素是多种多样的，它们往往是各自发挥作用的。因此，我们在对中学生进行心理健康教育时，应当综合考虑各种因素，采取有效的途径和方法，多管齐下，促进学生健康成长。

二、中学生心理健康的培养途径

（一）加强中学生自身的心理健康意识

加强中学生自身的心理健康意识，帮助学生了解基本的心理卫生与健康知识，掌握一定的心理调节技术，如角色互换与扮演、模拟人际交往、情绪的宣泄、克服自卑、树立自信心的心理调节手段。正确引导中学生的心理健康发展，可以从以下几个方面加以指导：

一是正确认识自己，多为他人着想。客观地分析自己，既不要高傲自大也不能自卑自弃。对于骄傲自大的孩子要经常指出他们的缺点，并加以分析和引导；对于自卑自弃的孩子要反复强调他们的优点，增强他们的自信心。在与人交往时，建议中学生既要站在他人的角度看自己,更要站在自己的角度为他人着想。

二是科学掌握性知识,讲究性卫生,理智地对待性成熟,安全、健康地度过青春期。在对待异性交往上,既要正常面对真实的好感或好奇,又要冷静地处理朦胧的爱意或性渴望。

三是学会控制自己的情绪,寻找正常有效的发泄途径。在人生的征途中,误会、挫折是与理解、坦途并存的,胜不骄败不馁,理智地控制自己的情绪,才是真正成熟的标志。面对一些并不严重的压力时,可适当放松,寻找一个可以正常有效发泄的途径,如写日记、在空旷的地方呐喊、在安全的情况下做剧烈运动等。在面对自己心理实在无法承受的压力时,一定要相信家长或老师,以便在他们的帮助下,找到更好的解决途径。如果一味地压抑在心里,就有可能错过宝贵的时机,导致更为严重的心理疾病。

四是加强运动,科学用脑。运动既可以增强中学生的体质,也可以在肝、肾、肺功能增强的同时提高中学生的心理承受能力。科学用脑,在用脑过程中,适时地调节和变换,可以缓解心理发展和减轻繁重的学习带给大脑神经的压力。

五是培养高尚的情操,热爱大自然、享受生命的馈赠。青春期综合征有很多是因为心胸狭隘、自私自闭引起的。培养有益的兴趣爱好,高尚的道德情操,坚韧的心理承受力,把成功与失败当成生命最美好的馈赠;多到大自然里走走,开拓中学生的视野,陶情冶性;学会感恩、珍惜生命。

(二)建立学校心理教育机制

在中学开设专门的心理健康教育课程,促进心理健康教育的普及,做到全体学生参与。

1. 建立心理咨询室,开展心理咨询和心理辅导

由专业老师担任心理咨询员,建立学生心理档案,跟踪学生心理变化,及时矫正学生的心理偏差。这有利于部分中学生在心理健康发展发生问题时能够得到及时的帮助和有效的解决。对部分已经出现心理不健康问题的学生,要及时建立起关心、尊重、了解和指导的关系,并根据问题的特性与需要使用适当的心理治疗方法,减轻和消除学生的心理健康问题及因此衍生的不良行为。

2. 建立专门的宣泄室

我们经常在校园或公共场所见到一些所谓的"厕所文化",其实这也是中学生心理宣泄的一个途径,与其让它无法避免地存在,不如大大方方地专门设立这样一个宣泄的场所,这样不仅有利于中学生的心理健康发展,也有利于学校环境的保护。

3. 开设心理咨询热线

随着网络的运用,现在的心理咨询热线既能以书信的形式进行沟通,也能以网络的形式进行沟通。这样可以使那些有害羞心理或是要问一些本来就不便启齿的问题的学

生有一个倾诉的场所和对象。此外,对一些较为普遍的心理问题也可以进行定期的讲座。

知识链接

教育部等十七部门关于印发《全面加强和改进新时代学生心理健康工作专项行动计划(2023—2025年)》的通知

开设心理健康相关课程。中小学校要结合相关课程开展心理健康教育。中等职业学校按规定开足思想政治课"心理健康与职业生涯"模块学时。高等职业学校按规定将心理健康教育等课程列为公共基础必修或限定选修课。普通高校要开设心理健康必修课,原则上应设置2个学分(32—36学时),有条件的高校可开设更多样、更有针对性的心理健康选修课。举办高等学历继续教育的高校要按规定开设适合成人特点的心理健康课程。托幼机构应遵循儿童生理、心理特点,创设活动场景,培养积极心理品质。

发挥课堂教学作用。结合大中小学生发展需要,分层分类开展心理健康教学,关注学生个体差异,帮助学生掌握心理健康知识和技能,树立自助、求助意识,学会理性面对困难和挫折,增强心理健康素质。

全方位开展心理健康教育。组织编写大中小学生心理健康读本,扎实推进心理健康教育普及。向家长、校长、班主任和辅导员等群体提供学生常见心理问题操作指南等心理健康"服务包"。依托"师生健康 中国健康"主题教育、"全国大中学生心理健康日"、职业院校"文明风采"活动、中考和高考等重要活动和时间节点,多渠道、多形式开展心理健康教育。发挥共青团、少先队、学生会(研究生会)、学生社团、学校聘请的社会工作者等作用,增强同伴支持,融洽师生同学关系。

(三) 充分发挥家庭教育的作用

邀请学生家长到校座谈,增强家庭心理教育意识,提高家长心理素质,使学校教育与家庭教育密切有效地配合。在家庭教育方面,以下几个问题是值得关注的:

一是尊重孩子。如果家长对孩子连起码的尊重都没有,孩子肯定不会尊重您。多站在孩子的角度思考他们的喜好,理解他们的行为。

二是充分信任孩子。如果总是觉得孩子还小,这也不放心那也不放心,这种状况最容易引起中学生的反感,催化他们的逆反心理。

三是教育和疏导相结合。面对有逆反心理的孩子既不能采取强制和打击的措施,也不能放之任之,必须耐心对待,找出最适合这个孩子的方法,适当疏导。

四是让他们感受到您的爱,而不是管教。让许多令家长、班主任甚至警察都头疼的孩子能够说出心里话;让孩子真实地感受到对他们的关爱,一般有心理健康问题的孩子都是因为缺乏关爱、渴望关怀。

五是理智地分析孩子的心理健康状况,既不能小题大做,也不能错失良机。

(四) 呼吁全社会的关注与参与

建立校内外一体化网络,积极开展社区"关注中学生心理健康问题"宣传活动,呼吁全社会关注中学生身心发展,给中学生一个良好的发展空间,形成关心学生心理健康"人人有责"的良好局面。有人提出"5+2=0"的观点并不是危言耸听,家长、社会两天内的一些不良行为的言传身教及一些不良社会风气的影响,很有可能将学校五天的正面教育化为乌有,至少也会导致中学生对学校教育的质疑。因此,倡导全社会来关注中学生的身心发展健康,完善未成年人保护法,给中学生一个净化了的成长环境,是很有必要和刻不容缓的。

复习思考题

一、选择题

1. 白雪自小受到母亲悉心照料,从未离家独立生活。初中入学刚住校,她就出现了不明原因的哭泣、无力、心慌与食欲不振。为此,母亲到学校陪她住了几天,白雪的症状消失,恢复正常。但母亲返家,其症状再现,白雪的这种心理问题属于( )。

A. 学习问题　　　　B. 适应问题　　　　C. 气质问题　　　　D. 认知问题

2. 张明近期变得不敢出门、不敢见人,尤其是一见到老师和同学就冒冷汗、手脚冰凉,甚至有些呼吸困难。他的这些表现属于哪种心理问题?( )

A. 抑郁　　　　　　B. 癔症　　　　　　C. 强迫　　　　　　D. 社交恐惧

3. 陈亮一想到明天要在课堂上宣读作文就坐立不安,感到心跳加快,脸红,出冷汗。这种表现属于( )。

A. 抑郁　　　　　　B. 妄想　　　　　　C. 强迫　　　　　　D. 焦虑

二、材料分析题

一位高中女生接受心理辅导时的自述:

进入高三以来,我就觉得自己被笼罩在一种紧张学习、迎接高考的氛围中,时常感到心烦意乱,学习成绩也时好时坏,为此整天惴惴不安。我常常想到高考问题,感觉也与以前有所不同,心跳的剧烈程度比以前强很多,身体有种不舒服的燥热,思维不太受控制,注意力也难以集中。我怕老师提问,老师一叫我回答问题,不论是答得上来还是答不上来,回答时总是语无伦次,而且声音发颤。虽然经常被老师提问,却还是消除不了这种胆怯心理。考试之前,我会非常紧张,几天前就会睡不着觉,连续失眠,考试时经常因太紧张而不能认真审题,并且考试时,感到心跳加速,头脑发胀,昏昏沉沉,结果考试成绩越来越差。老师,您说我能改变这种情况吗?

第14章 中学生学校心理教育

内容摘要

心理教育是素质教育的重要组成部分。在学校开展心理教育,有利于预防师生心理疾病,维护学生心理健康;有利于学生的人格发展和潜能开发;也有利于提高学校教育工作成效。本章将简要介绍学校心理教育的概述、学校心理教育的目标和原则以及学校心理教育的内容和途径。

重点难点

1. 了解心理教育的相关内容。
2. 熟悉心理教育的目标和原则。
3. 掌握学校心理教育的途径。

本章结构

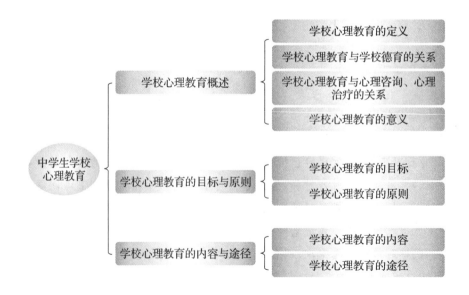

第一节 学校心理教育概述

一、学校心理教育的定义

关于学校心理教育,主要有两类定义方式,即政府部门的工作性定义和心理教育专家的学术性定义。前者如教育部颁发的《关于加强中小学生心理健康教育的若干意见》中的定义:"中小学心理教育是根据中小学生生理、心理发展特点,运用有关心理教育方法和手段,培养学生良好的心理素质,促进学生身心全面和谐发展和素质全面提高的教育活动;是素质教育的重要组成部分;是实施《面向 21 世纪教育振兴行动计划》,落实跨世纪素质教育工程,培养跨世纪高质量人才的重要环节。"后者如燕国才教授的定义:"心理教育应当包括积极和消极两个方面,积极方面是,培养心理素质,促进全面发展;消极方面是,防止心理疾病,保持心理健康,所谓心理教育就是培养心理素质与防治心理疾病的有机结合。"这里我们采用陈家麟教授的定义,他认为:"学校心理教育是根据学生的生理、心理发展特点,运用心理学的方法,结合学校日常教育教学工作,有目的、有计划地培养(包括自我培养)学生良好的心理素质,开发心理潜能,进而促进学生身心和谐发展和素质全面提高的教育活动。"也就是说,学校心理教育的开展,要以充分了解和尊重学生的身心发展特点为基础,以心理学的理论和技术为依托,以培养学生良好心理素质和开发心理潜能为目的,并结合学校日常教育、教学工作有计划地进行。

二、学校心理教育与学校德育的关系

总的来说,心理教育与学校德育是相互支持、相互融合的,共同构成了学生全面发展的基石,但在具体实践中也展现出鲜明的不同点,这些差异体现在教育目标、教育内容以及教育方法等多个维度上。

在教育目标上,尽管两者都致力于促进学生的全面发展,但侧重点有所不同。德育更注重从宏观的社会视角出发,强调统一的社会要求和共同的道德标准,通过树立榜样来引导学生形成正确的世界观、人生观和价值观,特别是要培养学生对国家与社会的归属感和自豪感,以维护社会的和谐稳定。相比之下,心理教育则更加关注个体的微观层面,它以学生个性差异为出发点,尊重并珍视每个学生的独特性,通过因材施教的方式帮助学生建立自信,塑造完善的人格,提升个人价值感与成就感,从而实现自我潜能的最大化。

在教育内容上,德育的核心在于引导学生认识社会、理解社会规范,并通过学习榜样来形成积极向上的人生态度。它侧重于解决学生的人生观问题,帮助学生在复杂多变的社会环境中找到正确的价值导向。而心理教育主要聚焦于学生的内心世界,引导学生深入认识自我,包括情绪管理、压力应对、人际交往等方面,通过自我调整来适应环境变化,解决成长过程中的困惑和挑战。心理教育的核心问题是成长问题,它强调的是个体在心理层面的成熟和发展。

在教育方法上,德育通常采用示范教育的方式,即通过树立典型、表彰先进来激励学生向善向上,这种方法强调控制性和规范性,旨在通过外部力量来引导学生形成良好的行为习惯。而心理教育更倾向于提供一种服务性的支持,它强调尊重和理解学生的内心世界,通过倾听、共情和协助学生自助的方式,帮助学生解决心理困扰,提升心理健康水平。心理教育注重的是与学生的互动和沟通,以及对学生个体差异的充分尊重和理解。

综上所述,德育与心理教育在教育目标、教育内容和教育方法上的不同点体现了两者在教育理念和实践中的互补性。只有将它们有机结合起来,才能更全面地促进学生的全面发展,培养出既有高尚品德又有健康心理的优秀人才。

三、学校心理教育与心理咨询、心理治疗的关系

总体来看,心理教育与心理咨询、心理治疗是既有联系又有区别的几个概念,其相似之处表现为:

(1)都是从心理上帮助人的过程:无论是心理教育、心理咨询还是心理治疗,其核心目标都聚焦于人的内心世界,旨在通过专业的手段和方法,为个体提供心理上的支持与援助。它们都是以人为本,关注人的心理需求与心理状态,致力于促进人的心理健康与心理成长。在这个过程中,无论是教育者、咨询师还是治疗师,都扮演着倾听者、理解者和引导者的角色,通过专业的知识与技能,帮助个体解决心理问题,提升心理素质。

(2)常采用相一致的理论方法和技术:心理教育、心理咨询和心理治疗在理论和方法上存在着广泛的交叉与融合。它们都借鉴了心理学、教育学、社会学等相关学科的理论成果,如认知行为理论、人本主义理论、精神分析理论等,并在实践中加以运用。同时,它们也采用了一系列相似的技术和方法,如倾听、共情、引导、反馈等,以有效地与个体建立信任关系,深入了解其心理状态,进而提供针对性的帮助。

(3)工作范围常相似,只是程度不同:虽然心理教育、心理咨询和心理治疗在具体的工作内容和目标上有所差异,但它们的工作范围往往存在着重叠与交叉。例如,它们都可能涉及个体的情绪管理、压力应对、人际关系等方面的问题。只是在不同的情况下,这些问题的解决程度和深度有所不同。心理教育可能更注重预防和普及,心理咨询则更注重问题的识别和解决,而心理治疗可能更深入地探讨个体的心理结构和心理状态。

(4)都强调帮助当事人(学生、来询者、患者)改变和成长:无论是心理教育、心理咨询还是心理治疗,其最终的目的都是帮助个体实现心理上的改变和成长。这种改变和成长可能表现为情绪的改善、认知的提升、行为的调整等方面。通过专业的帮助,个体可以逐渐克服心理问题,提升心理素质,进而更好地适应生活和学习,实现个人的全面发展。

（5）都注重助人者与求助者间的良好关系：在心理教育、心理咨询和心理治疗的过程中，助人者与求助者之间的关系至关重要。一个良好、信任、尊重和支持的关系可以极大地促进个体的心理成长和改变。因此，无论是教育者、咨询师还是治疗师，都需要具备高度的专业素养和人际交往能力，以有效地与个体建立联系，理解其心理状态，提供针对性的帮助。同时，他们也需要尊重个体的意愿和选择，保护其隐私和权益，以营造一个安全、舒适和有利于心理成长的环境。

其相异之处表现为：

（1）就工作对象而言，心理教育以正常学生为主，工作者称老师或辅导员；心理咨询的对象称来访者、求询者，是在适应和发展方面有困扰或轻度、中度心理问题的正常人，工作者称咨询师；心理治疗的对象称患者或病人，是患较严重的心理障碍（心理疾病）的人，工作者称临床心理学家、心理医生或精神病医生。

（2）就功能定位而言，心理教育显著地体现了其工作的主动性与超前性，它不仅仅满足于现状的维持，而是积极寻求个体心理发展的潜能与空间，致力于心理问题的预防与心理素养的提升。这种前瞻性的教育理念，使得心理教育能够在个体心理发展的关键时期，提供必要的支持与引导，促进个体的全面发展。相比之下，心理咨询与心理治疗则更多地呈现出被动性与滞后性的特点。它们往往是在个体已经出现心理问题或心理障碍后，才介入进行干预。心理咨询侧重于通过专业的技巧与方法，帮助个体识别并解决心理问题，实现心理状态的调整与恢复；而心理治疗则更深入地探讨个体的心理结构与心理状态，通过专业的治疗手段，如精神分析、行为疗法等，帮助个体矫治心理问题，重建健康的心理结构。因此，可以说心理教育在发展与预防方面发挥着不可替代的作用，而心理咨询与治疗则更多地承担着矫治与重建的重任。

（3）就内容涵盖而言，心理教育不仅关注个体认知层面的改变，致力于提升个体的认知能力与思维方式，还高度重视学生的情感需求与情感活动，通过情感教育与心理辅导，帮助学生建立积极健康的情感态度与情感表达方式。这种全面而深入的教育内容，使得心理教育能够在个体心理成长的多个方面发挥积极作用。心理咨询则更多地聚焦于个体的情感与人格层面，通过倾听、共情与支持，帮助个体处理情感困扰，实现人格的重建与发展。它关注个体内心的真实感受与需求，通过专业的咨询技巧与方法，帮助个体建立更加健康、积极的人格特质。而心理治疗则更专注于个体心理症状的处理与解决，它深入探索个体心理问题的根源与机制，通过专业的治疗手段与方法，如药物治疗、心理治疗等，帮助个体解除症状，恢复心理健康。

（4）就工作方式方法而言，心理教育多采用团体方式，通过讲授、训练、陶冶等多种方法，为学生提供一个全面、系统的心理教育环境。这些方法往往具有结构化的特点，能够确保教育内容的系统性与连贯性。同时，心理教育也注重学生的参与与体验，通过实践活动与案例分析等方式，加深学生对心理知识的理解与掌握。相比之下，心理咨询与心理治疗则更多地采用个别化的工作方式。心理咨询通过支持、领悟、再教育等方法,帮助个体识别并解决心理问题;而心理治疗采用更加专业与深入的治疗手段与方法,如矫正、领悟、训练、重建(配合药物)等,帮助个体矫治心理问题,重建健康的心理结构。这种个别化的工作方式使得心理咨询与治疗能够更加精准地满足个体的心理需求与问题特点,实现更加有效的心理干预与治疗。相对而言,心理咨询与治疗在专业性、针对性与深入性方面更加突出,也更加专门化。

(5)就时间跨度而言,心理教育是一个贯穿个体一生的过程。它不仅仅局限于学校阶段的教育与辅导,而是伴随着个体的成长与发展,为其提供持续的心理支持与引导。这种终身性的教育理念使得心理教育能够在个体心理成长的不同阶段都发挥积极作用。相比之下,心理咨询的时间跨度则更加灵活多变。它既可以是短期的、针对特定问题的咨询与辅导;也可以是长期的、伴随个体成长与发展的心理支持与陪伴。而心理治疗通常具有更加明确的时间安排与疗程设置。它需要在专业人员的指导下进行定期的治疗与评估,以确保治疗效果的达成与巩固。因此,可以说心理教育在时间上具有更加广泛与持久的影响力,而心理咨询与治疗更加侧重于特定阶段或问题的处理与解决。

(6)就解决问题深度而言,心理教育主要关注个体心理问题的表层层面。它通过教育引导与心理辅导等方式,帮助个体识别并解决一些常见的心理问题与困扰。然而,对于更深层次的心理问题与心理障碍,心理教育往往难以达到有效的治疗效果。相比之下,心理治疗则能够深入个体心理结构的深层层面进行探索与治疗。它通过专业的治疗手段与方法,如精神分析、行为疗法等,帮助个体揭示并解决心理问题的根源与机制,实现心理结构的重建与恢复。而心理咨询介于心理教育与心理治疗之间。它既能够关注个体心理问题的表层层面进行辅导与支持,又能够在一定程度上深入个体心理结构的深层层面进行探索与引导。因此,可以说心理咨询在解决问题深度上具有更加灵活与多样的特点,能够根据个体的实际情况与需求进行针对性的干预与治疗。

(7)就工作模式而言,心理教育是教育模式,教师更多的是企图从外部影响学生心理品质的形成和发展;心理咨询的工作模式是咨询模式,工作重点是挖掘来访者自身的内在积极因素或对现存条件进行分析并使其发挥作用;心理治疗的工作模式是医学模式,心理医生常通过心理分析等专业手段深入患者的潜意识领域,使其解除症状,改变病态行为,重建人格。

(8)就工作任务而言,心理教育致力于学生的整体发展,它关注的是学生心理、情感、社会适应等多方面的健康成长。心理教育通过课程设计、活动组织、心理辅导等多种形式,旨在培养学生的积极心态、自我认知、情绪管理、人际交往等能力,为学生的全面发展奠定坚实基础。心理治疗则更侧重于解决某一具体的局部问题,如焦虑、抑郁、睡眠障碍等,通过专业的心理治疗技术和方法,帮助患者恢复心理健康,缓解或消除症状。而心理咨询则介于两者之间,它既要处理患者具体的局部问题,又要考虑患者的整体心理状态,通过倾听、分析、引导等方式,帮助患者整合局部与整体问题,实现心理平衡与成长。

（9）就实施过程而言，心理教育人员通常采取主动的态度，他们根据学生的实际情况和需求，主动设计并实施教育活动，以促进学生心理的健康发展。心理医生则更多地处于被动地位，他们通常是在患者主动寻求帮助时才介入治疗。而咨询者的状态较为灵活，他们既可以主动寻求心理咨询，也可以在咨询师的引导下被动接受咨询，这取决于咨询者的个人需求和意愿。

（10）就运作而言，心理教育通常被视为一种非经营性的活动，它主要由学校或教育机构承担，旨在促进学生的心理健康。心理治疗则是一种经营性的服务，治疗机构或心理医生通过提供专业的心理治疗服务来获取报酬。而心理咨询的运作方式更加灵活，它既可以是非经营性的，由学校、社区等公益组织提供，也可以是经营性的，由专业的心理咨询机构或个人咨询师提供。

四、学校心理教育的意义

学校心理教育是 20 世纪教育改革运动中出现的新观念，是现代心理学、教育学、社会学、生理学等多种学科理论与学校教育实践相结合的产物。某种意义上它已成为现代学校的重要标志。早在 1994 年，中共中央就发布了《关于进一步加强和改进学校德育工作的若干意见》的重要文件，提出要通过多种方式对不同年龄层次的学生进行心理健康教育和指导，帮助学生提高心理素质，健全人格，增强适应力。1999 年教育部又专门下达了《关于加强中小学生心理健康教育的若干意见》，2002 年教育部再次颁布了《中小学心理健康教育指导纲要》（后于 2012 年修订），对在中小学开展心理健康教育的指导思想、基本原则、目标、任务和主要内容等都做了相应规定。

具体来说，心理教育的意义体现为以下方面：

（一）预防精神疾病，提高学生心理健康水平的需要

长期以来，应试教育造成学生的片面发展和个性缺乏，由于学业负担过重，学生身心健康状况每况愈下，甚至常有学生由于不堪重负而选择放弃生命。2001 年，北京师范大学主持的教育部重点课题"中小学生心理素质构建与培养研究"课题组，对北京等五地的16 472 名中小学生的心理健康状况的调查发现，有 17.1％的初中生和 17.3％的高中生有各种心理健康问题。因此，通过开展心理教育提高学生的心理健康水平迫在眉睫。

（二）优化心理素质，促进学生人格健全发展的需要

由于中学生还处于不断发展变化的阶段，其心理素质和人格特征尚未定型，因此他们遇到的许多心理问题带有动态性和发展性。他们在矛盾冲突和自我探索过程中迫切需要教师真诚有效的指导。因此开展有针对性的心理教育，对于学生来说不仅具有预防性、重建性的意义，从更积极的意义上说，还可以优化其心理素质，完善其人格特征。

（三）更新教育观念，提升学校办学质量的需要

心理教育不仅是一套方法和技术，更重要的是体现一种实践性很强的、先进的、科学的教育观念。可以预见，随着心理教育的深入开展，这种先进的教育理念将渗透到广大教育工作者的教育观、人才观和学生观中，成为学校教育的内在要求；心理教育也将成为每个教师必备的职业能力，并体现在教育教学的全过程中，为提升学校的办学质量提供重要支撑。

第二节　学校心理教育的目标与原则

一、学校心理教育的目标

心理教育目标既是选择与确定心理教育内容的依据，也是指引心理教育方向和调控其过程的参照，还是检验、评估心理教育效果的标准。心理教育目标是由一系列子目标构成的目标系统。这一目标可理解为面向问题学生的防治性目标和面向全体学生的发展性目标。最终要使学生：生活上自理，评价上自省，情感上自悦，行为上自律，心态上自控。在子目标上，可以从年龄层次、心理素质结构和教育效应等不同层面理解，其中从心理素质结构层面确立的目标如下：

（一）心理教育的认知目标

开发自我智能：包括培养学生的注意力、观察力、记忆力、思维力、想象力，以及语言智能、数学逻辑智能、空间操作能力和社会交往能力。

掌握学习策略：包括外显的学习策略，使学生掌握学习过程的各个阶段（预习、听课、复习、作业、实践应用）的学习规则和学习方法；内隐的学习策略，使学生掌握认知策略、元认知策略和资源管理策略。

改善学习品质：包括明确学习目标；培养、激发学习动机；端正学习态度；培养学习兴趣；养成学习习惯；学会正确归因和树立学习信心。

（二）心理教育的情感目标

情感目标主要包括培养学生的社会性品质和增强其情感调控能力，具体包括：
一是帮助学生学会情绪认知和情绪识别。二是帮助学生学会情绪表达和情绪理解。三是帮助学生学会情绪主导和情绪平衡。四是帮助学生学会情绪控制和情绪宣泄。五是帮助学生学会情绪发展和情感培养。

（三）心理教育的意志目标

这是根据意志的良好品质制定的目标，具体包括意志的独立性、意志的果断性、意志的坚定性和意志的自制性。在完成这一目标时，一要有针对性地对学生进行正面教育与训练，二要引导学生克服意志品质的消极面。

（四）心理教育的个性目标

1. 促进社会适应

一是发展自我意识。通过心理教育，帮助学生深入探索自我，了解自己的兴趣、优势、价值观和情绪状态，从而建立积极的自我形象，增强自信心。自我意识的发展有助于学生更好地认识自己，理解自己在社会中的角色，为融入社会打下坚实基础。

二是促进沟通交流。心理教育强调有效沟通的重要性，通过角色扮演、小组讨论、情景模拟等活动，提升学生的语言表达能力和倾听技巧。良好的沟通交流能力有助于学生建立和谐的人际关系，增强社会适应能力。

2. 完善个性品质

心理教育致力于培养学生的自主、勤劳、负责、坚强、利他与创新六种品质。通过设定明确目标、鼓励自主决策、提供实践机会等方式，培养学生的自主性和勤劳精神；通过角色扮演、责任分工等活动，增强学生的责任感和坚强品质；通过志愿服务、团队合作等活动，培养学生的利他精神；通过创意工作坊、创新竞赛等方式，激发学生的创新思维。这些品质的培养有助于学生形成独特的个性魅力，为未来的成功奠定坚实基础。

二、学校心理教育的原则

心理教育的原则，作为指导实践活动的基石，其构建紧密围绕心理教育的核心目标，旨在促进学生心理健康、提升其心理素质与社会适应能力。这些原则不仅揭示了心理教育的基本规律，也为心理教育工作者在日常教学中提供了必须遵循的行为准则。学校心理教育工作的实施应严格遵循以下几项关键原则，以确保教育效果的最大化。

（一）针对性原则

这一原则强调教育内容的精准定位与个性化实施。首先，需针对学生的不同年龄阶段，设计符合其心理发展特点的教育方案，如儿童期注重培养自我认知与情绪管理能力，青少年期则加强人际交往与自我同一性的探索。其次，性别差异也不容忽视，应适时引入性别角色认知与性别平等的观念。再者，针对学生在学业、行为、情绪等方面的不同表现，采取差异化教学策略。同时，考虑学生的时代特征，如数字时代的信息过载、网络社交的影响等，适时调整教育内容与方法。最后，尊重并引导学生的个性发展，鼓励其展现独特价值。

(二) 主体性原则

此原则强调学生在心理教育中的主体地位,认为教育的成功很大程度上依赖于学生的内在动力。这要求教育者从理解并满足学生的合理需求出发,如安全感、归属感、成就感等,以此激发学生的参与热情。同时,鼓励学生主动探索、积极表达,通过小组讨论、角色扮演等活动形式,增强其自主学习与解决问题的能力。教师则需通过全面而深入的学生了解,为每位学生提供个性化的支持与指导。

(三) 发展性原则

该原则倡导以发展的眼光看待每一位学生,相信他们都有无限的成长潜力。教育者应预见性地规划教育内容,确保心理教育能够引领学生健康成长,甚至超前于可能遇到的问题,做到"防患于未然"。具体实践中,强调早期干预的重要性,即"三早"策略:早开始,从低年级起就融入心理健康教育;早预防,通过定期评估与筛查,及时发现并解决潜在问题;早准备,为学生在面对人生转折点(如升学、就业)时的心理准备提供指导。

(四) 尊重性原则

尊重是建立良好师生关系的前提,也是心理教育不可或缺的一环。这意味着在教育过程中,要维护学生的个人尊严,无论其背景、能力或表现如何,都应给予同等的尊重与关注。尊重学生的选择,鼓励他们在合理范围内自我决定,培养自主性与责任感。同时,坚持公平公正的原则,对待所有学生一视同仁,避免任何形式的歧视或偏见,营造一个包容和谐的学习环境。

(五) 全面性原则

树立学生"全人化"发展观点。所谓"全人化"发展观念,从社会价值取向来看,它重视学生德、智、体、美、劳全面发展;从满足学生自我完善的需求来看,它注重学生知、情、意、行几方面的协调发展。及时发现和弥补学生某些方面的发展缺陷,全面考察和分析这些缺陷的形成原因并制定对策。

(六) 活动性原则

(1) 活动的组织和开展要符合学生心理发展的需要,要能与学生的年龄特点相适应:这意味着心理教育活动的设计应充分考虑学生的发展阶段和认知水平,确保活动既具有挑战性又不过于困难,能够激发学生的兴趣和参与度。例如,对于低年级学生,可以设计更多游戏化、互动式的活动,而对于高年级学生,则可以引入更多角色扮演、案例分析等深度参与的活动形式。

（2）要注意通过系列活动让学生重复参与各种训练和练习：重复参与有助于巩固学习成果，形成稳定的心理技能。通过设计一系列相关联的活动，让学生在不同情境下反复练习，可以加深他们对心理知识的理解和应用，如情绪管理训练、团队合作练习等。这种持续的实践不仅提升了学生的技能，还增强了他们的自信心和应对挑战的能力。

（七）成功性原则

成功性原则强调心理教育应设定合理目标，帮助学生体验成功，从而激发其内在动力和学习热情。首先，心育的要求必须是恰当的。教育目标应与学生的实际能力和需求相匹配，避免过高或过低的期望，确保学生能够通过努力达到目标，感受到成就感。其次，帮助学生树立适合自己特点的抱负水平。引导学生根据自身情况设定合理的目标，既不过于野心勃勃也不缺乏挑战性，鼓励他们根据自身进步逐步调整目标，保持持续的动力。再次，帮助学生正确对待失败。教育学生认识到失败是成长的一部分，通过失败学习、反思并调整策略，培养坚韧不拔的精神和积极应对挫折的能力。最后，要让每个学生都体验到成功：通过多样化的活动设计和个性化的支持，确保每位学生都能在某个领域或方面获得成功的体验，增强自我效能感。

（八）全体性原则

全体性原则强调心理教育应面向全体学生，关注每一位学生的成长和发展，确保教育的公平性和包容性。首先，制订心理教育计划时要着眼于全体学生。在制订教育计划时，应充分考虑全体学生的需求，确保教育资源的合理分配，避免只关注部分学生而忽视其他学生。其次，确定心理教育内容时要考虑大多数学生的共同需要及普遍存在的问题。教育内容应基于广泛的调研和评估，识别并解决学生普遍面临的心理健康问题，如焦虑、抑郁、人际关系等。再次，注意给每个学生以机会。提供多样化的参与机会，确保每位学生都能根据自己的兴趣和特长参与到心理教育活动中，展现自我价值。最后，注意学生的特殊需求并给予实际帮助。对于有特殊需求的学生，如残疾学生、学习困难学生等，应提供额外的支持和资源，确保他们能够平等地享受心理教育服务，实现全面发展。

第三节　学校心理教育的内容与途径

一、学校心理教育的内容

学校心理教育是指学校根据学生生理、心理发展特点，运用有关心理教育方法和手段，培养学生良好的心理素质，促进学生身心全面和谐发展和素质全面提高的教育活动。

(一) 关于学校心理教育内容的体系

1. 学生心理健康维护

心理健康维护是以面向全体学生为主、通过常规的教育训练来培养学生心理品质、提高学生基本素质的教育内容。具体而言,包括智能训练,即帮助学生对智力的本质建立科学认识,并针对智力的不同成分如注意力、观察力、记忆力等设计的训练活动等;学习心理指导,即帮助学生对学习活动的本质建立科学认识,培养学生形成健康积极的学习态度、学习动机以及学习习惯的训练、学习方法的指导等;情感教育,即教学生学会体察和表达自己的和他人的情绪情感,学会有效控制、调节和合理疏泄消极情感,并进行相关技巧的训练,如敏感性训练、自表训练、放松训练等;人际关系指导,即围绕亲子、师生、同伴三大人际关系,指导学生正确认识各类关系的本质,并学会处理人际互动中各种问题的技巧与原则,包括冲突解决、合作与竞争、学会拒绝等互动技巧以及尊重、支持等交往原则;健全人格的培养,即关于个体面对社会生存压力及要求所应具备的健康人格品质的培养,如独立性、进取心、耐挫能力等各方面人格素质的培养;自我心理修养的指导,即通过训练和教导帮助学生对自己建立科学的认识,并在自身的发展变化中始终能做到较好地悦纳自己,如悦纳自己的优势和不足以及自信培养、良好自我形象的建立等;性心理教育,即关于性生理和性心理知识的传授与分析,帮助学生建立正确的性别观念和对性别的认同,以及指导学生正确认识和掌握异性交往的有关知识与技巧,如异性同学交往指导、早恋心理及调适等。

2. 学生心理行为问题矫正

这是面向少数具有心理、行为问题的学生开展心理咨询、行为矫正训练的教育内容,多属矫治范畴。具体而言,包括学习适应问题,主要指围绕学习活动而产生的心理行为问题,如考试焦虑、学习困难、注意力不集中、学校恐怖症、厌学等问题的咨询和调适;情绪问题,主要指影响学生正常生活学习与健康成长的负性情绪问题,如抑郁、恐惧、焦虑、紧张、忧虑等情绪的调适与辅导;常见行为问题,主要指在学生生活、学习中表现出来的不良行为特征,如多动、说谎、打架、胆怯等行为的咨询与矫正;身心疾患,主要指因心理困扰而形成的躯体症状与反应,如神经衰弱、失眠、疑病症、神经性强迫症、癔症等身心疾患的治疗和矫正;性行为问题,主要指由于性心理障碍而产生的各种性变态行为等的矫正与治疗,这一问题在中小学生中出现的比例较少。

3. 学生心理潜能和创造力开发

心理学研究表明,人具有巨大的心理潜能,中小学时期是心理潜能开发的最佳时期。为提高民族素质,应从小加强中小学生心理潜能的开发和创造力的培养。因此,心理潜能开发和创造力培养也是学校心理教育面向全体学生的重要教育内容,主要包括通过特殊的教育训练活动对学生进行判断能力、推理能力、逻辑思维、直觉思维、发散思维及创造思维等各能力的训练和培养,同时包括对学生自我激励能力的训练等,以提高学生创造的自主意识与能动性。

(二) 学校心理教育的具体内容

和谐教育是一种以人为本的教育,以人为本是和谐教育的永恒主题。这就要求学校教育必须以学生为本,以学生为中心,这是教育的根本要义。然而,长期以来我们对人文精神一直比较忽视。在功利主义、拜金主义、享乐主义等腐朽思想的影响下,一些教师人格缺失,并造成了压抑学生个性、抹杀健全人格的不良后果。我们重视人力资源的开发,却忽视了人自身的发展;重视考试科目文化知识的学习,却忽视了如何让学生学会主动获取知识;重视智育,却轻视了教学生如何做人;重视训练记忆、理解等智力因素,却忽视了情感、意志等非智力因素;等等。教育的单一化模式、统一的内容、统一的标准、呆板的满堂灌的教学方法,严重抑制了学生个性的发展和人格的自我完善。这种缺乏人文精神的教育已经导致令人遗憾的后果:学生的知识结构不全面,情感、意志、兴趣、眼界偏狭,急功近利,唯书唯上,迷信盲从,消极被动,缺少主体的意识、自主的能力和创新的精神。学校心理教育的内容是十分广泛的,包括学生心理发展的方方面面,它要求教师从各个方面关注学生,对教师提出了更高的要求。主要有以下几个方面:

1. 学习心理教育

学习是学生的主要任务和主导活动,也是学生义不容辞的责任和义务,学生学习成绩的好坏会影响到其身心的健康发展。有的中小学生学习的自主性较差,离开教师的监督、指导,不知道应学习什么、怎样学习,甚至有的学生不知道怎样听讲,怎样记笔记,怎样复习,怎样应试等。显然,这种状况会影响到学生的学习成绩,而目前学生学习成绩的优劣是学校以及家长评价学生的主要依据。每个学生都希望自己的成绩优异,但总会有成绩落后的学生,这不可避免地会波及其身心的发展。因此,对中小学生要进行学习心理教育。

学习心理教育是指教师利用所掌握的心理知识和技能,协助学生认识学习的原理和方法,充分挖掘其学习潜能的过程。学习心理教育的核心是增强学生学习的积极性、自主性,提高学生的自学能力和独立思考问题的能力。其主要内容如下:第一,协助学生逐步适应学校环境和学习生活,减少对成人的依赖性。第二,使学生了解学习的目的和意义,端正学习态度,明确学习目标,增强学习的责任感和自觉性。第三,培养和激发学生的学习动机和学习兴趣,克服厌学情绪。第四,使学生养成良好的学习习惯,掌握正确的学习方法、学习策略和学习技能。第五,使学生学会合理安排学习时间,学会科学地用脑,提高学习效率。

2. 生活心理教育

生活心理教育是对学生日常生活心理的教育,也是对学生如何做人的教育。它主要侧重于使学生树立正确的生活观,帮助其适应生活环境,理解生活的意义;树立正确的消费观念和休闲观念,选择正确的消费方式和休闲方式;养成良好的生活习惯和整洁的卫生习惯,培养生活自理能力,戒除不良行为习惯,合理安排作息时间;学会做人,学会生存。

3. 人际交往教育

良好的人际关系是个体适应集体生活,发展健全个性,顺利进行学习、生活和工作的根本保证,是人们心理健康的基础。通过人际交往教育,教育者要帮助学生树立人际交往观念,掌握人际交往的特点、知识和规律;运用人际交往的功能发展人际关系基础;通过有意识的训练,帮助学生掌握必要的人际交往技能,学会交往,增强人际协调能力,自觉克服人际交往中的知觉偏见,从而减少人际冲突,提高适应社会的能力,促进人际和谐。

4. 个性教育

个性教育就是使学生学会修身养性,增强自我教育能力,能够正确解决自己身心发展中出现的矛盾,正确处理社会化过程中产生的自我意识、自我态度、自我价值、自我控制、自我效能、自我概念等方面的困惑,从而矫正不良心理品质,促进个性健康、和谐发展。中小学生的个性还没有完全定型,可塑性很大。个性教育的内容主要有:培养学生对待现实的良好的态度特征、情绪特征、理智特征、意志特征,使其养成良好的行为习惯,树立正确的人生观、世界观和价值观,树立崇高的理想,并通过有意识的训练使学生形成开朗、大方、活泼、热情,具有责任心、爱心、同情心和正义感的优良个性。

5. 情感教育

中小学生的情绪、情感丰富,各种高级情感如道德感、理智感、美感等开始形成、发展。但是他们情绪、情感的稳定性较差,容易起伏波动,往往易感情用事,从而影响到其正常的学习和日常生活。通过情绪和情感教育,可以使学生了解自身情绪变化的特点,学会科学、有效、合理地调节、控制和宣泄情绪,培养积极健康的情感,克服各种消极的情感,经常保持良好的心境和积极乐观的情绪,形成适度的反应能力和较强的抗干扰能力,从而保持心理平衡。

6. 升学与择业教育

升学与择业教育旨在帮助学生了解自己的能力、特长、爱好、兴趣以及各种职业的特点,为学生的职业选择、职业分析、升学考试、专业选择、就业心理准备等方面提供信息和服务。培养学生爱岗敬业的精神,使学生树立健康的职业自我形象,正确把握人生的航向,求得最佳的人生定位,为今后顺利踏上社会打下坚实的基础。

7. 青春期教育

青春期是青少年身心发育的重要阶段,是人生发展的一个重要时期。在这一时期,生理和心理上都会发生急剧变化,由于生理成熟和心理成熟存在一定差距,青少年不可避免地会遇到各种困难,产生心理困惑,因此需要进行青春期教育为其解惑释疑。

青春期教育的内容主要包括四个方面:青春期生理知识、青春期心理知识、青春期伦理道德知识、青春期法律知识。具体内容有:青春期生理发展的特点、规律和保健;青春期伦理道德;青春期人际交往;性保健与性病预防;青少年健全人格的培养;恋爱、婚姻、家庭等。

二、学校心理教育的途径

在十多年的心理教育实践中,我国的一批先行者对开展心理健康教育的途径做了有益的探索,并提出了专门课程、学科渗透、寓于活动和心理辅导等开展心理健康教育的有效途径。

(一) 开设心理教育专门课程

研究表明,要使心理教育落到实处,有必要开设专门的心理教育课程,使其与学科课程和活动课程紧密结合,构成一套全新的课程体系。具体到实践中,有的叫"心理常识课",有的叫"心理指导课",有的叫"心理辅导课",还有的叫"心理训练课""非智力因素课"等。无论如何称呼,中学心理健康教育都不应该以传授心理学、心理卫生学的知识为主要目的,而必须始终以心理能力训练为目的。通过运用各种适合学生心理活动特点的方式方法,让学生在活动中提高对自我的认识,了解自我心理发展的状态,形成可持续发展的心理能力和良好的心理健康水平。

心理辅导活动课可以是专门开设的一堂课,也可以是在班主任安排和指导下的主题班会课。课程的内容可以按心理健康教育的主要内容逐段、逐课进行;也可以根据不同年级学生的身心特点和面临的现实问题在心理健康教育理论的基础上,以主题的形式开展的活动。

(二) 心理教育的学科渗透

如果说列入课表的心理教育专门课程对实现心理教育的目标发挥了"主导性"功能,在各科教学中有意识地渗透心理教育的内容则发挥了"濡染性"功能。具体到实践中,教师可充分运用学科课程中蕴含的资源,通过营造课堂气氛、讲解、讨论、体验、实践等教学方式,使学生在学习学科知识的同时,开发智力,调节情绪,锻炼意志,养成良好习惯,提高适应力。

1. 学校思想品德教育中的渗透

思想品德教育与心理健康教育虽然有区别,不能相互代替,但也有密切联系。两者都是全面发展教育的重要组成部分,也是素质教育的重要内容,而且品德问题也往往与心理问题交织在一起。把心理健康教育纳入德育工作中,不仅有助于促进心理健康教育有效地实施,而且还能丰富和发展中小学德育工作的内容,同时为学生正确的政治观点、良好的思想品德的形成打下坚实的心理基础。

2. 学科教学中的渗透

各学科都蕴含着丰富的心理健康教育的内容。在教学中,挖掘教材本身的心理健康教育的内容,可以做到与教学内容有机结合,相互渗透。例如,通过数理教学训练学生良好的思想品质,培养学生严谨的科学态度;语文课教学中通过选择典型的内容,开发训练学生的形象思维和想象能力,陶冶学生的情操;通过史地教学激发学生的爱国主义情感,树立历史唯物主义的观点;通过音乐、美术教学培养学生感受美、鉴赏美、创造美的审美心理,丰富学生的想象力;通过体育教学,对学生进行意志品质的训练,培养学生勇敢、坚韧、竞争与协作的精神;等等。

3. 班主任工作及班级管理中的渗透

班级是学生学习和活动的主要场所,班级活动的目的是要创建一个良好的班集体,营造和谐的班级气氛,使学生在集体活动中塑造良好的个性、培养高尚的品德,提高社会适应能力。丰富多彩的班集体活动,如各种班会、班集体的联谊活动、集体劳动、外出旅游等,只要有意识地把这些活动和学生的心理教育内容有机地联系起来,就可以在这些活动中陶冶学生的情操,磨炼其意志,锻炼其生活和社会适应能力。因此,班主任在日常工作中要用心理健康和发展心理学的理论来指导自己的教育教学和班级管理工作,创设有利于学生心理健康发展的班级环境。

此外,还可以通过校园文化建设渗透,即通过校园文化建设,创设良好的物质和精神环境,使学生在良好的环境中自由、健康地发展。从物质环境来说,校园的校舍布局、绿化、卫生状况,乃至一草一木,都应给人们美的感受,使学生得到心灵的净化。而创建良好的学校环境更重要的是学校的文化、精神环境建设即心理环境的建设。学校心理环境主要包括良好的校风和班风。良好的校风和班风催人积极上进、团结合作,人际关系和谐,这样的环境无疑有利于学生的心理健康。而消极的校风和班风则使人情绪低落、压抑,纪律松懈,师生关系紧张,这必然会对学生的心理健康带来不良影响。

(三) 心理教育寓于活动之中

通过精心组织的各种活动,如学校的团组织、班集体活动及其常规教育活动等,在发挥学生的主动性、创造性的基础上,结合心理学的原理、方法和技术,促进学生的心理发展。如,通过班会、升旗仪式等活动培养学生的爱国感、责任感、自尊感等高级社会情感;通过形式多样的班团队活动培养学生的谦虚、进取、自尊、自爱、自勉、自信、团结协作、互谅互让等人格特质以及自我管理和相互交往的能力;通过早操、课间操和其他体育锻炼,在增强学生体质的同时,培养其生动活泼、百折不挠、奋发向上等心理品质;通过科技文体活动培养学生的求知欲,发展各种特殊能力;通过组织学生参加各种社会实践活动培养学生的社会责任感并相应形成分析综合能力、社会适应能力等;通过学校组织的读书节、科技节、艺术节、远足等发展学生的知、情、意、行等各种良好的心理品质。

心理学研究和实践已经证明,活动对于学生的身心发展有重要影响。心理教育活动的有效开展,有利于培养和发挥学生的自主性、能动性和创造性;有利于学生潜能的发挥;有利于学生进行自我教育。具体到实践中,首先要在设计活动时把握学生主体性、形式多样性、内容系统性、结果有效性等原则,抓住各种时机开展丰富多彩的心理教育活动。通过创设问题情境、小组讨论、游戏、角色扮演、小调查、小测验等各种形式的活动,让学生的思想、行为活跃起来,使学生在活动中获得心理感悟。

(四)开展团体与个人心理辅导

团体辅导是指在心理测查或调查的基础上将有基本相同的心理问题的学生组合在一起,通过系列主题活动和其他形式的心理辅导与心理训练,帮助这些学生在相互交流和相互促进的基础上解决心理问题、减轻心理压力、提高心理能力。个人心理辅导则是指心理辅导教师与来访学生一对一的、面对面的帮助、分析、训练、宣泄、矫治的过程。

团体辅导和个人辅导一般应在专门的心理辅导室进行。心理辅导室的建设可以根据各学校的自身房屋建设特点,因地制宜地确定。但是,从方便学生来访的角度出发,有几点应当认真加以考虑:① 地点要有安全可靠感,即有利于学生保护个人的隐私。② 室内要有亲切舒适感,即有利于来访学生放松自己的紧张和不安。③ 要有文化层次感,即有利于来访学生从各种摆设中得到心理诱导和启发。④ 要有一定的科学技术感,即有利于来访学生对心理辅导建立信任感。

(五)创设良好的心理环境

人的心理是对周围环境的感知和体验,人的心理变化直接受到周围自然环境和社会环境变化的影响。因此,积极创设良好的心理环境是学校心理教育的重要途径。这里所指的"良好"并不是说没有冲突,而是指师生之间、生生之间、师师之间都能以积极的心态、以科学的心理方法去化解人与人之间的矛盾和冲突,这是最重要的心理环境建设。除此之外,学校要非常注重校园自然环境、文化环境的建设,科学地利用各种宣传途径帮助学生调节自我心理。各种宣传途径应包括学校的橱窗、板报、校园广播、闭路电视、计算机网络以及标语口号乃至告示语言等。这些途径都是影响学生心理健康发展十分重要的,但又不十分起眼的心理信息传播媒体。

(六)创设学生心理档案

建立学生心理档案,既是学生心理健康教育的依据,也是学生接受个别心理辅导的必要记录;建立学生心理档案,有利于教师更好、更及时地掌握学生的心理特点与倾向,有助于教师因材施教,从而取得更好的教学效果;建立学生心理档案,也有利于学生的自我认识和自我了解,能够相应地采取积极措施。

知 识 链 接

党的二十大报告中提出要"重视心理健康和精神卫生",加强青少年心理健康教育成为当前全社会的共识。2023 年 4 月,教育部等十七部门印发了《全面加强和改进新时代学生心理健康工作专项行动计划(2023—2025 年)》,将学生心理教育工作提到了一个更高的高度,标志着加强学生心理教育工作上升为一项国家战略。

复习思考题

一、名词解释

心理健康　学校心理教育　心理教育原则

二、简答题

1. 心理教育与德育有何不同?

2. 简述心理教育的情感目标。

三、案例分析题

【案例一】

逆反心理指的是一种比较稳定的,对客观事物表现与一般人对立或相反的情绪体验或行为倾向。中职生经历中考的失利后,在学习和生活方面得不到身边的人(特别是亲人)的认同,故中职生的逆反心理尤为突出。下面是一个中职生逆反心理教育的典型案例(李丽婵,2017)。

(1)学生概况:

学生小红(化名),女,15 岁,广东某县人,就读本校护理专业。该生思想较成熟,打扮潮流时髦,喜欢在陌生人面前表现自己。说话毫无分寸,爱讲粗话,班内同学多不喜欢与她交往。宿舍内务和个人卫生一般,喜欢逛街花钱。自律性较差。

(2)逆反情况:

曾在期末考试中被老师发现作弊,但拒绝承认错误。在一年级第一学期时成绩良好,第二学期开始成绩出现明显下滑,学习态度不端正,没有明确的学习目的,上课经常走神,开小差,经老师批评教育后仍无改善。

小红通过交友软件认识了一个大龄青年,每天她向这位"知心朋友"诉说着各种不幸。小红在爱情的陶醉下逐渐迷失自己,相识不够半年就与该青年发生关系,也开始欺骗老师和家人,每到周末就说到本地的亲戚家过夜,实为外出与该青年约会同居。被班主任和家长查出后,不愿意听从劝告,甚至在社会大龄青年的怂恿下做出投诉、威胁老师并离家出走的行为。

问题:试分析小红的状况,并提出相应的策略。

【案例二】

学生李××,男,9岁,家住学校附近,父母离异,父亲在外地工作,随奶奶生活。经常贪玩不回家,有一次凌晨2点被警察从街上发现送回家。某日清晨,他的奶奶打来电话,说他昨晚彻夜未归,今早在学校发现,弄得很脏,被奶奶带回家洗漱,早上未上课。他主动坦白,因为玩得太晚了,不敢回家,所以,在某个小区楼后面猫了一宿。

调查:

调查1:据班上的同学反映,该生放学后经常跟班上的同学一起玩耍,不爱回家。但是,他上学从不迟到,也不旷课。

调查2:通过与该生多次个别谈心,发现该生害怕奶奶。他希望自己的爸爸妈妈可以多陪陪他,亲自接他放学回家。只要能跟爸爸在一起,顿顿吃大饼都行。

调查3:通过观察,我发现该生在家和奶奶关系紧张,对其态度冷淡粗暴,身上时常有打骂的痕迹;该生也由此对奶奶产生了较强的逆反心理。

问题:试分析该生产生逆反心理的原因,并提出相应的方法。

主要参考文献

［1］潘菽:《教育心理学》,人民教育出版社,2001 年

［2］丁家永:《现代教育心理学》,广东高等教育出版社,2006 年

［3］陈琦、刘儒德:《当代教育心理学》,北京师范大学出版社,2019 年

［4］张春兴:《教育心理学——三化取向的理论与实践》,浙江教育出版社,2000 年

［5］陈会昌:《道德发展心理学》,安徽教育出版社,2004 年

［6］邵瑞珍:《教育心理学——学与教的原理》,上海教育出版社,2002 年

［7］莫雷:《教育心理学》,教育科学出版社,2007 年

［8］韩进之:《教育心理学纲要》,人民教育出版社,2003 年

［9］皮连生:《教育心理学》,上海教育出版社,2011 年

［10］张大钧:《教育心理学》,人民教育出版社,2015 年

［11］林崇德:《发展心理学》,人民教育出版社,2023 年

［12］叶奕乾、何存道、梁宁建:《普通心理学》,华东师范大学出版社,2021 年

［13］冯忠良、伍新春、姚海林、王健敏:《教育心理学》,人民教育出版社,2015 年

［14］吴庆麟:《教育心理学——献给教师的书》,华东师范大学出版社,2010 年

［15］董奇、陶沙:《动作与心理发展》,北京师范大学出版社,2004 年

［16］陈永明:《心智活动的探索》,北京师范大学出版社,2006 年

［17］冯忠良:《教育心理学》,人民教育出版社,2015 年

［18］李艳红:《教育心理学》,中国社会科学出版社,2012 年

［19］[美]约翰·桑切克:《教育心理学》,周冠英、王学成译,世界图书出版公司,2007 年

［20］[美]保罗·埃根、唐·考查克:《教育心理学:课堂之窗》,郑日昌主译,北京大学出版社,2009 年

［21］[美]R.马扎诺等:《有效课堂——提高学生成绩的实用策略》,张新立译,中国轻工业出版社,2003 年